程宝栋　李芳芳　等／著

践行"一带一路"倡议：
中国的探索与北京的定位

IMPLEMENTING
THE

INITIATIVE

CHINA'S EXPLORATION AND
THE POSITIONING OF BEIJING

社会科学文献出版社
SOCIAL SCIENCES ACADEMIC PRESS (CHINA)

作者简介

程宝栋 北京林业大学经济管理学院教授、博士生导师、副院长、首届全国林业教学名师。荣获中国林业青年科技奖,入选北京市优秀人才培养计划、北京高等院校青年英才培养计划。兼任国家林业和草原局一带一路林草经贸国际合作中心秘书长、国家林业和草原局木材安全国家创新联盟理事长、国家林业和草原局林产品国际贸易研究中心副主任、中国林业经济学会林产品贸易专业委员会秘书长、全国农林院校林产品贸易教学与科研协作组秘书长、中国农业技术经济学会青年学者工作委员会副主任等。主要研究方向为国际贸易理论与政策、林产品市场与贸易。在《国际贸易问题》、《国际贸易》、《中国农村经济》、《农业经济问题》、《资源科学》、《农业技术经济》、人民网、光明网、*Journal of Cleaner Production*、*Resources and Recycling*等国内外重要期刊发表科研论文百余篇。在中国农业出版社、中国林业出版社、人民日报出版社等权威机构出版学术专著 10 余部。主持国家自然科学基金、教育部人文社科基金、北京社科基金、国家林业和草原局科学技术项目等省部级科研课题 30 余项。科研成果曾获得梁希林业科学技术奖一等奖/二等奖、商务部贸易救济与产业安全研究成果奖二等奖、河北省社会科学优秀成果奖二等奖、中国循环经济协会科学技术奖二等奖等多项学术奖励。

李芳芳 北京林业大学经济管理学院国际贸易系讲师。2015 年毕业于中国社会科学院研究生院，获经济学博士学位。2015～2017 年在中国社会科学院工业经济研究所从事博士后研究工作。主要研究方向为产业经济、"一带一路"贸易与投资。目前主要的学术兼职有：国家林业和草原局一带一路林草经贸国际合作中心副秘书长、国家林业和草原局林产品国际贸易研究中心对外投资室主任、国家林业和草原局木材安全国家创新联盟副秘书长、中央财经大学国际投资研究中心特约研究员、中国企业管理研究会理事等。曾在《国际贸易》、《宏观经济研究》、《城市发展研究》、《经济评论》、人民网、*Journal of Sustainable Forestry* 等国内外核心期刊发表学术论文 20 余篇。以第二著者在社会科学文献出版社、中国社会科学出版社等出版学术专著 4 部。主持并参与国家自然科学基金项目、政府或企业委托项目近 20 项。科研成果曾获梁希林业科学技术奖二等奖、中国循环经济协会科学技术奖二等奖等学术奖励。

专家推荐语

新冠肺炎疫情蔓延使全球供应链中断风险不断上升，"实体产业应否或能否回归本土"的争论不绝于耳。可以预见，全球价值链变革的步伐将进一步加快。"一带一路"可为价值链重塑提供更多空间和可能性："一带一路"是构建人类命运共同体愿景的伟大实践，此次疫情使这一愿景凸显意义和价值，其间中国治理能力有目共睹，倡议将得到更多国家积极响应，成为探索新型全球治理的抓手；中国制造业供应链展现出的强大效率和韧性，使中国在全球价值链中的地位凸显。"一带一路"为和平崛起大国的工业化进程产生更强外溢效应提供平台，助推产业分工格局重塑。那么，中国应当如何借助"一带一路"应对全球价值链的未来走向？在这本书中可以找到答案。该书立意深刻、前瞻性强、观点新颖，兼具理论价值和现实意义。作者尤其强调北京在联通国内、国际共推"一带一路"建设中的桥梁作用。大量详实的案例和数据，使全书论点更为扎实可靠。对于关注中国发展大势的社会各界，是一本值得翻阅的案头材料。

黄群慧

中国社会科学院经济研究所所长、研究员

《经济研究》《经济学动态》主编

国家制造强国建设战略咨询委员会委员

国家"万人计划"哲学社会科学领军人才

专家推荐语

　　"一带一路"倡议是中国对外开放进入更高阶段、推动构建人类命运共同体的必然结果。中国拥有世界上最为完善的产业体系和全球首屈一指的消费市场，世界各国都能从中国的发展中受益，而中国也势必从高水平开放中提质增益，在当前全球经济备受冲击的形势之下尤为如此。本书探讨了这种利得在中国国内区域发展再平衡中的特定作用以及推动发展中国家参与全球价值链重构的独特功能。重点分析了北京在"一带一路"倡议和建设中被定位为"四个中心"作用的"领头雁"及其带来的"协调共振"效应，这将有力助推中国国内区域发展的再平衡。在此基础上，展现了北京在对外贸易方式转变、双向 FDI、政策驱动、文化交流中的重要实践成果。更进一步，延伸至"一带一路"建设对全球化新格局重塑可能性及路径的讨论。本书视角及论述思路颇具启发性，在浩繁的"一带一路"著作成果中独辟一径。

赵忠秀

山东财经大学校长、教授

教育部高等学校经济与贸易类专业教学指导委员会主任委员

全国国际商务专业学位研究生教育指导委员会委员兼秘书长

专家推荐语

  我国正从高速增长向高质量发展阶段转换，"一带一路"倡议作为对外开放的重大战略举措，不仅可有效激发"引进来"与"走出去"的潜力，而且在"人类命运共同体"理念指引下，有助于推进全球化、促进全球共同发展。本书正是基于这样的现实背景，以"一带一路"建设的"排头兵"——北京为核心，聚焦北京的区位优势和特色发展路径，基于丰富的理论和实证研究，讨论其作为综合服务型平台，在倡议实施中所起到的政策引领、辐射带动、路径探索、国内外桥梁嫁接等作用。本书为深入思考和研判北京的发展定位乃至"一带一路"的未来走向，提供了系统而扎实的参考依据。值得一提的是，北京已成为全国重要的服务贸易基地，本书以此为立足点，提出并阐述了"服务贸易能进一步释放'一带一路'国家间的合作潜能"等诸多观点。这些研判，与我近年来的研究和思考不谋而合：要全力构筑服务业对外开放新格局，积极利用制造业全球化发展的相对优势带动服务业融入全球化分工。相信本书一定能为"一带一路"的进一步推进打开思路。

夏杰长

中国社会科学院财经战略研究院副院长、研究员

中国市场学会会长

专家推荐语

　　国际上多边主义、贸易投资保护主义抬头，经济全球化遇到挑战，全球价值链面临重构，全球经济治理机制变革呼声鹊起，国内改革开放步入深水区，经济结构转型升级步入关键期，区域经济再平衡步入战略机遇期。面对国内外的新形势，"一带一路"倡议应运而生，不仅为改善全球经济治理体系提供了中国方案，为推进国际区域经济合作搭建了全新平台，而且塑造了促进中国开放发展、实现区域经济再平衡的新理念。全国各省区市积极行动起来参与"一带一路"建设。该著作清晰地构思出北京市发挥自身优势深度参与"一带一路"建设、促进区域经济再平衡的路径，洞悉国际经济环境变迁，阐述中国与"一带一路"国家经贸合作的脉络，给人启迪，发人深思。

桑百川

对外经济贸易大学国际经济研究院院长、教授

全国社会科学规划办决策咨询联络点首席专家

专家推荐语

2020 年新冠肺炎疫情在全球蔓延，全球产业链、供应链和价值链面临循环中断甚至割裂的空前挑战。中国提出的"共建人类命运共同体"理念强调全球各经济体需通力合作，共渡难关，成为人类战胜疫情的重要保障。而作为推进落地构建人类命运共同体的"一带一路"倡议更是构建新时代国际社会共同发展、共享繁荣的有力探索！程宝栋教授和李芳芳博士的大作内容厚重全面，兼具前瞻性、理论性和严谨性。深刻解析了北京的"一带一路"倡议排头兵角色，主动和创新作为，在多个领域卓有成效；全球价值链分析增彩全书，从嵌入价值链到主动构建、从攀升价值链到谋求重塑，彰显了中国在促进要素有序自由流动、资源高效配置和市场深度融合，推动沿线国家开展更大范围、更高水平、更深层次的区域合作，构建人类命运共同体等方面的大国担当。该书是一本不可多得的好书，相信读者会从中获益良多。

余淼杰

北京大学国家发展研究院党委书记

长江学者特聘教授

专家推荐语

　　"一带一路"倡议提出 6 年多来成绩斐然，硕果累累，已成为当今世界广泛参与的国际合作平台和普受欢迎的国际公共产品。"一带一路"倡议的愿景目标与合作领域同许多发展中国家的发展战略高度契合，为这些国家的经济发展和民生改善作出了积极贡献。"一带一路"建设对我国区域经济发展同样具有重大意义。本书基于开放经济与区域经济有关理论与实践，从交叉学科视角谋篇布局，选择典型省份，分析"一带一路"建设对中国区域发展再平衡的影响，立足区位优势阐释"一带一路"建设中北京的功能与定位，高屋建瓴剖析"一带一路"对全球化经贸新格局的影响。该书理论基础扎实、构思精巧，逻辑清楚，数据详实，为"一带一路"与区域经济研究者拓展了研究视角，提供了新分析工具，为政策制定者提供科学依据。本书是用学术语言讲好中国故事的优秀范本，值得仔细阅读。

张晓涛

中央财经大学国际经济与贸易学院院长、教授

中央财经大学国际投资研究中心主任

中国贸促会专家委员会委员

专家推荐语

  自 2013 年底习近平总书记提出"一带一路"倡议以来,学界对如何推进"一带一路"建设进行了卓有成效的探索。在众多的研究成果中,本书最难能可贵的是,选题角度独到而具有创新性,以处在全面深化改革之中的中国首都——北京这一重要引领城市为研究切口和基点,将分析拓展到全国和全球层面,建立北京—中国—全球三个层次的研究关联,系统论述了践行"一带一路"倡议的中国探索和北京愿景。此书为北京在继续推进"一带一路"建设中发挥独特作用、为中国进一步扩大开放及实现区域发展再平衡提供了重要启示,为"一带一路"背景下政府相关主管部门制定合理的国际贸易和投资政策配套措施提供了很好的参考,是"一带一路"研究领域不可多得的佳作之一。同时,本书的研究基于扎实的理论基础和翔实的数据资料,对于想要深入探索"一带一路"相关基础理论研究的学术界同仁也是富有启迪和大有裨益的。

郭周明

中国商务出版社社长、研究员

新浪财经和 21 世纪经济报道专栏作家

专家推荐语

　　六年来，中国为积极推动共建"一带一路"做了大量探索实践工作，取得了受到国际社会广泛赞誉的丰硕成果。现在，到了从理论层面，用数据实证的方法系统总结过去成绩和经验，并继续挖掘未来合作潜力和创新合作思路的时候了。恰此时机，本书利用详尽的数据指标和计量模型对我国和地方政府参与"一带一路"建设进行了深入研究和独立思考，其系统性和创新性在近年来的相关研究中少见。本书的研究结论，无疑会对未来深入推进我国"一带一路"高质量发展具有重要启示。

　　北京作为全国的政治中心、文化中心、国际交往中心、科技创新中心，在参与"一带一路"建设中扮演什么角色，发挥什么作用，未来如何高质量参与"一带一路"建设，受到社会广泛关注。在此背景下，本书对北京参与"一带一路"建设的优势、潜力、定位、功能及未来战略布局进行了深入分析，有关北京参与"一带一路"建设的相关问题都能在本书中找到答案，这也是本书的特色和亮点，非常值得相关部门和研究人员参考借鉴。

李 俊

商务部研究院国际服务贸易研究所所长、研究员

国家发改委服务业专家委员会委员

前　言

自 2008 年全球金融危机爆发以来，世界经济进入深度分化调整阶段，全球贸易保护主义抬头，经济逆全球化开始出现。受全球经济影响，中国经济进入新常态，表现出明显的结构性减速特征。但是作为负责任、有担当的发展中大国，中国有意愿和能力推进全球化、引领全球化、促进全球共同发展。习近平总书记在党的十九大报告中明确指出"推动形成全面开放新格局"。作为我国对外开放的重大战略举措，"一带一路"建设在推动形成全面开放新格局的过程中发挥着重要作用。"一带一路"倡议是习近平总书记2013 年提出的重大跨国合作倡议，以"和平合作、开放包容、互学互鉴、互利共赢"为理念，遵循"共商、共建、共享"原则，旨在通过国际合作，对接国家间发展战略，实现优势互补，促进共同发展。"一带一路"倡议提出至今，得到了越来越多国家的认可，有关合作理念和主张也写入了联合国、二十国集团、亚太经合组织、上海合作组织等重要国际机构的成果文件，这为"逆全球化"思潮下推进全球治理体系变革贡献了中国智慧和中国方案。

作为重要的区域发展倡议，"一带一路"倡议对中国区域发展再平衡具有里程碑意义。得益于改革开放的顺利推进，新中国成功实现了由"站起来"到"富起来"再到"强起来"的转变。"先点后面""先富带动后富"的渐进式改革之路，在带动国民经济水平提高的同时，也导致了区域经济发展不平衡。当前，我国社会主要矛盾表现为人民日益增长的美好生活需要和不平衡不充分的发展之间的矛盾。"一带一路"倡议成为继"西部大开发战略""中部崛起"之后我国中西部地区发展的又一个"增长极"，支撑着新常态下我国中西部地区经济的加速和赶超，也助力着东部地区经济的新一轮跃升。实践是最好的答卷，倡议实施六年多来，诸多省份取得的发展成果也主要得益于与"一带一路"建设的成功融入和对接。

北京具有中央和地方双重属性，同时兼顾"四个中心""京津冀协同发展"两大城市发展战略和"一带一路"倡议，大三角的互动关系使北京在"一带一路"建设中承担着独特且不可替代的任务：既要实现自我发展，又要发挥带头作用，引领国内区域平衡发展，还要对接国内外两大市场，助力各国共建"一带一路"能够走深走实。这就需要北京充分利用地理、开放、信息、资本、创新、人才等方面的独特优势，发挥好"政策牵引"功能、"文化交流"功能和"创新示范"功能。展望未来，随着我国逐步靠近国际社会中心、日益走近世界舞台中央，首都北京需要持续展现新气象、新担当、新作为。

全书共分为四篇。第一篇为国内篇，主要介绍"一带一路"倡议的由来、典型省份的实践效果，以及"一带一路"倡议推进对中国区域发展再平衡的重要意义。第二篇为北京篇，主要讨论北京"四个中心""京津冀协同发展"两大城市发展战略和"一带一路"倡议之间的互动关系、北京作为"一带一路"倡议实施中的"排头兵"的区位优势所在，并结合"一带一路"倡议实施给北京对外贸易和投资发展带来的新变化及其存在的问题，探讨北京依托"政策牵引""文化交流""创新示范"等功能在"一带一路"建设中如何进一步实现自我发展、如何引领国内区域发展，以及如何对接国内外两大市场。第三篇为国际篇，从全球视角讨论"一带一路"建设，梳理了国际分工理论中全球价值链理论的发展，正视发展中国家在传统价值链分工中所做出的努力及其所面临的"价值链低端锁定"困境，在此基础上提出"一带一路"平台下的全球价值链良性重构路径及中国方案。第四篇为专题篇，主要展示研究团队在全书撰写过程中已发表的阶段性研究成果。

全书的核心观点如下。

第一，"一带一路"倡议提出至今，一系列实践和成果充分体现了其在推动国内区域发展再平衡、谋求沿线各国人民共同利益方面已初显成效。国内不同省份、沿线各国都有针对性地对接该倡议。未来，国内各省仍需依据自身特色，避免产业定位雷同、跟风式转向、区位优势不明显等问题。

第二，北京"四个中心""京津冀协同发展"两大城市发展战略与"一带一路"倡议的协同共振。"四个中心"功能定位是"一带一路"倡议实施的有力后盾、现实抓手，"京津冀协同发展"又与"一带一路"倡议高度相关、目标趋同。"四个中心"决定了北京在"一带一路"倡议实施中的独特区位优势，三者共同促进北京"政策引领、辐射带动、路径探索、国内外桥梁嫁接"作用的发挥。

第三，"一带一路"倡议提出以来，北京与沿线国家的对外贸易进一步发展，北汽福田、同仁堂医药、北京控股、北京银行等京企代表的先行实践表明，"一带一路"构筑了北京与沿线各国开放、融合的进出口贸易机制，并显示出巨大的贸易合作潜能，而服务贸易能够进一步激发这种合作潜能。未来，北京需要更好地将区位优势转化为外部竞争优势，改善贸易逆差，升级传统贸易方式，并积极推动服务贸易重点创新发展。

第四，北京坚持"引进来"与"走出去"并重。北京企业在"一带一路"沿线国家大力推进基础设施互联互通、国际产能合作以及重点境外园区建设，依托总部经济优势，在央企示范、带动作用下，市属企业"走出去"步伐加快，这有利于首都"高精尖"经济结构的构建。作为全国唯一的服务业扩大开放综合试点，北京应当进一步谋划新一轮服务业开放，完善市内营商环境。

第五，切实推进"一带一路"建设中的政策沟通，最大限度地发挥北京的政策牵引功能，既要推进北京的发展政策尤其是产业政策与"一带一路"政策对接，为全国各省有效对接"一带一路"政策作出示范，还要推进京津冀协同发展与"一带一路"建设更好地融合。更为重要的是，北京应借助区位优势，更好地服务于双边政治关系，促进国家间产业政策的高效对接，以消除"一带一路"倡议实施中尚缺完善的制度体系、东道国制度环境参差不齐等问题带来的不利影响。

第六，文化交流是民心相通的重心，积极推动与"一带一路"沿线国家多元文化交流，是北京市引领"一带一路"建设的又一重要途径。北京应文化硬实力（文化及相关产业发展）和软实力（文化吸引力和影响力）相结合，积极对接"一带一路"建设。但作为服务国际文化交流的"文化中心"，北京仍存在国际传播能力不足、文化产业融合不足等问题，需在加强与友好城市交流、构架话语沟通体系、做大做强文化IP等方面进一步努力。

第七，当前，全球经济格局深度调整及其蕴含的不确定性使全球价值链重构存在可能。长远来看，"一带一路"建设正为全球价值链良性重构提供着要素禀赋变动、技术变革、制度重构等外部条件，或将成为全球经济发展再平衡的有力催化剂。我国应当以积极主动的姿态，在全球化新格局下不断贡献中国智慧，推动全球共同发展。

习近平总书记指出，"当今世界正处于百年未遇之大变局"。变局带来变数，变局也会带来机遇，这给国家、地区、企业发展都带来了无限的可能性。我们需要用发展的眼光来看待全球化问题，稳步扎实践行"一带一路"倡议，秉持其开放性和包容性特征，充分依靠中国与有关国家既有的多边机制，借助既有的、行之有效的区域合作平台，打造政治互信、经济融合、文化包容的利益共同体、命运共同体和责任共同体。放眼未来，无论国际风云如何变幻，中国为人类社会发展进步而努力奋斗的使命感和意志都不会动摇和改变，并将在新时代为人类社会做出新的、更大的历史性贡献。而这也正是中国对外开放再上新高度的初衷所在。正如习近平总书记所说的那样，中国开放的大门不会关闭，只会越开越大！

目　录

国际篇
"一带一路"建设与全球化新格局重塑

专题篇
中国与"一带一路"沿线国家经贸合作系列研究成果

国内篇

"一带一路"倡议下区域发展再平衡

第一章 "一带一路"倡议的
缘起与发展

当今世界经济高速发展，各国交往日益密切，国际社会逐渐成为一个你中有我、我中有你的利益共同、不可分割的"命运共同体"。在此背景下，开放和合作显得尤为重要。而任何层面的国际合作，要想富有成效，都应遵循"共商、共建、共享"的原则，这既是高效合作的重要基础，也是满足各国"获得感"的必要条件。中华民族拥有五千年的悠久历史，从公元前就形成了与世界共谋发展的对外交往格局，丝绸之路便是中国走向世界、拥抱世界、发展世界的集中体现。进入 21 世纪，和平、发展、合作、共赢成为时代主题，面对复苏乏力的全球经济形势、纷繁复杂的国际政治局面，传承和弘扬丝路精神更显重要和珍贵。在这样的背景之下，习近平总书记在 2013 年底提出了"一带一路"倡议，致力于在通路、通航的基础上通商，形成和平与发展新常态。该倡议的提出，符合世界经济发展潮流，对于"一带一路"沿线国家，乃至世界各国的发展均具有积极的推动作用。

一 "一带一路"倡议的缘起与意义

"一带一路"（The Belt and Road，B&R）是"丝绸之路经济带"和"21 世纪海上丝绸之路"的简称，是中国为推动经济全球化深入发展而提出的国际区域经济合作新模式。其核心目标是加强国际合作，促进经济要素有序自由流动、资源高效配置和市场深度融合，推动开展更大范围、更高水平、更深层次的区域合作，实现优势互补，共同打造开放、包容、均衡、普惠的区域经济合作架构。

（一）"一带一路"倡议的缘起

古丝绸之路是人类文明史上的奇迹之一。借助古丝绸之路的历史符号，"一带一路"倡议是对其精神的继承和拓展。倡议的理念是"和平合作、开放包容、互学互鉴、互利共赢"。与以往经济全球化不同的是，这一倡议更加强调参与主体间的协调共赢，而这也正是几千年丝路文化的本质内涵。

1. 倡议的提出

2013 年 9 月和 10 月，习近平总书记在出访中亚和东南亚国家期间，先后提出共建"丝绸之路经济带"和"21 世纪海上丝绸之路"的重大倡议①。2014 年 5 月，习总书记在上海亚信峰会上进一步指出，中国将同世界各国一道，加快推进"丝绸之路经济带"和"21 世纪海上丝绸之路"的建设，并指出将尽早启动亚洲基础设施投资银行（以下简称"亚投行"）。同年 10 月，21 个亚投行意向成员国在京签署亚投行《筹建备忘录》，年底"丝路基金"完成工商注册，丝路基金正式成立。2015 年 3 月，国家发改委、外交部、商务部共同发布《推动共建丝绸之路经济带和 21 世纪海上丝绸之路的愿景与行动》（以下简称《愿景与行动》），这标志着"一带一路"倡议由概念议题、宣传推动正式进入了具体实施阶段。为充分发挥标准化在推进"一带一路"建设中的基础和支撑作用，同年 10 月，推进"一带一路"建设工作领导小组办公室印发了《标准联通"一带一路"行动计划（2015～2017）》，12 月亚投行正式成立。至此，由中国提出的"一带一路"倡议的两大金融平台已经形成。2016 年，中欧班列建设发展规划被提出，与相关国家的政策对接合作规划落地实施。2017 年 5 月，《共建"一带一路"：理念、实践与中国的贡献》发布。同年 5 月，首届"一带一路"国际合作高峰论坛在京成功举办。这一系列的成果和实践都证明，"一带一路"倡议虽然由中国提出，但它并非中国自己的"独奏曲"，而是世界各国、各民族共

---

① 张宏志：《古路新生与民族复兴——从"一带一路"建设看中华民族伟大复兴的新征程》，《党的文献》2016 年第 6 期。

同参与的"交响乐",是致力于谋求各国、各民族共同利益的重要发展平台①。可以说,"一带一路"倡议绝不是空洞的口号,而是看得见、摸得着的具体举措,这一倡议的提出有其深厚的历史背景和现实的中国背景。

2. 与古丝绸之路的历史渊源

早在远古时期,天然险峻的地势和遥不可及的距离就不曾阻止人类对自然和社会的探索,欧亚大陆东西之间也并非人们想象中那样地隔绝。在尼罗河流域、两河流域、印度河流域和黄河流域之北的草原上,存在一条由众多彼此间不连续的小规模贸易路线衔接而成的草原之路,即早期丝绸之路的雏形。"丝绸之路"一词最早来自德国地理学家费迪南·冯·李希霍芬1877年出版的《中国——我的旅行成果》,亦可简称"丝路",一般指欧亚北部的商路,与南方的茶马古道形成对比,是西汉时张骞和东汉时班超出使西域开辟的以长安(今西安)、洛阳为起点,过甘肃、新疆,经中亚、西亚,并连接地中海各国的陆上通道。该条道路也被称为"陆上丝绸之路",以区别于日后另外两条以"丝绸之路"命名的交通路线。因为在这条路线西运的货物中以丝绸制品的影响最大,故得此名。其基本走向定于两汉时期,包括南道、中道、北道三条路线。

(1)北线:从长安(东汉时由洛阳至关中)出发,沿渭河至虢县(今宝鸡),过汧县(今陇县)后翻越六盘山,沿祖厉河,在靖远渡黄河至姑臧(今武威)。北线路程较短,沿途供给条件较差,是早期的路线。

(2)南线:从长安出发,沿渭河过陇关、上邽(今天水)、狄道(今临洮)、枹罕(今临夏),由永靖渡黄河,过西宁,越大斗拔谷(今扁都口)至张掖。南线沿途补给条件相对较好,但路程较长。

(3)中线:中线与南线前期路线相同,在上邽开始分道,过陇山,至金城郡(今兰州),渡黄河,溯庄浪河,翻乌鞘岭至姑臧。中线后来成为主要干线。

广义的"丝绸之路"指从上古时期开始陆续形成的、遍及欧亚大陆、繁盛时囊括北非和东非的长途商业贸易和文化交流线路的总称。因此,除了上述路线外,还包括在南北朝时期形成、在明末发挥巨大作用的海上丝绸之路和西北

---

① 田惠敏、曹红辉:《"一带一路"的动因与挑战》,《全球化》2015年第6期。

丝绸之路，以及在元末取代西北丝绸之路成为陆上交流通道的南方丝绸之路等。海上丝路起于秦汉，兴于隋唐，盛于宋元，明初达到顶峰，明朝中期由于海禁而日渐衰落。海上丝路的重要起点有番禺（后改称广州）、登州（今烟台）、扬州、明州、泉州、刘家港等。同一朝代的海上丝路起点可能有两处乃至更多。其中，广州和泉州位列众多港口规模前列。广州从秦汉至唐宋时期一直是中国最大的商港。明清时期实行海禁，广州借机发展成为中国唯一对外开放的港口。泉州发端于唐朝，宋元时期成为东方第一大港。历代海上丝路，亦可分三大航线。

（1）东洋航线由中国沿海港至朝鲜、日本。

（2）南洋航线由中国沿海港至东南亚诸国。

（3）西洋航线由中国沿海港至南亚、阿拉伯和东非沿海诸国。

丝绸之路的形成开辟了人类文明史的新纪元，也是古代东西方之间最长的国际交通路线，它由丝路沿线各国家和民族共同创造、共同受益、共同发展，见证了东西方物质文明和精神文明的交流和交融，也为当今中国与"一带一路"沿线各国的交流奠定了基础[①]。之所以说"一带一路"倡议起源于古丝绸之路，不仅仅是因为它们在地理范围上是高度重合的，还因为古丝绸之路的兴衰史，对于推进"一带一路"建设有着非常重要的启示作用。古丝绸之路深厚的历史积淀告诉我们，无论何时，经济的繁荣都会是引领者，和平稳定是重要的前提，互利共赢是最终的目的，而政府间的机制设计则是重要保障。"一带一路"汲取古丝绸之路重要的实践精华，主动发展与沿线国家的经济合作伙伴关系，致力于打造政治互信、经济融合、文化包容的利益共同体，这充分体现了古丝绸之路对于"一带一路"倡议实施的实践价值。另外，还因为古丝绸之路所传承下来的"团结互信、平等互利、包容互鉴、合作共赢，不同种族、不同信仰、不同文化背景的国家可以共享和平、共同发展"的丝路精神，符合当前各国人民的共同愿望，顺应时代发展潮流，是"一带一路"倡议所秉承的理念，也是倡议顺利实施的重大支撑。只不过不同的是，与古丝绸之路相比，"一带一路"倡议在内容和形

---

① 范映渊、张晓红：《"一带一路"历史演进的逻辑生成》，《青海社会科学》2016 年第 2 期。

式上已完全不可同日而语。

3. 倡议提出的现实背景

我国提出"一带一路"倡议并非偶然,而是进入新世纪以来,特别是后危机时代,中国经济内外发展环境发生深刻演变的产物。具体来说,包括以下四个层面的内容。

第一,新时期中国经济快速崛起与全球经济增长格局快速演变客观要求中国主动提出"一带一路"倡议。新中国成立以来,中国的综合国力和国际地位逐步提升,改革开放打开了中国的大门,"走出去"和"引进来"的战略为中国经济的腾飞插上了一双隐形的翅膀。进入 21 世纪,中国加入世界贸易组织,进一步密切了中国同世界各国的联系和交流。世界经济一体化为中国的发展提供了更为便利的条件,中国经济追赶发达国家的速度大幅提升,在全球经济版图中的地位和影响力空前提升。以 2005 年中国官方对经济前景的预测为例:预计到 2020 年,中国 GDP 将达到 4 万亿美元,人均GDP 将达到 3000 美元。但实际上,2014 年中国 GDP 就突破了 10 万亿美元,人均 GDP 超过 7000 美元。2018 年,中国 GDP 达到了 90.03 万亿元,人均GDP 更是上升至 6.46 万元,[①] 约合 9780 美元。

中国经济的追赶提速是 21 世纪初世界经济史上最重要的事件。作为世界上人口最多的国家,中国经济的快速发展改变了全球经济格局。2010 年,中国超越日本成为世界第二大经济体,此后一直稳居世界第二位。虽然位次没有改变,但在此期间中国占世界经济总量的比重持续提升:2012 年,中国 GDP 占世界总量的 11.4%;2018 年,中国 GDP 占世界总量的 15.9%。2006 年以来,中国对世界经济增长的贡献率已经连续 13 年稳居世界第一位,成为世界经济增长的第一引擎。进入 21 世纪,发达国家受深层结构问题制约,经济发展或复苏略显乏力,甚至徘徊于衰退的边缘,难以引领和带动全球经济的增长。而对比之下,广大发展中国家不仅对全球经济增长的实际贡献率明显提升,而且经济增长潜力巨大。全新的经济格局下,迫切需要

---

① 数据来源于国家统计局。

中国等发展中国家积极作为，应对上述趋势性转变，更加清晰并具有前瞻性地引领潮流转变，从而实现中国及亚洲乃至全球经济持续共同发展的目标。

第二，中国"遍地开花"的多边外交和国际合作为"一带一路"倡议的提出和实施奠定了基础。中国走进世界、拥抱世界、发展世界的愿景并非一朝一夕。如前所述，古代丝绸之路就是中国走向世界的见证。后来，虽久经风雨，历经各种磨难，但中国对外开放的战略导向始终未变。① 1994 年，中国国家领导人访问乌兹别克斯坦等中亚四国时就提出"共建现代丝绸之路，扩大亚欧文化交流"的主张，② 表示中国愿与中亚各国一道，致力于"用现代化的铁路把中亚国家紧密地联系起来，并通过这条纽带增进亚欧两大洲之间的联系"。1996 年，由联合国亚洲及太平洋经济社会委员会提出的《新钢铁丝路方案》明确指出，支持新亚欧大陆桥的建设。1998 年 10 月，从中国上海起步，向西至德国法兰克福，横穿中亚、西亚、东欧、西欧等 20 多个国家，全长 2700 公里，被誉为"现代通信丝绸之路"的亚欧陆地光缆系统全线开通。1999 年 8 月，中、俄、哈、吉、塔五国元首第四次会晤在吉尔吉斯斯坦首都比什凯克举行，中国领导人提出了推进地区经济合作与发展、推动复兴古老的丝绸之路的倡议。2000 年 7 月，由联合国开发计划署（UNDP）和中国举办的"新亚欧大陆桥东西部发展与合作战略研讨会"在中国河北省秦皇岛市召开。会议以西部大开发与新亚欧大陆桥的开发和开放为主题，针对相关问题进行了深入的研究和探讨，并联合发表了《秦皇岛宣言》。2007 年欧亚经济论坛上，中国同哈萨克斯坦、阿富汗等七国达成协议。协议指出，于 2008 年在中国与欧洲之间建立一条现代丝绸之路。2011 年 11 月，在第十四次中国与东盟领导人会议上，中国宣布将设立 30 亿元人民币的中国—东盟海上合作基金，致力于在此基础上逐步形成多层次、全方位、宽领域的海上合作格局。诸如此类的外交活动和国际合作不胜枚举，推动了中国越来越多地出现在世界众多国家的面前，逐渐向世界舞台

---

① 张业遂：《建设"一带一路"打造中国对外开放的"升级版"》，《中国发展观察》2014 年第 4 期。

② 《新亚欧大陆桥十五年发展历程》，大陆桥物流联盟公共信息平台，2012 年 7 月 13 日。

中央走近，这既是中国综合国力提升的体现，也是作为世界大国履行的大国责任与担当。这些合作增进了中国与"一带一路"沿线各国之间的深厚情谊，为"一带一路"倡议的提出和实施奠定了坚实的基础。

第三，"经营周边、稳定周边、和谐周边"的政策导向使得中国边境地区整体状况处于历史最好时期，邻国与中国加强合作的意愿普遍上升。中国周边国家，尤其是发展中国家在我国外交总体布局中始终处于首要地位。中国共产党第十四次全国代表大会指出，"我们同周边国家的睦邻友好关系处于新中国成立以来的最好时期"。十五大报告进一步将"睦邻友好"和"搁置争议，求同存异"作为中国的周边外交原则。十六大报告又在中国的周边外交政策中加入了"与邻为善、以邻为伴，加强区域合作"的意愿。十七大报告更是明确了中国周边外交原则，即"继续贯彻与邻为善、以邻为伴的周边外交方针，加强同周边国家的睦邻友好和务实合作，积极开展区域合作，共同营造和平稳定、平等互信、合作共赢的地区环境"。从上述政策中可以看出，中国非常重视以区域经济合作的方式进一步维护国家的边境环境。在此背景下，周边国家与中国的合作意愿稳步上升，"以经促政""经营周边"的外交主题为众多邻国与我国的政治、经济、文化等方面的合作奠定了坚实的基础。党的十八大报告赋予现有的周边外交方针更深层次的含义，"我们将坚持与邻为善、以邻为伴，巩固睦邻友好，深化互利合作，努力使自身发展更好惠及周边国家"，言外之意即要与周边国家共谋发展，而这正是"一带一路"倡议的本质。十九大报告又进一步将这一理念具体化，提出了合作共赢、构建人类命运共同体、构建新型国际关系、和平发展道路等概念，着力打造全球伙伴关系，寻求各国利益汇合点，充分体现了中国特色大国外交的鲜明特点，也是中国发展与世界大国、周边国家、发展中国家关系及开展多边外交、公共外交最重要的出发点。

第四，国内丰富的优势产能和外汇资产为"一带一路"倡议的落地提供了重要支撑。① 丰富的优势产能是中国情境下产业高速发展的结果。2015

---

① 安晓明：《我国"一带一路"研究脉络与进展》，《区域经济评论》2016 年第 2 期。

年 12 月，习近平总书记在中央经济工作会议提出"供给侧结构性改革"，标志着新时期中央对国家经济发展重大战略部署的序幕开启。供给侧结构性改革的主旨是释放新需求，创造新供给。这就要求不仅要优化产业结构、淘汰落后和无效产能、降低过剩产能，还要提高产品质量、增加社会需求，进而逐步实现供求关系在更高层次上的动态平衡。尤其需要强调的是，我国的过剩产能，不都是落后的产能，这其中包含大量的优势产能，例如钢铁、有色、轻工、纺织、玻璃等。这些企业"走出去"，不仅能有效将产能优势转化为建设水平高、技术相对成熟、质优价廉的内在竞争优势，提升企业国际竞争力，更重要的是，能够实现中国与沿线国家的互利合作、互利共赢。如何借助外部市场消化丰富的优势、优质产能，在实现我国制造业升级的同时，基于与沿线国家的产能契合点和强烈合作意愿来实现国际产能合作的良性互动成为党和国家需要思考的问题。此外，改革开放以来的经济发展使得我国拥有充裕的国民储蓄和外汇储备资源，开放宏观经济领域的特点为我国与沿线国家共建"一带一路"提供了关键的支撑作用。与此同时，"一带一路"沿线国家多为经济水平相对落后的发展中国家，通常面临着国内储蓄不足的境况。但大型基础设施建设项目一般资金投入密集、投资周期较长，这些国家自行解决基础设施建设短板面临着很多困难。实践上，可通过国际资本市场融资来解决国内储蓄不足的问题。世界银行、亚洲开发银行等国际金融机构也致力于这些方面并取得了一定的成绩，但仍远不能满足广大发展中国家摆脱贫困、谋求发展的现实需要。由于大规模基础设施建设需要大量先行投入与融资安排，且中国人口结构和发展阶段特点使得中国目前宏观经济结构呈现高储蓄、高投资的特点，最有能力协助广大发展中国家缓解储蓄与投资能力不足的瓶颈制约。从这个角度来讲，"一带一路"倡议在助力国际优势产能合作持续稳步推进的同时，更给其他发展中国家带来了发展机遇，助推其实现工业化、现代化的梦想，体现了中国的大国责任，是一种共赢的选择。

（二）"一带一路"倡议的意义

"一带一路"倡议是中国在"共商、共建、共赢"的原则下主动提出的旨在推动区域共同发展的倡议，是中国主动承担大国责任的体现，对中国和沿线国家的发展都具有重要的意义。

1. "一带一路"倡议有利于中国对外开放区域结构的转型升级

1978年，十一届三中全会的召开开启了中国改革开放的新征程。此后，中国先后建立了深圳、珠海、汕头、厦门和海南5个经济特区，开放了14个沿海港口城市（大连、秦皇岛、天津、烟台、青岛、连云港、南通、上海、宁波、温州、福州、广州、湛江、北海）和上海浦东新区，接着又相继开放了13个沿边、6个沿江和18个内陆省会城市，并建立了众多的特殊政策园区。这种对外开放格局的重点在东南沿海，广东、福建、江苏、浙江、上海等省市成为"领头羊"和最先受益者，拥有众多人口的广大中西部地区却获益甚少，这种对外开放格局在一定程度上导致了中国东、中、西部区域发展失衡。"一带一路"倡议，尤其是"一带"起始于西部，能够将西部众多欠发达地区与西亚和欧洲相连，这是我国对外开放地理格局的重大调整。①"一带一路"倡议能够为中西部地区这片有着2/3国土面积的区域经济发展提供强大的引擎，有利于中西部地区与东部地区一起承担中国"走出去"的重任。

2. "一带一路"倡议有利于中国与周边国家建立紧密的伙伴关系

中国地大物博，邻国众多，如何与邻国保持良好的伙伴关系是每个国家都会思考的问题。现阶段中国虽然与邻国关系已经较好，但只有在经济、政治、文化等层面建立合作伙伴关系，才能最大限度地避免冲突、实现共同发展。"一带一路"倡议以"政策沟通、设施联通、贸易畅通、资金融通、民心相通"为主要努力方向，旨在以中国经验推动国内和国际区域发展，这一倡议符合上海合作组织框架下区域经济合作发展的新方向。中国与上海合作组织内正式成员的中亚国家、俄罗斯等国家同样面临着发展经济的历史任务，而区域经济合作已逐渐成为该组织元首峰会和总理会议的重要议题。此外，"丝绸之路经济带"与欧亚经济共同体在某些功能上存在一定的互补

---

① 裴长洪、于燕：《"一带一路"建设与我国扩大开放》，《国际经贸探索》2015年第10期。

性。特别是欧亚经济共同体和上海合作组织部分成员国、观察员国分布在欧亚、南亚、西亚等，大都处于丝绸之路经济带，通过加强合作，沿线国家可获得更大发展空间。

3. "一带一路"倡议有利于将政治互信、地缘毗邻、经济互补等优势转化为务实合作、持续增长优势

"一带一路"是致力于推动区域经济平衡发展的合作框架，从整个国际视角而言，这一构想展现了中国推动区域经济平衡发展、谋求国家之间合作共赢的新理念、新蓝图、新途径和新模式。[①] "一带一路"倡议以构建平等互利、合作共赢的"利益共同体"和"命运共同体"为主旨，通过政策沟通、设施联通、贸易畅通、资金融通、民心相通等新途径，加强与沿线国家的交流和合作。中国自古以来就是崇尚和平发展的礼仪之邦，与邻国一直保持着密切的交往和合作，拥有政治互信的基础，且"一带一路"沿线国家多为发展中国家，部分与中国距离较近，拥有地缘毗邻、经济互补的优势。但由于综合国力、世界政治格局动荡等因素，以往中国与周围国家的合作并未充分利用这些优势。当今情境下，"一带一路"倡议将引导中国以带状经济、走廊经济、贸易便利化、技术援助、经济援助、经济一体化等各种可选择的方式与沿线国家共同推进欧亚区域经贸发展，这种创新的合作模式，有利于将政治互信、地缘毗邻、经济互补等优势转化为务实合作、持续增长的优势，有利于密切欧亚各国的经济联系，使得沿线国家乃至世界更多国家的相互合作更加深入，发展空间更加广阔。

4. "一带一路"倡议有利于中国更好地承担和履行大国责任和义务

当今围绕建立什么样的国际政治经济新秩序的斗争日益激烈。中国作为世界上最大的发展中国家，在坚持和平共处五项原则等前提下，始终坚持"亲、诚、惠、容"的周边外交理念以及"和平合作、开放包容、互学互鉴、互利共赢"的丝路精神。共建"一带一路"倡议源自中国，更属于世界，根植于历史，更面向未来，重点面向亚欧非大陆，同时向国际上所有伙

---

① 刘卫东：《"一带一路"战略的科学内涵与科学问题》，《地理科学进展》2015 年第 5 期。

伴开放。当今世界正处于大发展、大变革、大调整时期，和平、发展、合作仍是时代主流。建设"一带一路"，将让中国与世界更加紧密地联系在一起，推动更多国家或地区开展全方位合作，共克时艰、共创辉煌。这充分展示了中国主动参与国际事务的积极姿态和负责任大国的形象，表明中国将在力所能及的范围内承担起应负的责任与应尽的义务，为世界和平、繁荣与稳定做出更大贡献。

可以说，中国政府提出的"一带一路"倡议，不仅有利于推动中国自身经济和社会的全方位发展，而且惠及亚洲、欧洲、非洲乃至世界，对促进世界经济发展繁荣与和平进步具有深远意义。

二 "一带一路"倡议基本架构

《愿景与行动》指出，"一带一路"是促进沿线各国共同发展、共同繁荣的合作共赢之路，是增进理解信任、加强全方位交流的和平友谊之路。"一带一路"倡议沿线国家横跨亚、欧、非大陆，连接活跃的东亚经济圈和发达的欧洲经济圈，也为中部广大腹地国家的经济发展提供了充分的机遇。

（一）"一带一路"线路及版图

"一带一路"共有 5 条线路。其中，"一带"是指"丝绸之路经济带"，在陆地，有三个走向：一是从中国出发经中亚、俄罗斯到达欧洲；二是从中国出发经中亚、西亚至波斯湾、地中海；三是中国到东南亚、南亚、印度洋。"一路"是指"21 世纪海上丝绸之路"，重点方向有：一是从中国沿海港口过南海到印度洋，延伸至欧洲；二是从中国沿海港口过南海到南太平洋。

具体线路及沿线地区如下：

（1）北线 A：北美洲（美国、加拿大）—北太平洋—日本，韩国—日本海—扎鲁比诺港（海参崴、斯拉夫扬卡等）—珲春—延吉—吉林—长春

—蒙古国—俄罗斯—欧洲（北欧、中欧、东欧、西欧、南欧）；

（2）北线 B：北京—俄罗斯—德国—北欧；

（3）中线：北京—西安—乌鲁木齐—阿富汗—哈萨克斯坦—匈牙利—巴黎；

（4）南线：泉州—福州—广州—海口—北海—河内—吉隆坡—雅加达—科伦坡—加尔各答—内罗毕—雅典—威尼斯；

（5）中心线：连云港—郑州—西安—兰州—新疆—中亚—欧洲。

从上述线路可以看出，"一带一路"一端是发达的欧洲经济圈，另一端是极具潜力的东亚经济圈，两者的联通能够充分带动中亚、西亚、南亚以及东南亚的发展，并在一定程度上辐射到非洲地区。

（二）"一带一路"沿线国家

依据中国一带一路网，并结合相关学者的研究认为，除中国外，"一带一路"沿线主要国家共 64 个，按地理区位可分类如下。①

（1）东北亚（板块）2 国：蒙古国、俄罗斯；

（2）东南亚（板块）11 国：新加坡、印度尼西亚、马来西亚、泰国、越南、菲律宾、柬埔寨、缅甸、老挝、文莱、东帝汶；

（3）南亚（板块）8 国：印度、巴基斯坦、斯里兰卡、阿富汗、孟加拉国、尼泊尔、马尔代夫、不丹；

（4）西亚中东（板块）19 国：阿联酋、科威特、土耳其、卡塔尔、阿曼、黎巴嫩、沙特阿拉伯、巴林、以色列、也门、埃及、伊朗、约旦、叙利亚、伊拉克、巴勒斯坦、阿塞拜疆、格鲁吉亚、亚美尼亚；

（5）中东欧（板块）19 国：波兰、阿尔巴尼亚、爱沙尼亚、立陶宛、斯洛文尼亚、保加利亚、捷克、匈牙利、马其顿、塞尔维亚、罗马尼亚、斯洛伐克、克罗地亚、拉脱维亚、波黑、黑山、乌克兰、白俄罗斯、摩尔多瓦；

---

① 以下章节除特殊说明外，基本遵循这个分类方法。

（6）中亚（板块）5 国：哈萨克斯坦、吉尔吉斯斯坦、土库曼斯坦、塔吉克斯坦、乌兹别克斯坦。

（三）"一带一路"国内沿线区域及其定位

在"一带一路"终极版面中，圈定了国内重点涉及的 18 个省份，包括新疆、陕西、甘肃、宁夏、青海、内蒙古西北 6 省区，黑龙江、吉林、辽宁东北 3 省，广西、云南、西藏西南 3 省区，上海、福建、广东、浙江、海南 5 省市，内陆地区则是重庆。在推进"一带一路"建设中，中国意在因地制宜，充分发挥各地区的比较优势，实行更加积极主动的开放政策，加强东中西互动合作，全面提升开放型经济水平。

对于西北、东北地区，可积极发挥各省份的地理优势，如新疆作为向西开放的重要窗口，是国内省份与中亚、南亚、西亚等区域交流的重要门路，可以将其打造成"丝绸之路经济带"沿线国家之间重要的交通枢纽、商贸物流和文化科教中心；可充分发挥陕西、甘肃的综合经济文化优势和宁夏、青海的民族人文优势，将西安打造为内陆型改革开放的典范；可以加快兰州、西宁等城市的开发开放，推动宁夏内陆开放型经济试验区建设；可以充分发挥内蒙古与俄罗斯交界的地理优势，加强其与俄罗斯的交流和合作；可以完善黑龙江对俄铁路通道和区域铁路网，以及黑龙江、吉林、辽宁与俄远东地区陆海联运合作，推进构建北京—莫斯科欧亚高速运输走廊，建设向北开放的重要窗口。

对于西南地区，可以充分利用广西与东盟国家陆海相邻的地理优势，加快北部湾经济区和珠江—西江经济带开放发展，构建面向东盟区域的国际通道，打造西南、中南地区开放发展新的战略支点以及"21 世纪海上丝绸之路"与"丝绸之路经济带"有机衔接的重要通道；可以发挥云南的地理优势，大力推进云南与周边国家的国际运输通道建设，打造大湄公河次区域经济合作新高地，建成面向南亚、东南亚的辐射中心；还可以推进西藏与周边国家的边境贸易和旅游、文化合作。

对于沿海和港澳台地区，可以利用长三角、珠三角、海峡西岸、环渤海等经济区开放程度高、经济实力强、辐射带动作用大的优势，加快推进中国

（上海）自由贸易试验区建设，支持福建建设"21世纪海上丝绸之路"核心区；可以充分发挥深圳前海、广州南沙、珠海横琴、福建平潭等开放合作区作用，深化与港澳台合作，打造粤港澳大湾区；推进浙江海洋经济发展示范区、福建海峡蓝色经济试验区和舟山群岛新区建设，加大海南国际旅游岛开发开放力度；加快上海、天津、宁波—舟山、广州、深圳、湛江、汕头、青岛、烟台、大连、福州、厦门、泉州、海口、三亚等沿海城市港口建设，强化上海、广州等国际枢纽机场功能。以扩大开放倒逼深层次改革，创新开放型经济体制机制，加大科技创新力度，形成参与和引领国际合作竞争新优势，使其成为"一带一路"特别是"21世纪海上丝绸之路"建设的"排头兵"和"主力军"；发挥海外侨胞以及香港、澳门特别行政区独特优势，积极参与和助力"一带一路"建设，为台湾地区参与"一带一路"建设做出妥善安排。

对于其他内陆地区，可以充分利用内陆地区的人力、资源以及产业基础等方面的优势，依托长江中游城市群、成渝城市群、中原城市群、呼包鄂榆城市群、哈长城市群等重点区域，推动重庆、成都、郑州、武汉、长沙、南昌、合肥等内陆开放型区域的互动合作和产业集聚发展；加快推动长江中上游地区和俄罗斯伏尔加河沿岸联邦区的合作。建立健全中欧通道铁路运输、口岸通关协调机制，打造"中欧班列"品牌，建设沟通境内外、连接东中西的运输通道；支持郑州、西安等内陆城市建设航空港、国际陆港，加强内陆口岸与沿海、沿边口岸通关合作，开展跨境贸易电子商务服务试点。优化海关特殊监管区域布局，创新加工贸易模式，深化与沿线国家的产业合作。

（四）"一带一路"建设成就

自2013年底提出以来，"一带一路"倡议得到了越来越多国家的认可，在政策沟通、设施联通、贸易畅通、资金融通、民心相通方面均取得了一系列成果。[①]

---

① 数据来源于中国一带一路网。

1. 政策沟通

自倡议提出以来，中国政府一直致力于积极推动"一带一路"建设，不断加强与沿线国家的沟通磋商，积极推动与沿线国家的务实合作。截至2019年8月底，已有136个国家或地区以及30个国际组织与中国签署了195份共建"一带一路"合作文件。① 商签范围由亚欧地区扩展至非洲、拉美、南太平洋、西欧等相关国家或地区。同时与诸多国家实现了规划对接，如哈萨克斯坦的"光明之路"、俄罗斯的"欧亚经济联盟"、匈牙利的"向东开放"、菲律宾的"大建特建计划"、蒙古国的"发展之路"以及印尼的"全球海洋支点"等。此外，中国还积极推动与合作基础坚实、合作体量较大、合作意愿强烈的国家联合制定合作计划；成功举办了两届"一带一路"国际合作高峰论坛，并且同首届论坛相比，第二届论坛的规模更大、内容更丰富、参与国家更多、成果更丰硕。

2. 设施联通

中老铁路、中泰铁路、雅万高铁、匈塞铁路等项目有序推进。瓜达尔港、汉班托塔港、哈利法港等港口建设稳步进行。空中丝绸之路建设加快，目前我国已与126个国家或地区签署了双边政府间航空运输协定。此外，与沿线国家在能源、资源、通信设施建设方面的合作力度同步加强，中俄原油管道、中国—中亚天然气管道保持稳定运营，中缅油气管道全线贯通。六大经济走廊均取得重要进展，以中巴经济走廊为例，截至2018年底，走廊框架下已启动或建成项目19个，总投资接近200亿美元；截至2019年6月底，中欧班列累计开行数量近1.7万列，国内开行城市达62个，境外联通16个国家的53个城市。

3. 贸易畅通

在贸易投资方面，中国与沿线国家贸易额占外贸总额的比重逐年攀升。2013～2018年，中国与"一带一路"沿线国家货物贸易额超过6万亿美元，该贸易额占中国外贸总额的比重由2013年的25%提升到2018年

---

① 数据来源于中国一带一路网、国家统计局，下同。

的 27.4%。在此期间，中国与"一带一路"沿线 50 多个国家签署了双边投资协定，在很大程度上促进了双向投资升级，中国对"一带一路"沿线国家直接投资额超过了 900 亿美元。在海上丝绸之路沿线贸易方面，如表 1-1 所示，根据海上丝路贸易指数（Maritime Silk Road Trade Index）可知，"一带一路"倡议提出至今，中国海上丝路对外贸易总体呈现上升趋势。2019 年 8 月，海上丝路贸易指数中进出口贸易指数为 138.05，出口贸易指数为 148.92，进口贸易指数为 126.99。三者与 2014 年和 2015 年的数据相比均有明显的上升。2019 年 1~8 月，中国进出口贸易总额 29536.81 亿美元，同比下跌 2%。其中，出口贸易总额 16079.70 亿美元，同比上涨 0.40%，进口贸易总额 13457.11 亿美元，同比下跌 4.73%，贸易顺差额 2622.59 亿美元，同比上涨 38.73%。如图 1-1 所示，从"一带一路"海上航贸指数可知，2017 年 7 月至 2019 年 12 月，"一带一路"贸易额指数和货运量指数总体均呈动态缓慢上升趋势，海上丝绸之路运价指数则维持平稳。

表 1-1 2014 年 1 月至 2019 年 8 月海上丝路贸易指数

时间	进出口贸易指数	出口贸易指数	进口贸易指数	时间	进出口贸易指数	出口贸易指数	进口贸易指数
2014 年 1 月	133.61	143.54	123.49	2016 年 1 月	98.60	117.44	79.42
2014 年 2 月	87.67	79.07	96.41	2016 年 2 月	75.28	84.38	66.02
2014 年 3 月	116.11	117.87	114.32	2016 年 3 月	99.77	107.53	91.86
2014 年 4 月	125.29	130.67	119.81	2016 年 4 月	102.65	115.57	89.49
2014 年 5 月	124.13	135.62	112.45	2016 年 5 月	107.21	121.82	92.34
2014 年 6 月	119.47	129.49	109.28	2016 年 6 月	107.66	122.44	92.62
2014 年 7 月	132.24	147.51	116.70	2016 年 7 月	109.45	125.26	93.36
2014 年 8 月	128.29	144.45	111.85	2016 年 8 月	114.55	130.92	97.90
2014 年 9 月	138.47	148.08	128.69	2016 年 9 月	114.16	127.18	100.91
2014 年 10 月	128.65	143.36	113.68	2016 年 10 月	106.84	122.60	90.79
2014 年 11 月	128.83	146.69	110.65	2016 年 11 月	120.31	134.20	106.18

续表

时间	进出口贸易指数	出口贸易指数	进口贸易指数	时间	进出口贸易指数	出口贸易指数	进口贸易指数
2014 年 12 月	141.64	157.69	125.31	2016 年 12 月	132.39	144.97	119.58
2015 年 1 月	119.05	138.58	99.18	2017 年 1 月	109.06	124.99	92.86
2015 年 2 月	97.03	117.14	76.56	2017 年 2 月	86.95	82.40	91.58
2015 年 3 月	100.00	100.00	100.00	2017 年 3 月	117.43	124.27	110.46
2015 年 4 月	111.42	121.96	100.69	2017 年 4 月	111.56	123.25	99.67
2015 年 5 月	112.06	130.90	92.89	2017 年 5 月	118.29	131.10	105.26
2015 年 6 月	116.77	131.41	101.86	2017 年 6 月	121.80	135.03	108.34
2015 年 7 月	120.46	133.92	106.77	2017 年 7 月	118.69	133.20	103.92
2015 年 8 月	116.32	136.00	96.30	2017 年 8 月	124.51	137.31	111.49
2015 年 9 月	122.49	142.08	102.55	2017 年 9 月	128.87	137.24	120.36
2015 年 10 月	113.00	133.25	92.39	2017 年 10 月	118.52	130.28	106.55
2015 年 11 月	118.65	136.31	100.68	2017 年 11 月	137.52	149.64	125.18
2015 年 12 月	135.24	154.70	115.43	2017 年 12 月	143.11	160.53	125.37
2018 年 1 月	133.11	138.31	127.82	2018 年 11 月	142.26	155.52	128.75
2018 年 2 月	108.06	118.31	97.63	2018 年 12 月	134.66	153.18	115.80
2018 年 3 月	123.65	120.57	126.79	2019 年 1 月	138.48	150.84	125.90
2018 年 4 月	129.97	137.93	121.87	2019 年 2 月	93.15	93.76	92.52
2018 年 5 月	139.81	146.71	132.79	2019 年 3 月	127.54	137.74	117.15
2018 年 6 月	136.50	149.49	123.28	2019 年 4 月	130.49	134.15	126.77
2018 年 7 月	140.37	148.65	131.93	2019 年 5 月	135.00	148.26	121.50
2018 年 8 月	142.58	150.42	134.60	2019 年 6 月	131.03	147.56	114.21
2018 年 9 月	147.06	156.28	137.67	2019 年 7 月	139.19	153.59	124.53
2018 年 10 月	138.66	148.92	128.22	2019 年 8 月	138.05	148.92	126.99

注：海上丝路贸易指数由宁波航运交易所开发编制，数据来源于海关月度进出口贸易数据，由出口贸易指数、进口贸易指数、进出口贸易指数构成，并从总体贸易指数、区域贸易指数、特类贸易指数等不同方面衡量中国对外经贸发展水平，反映中国对外贸易发展变化趋势。该指数以 2015 年 3 月为基期，基点为 100，每月发布。

资料来源：宁波航运交易所。

中国国际进口博览会成功举办，共有 172 个国家或地区以及国际组织参与，3617 家企业参展，超 80 万人次进馆洽谈采购，成交总额超过 578 亿美元；与此同时，中国积极推动境外园区合作，中国各类企业遵循市场化、法

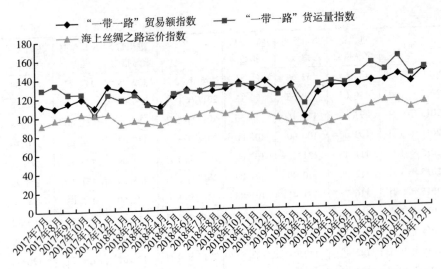

图 1-1 2017 年 7 月至 2019 年 12 月"一带一路"海上航贸指数变化

资料来源：上海航运交易所。

制化原则，自主赴"一带一路"沿线国家共建合作园区，如中白工业园、中阿（阿联酋）产能合作园、中埃苏伊士合作区等，在加强与沿线国家投资合作的同时，也为沿线国家创造了新的税收来源和就业渠道。

4. 资金融通

中国金融机构围绕推动构建长期、稳定、可持续、风险可控的多元化融资体系，致力于为"一带一路"建设项目提供充足、安全的资金保障。为此，国家制定和发布了《"一带一路"债务可持续性分析框架》，成立了多边开发融资合作中心。设立丝路基金、发起成立亚投行，推动各类银行和保险机构等为"一带一路"建设项目提供资金支持。据统计，截至 2019 年 6 月底，中国出口信用保险公司在"一带一路"沿线国家累计实现保额约 7704 亿美元，支付赔款约 28.7 亿美元，丝路基金实际出资额近 100 亿美元。在人民币国际化方面，我国先后与 21 个沿线国家建立双边本币互换安排，与 7 个沿线国家建立了人民币清算安排，与 35 个沿线国家的金融监管当局签署了合作文件。人民币国际支付、投资、交易、储备功能稳步提高，人民币跨境支付系统（CIPS）业务范围已覆盖 60 多个沿线国家或地区。

5. 民心相通

中国与"一带一路"沿线国家人文交流合作不断深入。积极推动与沿线国家互办艺术节、电影节、音乐节、文物展、图书展等活动,合作开展图书广播电视精品创作和互译互播;"一带一路"新闻合作联盟建设积极推进,联盟理事会由来自25个国家的40家主流媒体组成。目前,丝绸之路沿线国家民间组织合作网络成员达300余家,成为推动民间友好合作的重要平台。香港、澳门特别行政区设立共建"一带一路"相关奖学金。在科技创新合作方面,中国发起成立"一带一路"国际科学组织联盟,成立科技伙伴计划,先后启动中国—东盟、中国—南亚等科技伙伴计划。在区域技术转移平台建设上,我国先后与东盟、南亚、阿拉伯国家、中亚、中东欧共建5个技术转移平台;在对外援助方面,首届高峰论坛以来,中国向沿线发展中国家提供20亿元人民币紧急粮食援助,向南南合作援助基金增资10亿美元,在沿线国家实施"幸福家园""爱心助困""康复助医"等项目各100个。

(五)"一带一路"峰会及取得的成就

"一带一路"倡议提出至今,已成功举办两届"一带一路"峰会,取得了一系列成果,参与国家越来越多,影响力越来越大。

首届"一带一路"国际合作高峰论坛于2017年5月14日至15日在北京举行。此次论坛的主题是"加强国际合作,共建'一带一路',实现共赢发展",共有来自100多个国家的1500多名各界嘉宾参会。论坛期间,达成五大类76大项279项具体成果,包括签署多项合作协议、达成多个合作项目、提出一系列合作举措等。在展现中国担当方面,中国政府承诺,向丝路基金新增资金1000亿元人民币,中国国家开发银行将提供2500亿元等值人民币专项贷款,鼓励国内金融机构开展人民币海外基金业务,规模预计约3000亿元人民币,进出口银行将提供1300亿元等值人民币专项贷款;向30多个国家签署经贸合作协议,同时承诺从2018年起举办中国国际进口博览会;为沿线发展中国家带来发展利好:包括未来三年向参与"一带一路"

建设的发展中国家和国际组织提供 600 亿元人民币资助，向沿线发展中国家提供 20 亿元人民币紧急粮食援助，在沿线国家实施 100 个"幸福家园"、100 个"爱心助困"、100 个"康复助医"等项目，向有关国际组织提供 10 亿美元落实一批惠及沿线国家的合作项目，向南南合作援助基金增资 10 亿美元；加强创新合作，促进人文交流，未来五年内安排 2500 人次青年科学家来华从事短期科研工作，培训 5000 人次科学技术和管理人员，投入运行 50 家联合实验室，建设丝绸之路沿线国家民间组织合作网络，打造新闻合作联盟、音乐教育联盟等其他人文合作新平台等。

2019 年 4 月 25～27 日，第二届"一带一路"国际合作高峰论坛在北京举行。此次高峰论坛的主题是"共建'一带一路'、开创美好未来"，包括近 40 位外方领导人在内的上百位国家代表与会。中国国家主席习近平出席了会议。论坛期间，各国政府、地方、企业等达成一系列合作共识、重要举措及务实成果，中国作为东道国对其中具有代表性的一些成果进行了梳理和汇总，形成了第二届高峰论坛成果清单。清单包括中方推出的举措或发起的合作倡议，在高峰论坛期间或前夕签署的多双边合作文件，在高峰论坛框架下建立的多边合作平台、投资类项目及项目清单、融资类项目、中外地方政府和企业开展的合作项目，共 6 大类 283 项。① 其中，中方打出的举措或发起的合作倡议 26 项，在高峰论坛期间或前夕签署的多双边合作文件 42 项，在高峰论坛框架下建立的多边合作平台 27 个，投资类项目及项目清单 17 项，融资类项目 4 项，中外地方政府和企业开展的合作项目 16 项。

三　本章小结

"一带一路"倡议起源于中国古丝绸之路，以传承丝路精神为理念，旨在推动沿线国家互利共赢、共同发展，它抓住互联互通这个关键环节，聚焦经济合作特别是基础设施建设，契合沿线国家或地区的发展需要，体现着沿

---

① http://www.beltandroadforum.org/n100/2019/0427/c24-1310.html.

线各国开放合作的宏大经济愿景,对中国自身和世界经济的发展都具有十分重要的意义。提出至今,"一带一路"倡议在"五通"方面都取得了丰硕的成果。这一系列成果充分体现了"一带一路"倡议在推动区域平衡发展、谋求沿线各国人民共同利益方面的带动作用。未来,"一带一路"倡议将继续充分依靠中国与有关国家既有的双多边机制,根据党的十九大提出的外交政策,借助国内外已有的区域合作平台,高举和平发展的旗帜,全方位、宽领域、多层次地积极推进与沿线国家的经济、文化等合作,共同打造政治互信、经济融合、文化包容的利益共同体、命运共同体和责任共同体。"一带一路"平台的未来,值得全世界期待。

本章主要参考文献

安晓明:《我国"一带一路"研究脉络与进展》,《区域经济评论》2016年第2期。

范映渊、张晓红:《"一带一路"历史演进的逻辑生成》,《青海社会科学》2016年第2期。

裴长洪、于燕:《"一带一路"建设与我国扩大开放》,《国际经贸探索》2015年第10期。

田惠敏、曹红辉:《"一带一路"的动因与挑战》,《全球化》2015年第6期。

张宏志:《古路新生与民族复兴——从"一带一路"建设看中华民族伟大复兴的新征程》,《党的文献》2016年第6期。

张业遂:《建设"一带一路"打造中国对外开放的"升级版"》,《中国发展观察》2014年第4期。

第二章 "一带一路"倡议助力区域发展再平衡

党的十九大报告提出，当前我国社会的主要矛盾已从"人民日益增长的物质文化需要同落后的社会生产之间的矛盾"转化为"人民日益增长的美好生活需要和不平衡不充分的发展之间的矛盾"。由此可见，不平衡不充分的发展已经成为当今制约我国社会发展的重要障碍。因此，如何依靠更加有力的机制设计推动我国区域平衡发展，成为我国当代经济、社会发展中亟须解决的重大问题。历史上，我国提出过多项促进国内区域平衡发展的战略举措，并取得了一定的成效，如东北振兴、西部大开发、中部崛起等，[①] 但随着经济全球化的深入和我国综合国力、国际地位的提升，大国责任引导我国不仅要关注自身的平衡发展，还要帮助后发展国家经济发展，从而推动世界经济的平衡、充分发展。"一带一路"倡议的提出恰好迎合了这种需求，对于推动世界经济的平衡发展均具有一定的作用和意义。

一 国内区域发展不平衡、不充分

在中国情境下，区域发展不平衡、不充分首先是指经济发展的不平衡影响了全国各族人民共享发展成果，其次表现为我国在政治、经济、社会、文化等领域的发展还不够完善，需要进一步推进改革，深化发展。党的十七届三中全会之后，我国实施了城乡一体化政策，取得了一定成果，在经济、社会、文化、生态、空间等各方全面协调发展的进程中，区域发展不平衡问题

---

① 覃成林、张华、张技辉：《中国区域发展不平衡的新趋势及成因——基于人口加权变异系数的测度及其空间和产业二重分解》，《中国工业经济》2011 年第 10 期。

明显减小。2018 年，我国城镇常住人口 83137 万人，比上年末增加 1790 万人；乡村常住人口 56401 万人，减少 1260 万人；城镇人口占总人口的比重（即城镇化率）达到 59.58%，比上年末提高了 1.06 个百分点。然而，不可否认的是，我国各省（自治区、直辖市）区域差异依然存在，并且在全面建成小康社会的今天，该问题日益凸显。由此，充分认识我国区域发展不平衡、不充分问题的内涵、表现及其所产生的原因对于总结以往区域平衡发展举措的成功经验显得尤为重要。

（一）区域发展不平衡、不充分的内涵

"不平衡"意指我国在经济发展过程中出现的不平衡问题，集中表现在供需不平衡、区域不平衡、产业不平衡、城乡不平衡、收入不平衡等方面。我国经济发展的"不平衡"首先体现在区域之间不平衡。[①] 在我国经济高速发展的今天，区域不平衡在经济结构转型、技术进步、经济全球化等多种因素的推动下，呈现出不断加重的趋势。我国幅员辽阔，各地区资源禀赋、基础状况、政策条件等差异较大，不平衡的发展不仅表现在地区之间经济发展水平差距拉大，还表现为产业结构、福利水平、发展能力、资源利用能力、居民收入等方面差距的拉大，致使相对偏远、落后地区陷入低水平发展"陷阱"的可能性攀升；[②] 同时，发展条件相对较好的地区又可能由于经济和人口活动的过度聚集而引发更加严重的生态环境恶化、交通拥堵、产能过剩等问题。现阶段，如何实现区域平衡发展已成为区域经济理论和区域政策领域中的重要议题，如欧盟建立的凝聚政策（Cohesion Policy）框架、韩国的平衡经济发展政策（Balanced Economic Development）、土耳其的一体化城市发展战略（Integrated Urban Development Strategy 2010－2020）、日本 2050 空间发展战略等。这些战略除了在缩小地区人均 GDP 差距方面制定政策外，

---

① 暴元：《中国区域经济发展不平衡的原因及对策》，《河南师范大学学报》（哲学社会科学版）2008 年第 1 期。
② 杨荫凯、刘利、杨俊涛：《我国区域发展不平衡的基本现状与缓解对策》，《中国经贸导刊》2010 年第 13 期。

更强调的是促进区域公平，释放和开发更多地区的增长潜能，从而带动整个国家经济增长。然而，由于不同国家区域发展的现状和阶段不同，区域发展的内涵和目标也有所差异。根据我国的现实国情，以及国家中长期战略发展目标，参考孙志燕和侯永志①的观点，我们认为区域平衡发展的内涵可概括为以下三个层面。

一是各地区发展成果的空间平衡。区域平衡发展的含义并非仅指地区人均 GDP，更强调的是经济发展成果在不同空间的平衡分布，即公平地共享发展成果。目前，这种均衡实现的途径主要有两种：一种是推动人口的空间流动，使其流动方向与经济集聚的方向趋于一致；另一种是提高相对落后地区的公共服务和经济发展水平，使其与经济发达地区的经济、公共服务、社会福利等水平相对一致。②

二是各地区发展能力的空间平衡。发展能力不平衡的原因主要体现在各地区的区位条件和资源禀赋不同。③ 地区发展能力的衡量指标包括财政能力、地方治理能力、战略规划制定能力等。这些能力在区域间的空间不平衡需要通过相应的政策干预来调节，以提升相对落后地区的发展能力，引导资源要素在不同发展水平的地区之间更为合理地流动，从而打破要素在特定空间上的循环累积和规模集聚，形成更加稳定、可持续的均衡发展状态。

三是各地区发展机会的平衡。我国幅员辽阔，不同地区间资源禀赋、区位条件等不同，进而拥有不同的发展路径，但这并不意味着发展权利和机会的不同。我国经济发展的现实状况显示，相对落后地区的状况是多方面因素综合影响的结果。因此，国家应致力于从政策导向和资源配置上，为不同地区，尤其是欠发达地区创造和争取更加平等的发展机会，使得各地区均能根

---

① 孙志燕、侯永志：《对我国区域不平衡发展的多视角观察和政策应对》，《管理世界》2019年第8期。

② 孙久文、石林：《我国区域经济发展不平衡的表现、原因及治理对策》，《治理现代化研究》2018年第5期。

③ 何雄浪、胡运禄、杨林：《市场规模、要素禀赋与中国区域经济非均衡发展》，《财贸研究》2013年第1期。

据实际释放自身发展潜力。[①]

我国发展的"不充分"包含多层含义，如生产力发展不充分、资源和能源未得到充分利用、科技创新能力不充分等。[②] 基本国情决定了我国在许多方面的发展是不充分的。首先，生产力发展不充分。我国目前正处于并将长期处于社会主义初级阶段，改革开放40多年来的发展成果虽然显著提升了我国的经济水平和国际地位，但现阶段我国生产力总体水平依然偏低，社会主义市场经济体制还不健全，市场发育还不充分，这是我国当前的现实国情。其次，高新技术发展不充分。当前，我国基因技术、杂交水稻培育技术、航空航天技术、高铁等领域的科技水平位居全球前列，但高新技术的总体发展水平还相对落后，原始创新和系统集成创新能力还不够强，核心关键技术的自主知识产权占有率虽比之前有较大提升，但仍然偏低，拥有自主知识产权核心技术的企业不多，大量的核心关键技术依然要靠进口。2018年美国制裁中兴事件用铁一般的事实证明，高新技术原始创新的不充分严重制约着我国企业的发展。再次，资源能源利用不充分。以能源利用为例，根据相关统计，我国单位GNP的能源消费量是西方发达国家能源消费量的4~14倍，其中主要耗能产品的单位能耗与工业发达国家的差距更大。此外，资源能源利用不充分的另一个弊端就是环境污染问题。党的十九大报告指出，要把我国建设成为富强、民主、文明、和谐、美丽的社会主义现代化国家，而美丽就意指环境的改善，且国家近些年对于环保新能源的发展也体现了解决资源能源利用不充分的迫切性和必要性。最后，民生工程发展不充分。我国是一个人口大国，资源的限制致使住房、医疗、教育、就业、养老等民生问题发展不充分，新时期，我国社会的主要矛盾已转化为"人民日益增长的美好生活需要和不平衡不充分的发展之间的矛盾"，可见，新时期人们对民主、法治、公平、正义、安

[①] 孙志燕、侯永志：《对我国区域不平衡发展的多视角观察和政策应对》，《管理世界》2019年第8期。

[②] 蒋永穆、周宇晗：《着力破解经济发展不平衡不充分的问题》，《四川大学学报》（哲学社会科学版）2018年第1期。

全、环境等方面的需求日益增长和急迫，因此保障和改善民生仍然是我国发展过程中需要高度关注的问题。

（二）区域发展不平衡、不充分的表现

近些年，经济全球化的深入以及技术革命和国际分工结构的变化推动了我国地区发展差距的拉大，并出现一些新的特征。现阶段我国经济发展的不平衡、不充分的表现除了在经济发展水平和经济增长活力方面存在显著差距之外，在资本和劳动力等要素的流动和布局、地区间居民收入和福利水平以及地区发展能力等方面也逐渐出现了更显著的分化和结构性不平衡。

1. 区域经济总量和增速发展差距较大，不同地区经济增长活力差异显著

2018 年，中国 GDP 突破 90 万亿元。[①] 作为龙头省份的广东（9.73 万亿元）、江苏（9.26 万亿元）双双突破 9 万亿元，排全国地区生产总值前两位，且广东离 10 万亿元只有一步之遥。广东地理位置优越，对外开放程度高，"第三产业增加值"、"高技术产业主营业务收入"以及"高技术产品出口额"等多项指标排名都居全国第一位。江苏地理位置虽不如沿海地区优越，但其民营经济发展模式较为成熟，这也为全省经济高质量发展奠定了基础。西南地区是中国整体经济实力较弱、地理地形最复杂、少数民族最多的地区，在我国经济新常态下，其抗压能力反而表现出色，2018 年，全国GDP 实际增速为 6.6%，增速排名前三位的西藏、贵州和云南都属于西南地区，这得益于西部大开发等国家战略以及旅游、大数据等新业态的兴起。相比之下，辽宁、吉林、内蒙古则分别以 4.5%、5.0%、5.7% 的实际增速位居倒数第二、第三、第五位。京津冀三省市中，北京和河北均以 6.6% 的增速持平于全国平均水平，而天津则以 3.6% 的实际增长水平居末位，这也是京津冀地区生产总值在全国所占比重进一步下降的原因。这些数据显示，我国南北地区生产总值增速差异明显，南方省份经济增速明显快于北方省份。政策导向、发展模式、资源禀赋等原因导致区域经济增长活力差异显著。

[①] 数据来源于国家统计局和地方统计局，下同。

2. 劳动力、资本等要素在空间上非均衡流动,城乡经济发展不平衡

由于新技术和新产业的兴起,我国劳动力、资本等要素在空间上的非均衡流动成为热点问题。从劳动力要素空间流向来看,根据 26 个省份公布的人口数据推算,2018 年,人口净流入量在 10 万人以上的省份有广东(84.24 万人)、浙江(49 万人)、安徽(28.23 万人)、重庆(15.88 万人)和陕西(11.9 万人)。根据各省份统计年鉴,2018 年,全国净流出人口最多的 10 个城市如表 2-1 所示,人口大省河南、安徽以及自然条件较差的贵州和重庆是人口流出的主要地区。从资本投资空间流向的总体趋势来看,2010 ~ 2017 年,全社会固定资产投资新增部分中,流向山东、江苏和河南等省份的比例达到 25%。从各地新增全社会固定资产投资占全国的比重来看,排后 10 位的省份所占比重之和仍低于 10%。这进一步表明资本在空间上集聚的趋势逐步增强,而先发地区在要素集聚方面具有的先发优势会更加明显。

表 2-1 2018 年全国净流出人口排前 10 位的城市

单位:万人

排名	城市	所属省份	户籍人口	常住人口	外流人口
1	重庆	重庆	3372.00	3016.50	-355.50
2	周口	河南	1149.00	882.07	-266.93
3	阜阳	安徽	1061.50	799.10	-262.40
4	信阳	河南	875.17	644.36	-230.81
5	毕节	贵州	852.00	652.00	-200.00
6	商丘	河南	915.12	728.17	-186.95
7	茂名	广东	798.85	612.32	-186.53
8	驻马店	河南	797.13	614.45	-182.68
9	遵义	贵州	792.70	619.21	-173.49
10	徐州	江苏	1041.39	871.00	-170.39

资料来源:各省份统计年鉴、统计公报。

城镇居民人均可支配收入和农村居民人均可支配收入是衡量城乡发展水平的最直接指标。[1] 2013 ~ 2018 年,我国城乡人均可支配收入情况如

---

[1] 吴先华、王志燕、雷刚:《城市统筹发展水平评价——以山东省为例》,《经济地理》2010 年第 4 期。

图 2 – 1 所示。虽然我国农村居民人均可支配收入增长相对较快，城乡差距不断缩小，但近 3 倍的差距表明，我国依然面临着较为严峻的城乡发展不平衡、不充分问题。[①] 城乡发展不平衡、不充分的衡量指标除了人均可支配收入外，还体现在城乡公共服务水平上。当前我国城乡在教育服务、医疗服务、社会保障、公共基础设施等方面也存在一定差距。以城乡医疗服务水平为例，2018 年，城市每万人医疗机构床位数为 87.54 张，农村每万人医疗机构床位数仅为 41.87 张；2018 年我国卫生人员数总计 1230.03 万人，乡村医生和卫生员数仅为 90.71 万人。

图 2 – 1　2013～2018 年城乡居民人均可支配收入

3. 区域产业结构不平衡，地方财政支出的结构性不平衡加大了发展能力的差距

受产业转型升级的推动，我国东部地区在经济结构调整、产业结构升级中的引领作用更为凸显。当前，我国经济由高速发展向次高速发展的过程中东部地区弹性相对更大，已经成为服务业和现代工业的领航者。以北京为例，2018 年地区生产总值增加值为 30320.0 亿元，第三产业增加值为 24553.6 亿元，占全市生产总值的比重达到 80.98%。其中，金融业，信息传输、软件和信息技术服务业，科学研究和技术服务业的增加值分别为

①　王素斋：《科学发展观视域下中国新型城镇化发展模式研究》，南开大学博士论文，2014。

3859亿元、5084.6亿元、3223.9亿元，三个行业的贡献率达40.13%。上海市2018年生产总值为32679.87亿元，第三产业增加值22842.96亿元，增长8.7%。第三产业增加值占上海市生产总值的比重为69.9%，比上年提高0.7个百分点。全年战略性新兴产业增加值5461.91亿元，战略性新兴产业的增加值占上海生产总值的比重达16.7%，比上年提高0.3个百分点。东部地区工业发展态势良好，江苏省工业利润位居全国第一。与此同时，受资源禀赋、地理区位、国家发展战略、地区发展模式等因素的影响，我国西部地区经济发展相对落后，第三产业及战略性新兴产业占比较小，产业转型升级较慢。以甘肃省为例，全年全省地区生产总值8246.1亿元，其中第一产业增加值921.3亿元，第二产业增加值2794.7亿元。由于能源资源较为丰富，甘肃省传统产业占比仍在45%以上，新兴产业发展态势较弱。

由于经济发展水平差距的拉大，地方用于公共服务的财政支出也出现了结构性分化。对比一般公共服务中的教育、医疗、文化、社会保障以及就业的人均财政支出可以发现，不同地区文化领域的财政支出差距最大，最高省份大约是最低省份的9.5倍；其次是社会保障和就业领域，总体表现为地方用于公共服务的财政支出与当地经济发展水平成正比，这在一定程度上反映出不同地区用于支撑经济发展（如人力资本和基础设施投资）的基础能力，尤其是财政支出能力存在严重的不平衡现象。以互联网基础设施为例，根据中国互联网发展报告显示，2018年，全国互联网普及率达57.7%，其中互联网普及率排前六名的省市为分别为北京（75%）、上海（74%）、广东（69%）、福建（67%）、天津（65%）、浙江（63%）。而云南、甘肃、贵州等偏远地区的互联网普及率仍不足50%。基础设施的落后致使地区发展受阻，进一步制约了欠发达地区的经济发展。

（三）我国区域发展不平衡、不充分的原因

根据现实国情和经济发展路径，我国区域发展不平衡、不充分的原因是复杂多变的。

1. 各地区资源禀赋存在差异

资源禀赋差异是我国区域发展不平衡、不充分的基础原因。我国自然资源丰富，但分布不均匀，尤其以水、能源、矿产资源更为突出，水资源主要分布在南方地区，著名的南水北调工程就是解决水资源分布不均的工程。能源方面，煤炭探明储量的80%分布于北方地区。此外，沿海地区依靠着地理位置优势，在改革开放早期充分利用便利的对外交流条件发展经济，故经济发展水平较高。内陆偏远山区如贵州、广西、云南、西藏等由于交通限制、耕地面积少、气候条件恶劣等因素，经济发展明显滞后。但近些年由于人们生活条件的改善，以旅游业为主的服务业推动了自然风景资源比较丰富的云南、广西、西藏等地区的经济发展。这些地区充分借助自然风景资源优势，积极打造旅游大省。而河南、山东、东北等内陆地区则充分利用土地优势，大力发展农业，成为我国主要的粮食产区。

2. 科技进步引发的要素空间集聚规模效应增强

以互联网技术为基础的新一代科学技术为要素的跨区域流动和空间集聚提供了更为便利的条件，且不同要素借助于互联网技术，通过功能的连接实现了在不同地理空间上的虚拟性组合，为资源要素尤其是优质资源要素在空间上的集聚、规模上的扩大奠定了基础。[1] 2017年，我国高新技术企业中73.3%以上比例集中在东部地区，而东部地区的这些高新技术企业又有约34.2%的企业集中在广东省，约23.1%的企业集中在长三角地区。[2] 从不同地区人力资本的结构和流向来看，2017年北京、上海两地大专及以上人口占本地区人口总数的比重分别为47.6%和34.0%，[3] 而广西、贵州等地的此项比例均出现了不同程度的下降，这表明人力资本向发达地区集聚的趋势仍在进一步增强。由此可以推断，在"规模累积"和"马太效应"的共同作用下，若没有政府政策干预，先发地区的优势将更加显著，而相对落后地区

---

① 李向阳：《产业转型的国际经验及启示》，《经济纵横》2013年第10期。
② 数据来源于《中国火炬统计年鉴》。
③ 数据来源于国家和北京市统计局。

追赶先发地区的难度将会进一步加大，地区差距也会越来越大。[①]

3. 先发地区早期积累的资本优势转化为更强大的要素集聚能力

如上所述，先发展地区基于地理位置、政策引导等因素拥有较好的人力资本、基础设施、营商环境等优势，这会进一步增强先发展地区的发展能力，即产生大城市的虹吸效应。大城市的虹吸效应是指中心区域城市在发展初期大量吸收周边城市的生产要素，致使周边的城镇逐渐向中心城市集聚，为区域中心带来各种优质资源的同时也带动了周围城市的就业和发展。在这种趋势下，中心区域城市不断发展，当其发展为大型城市甚至超大型城市时，则会凭借高度集聚的优质医疗、教育、基础设施等资源，将劣势地区的人才、投资、人口、信息等优质资源进一步吸引过来，致使周围城市的发展由于缺乏人才、资金、技术等资源而放缓。由此可知，对大城市来说，早期积累的资本优势会转化为更强大的要素集聚能力，推动地区竞争力进一步提高、规模进一步扩大。[②]

4. 地区性政策缺乏基于全国的一体化设计，对地区之间的竞争博弈缺乏必要的约束机制，导致各地区非理性竞争

我国的政治制度赋予了地方政府一定的政策制定权，这在推动各地区政府因地制宜引导当地发展的同时，一定程度上存在相应的弊端，主要体现在：首先，地区性政策较多，但有时这些政策在地区选择、优先级、调整的周期频率、延续性等方面缺少统筹设计，容易造成政策在执行过程中相互"抵消"、相互"冲突"的现象。如沿边开发开放试验区与自贸区政策之间，东北振兴与京津冀、长三角一体化、港珠澳大湾区等空间战略之间均缺乏一定的深层次横向协调。[③] 虽然这些政策针对不同地区有不同的目标和政策导向，但考虑到经济体系的高度关联和开放性，若政策协调不到位，在实

[①] 刘和骏：《中国区域产业政策差异对地区发展不平衡的影响研究》，东北财经大学硕士论文，2016。

[②] 程启智、李华：《区域经济非平衡发展的内在机理分析》，《经济纵横》2013年第5期。

[③] 孙志燕、侯永志：《对我国区域不平衡发展的多视角观察和政策应对》，《管理世界》2019年第8期。

践过程中易造成要素向更发达地区流动和集聚的现象，导致原本为相对落后地区制定的大量支持性政策"有其名而无其实"，实际上，这也是当前一些区域性政策实施效果不甚理想的重要原因之一。其次，一些普适性政策过于"一刀切"，缺乏对地区特殊性的考虑，当地政府缺乏随机应变的能力。以环保政策为例，传统工业为主的城市，其环境问题是长期积累下来的，环境治理、恢复以及产业转型升级均需要一定时间。但由于某些政策只针对当期，导致一些地区在处理现阶段环保与发展问题时过于棘手，在腾退旧产业、引进新的产业项目时陷入进退失据的困局。最后，区域政策对于地区之间非理性的博弈竞争缺乏有效的约束控制。从人才引进方面来看，北上广等一线城市本身的财政、基础设施、福利等方面的先发优势已经吸引了众多高层次人才，虽然高质量发展仍需不断加大人才引进力度，但如若不能很好地在全国层面引导人才流动，则必然导致欠发达地区引进人才能力和机会的下降。如广州出台的《关于加快集聚产业领军人才的意见》中提出，计划5年投入35亿元支持引进领军人才，而中西部地区一些地级市全年的财政预算收入可能还不到35亿元。此种竞争格局下，相对落后的地区根本不具备参与人才竞争的优势和基本财政能力。因此，国家应出台一些协调机制，约束先发地区的非理性竞争，同时在更大程度上支撑相对落后地区的人才引进相关政策，在一定程度上避免欠发达地区陷入因贫致贫的恶性循环。

二 "一带一路"倡议助推我国区域发展再平衡的作用和成效

"一带一路"是中国与丝路沿线国家分享优质产能、共商项目投资、共建基础设施、共享合作成果的共赢性区域合作倡议，可以为沿线国家的经济发展注入新鲜血液，为区域经济共同发展带来更多机遇，对解决我国区域经济发展不平衡、区域经济贸易壁垒重重等问题具有十分重要的意义。

（一）"一带一路"倡议对我国区域发展再平衡的作用

谋求国内发展一直是我国经济发展和外交政策制定的首要出发点和立足点。"一带一路"倡议是由中国发起的，是新时代实现国内外区域均衡发展的重要措施。沿线国家集中在中亚、西亚以及非洲地区，并以发展中国家为主，国内划归于"一带一路"倡议的省份主要位于西部地区，且区域经济发展不平衡。由于经济发展阶段和模式具有一定的相似性，且以往我国以东部沿海城市与欧美及日韩等发达国家或地区进行贸易为主，对西部地区与周围国家进行贸易等的交流关注不够。[①] 因此，这一倡议有利于我国与沿线国家在诸多领域开展合作，对带动我国西部欠发达地区的发展、平衡国内经济发展格局具有十分重要的意义，具体体现在以下几个方面。

1."一带一路"倡议有利于中西部地区探寻新的经济增长之道

改革开放以来，借助于国家经济开放相关政策的利好，以及欧美、日本、中国香港等发达地区 FDI 的推动，东部地区的经济实现了高速发展。然而，2008 年金融危机之后，由于发达国家需求萎缩及其"再工业化"战略的实施，东部地区的 FDI 结构发生了变化。对比可知，从当前国际资本流向国内的区域分布看，中西部地区实际利用外资增速已开始逐渐超越东部地区。从出口消费市场的区域构成看，全球范围内正经历劳动密集型生产的区位再调整，由于劳动力价格的上涨，我国东部地区传统劳动密集型产品在发达国家市场上的份额开始下滑。因此，东部地区的经济结构已经从劳动密集型向资本密集型转变。随着发达国家市场需求逐渐饱和，其他新兴经济体（如印度）和我国内陆地区成为新的经济增长点。"一带一路"倡议旨在通过设施联通、贸易畅通、资金融通、政策沟通、民心相通将中国尤其是中西部欠发达地区与世界联系在一起，将沿线国家的投资与需求带到国内，将中西部欠发达地区丰富的劳动力等要素，以及产能优势、技术与资金优势、经验与模式优势转移到沿线国家，对于改善中西部地区的经济结构、推动沿线

---

① 蒋随:《"一带一路":区域经济发展新引擎》,《人民论坛》2019 年第 6 期。

国家与我国中西部的合作与对话、探索经济发展新模式具有十分重要的意义。①

2. "一带一路"倡议有利于中西部地区相对竞争优势的形成

自然环境导致的交通不便一直是我国中西部地区的主要发展弱势。"一带一路"倡议重点在于提升我国中西部地区与沿线国家乃至世界互联互通的能力。"六大走廊"的推进建设进一步降低了中西部地区与"一带一路"沿线国家贸易和交往的物流成本，并将在"一带一路"沿线区域形成新的贸易创造效应。实际上，当前中西部地区出口产业相较于东部沿海地区早期的传统劳动密集型产业，表现出较高的技术集成特征，对物流成本具有较高的容忍度，这在一定程度上弥补了中西部地区在交通运输方面的劣势。另外，相较于海运、空运等交通方式，铁路运输所缩短的时间成本和运费成本可以有效弥补海运和空运的成本价格差，尤其对于大型机械设备如机电、通信和装备类产品更是如此。由于物流滞后所形成的产品库存积压成本有时甚至会超过运费成本，这也是制约中西部地区经济发展的重要原因之一。而从重庆出发的渝新欧国际班列有效解决了中西部地区与"一带一路"沿线国家的国际运输问题，极大地缩短了运输时间，有效地节约了库存资金和运输成本。此外，在基础设施和市场机制日渐完善背景下，通过产业同步升级可以为中西部地区赢得发展先机。近年来，渝新欧、郑新欧国际班列为重庆和郑州等地的发展提供了巨大支撑，逐步推动其形成具有一定技术集成的产业竞争优势。同时，国际交通线路打通后，中西部地区的级差地租优势也将逐步显现。由此可见，"一带一路"倡议对于中西部地区相对竞争优势的形成具有十分重要的意义。

3. "一带一路"倡议有利于平衡各地区对外开放格局，共享国家发展利好

习近平总书记在和平共处五项原则发表 60 周年纪念大会上指出，中国正在推动落实丝绸之路经济带、21 世纪海上丝绸之路、孟中印缅经济走廊、

---

① 李世宁：《"一带一路"下区域经济发展的机遇及挑战研究》，《智库时代》2018 年第 36 期。

中国—东盟命运共同体等重大合作倡议，并将以此为契机全面推进新一轮对外开放，发展开放型经济体系，为亚洲和世界发展带来新的机遇和空间。由此可见，新一轮的对外开放格局将惠及更多群体，不仅能为众多相关国家带来发展机遇和空间，也能够为国内欠发达地区带来新的机遇。如前所述，发展不平衡、不充分是我国一直存在的问题，且是现阶段亟须解决的问题。改革开放以来，为了推动国内区域平衡发展，我国采取了一系列政策措施，如西部大开发、东北振兴、中部崛起等，这些针对不同区域制定的地区政策对拉动当地经济等方面的发展起到了很大的作用。对西部地区来说，实施西部大开发以来，西部地区借助政策利好积极实施赶超战略，发展步伐明显加快。但受地理区位、资源禀赋、发展基础等因素影响，西部地区发展状况与东部地区相比仍有一定差距，其中最为显著的就是对外交流和贸易方面。我国先前的对外开放格局偏重于沿海，贸易对象以欧美为主，这直接导致中西部地区能够获得的发展机会较少。例如，考虑到沿海地区的地理优势和先发优势，将四个自贸试验区都设在沿海城市。而"一带一路"倡议则开辟了新的开放思路。

　　总之，"一带一路"倡议打通了西部地区对外交流的通道，有力地推动了西部地区统筹利用国际国内两个市场，形成横贯东中西、联结南北方的对外经济走廊，进一步释放发展活力。同时，"一带一路"倡议充分利用不同区域的人才、产业、资源禀赋优势，优化和调整区域经济格局，促进区域经济向更加开放、更加快速、更加稳定的方向发展。正如商务部部长高虎城曾表示的那样，"一带一路"将构筑新一轮对外开放的"一体两翼"，在提升向东开放水平的同时加快向西开放步伐，助推内陆沿边地区由对外开放的边缘迈向前沿。

（二）"一带一路"倡议助推我国区域发展再平衡的成效

　　"一带一路"倡议实施至今已有六年多的时间。在此期间，我国与沿线各国在政策沟通、设施联通、贸易畅通、资金融通、民心相通等方面均取得了一系列成效（前文已详细阐述），得到了世界众多国家的认可。更为重要的是，其在助推我国区域平衡发展方面也取得诸多成果，主要体现在以下几个方面。

1. 中央和各地方政策制定方面

"一带一路"倡议提出之后，国内各地区、各级政府积极落实党中央、国务院的有关政策，全国 31 个省、直辖市、自治区均根据实际情况出台了一系列推进"一带一路"建设的政策和规划，并根据各自优势及可获得资源明确了各自的产业和经济发展方向。① 截至 2018 年，江西、广西、江苏、陕西等省、直辖市、自治区均出台了推进共建"一带一路"工作计划，例如河北的推进国际产能合作实施方案，浙江、河南、甘肃、陕西的互联互通行动计划，广东、青海等的文化教育领域合作方案等。上述政策举措为推动我国欠发达地区连接世界、发展经济提供了强有力的保障。

2. 自贸区建设方面

2013 年 9 月至 2019 年 8 月，国务院先后分五批，批复成立上海、广东、天津、福建、辽宁、浙江、河南、湖北、重庆、四川、陕西、海南、山东、江苏、广西、河北、云南、黑龙江共 18 个自由贸易试验区。此外，以国务院发函等方式集中复制推广的自贸试验区改革试点经验共 5 批、106 项；由国务院自贸试验区工作部际联席会议办公室总结印发供各地借鉴的"最佳实践案例"共 3 批、43 个；各部门自行复制推广的改革试点经验 53 项。自贸试验区形成的 202 项制度创新成果得以复制推广。截至 2018 年底，11 个自贸试验区（不包括海南及新设的 6 个自贸区）累计新设立企业 61 万家，其中外资企业 3.4 万家，自贸区以不到全国万分之二的面积，吸引了 12% 的外资，创造了 12% 的进出口。下文将以河南、辽宁、重庆、海南四个自贸区为例，介绍服务于"一带一路"建设的自贸区政策对欠发达地区发展的推动作用。

中国（河南）自由贸易试验区成立于 2017 年 4 月 1 日，实施范围为郑州片区、开封片区、洛阳片区，面积为 119.77 平方公里，建设目标为引领

---

① 资料来源：中国一带一路网、国家和地方统计局，下同。

内陆经济转型发展、推动构建全方位对外开放新格局。

河南自贸试验区自 2017 年 4 月 1 日挂牌以来，先后印发了管理试行办法、建设实施方案，以及建设重大改革专项总体方案和政务、监管、金融、法律、多式联运五大服务体系建设专项方案。省直和中央驻豫单位相继出台 47 个配套支持文件，自贸试验区建设推进机制基本形成。在商事制度改革、提升贸易便利化水平、多式联运体系建设等方面形成 225 个实践案例；吸引了超过 5 万家企业前来注册，注册资本突破 6000 亿元，极大地带动了当地的发展。

中国（辽宁）自由贸易试验区成立于 2017 年 4 月 1 日，实施范围为大连片区、沈阳片区、营口片区，面积为 119.89 平方公里，建设目标为经过三至五年改革探索，巩固提升对人才、资本等要素的吸引力，引领东北地区转变经济发展方式、提高经济发展质量和水平。截至 2018 年末，国家总体方案中赋予辽宁自贸试验区的 123 项改革试验任务，已有 113 项落地，落地率达 91.8%，位居全国前列。沈阳片区两年新建亿元以上项目 34 个，计划总投资 669.2 亿元。形成了国有企业"内创业"、混改管理层持股推动国资国企改革、国有企业应急转贷业务创新等 6 项制度创新案例，占全省自贸试验区国资国企领域创新案例的 85.7%。营口综合保税区是中国东北沿海唯一的综合保税区。2017 年 12 月 21 日获国务院批准；2018 年 12 月 27 日，通过国家联合验收组验收；2019 年 4 月 10 日，营口综合保税区封关运行。

中国（重庆）自由贸易试验区成立于 2017 年 4 月 1 日，实施范围为两江片区、西永片区、果园港片区，面积为 119.98 平方公里，建设目标为努力建成服务于"一带一路"建设和长江经济带发展的国际物流枢纽和口岸高地，推动构建西部地区门户城市全方位开放新格局。重庆自贸试验区区位独特、战略地位重要，在国家对外开放格局中具有独特的地位和作用，是西部大开发的战略支点和"一带一路"与长江经济带的连接点。重庆自贸试验区充分明确定位要求，根据自身优势，在重点领域投入大量人力物力。目前，已在陆上贸易规则、物流金融、陆海新通道运营机制等领域开展了个性化探索，并取得了一定的成效。截至 2019 年 6 月，重庆自贸试验区总体方案 151 项改革试点任务已实施 144 项，落地率 95.4%。重庆自贸试验区 141 项创新举措，实际可对应政策举措 129 项，已实施 119 项，落实率为 92%。2019 年上半年，重庆自贸试验区新增注册企业（含分支机构）5945 户，占全市的 9.4%，注册资本总额 477.16 亿元人民币，占全市的 13.3%；其中，外资企业（含分支机构）81 户，占全市的 21.1%，注册资本 1.43 亿美元，占全市的 6.6%。自贸试验区全域引进项目 446 个，签订合同（协议）总额 715.11 亿元人民币。此外，除了商贸物流，重庆计划实施依托于大数据智能化的创新驱动发展战略，这一战略吸引了包括阿里、腾讯、华为在内的国内诸多大中型互联网科技公司纷纷布局重庆，为重庆数字经济的快速发展不断注入新的活力。

中国（海南）自由贸易试验区成立于 2018 年 10 月 16 日，实施范围为海南岛全岛（3.54 万平方公里）。其建设目标定位于要建设全面深化改革开放试验区、国家生态文明试验区、国际旅游消费中心和国家重大战略服务保障区，把海南打造成为我国面向太平洋和印度洋的重要对外开放门户。海南自贸区是最为年轻、面积最大、发展速度最快的自贸区，其天生就具备一些特定的发展优势。与现有的 11 个自贸试验区相比，海南自贸试验区属于"全域性"自贸试验区，地域范围比其余 11 个自贸试验区面积总和还大，在行政级别上还是中国第一个以省级行政地域单元为载体的自贸试验区。区内既包括相对发达地区也包括欠发达地区，这种地域结构有利于对比同一自贸区内同一政策在不同发展阶段的区域的实施效果，为相关政策制订提供了"试验场"。

3. 中欧班列开通方面

中欧班列是由中国铁路总公司组织，按照固定车次、线路、班期和全程运行时刻开行，运行于中国与欧洲以及"一带一路"沿线国家间的集装箱等铁路国际联运列车，是深化我国与"一带一路"沿线国家经贸合作的重要载体和推进"一带一路"建设的重要抓手。中欧班列通道不仅能带动中国与"一带一路"沿线国家的交往，也为国内欠发达地区参与世界经济合作提供了坚实的道路基础。

目前，中欧班列铺划了西、中、东三条通道。

（1）西通道。一是由新疆阿拉山口（霍尔果斯）口岸出境，经哈萨克斯坦与俄罗斯西伯利亚铁路相连，途经白俄罗斯、波兰、德国等，通达欧洲其他各国。二是由霍尔果斯（阿拉山口）口岸出境，经哈萨克斯坦、土库曼斯坦、伊朗、土耳其等国，通达欧洲各国；或经哈萨克斯坦跨里海进入阿塞拜疆、格鲁吉亚、保加利亚等国，通达欧洲各国。三是由吐尔尕特（伊尔克什坦），与规划中的中吉乌铁路等连接，通向吉尔吉斯斯坦、乌兹别克斯坦、土库曼斯坦、伊朗、土耳其等国，通达欧洲各国。

（2）中通道。由内蒙古二连浩特口岸出境，途经蒙古国与俄罗斯西伯利亚铁路相连，通达欧洲各国。

（3）东通道。由内蒙古满洲里（黑龙江绥芬河）口岸出境，接入俄罗斯西伯利亚铁路，通达欧洲各国。

根据各地方统计局的统计，国内各城市从开行班列的绝对量而言，"西三角"的三个城市，即重庆、西安和成都稳居全国前三，且为国内主要的集货区域。以2018年末的"西三角"中欧班列开行量合计，其开行总量占同期全国中欧班列的67.75%，意味着该区域为国内最主要的中欧班列货物集散地。这也极大地带动了当地的发展。以重庆为例，2019年上半年，重庆外贸进出口总值2663.6亿元，同比增长16.48%；对欧盟进出口505.2亿元，增长21.9%；对"一带一路"沿线国家外贸发展明显加快，合计进出口734.2亿元，增长32%,[1] 中欧班列（重庆）对重庆外贸发展的支点作用不断凸显。西安在2019年上半年开行了海铁联运班列21列，目标是通过海铁联运班列打通向东的出海通道，承接东部港口的海运货物转运，以"铁海联运"的方式争取到更多的货运量。

2019年上半年，郑州的中欧班列开行539列，同比增长90.5%，居中部城市第一位，其集货范围已经覆盖全国3/4的区域。

合肥自2014年开通"中欧班列"后，其运力稳步增长。2014～2017年，合肥中欧班列累计发运165列，2018年全年发运182列，2019年上半

---

① 数据来源于中国一带一路网。

年合肥累计发运 221 列，同比增长 198.7%，开行数量已经超过 2018 年全年数据，居长三角第一位。截至目前，合肥中欧班列 15 条线路，覆盖 7 个国家，开行频次已达到每周发送 7~14 列。

2019 年上半年，阿拉山口海关共监管中欧班列 14 条线路、1351 列，同比增长 27.81%，可到达欧洲 13 个国家、41 座城市。至 2019 年 6 月底，阿拉山口口岸中欧班列累计进出口货物达 59.36 万吨，同比增长 46.71%，货值约 76.39 亿美元，同比增长 61.77%。

中欧班列国内重点开行城市（重庆、西安、郑州、合肥等）大多位于我国欠发达地区，历史上地理位置、资源禀赋等原因导致的发展劣势将会在"一带一路"倡议的引领下转化为发展优势，借助中欧贸易通路，追赶国内发达地区，实现区域平衡发展。

4. 六大经济走廊建设方面

"六廊六路多国多港"是共建"一带一路"的主体框架，为沿线国家参与"一带一路"合作提供了清晰的导向。其中，"六廊"即新亚欧大陆桥、中蒙俄、中国—中亚—西亚、中国—中南半岛、中巴和孟中印缅六大国际经济合作走廊。

（1）新亚欧大陆桥经济走廊。新亚欧大陆桥经济走廊由中国东部沿海向西延伸，经中国西北地区和中亚、俄罗斯抵达中东欧。新亚欧大陆桥经济走廊建设以中欧班列等现代化国际物流体系为依托，重点发展经贸和产能合作，拓展能源资源合作空间，构建畅通高效的区域大市场。

（2）中蒙俄经济走廊。中蒙俄经济走廊是丝绸之路经济带的一部分，包括两个通道：一是华北通道，从京津冀到呼和浩特，再到蒙古国和俄罗斯；二是东北通道，沿老中东铁路从大连、沈阳、长春、哈尔滨到满洲里和俄罗斯赤塔。2014 年 9 月 11 日，中国国家主席习近平在出席中国、俄罗斯、蒙古国三国元首会晤时提出，将"丝绸之路经济带"同"欧亚经济联盟"、蒙古国"草原之路"倡议对接，打造中蒙俄经济走廊。2015 年 7 月 9 日，三国有关部门签署了《关于编制建设中蒙俄经济走廊规划纲要的谅解备忘录》。2016 年 6 月 23 日，三国元首共同见证签署了《建设中蒙俄经济走廊规划纲要》，这是共建"一带一路"框架下所形成的首个多边合作规划纲要。在三方的共同努力下，规划纲要已进入具体实施阶段。

（3）中国—中亚—西亚经济走廊。中国—中亚—西亚经济走廊起始于中国西北地区，向西经过中亚到达波斯湾、阿拉伯半岛和地中海沿岸，能够辐射到中亚、西亚和北非部分国家。

（4）中国—中南半岛经济走廊。中国—中南半岛经济走廊从中国西南地区出发，将中国和中南半岛各国紧密联系起来，有利于中国与东盟各国扩大合作领域、提升合作层次。2016年5月26日，第九届泛北部湾经济合作论坛暨中国—中南半岛经济走廊发展论坛发布《中国—中南半岛经济走廊倡议书》。中国与老挝、柬埔寨等国共同签署了共建"一带一路"合作备忘录，并达成了一系列共识和成果，例如启动编制双边合作规划纲要等。为推进中越陆上基础设施合作，启动澜沧江—湄公河航道二期整治工程前期工作，开工建设中老铁路，启动中泰铁路，促进基础设施互联互通。此外，设立中老磨憨—磨丁经济合作区，探索边境经济融合发展的新模式。

（5）中巴经济走廊。中巴经济走廊始于新疆维吾尔自治区的喀什，终于巴基斯坦瓜达尔港，全长3000公里，将"丝绸之路经济带"和"21世纪海上丝绸之路"紧密连接起来。中巴经济走廊是中巴两国政府积极推动的共建"一带一路"的代表性项目。2015年4月20日，两国领导人出席中巴经济走廊部分重大项目动工仪式，签订了51项合作协议和备忘录，其中涉及中巴经济走廊建设的项目接近40项。如"中巴友谊路"（巴基斯坦喀喇昆仑公路）升级改造二期、中巴经济走廊规模最大的公路基础设施项目——白沙瓦至卡拉奇高速公路顺利开工建设、瓜达尔港自由区起步区加快建设等。

（6）孟中印缅经济走廊。孟中印缅经济走廊起点在我国西南地区，将东亚、南亚、东南亚三大区域连接在一起，同时沟通了太平洋、印度洋两大海域。2013年12月，孟中印缅经济走廊联合工作组第一次会议在中国昆明召开，各方签署了会议纪要和联合研究计划，正式启动孟中印缅经济走廊建设政府间合作。2014年12月召开孟中印缅经济走廊联合工作组第二次会议，广泛讨论并展望了孟中印缅经济走廊建设的前景、优先次序和发展方向。

六大经济走廊中，五大经济走廊起点位于我国总体发展比较薄弱的西南地区和西北地区。如前所述，这些地区发展较慢的一个原因在于地理位置导致的对外交往受限，而"一带一路"倡议正好解决了这一问题，为我国西南、西北地区的发展带来了新的机遇。从近几年"一带一路"的成绩单可以看出，六大经济走廊为推动我国区域平衡发展起到了重要的作用。

三　本章小结

"一带一路"倡议的提出，是新时代中国面对国内、国际两个"失衡"格局，为谋求自身和沿线国家共同发展、合作共赢所做出的重要战略倡议。就国内层面看，"一带一路"倡议能够在国内全面深化改革的背景下，推动中西部地区与世界各国的交流和合作，使欠发达的中西部地区更好地融入世界经济体系，助力中西部地区实现经济赶超。而与此同时，东部地区的参与，同样可以助力其在中国经济新常态阶段实现新一轮的腾飞，"一带一路"倡议的顺利实施重塑我国区域发展新格局，是国内所有省份实现进一步发展不可错失的战略机遇，并可以极大地推动国内区域发展再平衡的实现。从国际层面看，"一带一路"倡议的实施有助于带动沿线众多落后的发展中国家的发展，加快其追赶世界发展水平的脚步。与此同时，中国对外资本和技术输出将推动形成后危机时代特有的"丝绸之路"价值链，有效弥补发达国家投资回流形成的全球价值链"割裂"，成为新一轮全球化的推动力量，[1] 在很大程度上助推着全球经济政治格局的重新洗牌。

---

[1]　周天勇、张弥：《"一带一路"行动：两个重大的经济平衡》，《现代经济探讨》2018 年第 8 期。

本章主要参考文献

暴元:《中国区域经济发展不平衡的原因及对策》,《河南师范大学学报》(哲学社会科学版)2008年第1期。

程启智、李华:《区域经济非平衡发展的内在机理分析》,《经济纵横》2013年第5期。

何雄浪、胡运禄、杨林:《市场规模、要素禀赋与中国区域经济非均衡发展》,《财贸研究》2013年第1期。

蒋随:《"一带一路":区域经济发展新引擎》,《人民论坛》2019年第6期。

蒋永穆、周宇晗:《着力破解经济发展不平衡不充分的问题》,《四川大学学报》(哲学社会科学版)2018年第1期。

李世宁:《"一带一路"下区域经济发展的机遇及挑战研究》,《智库时代》2018年第36期。

李向阳:《产业转型的国际经验及启示》,《经济纵横》2013年第10期。

刘和骏:《中国区域产业政策差异对地区发展不平衡的影响研究》,东北财经大学硕士论文,2016。

孙久文:《从高速度的经济增长到高质量、平衡的区域发展》,《区域经济评论》2018年第1期。

孙久文、石林:《我国区域经济发展不平衡的表现、原因及治理对策》,《治理现代化研究》2018年第5期。

孙志燕、侯永志:《对我国区域不平衡发展的多视角观察和政策应对》,《管理世界》2019年第8期。

覃成林、张华、张技辉:《中国区域发展不平衡的新趋势及成因——基于人口加权变异系数的测度及其空间和产业二重分解》,《中国工业经济》2011年第10期。

王素斋:《科学发展观视域下中国新型城镇化发展模式研究》,南开大学博士论文,2014。

杨荫凯、刘利、杨俊涛:《我国区域发展不平衡的基本现状与缓解对策》,《中国经贸导刊》2010年第13期。

周天勇、张弥:《"一带一路"行动:两个重大的经济平衡》,《现代经济探讨》2018年第8期。

第三章 "一带一路"倡议下
部分省份的实践

鉴于"一带一路"倡议给我国区域发展带来的新机遇，各个省份都予以高度重视，积极在"一带一路"蓝图中寻找契合点，着力深挖自身发展潜力，提升内在动力。各省的规划主攻方向明晰，定位明确、重点突出，并根据自身的比较优势，因地制宜地制订具体可行的实施方案，在多个领域推动重点工作和重大合作项目。同时，结合地方特色，激励民间和社会力量投入建设，将经济、产业、人文等基础资源与推进"一带一路"建设统筹结合。本章将对部分省份对接"一带一路"建设的实践进行详细的阐述。

一 国内参与"一带一路"建设的总体情况

2018 年，为了科学评估各省份参与"一带一路"建设的进展与成效，国家信息中心发布了"一带一路"参与度得分排名①，如表 3-1 所示。广东省已连续三年位居全国第一；山东省是重要的沿海开放城市，自"一带一路"倡议实施以来，已经形成了由沿海到内陆、自东向西展开的对外开放格局，参与度排名每年都在提升，并于 2018 年排名第二位；西北地区虽未列前五，但在推进"一带一路"人文交流方面表现突出，陕西省作为得分最高的西北省份，发挥了其重要关节作用，积极融入"丝绸之路经济带"，发展"三个经济"，加快通道、平台建设和体制机制创新，更好地服

---

① 该排名重点考虑政策环境（权重20%）、设施配套（20%）、经贸合作（32%）、人文交流（16%）和综合影响力（12%）五个指标。

务于"一带一路"建设大局。因此，本章重点选取广东省、山东省、陕西省三个典型省份来具体论述。

表 3 – 1   "一带一路"参与度得分排名前五的省份

排名	省份（2016 年）	省份（2017 年）	省份（2018 年）
1	广东	广东	广东
2	浙江	福建	山东
3	上海	上海	上海
4	天津	浙江	浙江
5	福建	山东	江苏

二 广东省参与"一带一路"建设的实践

（一）基础与优势

根据《广东省参与建设"一带一路"的实施方案》，经贸合作中心、战略枢纽和重要引擎是广东省在"一带一路"建设中的角色定位。广东省在参与"一带一路"国际合作中坚持共商、共建、共享的基本原则，积极推动与粤港澳大湾区建设的战略对接，务实推动"五通"重点领域建设，积极开拓对外开放空间，创新对外开放模式，从而在对外开放中形成自己的特色和新格局。

1. 地理位置优势

广东省是我国通往世界的南大门，与越南、马来西亚、印度尼西亚等国隔海相望，是我国通往东南亚、大洋洲、中东和非洲等海上丝绸之路沿线国家海上距离最近的发达经济区域，因此在与海外丝绸沿线国家合作过程中具有地理位置优势。同时，广东省是中国大陆与东盟、南亚经贸合作量最大的省份，在"一带一路"经贸往来中居龙头地位。广东省毗邻港澳，外向型经济高度发达，开放型经济体制日趋完善，在对外开放中具有独特优势。

2. 外向型经济优势

广东省是中国内地外向型经济发展程度最高的地区。2017 年，广东省吸收的外商直接投资占全国的比例超过 1/6，同年货物进出口额占全国的1/4，是唯一进出口贸易额超过万亿美元的省份。广东省对外贸易的市场逐渐趋向多元化，对"一带一路"沿线新兴市场的开放程度不断提高，对中国香港、美国等传统市场的依赖程度逐步降低。在全球产业体系中，广东省企业依赖于"世界工厂"的珠三角地区，在"一带一路"建设中形成全球化供应链、技术、产品全球化、品牌、国际化经营战略和运营体系六大优势。广东省是最先进行改革开放的地区，是国内对外开放程度最高、市场化水平最高的地区。近几年来，广东省自贸试验区对接国际贸易投资新规则，与"一带一路"沿线国家开展高标准合作；同时促进与"一带一路"沿线国家在电子商务、质量标准、货物通关等方面的合作，有利于提高沿线国家的贸易便利化水平。

3. 政策优势

广东省是改革开放先行地，是国内市场开放化程度最高、对外开放水平最高的地区。改革开放以来，许多重要的投资贸易政策都在广东省"先行先试"。广东省在探索经济特区、产业园区、高新区、海关特殊监管区等经济功能区建设方面的经验，有助于在"一带一路"沿线国家推广，有助于增强中国在全球经济治理中的话语权。同时，广东自贸区的"国民待遇＋负面清单"的投资管理制度改革、商事等级制度改革、事中事后监管制度改革等领域的制度创新，有利于形成与国际通行准则相衔接的投资贸易规则体系，促进与"一带一路"沿线国家的高标准贸易投资合作。

4. 粤港澳合作优势

广东省毗邻港澳，改革开放以来，粤港澳经贸关系逐渐融合，同时逐渐形成了世界级城市群和新经济区域。粤港澳大湾区在与东盟的对接上具有其他省份所没有的五大优势：得天独厚的地理优势、实力雄厚的经济优势、联系紧密的商贸优势、华侨众多的血脉优势和文化相通的人文优势。① 随着粤港澳大湾区建设上升为国家战略，深化粤港澳紧密合作，携手港澳参与"一带一路"建设，可以把大湾区作为"一带一路"建设的重要支撑区域。

---

① 余淼杰、梁庆丰：《全面开放新格局中的粤港澳大湾区建设研究》，《国际贸易》2019 年第 1 期。

香港的金融机构能结合广东省实体经济优势，推动人民币跨境使用和人民币国际化，服务于"一带一路"的资金融通需求。港澳拥有众多国际知名科研机构，能够结合珠三角高度发达的产业创新能力，实现与"一带一路"沿线国家的创新能力开放合作。澳门与葡语系国家联系紧密，粤港澳携手"一带一路"能够促进与葡语系国家的经贸合作。①

（二）主要做法

1. 广东省参与"一带一路"建设的政策保障

在国家提出"一带一路"倡议后，广东省积极响应。2015年3月国务院发布《推动共建丝绸之路经济带和21世纪海上丝绸之路的愿景与行动》之后，2015年4月国务院便批准了《中国（广东）自由贸易试验区总体方案》，与此同时广东省发布了《中国（广东）自由贸易试验区建设实施方案》。该方案提出要"建设21世纪海上丝绸之路的物流枢纽"，与国家提出的扩大开放、积极创新等目标相衔接。该方案还指出要发挥粤港澳三地海空港的联动作用，将"一带一路"政策和粤港澳大湾区政策结合起来，相辅相成，利用特区优势发展"一带一路"，利用"一带一路"增进湾区的紧密合作。同年5月，广东省率先出台《广东省参与建设丝绸之路经济带和21世纪海上丝绸之路建设实施方案》。该方案确定了九项重点任务，初步明确了广东省在"一带一路"中的定位——成为21世纪海上丝绸之路的物流、经贸枢纽，这与国家给广东省的定位相符，即加强港口、机场建设，发挥辐射作用。《关于促进粤台经济文化交流合作的若干措施》鼓励台资企业向粤东西北地区转移和参与"一带一路"建设，响应国家号召，让中国台湾参与到"一带一路"中来。除此之外，广东省政府积极转发、认真解读国家政策，为更好地制定地方政策奠定基础。②

"一带一路"建设六年来，广东省先后出台超过7个政策文件（见

---

① 毛艳华：《广东参与"一带一路"建设蓝皮书（2013~2018）》，广东人民出版社，2018。
② 毛艳华：《广东参与"一带一路"建设蓝皮书（2013~2018）》，广东人民出版社，2018。

表 3 – 2），涉及经济、贸易、金融、投资等多个领域。通过迅速、积极响应国家相关政策，广东省充分参与"一带一路"建设，抓住发展机遇，并带动周边地区发展。

表 3 – 2 广东省"一带一路"相关政策

政策	主要内容
中国（广东）自由贸易试验区建设实施方案	发挥粤港澳三地海空港的联动作用,加强自贸试验区内外航运产业集聚区的协同发展,探索具有国际竞争力的航运发展制度和协同运作模式,建设21世纪海上丝绸之路的物流枢纽
广东省参与建设"一带一路"的实施方案	一是促进重要基础设施互联互通;二是提升对外贸易合作水平;三是加快产业投资步伐;四是推进海洋领域合作;五是拓展金融业务合作;六是提高旅游合作水平;七是密切人文交流合作;八是健全外事交流机制
广东省参与丝绸之路经济带和21世纪海上丝绸之路建设实施方案	促进重要基础设施互联互通;加强对外贸易合作;加快投资领域合作;推进海洋领域合作;推动能源领域合作;拓展金融领域合作;深化旅游领域合作;密切人文交流合作;健全外事交流机制。 成立广东省推进"一带一路"建设工作领导小组,由省政府主要领导同志担任组长。领导小组下设办公室,办公室设在省发展改革委
广东省发展和改革委员会关于推荐报送拟进行证券化融资的传统基础设施领域PPP项目的通知	各地各有关单位应当优先推荐主要社会资本参与方为行业龙头企业,处于市场育成程度高、政府负债水平低、社会资本相对充裕的地区,具有稳定投资收益和良好社会效益,适合开展资产证券化的优质PPP项目。鼓励支持"一带一路"建设等的PPP项目开展资产证券化
广东省沿海经济带综合发展规划（2017～2030年）	抢抓国家深入实施"一带一路"倡议机遇,以高标准建设广东自贸试验区为重点,丰富沿海经济带对外开放内涵,有利于我省全面拓展开放领域,稳固和深化与东南亚、欧美、非洲等国家或地区的合作,打造"一带一路"的战略枢纽、经贸合作中心和重要引擎,为国家构建全方位开放新格局提供重要支撑
广东省进一步扩大对外开放积极利用外资若干政策措施	利用外资是我国确定的长期方针,是广东外向型经济的特色、优势和重要组成部分,该政策从扩大外资进入领域、加大利用外资奖励力度、加强土地保障、加强金融和人才支持、加强产权保护等方面完善广东省营商环境,从而进一步提高广东对外开放水平
关于促进粤台经济文化交流合作的若干措施	鼓励台资企业向粤东西北地区转移和参与"一带一路"建设。台资企业可加入广东国际商会,参加广东国际商会组织的推介会、交流会、展览等各类经贸活动,拓展"一带一路"沿线国家或地区的市场

资料来源：毛艳华：《广东参与"一带一路"建设蓝皮书（2013～2018）》，广东人民出版社，2018。

2. 广东省参与"一带一路"的基础设施建设

基础设施建设是进行"一带一路"合作的基础,广东省深谙这一点,并积极进行"一带一路"有关的基础设施建设。

(1) 广东省中欧班列基本情况

在我国与"一带一路"沿线国家的货物运输中,中欧班列起到了重要作用,是推动我国与沿线国家交流合作的重要载体和平台。由于中欧班列运输速度快、安全性比较高、运输时间短等特点,比较适合一些高附加值商品的运输,而广东省是这些商品的主要产地。因此,中欧班列的开通对于促进广东与"一带一路"沿线国家的贸易有极其重要的影响。

2013 年,广东省首先在东莞开通了中欧、中亚班列,在"一带一路"建设这六年来,广东省的中欧班列发展迅速,先后在广州、深圳开通了相关班列,班列可到达俄罗斯、德国、哈萨克斯坦、白俄罗斯、波兰等国(见表 3 - 3)。

表 3 - 3　广东省中亚、中欧班列运行线路基本情况

开行城市	产品系列	开通时间	全程运行时间(天)	开行量(列)			开行频率	主要货物
				2015 年	2016 年	2017 年		
东莞	中亚班列	2013 年 11 月	13 ~ 15			87	每周 2 ~ 3 列	电器、服装、皮具
	中欧班列	2016 年 4 月	18 ~ 19		8	35	每周 1 列	电器、服装、皮具
	回程	2017 年 4 月	17				零散发运	玉米、大豆和植物油
广州	中欧班列	2016 年 8 月	15			46	每周 1 列	电子产品、鞋包、玩具、家具、服装
广州	中越班列	2017 年 8 月					试运行	
深圳	中欧班列	2017 年 5 月	12 ~ 15			22	每周 1 列	电器、服装、皮具

资料来源:毛艳华:《广东参与"一带一路"建设蓝皮书 (2013 ~ 2018)》,广东人民出版社,2018。

（2）广东省港口航运发展情况

"一带一路"建设最先发力的领域是与沿线国家的经贸往来，因此港口航运成为"一带一路"建设的重要载体，尤其连通着新时期的"海上丝绸之路"。港口航运的畅通程度影响着"一带一路"的建设程度。"一带一路"建设六年来，广东省港口发展和航线开通也很好地服务了"一带一路"建设。

从表 3-4 中可以看出，近年来广东省港口发展迅速，2013 年全省港口集装箱吞吐量为 4945.56 万 TEU，较 2010 年增长了 13.4%，年均增长 4.3%；到 2017 年全省港口集装箱吞吐量增长到 6226.65 万 TEU，较 2013 年增长了 25.9%，年均增长了 5.9%。可以看出，"一带一路"倡议提出以来，广东省的港口集装箱吞吐量增长速度略快于"一带一路"倡议提出前。

表 3-4　广东省各港口集装箱吞吐量统计

单位：万 TEU

港口	2010 年	2013 年	2017 年
广州港	1255.00	1550.45	2037.20
深圳港	2250.97	2327.85	2520.86
珠海港	70.27	88.11	227.04
湛江港	27.28	38.01	90.33
汕头港	87.59	25.19	129.92
东莞港	49.99	60.03	391.32
江门港	70.53	93.36	135.20
惠州港	26.89	16.43	35.43
茂名港	4.32	10.34	9.74
汕尾港	4.19	1.73	1.41
中山港	125.06	132.14	144.04
肇庆港	44.56	70.09	80.38
阳江港	0.04	0.00	2.23
佛山港	305.96	275.00	390.12
清远港	3.64	1.75	9.41
云浮港	4.88	11.05	22.00
合计	4360.15	4945.56	6226.65

资料来源：毛艳华：《广东参与"一带一路"建设蓝皮书（2013～2018）》，广东人民出版社，2018。

（3）广东省民航运输发展与"一带一路"建设

从广东省各民航机场的客运量来看（见表3－5），广州和深圳是广东省的核心枢纽机场，明显反映出广东省航空运输的双核结构。从变化趋势来看，每个机场的发展速度都很快，近六年的增长都超过了150%。

表3－5 2013～2017年广东省各民航机场客运量

城市	2013年	2014年	2015年	2016年	2017年
广州	5245.03	5478.03	5520.19	5973.21	6580.70
深圳	3226.85	3627.27	3972.16	4197.51	4561.07
珠海	289.44	407.59	470.89	613.04	921.68
揭阳	268.60	287.03	320.45	381.82	485.10
湛江	69.14	98.35	120.68	150.39	209.06
惠州	0.00	0.00	36.89	54.56	95.69
佛山	16.20	12.02	29.65	35.59	47.15
梅州	8.42	13.67	22.71	33.60	39.79

资料来源：2013～3017年各年度《从统计看民航》。

3. 广东省参与"一带一路"建设的经贸合作

广东省一直以来是我国对外开放的领头兵，率先完成与《推动共建丝绸之路经济带和21世纪海上丝绸之路的愿景与行动》的衔接。在《广东省参与建设"一带一路"的实施方案》中明确了"加快投资领域合作"是重点任务之一："支持企业在'一带一路'沿线国家进行投资，推动企业与沿线国家在现代农业和先进制造业等方面的深入合作。鼓励在'一带一路'沿线国家投资的企业实施本地化战略，不仅要遵守当地法律法规，同时要尊重当地风俗民情，提高企业的社会责任意识，为沿线国家提供更多的就业岗位，促进沿线国家的经济发展，实现合作共赢"。

在这种形势下，广东省与"一带一路"沿线国家的贸易程度不断加深。如表3－6所示，2010～2013年，广东省与"一带一路"沿线国家年均进出口额为1612.8亿美元，年均增速为12.9%。"一带一路"倡议提出后，2014～2017年年均进出口规模稳步增长，达到2051.6亿美元，但随着中国经济进入新常态，年均增速放缓了 5.5 个百分点。其中，2010～2013 年，广东省与"一带一路"沿线国家年均出口额为 878.6 亿美元，倡议提出后，2014～2017 年年均出口规模大幅扩大为 1284.3 亿美元；2010～2013 年与"一带一路"沿线国家年均进口额为 734.2 亿美元，倡议提出后年均进口规模小幅扩大为 767.3 亿美元。整体来看，自"一带一路"倡议提出后，广东省与"一带一路"沿线国家的进出口贸易规模稳步提升，占全省进出口总额比例从 2013 年的 16.4% 增长到 2017 年的 22.1%。与沿线国家的贸易进一步优化了广东省贸易结构。广东省出口严重依赖美国、欧盟等发达国家或地区市场的情况有所缓解，提高了贸易安全性。与出口相比，广东省与"一带一路"沿线国家进口合作虽然规模小、增速慢，但占广东省进口总额比例从 2013 年的 17.4% 增长到 2017 年的 20.7%。[①]

表 3-6 广东省与"一带一路"沿线国家贸易规模的基本情况

单位：亿美元，%

贸易规模	2010～2013 年	2014～2017 年
与"一带一路"沿线国家进出口额	1612.8	2051.6
进口额	734.2	767.3
出口额	878.6	1284.3
贸易占比	2013 年	2017 年
与"一带一路"沿线国家的进出口贸易占全省进出口比重	16.4	22.1
出口占比	15.7	22.9
进口占比	17.4	20.7

吸引外资方面，根据广东省商务厅的统计数据，截至 2017 年底，"一带一路"沿线国家在广东省累计设立项目 8770 个，实际利用外资金额 151.2 亿美元。2017 年，"一带一路"沿线国家在广东省设立外商直接投资项目 1243 个，合同外资金额 178.5 亿元人民币，同比增长 110.7%。在国别结构方面，广东省外资主要来源于东盟的新加坡、文莱、泰国、马来西亚和缅甸等国，其中新加坡是最主要的外资来源地。2017 年，来自新加坡的合同外

---

① 毛艳华：《广东参与"一带一路"建设蓝皮书（2013～2018）》，广东人民出版社，2018。

资金额和实际投资金额分别为 129.8 亿元人民币和 27.8 亿元人民币，分别占沿线国家在广东省投资的 72.7% 和 88.8%。随着"一带一路"倡议的推进，广东省吸引沿线国家的外资国别结构将进一步优化，西亚地区的也门、沙特阿拉伯和土耳其，南亚地区的印度和欧洲地区的罗马尼亚、匈牙利和俄罗斯等国对广东省的投资有所增加。在投资行业方面，制造业、批发和零售业、房地产业、金融业、租赁和商业服务业是吸引外资较多的行业。①

4. 广东省参与"一带一路"建设的人文交流

广东省积极发挥华人华侨优势，倡议提出至今，邀请"一带一路"沿线国家的华商企业参加了"21 世纪海上丝绸之路国际博览会"、粤东侨博会、中国（广东）—东盟华商交流会、世界客商大会等经贸交流大会，促成一大批合作项目。同时积极发挥政府推动引领作用，依托"广交会"，致力于深化与"一带一路"沿线国家的经贸合作，努力加强对沿线国家的招商。第 123 届广交会加大精准邀请力度，对沿线国家采购商直邮邀请量约占直邮邀请量的 48%。"广交会"期间，"一带一路"沿线国家参展企业 364 家、展位 616 个，对"一带一路"沿线国家出口成交 96.7 亿美元，增长 8.8%。"广交会"积极推进全球招商，聚集印度、乌克兰、乌兹别克斯坦、白俄罗斯、阿塞拜疆等 7 个沿线国家，根据不同的国家精准推送内容，通过精准营销、社交媒体、搜索引擎等手段重点覆盖沿线国家。同时在沿线国家推广"广告惠新客"活动，为更多采购商提供便利。通过广交会这个重要的对外展示平台，促进企业"走出去"。

三　山东省参与"一带一路"建设的实践

（一）基础与优势

成为"一带一路"海上倡议重点地区和新亚欧大陆桥经济走廊的重要沿线

---

① 毛艳华：《广东参与"一带一路"建设蓝皮书（2013～2018）》，广东人民出版社，2018。

地区是山东省参与"一带一路"建设的努力目标。目前山东的努力方向是：加强与"一带一路"沿线国家或地区基础设施互联互通合作；加快建设东亚海洋合作平台；进一步扩大与兄弟省份的务实合作，建立健全政府、企业、社会团体共同参与的合作机制。山东省优良港口众多，海洋资源丰富，与日韩等国经贸往来频繁，尤其是中韩自贸区签订以后，两国的贸易量预计会有较大增长，山东省将进一步发挥青岛、烟台、威海、日照等港口和济南、临沂交通物流都比较便利的优势，将"一带一路"倡议做得更扎实、更深入。

山东省是我国首批对外开放的省份之一。到目前为止，全省已与世界200多个国家或地区建立了合作贸易关系，韩国、日本、美国、欧盟和东盟是山东省排前五位的贸易伙伴，其中韩国和日本占有绝对比例。自"一带一路"倡议实施以来，山东省不断以多层次、宽领域、纵深化进行对外开放，形成了以青岛为"龙头"，以烟台、威海、日照为前沿，沿环海公路、济青公路、胶济公路、新石铁路、京沪铁路、京九铁路两侧设区布点，自东向西、由沿海到内陆展开的整体对外开放格局。

1. 区位优势

山东省背靠亚欧大陆，东临黄海、渤海，毗邻日韩，是"一带一路"重要交会处，资源丰富，交通发达，有利于海洋经济与内陆经济的对接、开放性经济的发展和生产要素的集聚。从国内角度来看，山东省在我国经济地理分布中的位置比较独特，地处长三角经济带和京津冀经济圈两个全国最重要的经济区域连接带上，承南启北的作用十分突出。①

2. 经贸优势

山东省在"一带一路"建设中，不管在陆上还是在海上，都发挥着不可替代的重要作用，基于较强的经济基础和较高的经济外向度，山东的国际投资与国际贸易具备一定的国内辐射力和国际影响力。山东省产业基础优势突出，与"一带一路"沿线国家产业的互补性较强，具有发展对外经贸合

---

① 凌云鹏、永乔、成良、李静：《登州：海上丝绸之路从这里启航》，《登州与海上丝绸之路国际学术研讨会论文集》，2008。

作的天然优越条件。同时，山东省通过中韩自贸区建设东亚合作的前沿阵地，发挥"21世纪海上丝绸之路"的作用；而鲁北地区参与京津冀一体化战略，鲁南地区主动融入长三角经济带，鲁西地区则加强与我国中部省份的相互联通，整体发挥"新丝绸之路经济带"作用。

3. 载体优势

山东省特别注重对外合作平台的建设，已经形成了以出口加工区、保税港区和综合保税区等为支撑的全方位、多层次的开放平台体系，合作条件便利。山东省现有156家省级以上的经济园区，其中，国家级经济技术开发区12家，省级经济开发区137家，保税港区2家，综合保税区2家，出口加工区3家，这些经济园区为山东省与"一带一路"沿线国家的合作提供了平台和载体支撑。

（二）主要做法

1. 山东省参与"一带一路"建设的政策保障

山东省在"一带一路"建设中，经贸优势明显，为充分发挥山东省港口优势积极发展对外贸易，为发展新技术和新产业积极引进外资。同时，为了推动供给侧改革以及新旧动能转换，提高山东省利用外资和对外开放发展水平，山东省出台了相关政策。2017年发布了《山东省人民政府关于新时期积极利用外资若干措施的通知》，这一政策的发布不仅推动了山东省的对外开放，同时完善了山东省利用外资政策体系以及招商引资策略。

为了进一步服务对外开放总体战略布局，山东省于2019年发布了《中国（山东）自由贸易试验区总体方案》。方案明确指出以制度创新为核心，以可复制、可推广为基本要求，全面落实中央关于增强经济社会发展创新力、转变经济发展方式、建设海洋强国的要求，加快推进新旧动能转换、发展海洋经济，形成对外开放新高地。经过三至五年改革探索，对标国际先进规则，形成更多有国际竞争力的制度创新成果，推动经济发展质量变革、效率变革、动力变革，努力建成贸易投资便利、金融服务完善、监管安全高效、辐射带动作用突出的高标准高质量自由贸易园区。

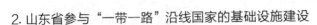

2. 山东省参与"一带一路"沿线国家的基础设施建设

山东省现代综合交通体系完备，由铁路、公路、民航、港口、管道等组成，国内可贯通我国东、中、西各省，国际上也可以通往世界主要国家或地区，具有四通八达的立体综合运输网络。

（1）山东省的中欧、中亚班列发展情况

从山东省与"一带一路"沿线国家的贸易来看，中欧班列也发挥着十分重要的作用。山东省是沿海经济大省，多数外贸企业都"向东不向西""选海不选陆"。开通中欧、中亚班列，可以帮助山东省内陆城市积极参与对外贸易以及全球产业分工合作，发展山东省港口地区腹地经济，同时有助于构建陆海内外联动、横贯亚欧大陆的国际物流大通道。从速度和收益来说，中欧班列运输速度快，运输时间仅为海运的1/4，并且价格仅为航空运输的1/5。对于山东省的企业来说，搭乘中欧班列可以降低物流成本，同时可以缓解现金压力。目前，全省已有济南、青岛、淄博、潍坊、威海、滨州、日照、临沂等8个地级市开通了中欧班列。

（2）山东省的海关基本情况

海关处在"一带一路"建设的最前沿，山东省海关在推进"一带一路"相关国家之间的大通关合作、促进贸易便利化、打造对外开放新高地等方面推出了一系列改革举措。

为了落实国家重大决策部署，同时加快山东省的新旧动能转换，促进山东省的对外开放水平，山东省大力推进货物"单一窗口"申报。"单一窗口"启用后，实现"一次申报"，大通关流程由"串联"改"并联"，提供"一站式"服务并促进查验单位间的执法互助。同时，掌握、运用通关信息"大数据"，有效加快口岸经营单位的信息化、无纸化进程。试运行以来，山东国际贸易"单一窗口"取得了显著成绩——2017年"单一窗口"标准版累计业务量为全国最高；2018年山东省国际贸易"单一窗口"累计申报业务量突破1000万单，成为全国第二个申报量破千万的省份。2018年山东国际贸易"单一窗口"有6914家企业注册，申报的报关单有114.6万份，报检单39.3万份，原产地证14.1份，运输工具动态13.1万份。目前，山东省国际贸易

"单一窗口"已上线货物申报系统、舱单申报系统、许可证件申领系统、原产地证申报系统、企业资质系统、公共查询系统、运输工具申报系统、跨境电商系统,涵盖了进出口企业办理通关业务的主要功能,实现了"数据多跑路,企业少跑腿",从根本上改变了原先办理口岸各部门的申报业务需要登录不同的网站、使用多个密钥、记住多个密码的模式,既省时又省力。

3. 山东省参与"一带一路"建设的经贸合作

近年来,山东省紧跟国家"一带一路"总体战略布局,在参与"一带一路"建设中推动经贸合作取得良好成效。2019年第一季度,山东省与"一带一路"沿线国家实现外贸进出口1272.2亿元,增长13%;对"一带一路"沿线国家实际投资25.1亿元;与"一带一路"沿线国家对外承包完成营业额109.5亿元,增长17.7%。

(1)积极推动"一带一路"贸易畅通取得新突破

努力打造山东省对接"一带一路"市场的重点展会平台。山东省在境外百展市场开拓计划中,计划"一带一路"市场展会数量要占到总展会数量的四成,重点发展"一带一路"沿线市场。积极发展"出口产业集群+国际自主品牌+知名电商平台+外贸综合服务企业+公共海外仓"五位一体发展新模式,青岛市、威海市入选国家级跨境电商综合试验区,推动在菲律宾等"一带一路"沿线国家建成9个跨境电商公共海外仓,省级外贸新业态主体总数达到189家。2019年第一季度,山东省与"一带一路"沿线国家实现外贸进出口1272.2亿元,占全省的27.8%,其中出口705亿元,增长12.9%,占全省的28.4%;进口567.2亿元,增长13.1%,占全省的27.2%。

(2)聚集国际产能合作,推动有影响力的项目在"一带一路"沿线落地

山东省与"一带一路"沿线国家在橡胶轮胎、化工冶金、纺织服装等领域进行了一系列合作。在中东欧,有烟台万华投资收购匈牙利宝思德公司建设化工产业园这一标志性项目。在越南、泰国等,赛轮、玲珑、森麒麟等轮胎企业先后建成生产基地。在东南亚,一大批纺织服装企业投资建厂,如鲁泰集团、桑莎集团等。印尼蕴含的丰富铝土矿资源使一些企业先

后在此推进铝制品加工项目，如南山铝业、魏桥铝业等企业。还有一些企业积极参与"一带一路"沿线国家相关企业的收购投资。如海信集团收购了斯洛文尼亚最大的家电企业 Gorenje 集团公司，蓝帆医疗新加坡柏盛国际集团（全球第四大心脏支架企业）进军行业技术高端领域。2018 年，山东省对"一带一路"沿线国家实际投资 127.5 亿元，占全省的 27.4%，其中对沿线国家国际产能合作领域实际投资 64.5 亿元，占对沿线国家地区投资的 50.6%。

4. 山东省参与"一带一路"建设的人文交流

山东省是孔孟的家乡、儒家文化的发源地和中华文明的重要发祥地，历来以弘扬儒家文化著称于世。儒家文化作为齐鲁著名的文化宝藏，可以成为山东省与"一带一路"沿线国家的文化纽带。山东省拥有济南、曲阜等 10 座国家历史文化名城，可形成山海互补、具有儒家文化特色的旅游格局，丰富"一带一路"旅游资源。

2017 年春节期间，山东省与蒙古国、泰国、瑞典等"一带一路"沿线国家或地区，积极举办了"欢乐春节"系列活动。近年来，山东省更是与"一带一路"沿线国家民众积极交流，努力讲述"山东故事"，与"一带一路"沿线不同文化进行交流，加快文化传播，以山东特有的儒家文化不断丰富和发展丝路文化，推动山东省与"一带一路"沿线国家的文化传承与创新。山东省努力推进齐鲁的儒家文化融入丝绸之路，加强与埃及、泰国、新加坡等国家的文化交流，坚持每年举办"中国山东文化年"等活动，推动齐鲁地区的儒家文化走向世界。

四 陕西省参与"一带一路"建设的实践

（一）基础与优势

陕西省具有科技和能源优势，新区的建设重点向能源型企业倾斜。陕西省拥有我国的历史文化名城西安。陕西省的定位是丝绸之路经济带重要支点、向西开放的重要枢纽。[①]"一带一路"倡议提出后，相关规划的重要内容是，为加快建设丝绸之路经济带新起点，加强与中亚国家和澳大利亚等国在资源勘探、开发领域的合作；加快申报"一带一路"倡议中的经济贸易自由区，建设国家航空城实验区；推进省资源交易中心落户能源金融贸易中心，鼓励各类能源企业积极参与西咸新区建设；支持西咸新区建设立体化综合交通系统，启动地铁延伸线建设；省重大产业项目优先向西咸新区布局。

1. 地理位置优势

陕西省在中国地理中处于中心位置，不仅是我国北方进入南方的主要干道，还是我国东部地区进入大西北地区的主要通道，具有优越的地理位置。由于区位的优越性，陕西省以"一带一路"建设经济带新起点为目标。通过陆海空多种交通方式，加快向西建设"立体丝绸路"。在陆运方面，陕西省是连接长江流域和陇海兰新铁路两大动脉十字网络的交通枢纽。2013 年 11 月 28 日，陕西省开通了首趟国际货运班列"长江号"。在海运方面，经过海关总署的批准，西安积极试点，努力进行电子商务基础设施建设，建立具有世界影响力的国际贸易平台——"网上丝绸之路"。在航运方面，依托国家空城实验区，陕西省逐步建成丝绸之路的航空枢纽。目前，西安咸阳机场已经成为我国十大机场之一，与 68 个国内城市、11 个国家和地区通航，航线 108 条，运航能力达到国际先进水平。

2. 科技能源优势

陕西省能源储备丰富，全国 1/3 的矿产资源储量在陕西省，居全国首位。陕西省近年来积极发展新兴产业，如汽车、航空航天、文化、新医药等，与原有产业互相支撑、互为带动，形成产业新格局，陕西省的生产总值显著提高，有效地支撑了陕西省的新一轮大开发。因此，陕西

---

① 赵正永：《向西开放：西部大发展的新机遇——学习贯彻习近平同志共建丝绸之路经济带的战略构想》，《人民日报》2013 年 10 月 29 日。

省已经成为西北地区经济实力和科技实力最强的省份。在"一带一路"倡议中，陕西省装备制造和能源业发挥了主要作用。在商用车方面，2013 年陕西汽车集团出口重卡 1.8 万台，而出口中的 51% 销往了中亚五国和俄罗斯。陕西汽车集团不仅在新疆建成整车厂，年产量达到 5 万台，而且和哈萨克斯坦的经销商合作建设了装配厂。在能源方面，陕西延长石油集团在获得中亚五国的多个石油项目基础上，又获得吉尔吉斯斯坦1.13 万平方公里油气勘察开发权，具有很大的发展空间。

3. 人文优势

早在 2100 年前，张骞就开辟了一条丝绸之路。这条路从汉长安城通往中亚，贯彻东西，连接欧亚。陕西省参与"一带一路"倡议的重要基础是陕西省深厚的历史文化底蕴。文化是一种软实力。陕西正是借助于深厚的历史文化的影响力，凝聚了独属陕西省的宣传铁板，唤醒了陕西省古丝绸之路的记忆。依托于丝绸之路，陕西省开通了中国首条丝绸之路主题的旅游专线。2014 年 6 月 18 日，串联起沿途热门景点、提供"一站式"食宿旅游服务的首趟"长安号"丝绸之路旅游专列启程。

（二）主要做法

1. 陕西省参与"一带一路"建设的政策保障

陕西省制定的有关"一带一路"倡议的文件相当清晰，《推动共建丝绸之路经济带和 21 世纪海上丝绸之路的愿景与行动》中虽然国家没有将陕西省定位为"丝绸之路经济带新起点"（这是陕西省自己的定位），但陕西省连续五年主动积极制定参与"一带一路"建设行动计划，这表明了陕西对"一带一路"倡议抱有极大的期待和热情。陕西省制定的实施方案中对"一带一路"工作的具体部署也十分明确和详细，还特意提出将"一带一路"倡议与中国制造业高质量发展中陕西省重点任务相结合，努力提升陕西省国际合作水平。

"一带一路"倡议提出以来，陕西省公开出台超过 7 个政策文件（见表 3 -7），涉及经济、贸易、金融、投资等多个领域。陕西积极响应国家政策，根据国家需要，积极布局，抓住历史机遇，充分参与"一带一路"建设。

表 3 - 7 陕西省 "一带一路" 相关政策

政策	主要内容
陕西省 "一带一路" 建设 2015 年行动计划	一是促进互联互通建设;二是密切人文交流合作;三是加强科技教育合作;四是深化经贸领域合作;五是搭建对外开放平台;六是加强生态环保合作;七是创新金融合作方式
陕西省 "一带一路" 建设 2016 年行动计划	一是着力构建交通商贸物流中心;二是着力构建国际产能合作中心;三是着力构建科技教育中心;四是着力构建国际旅游中心;五是着力构建区域金融中心;六是搭建人文交流平台;七是强化国家生态安全新屏障;八是建立开放型经济新格局
陕西省 "一带一路" 建设 2017 年行动计划	一是着力构建交通商贸物流中心;二是着力构建国际产能合作中心;三是着力构建科技教育中心;四是着力构建国际旅游中心;五是着力构建区域金融中心;六是搭建人文交流平台;七是优化发展环境
陕西省 "一带一路" 建设 2018 年行动计划	一是着力构建交通商贸物流中心;二是着力构建国际产能合作中心;三是着力构建科技教育中心;四是着力构建国际文化旅游中心;五是着力构建丝绸之路金融中心;六是优化发展环境;七是强化组织协调
陕西省 "一带一路" 建设 2019 年行动计划	一是着力构建交通商贸物流中心;二是着力构建国际产能合作中心;三是着力构建科技教育中心;四是着力构建国际文化旅游中心;五是着力构建丝绸之路金融中心;六是持续优化发展环境;七是强化组织协调
中国(陕西)自由贸易试验区管理办法	自贸试验区分为三个片区:中心片区[含西安出口加工区 A 区、B 区,西安高新综合保税区和西咸保税物流中心(B 型)]、西安国际港务区片区(含西安综合保税区)和杨凌示范区片区。自贸试验区要以 "一带一路" 建设为重点,坚持 "引进来" 和 "走出去" 并重,遵循共商、共建、共享原则,加强创新能力开放合作,形成陆海内外联动、东西双向互济的开放格局
陕西省推进建设丝绸之路经济带和 21 世纪海上丝绸之路实施方案(2015 ~ 2020 年)	全面贯彻党的十八大和十八届二中、三中、四中、五中全会精神,深入贯彻落实习近平总书记系列重要讲话要求,坚持以创新、协调、绿色、开放、共享的发展理念为引领,主动适应经济发展新常态,构筑全方位开放格局,积极打造 "一带一路" 交通商贸物流、国际产能合作、科技教育、国际旅游、区域金融五大中心,叫响做实丝绸之路经济带新起点,为同步全面建成小康社会、建设更高水平 "三个陕西" 做出新的更大贡献

2. 陕西省参与 "一带一路" 建设的基础设施建设

陕西省在建设交通基础设施方面,首先是实现陕西省 10 个省市的海关区域通关一体化,其次是建设 "米" 字形高铁网,陕西预计投资 900 多亿元,用以建设高速公路、铁路等,以实现陕西承东启西、连接南北的中心区域作用。自"一带一路"建设六年来，陕西省的陆空数字"立体丝路"初步形成。陆运方面，高速公路通车总里程超过 5200 公里，位居世界前列；铁路营业里程达 5300 公里，高铁营业里程达 856 公里，全国排名实现大幅跃升；中欧班列"长安号"累计开行超过 1200 列，已开通 10 条向西通道，基本实现中亚与欧洲地区主要货源地全覆盖。空运方面，截至 2018 年上半年，国际（地区）航线达 59 条，通达 25 个国家的 48 个城市，其中包括 14 个"一带一路"国家的 26 个城市。同时，陕西省作为国际物流枢纽的作用逐步凸显。西安临空经济示范区正式获批开通全货运航线 14 条；西安新筑物流基地、宝鸡阳平物流建设稳步推进；"西安港—墨尔本港""西安港—新西兰利特尔顿港""西安港—青岛港"等多式联运班列实现常态化运行。

3. 陕西省参与"一带一路"建设的经贸合作

自"一带一路"倡议提出后，陕西省与"一带一路"国家经贸合作步伐也随之加快。2013 年陕西省进出口总额 1227.75 亿元，2017 年则达到了 2714.9 亿元；从全省与"一带一路"沿线国家进出口总额来看，五年来对"一带一路"沿线国家进出口总值累计达 1283 亿元，占五年全省进出口总值的 13.5%。全省对外直接投资方面，2013 年达到 2.9 亿美元，而 2017 年则上升到了 6.6 亿美元。对外承包工程完成营业额方面，2013 年实现 17.87 亿美元，而 2017 年则上升到了 39.1 亿美元，同时"一带一路"沿线国家已成为陕西省对外承包工程的主要市场。自 2017 年 4 月 1 日挂牌成立到 2018 年 7 月底，陕西自贸试验区新增市场主体 23145 家，新增注册资本 4763 亿元。其中，新增企业 18452 家（含外资企业 244 家），企业注册资本 4756.61 亿元（含外资资本 14.42 亿美元）。

与此同时，陕西省与"一带一路"沿线的国内外城市在经贸方面积极互动。在 2015 年第十九届西洽会暨丝博会"一带一路"新丝路·新起点合作交流会及重点项目签约仪式上，西安市与泉州市签署了《建设"一带一路"倡议合作框架协议》，加强西安和泉州在产业协作等方面的合作。启动投资总额达到 1396.16 亿元的 40 个项目合作。2015 年 10 月，陕西省还与台湾、香港等举行以"一带一路"为主题的座谈会、交流会，为西部地区积极招商引资,加快跨境电商服务。2016 年 3 月 20 日,"长安号"初次抵达西安,开启了陕西省与中亚国家的贸易合作之路,推动陕西省贸易进一步发展。

4. 陕西省参与"一带一路"建设的人文交流

陕西省积极打造"一带一路"国际文化旅游中心,六年来对外文化交流开花结果。国家级的文化艺术盛会落户陕西省,"丝绸之路国际艺术节"已成功举办了五届,吸引了越来越多的国家或地区参加;"今日丝绸之路美术创作工程"和"从长安到罗马文化交流演展工程"两大工程撑起"一带一路"人文交流合作机制;强化"部省合作"模式,推进对外交流,陕西与文化和旅游部于 2017 年、2018 年先后与丹麦哥本哈根中国文化中心、巴基斯坦中国文化中心开展了全年的文化交流合作,提升对外文化交流的影响力。

"一带一路"倡议为陕西省的外事工作提供了强劲支撑。2015 年 5 月 14 日,习近平总书记在陕西接待印度总理莫迪,将"元首家乡外交"推向高潮。六年来,陕西省的朋友圈越来越大。到目前为止,陕西省已与 36 个国家 89 个城市缔结了友好关系,在西北五省中位居第一,实现了中亚 5 国国际友好城市全覆盖;更多国家或地区来陕建立机构,泰国、韩国、柬埔寨、马来西亚等国先后在陕设立总领事馆,英国、加拿大、奥地利、柬埔寨、尼日利亚、西班牙等 6 个国家在陕西设立商务中心或代表处,德国、法国、英国、南非等 21 个国家在陕设立签证中心。

五 本章小结

(一)"一带一路"在解决区域发展不充分、不平衡问题方面初显成效

我国是"一带一路"倡议的发起者和倡导者,也是该倡议的积极践行者。传统对外开放政策主要向东部沿海地区倾斜,这些区域对外经济发展已经走上正轨,在融入全球价值链和分工体系方面取得了显著成效,而中西部

在对外开放的广度及深度上还有所欠缺。"一带一路"倡议作为统筹内外、兼顾东西的重大平台，不断深化向东开放，扩大向西开放，旨在通过加快中西部地区对外开放经济的发展，实现我国对外开放的全面升级。从目前主要省份参与"一带一路"建设的情况来看，"一带一路"在进一步促进东部潜力挖掘、推动中西部对外开放、优化区域发展格局、促进区域协调发展等方面发挥着重要作用，有利于解决我国区域发展不充分、不平衡的问题。同样，"一带一路"沿线各国经济发展水平各异，亟须利用沿线国家间优势互补来实现共赢，因此，沿线国家既是"一带一路"倡议的参与者，也是其利益的享受者。

（二）不同省份依据自身特色有针对性地对接"一带一路"

"一带一路"建设涉及国内各省份的进一步发展，在这个大背景下，各省份都面临着产业链的重新分工和产业转型升级两大问题。但各省之间经济发展水平差距较大，资源禀赋条件不一，产业结构侧重点不一，各省份应该依据自身特色和比较优势有针对性地对接"一带一路"建设，对"一带一路"沿线国内外市场环境进行深入细致的调查研究，进而明确自身定位和对外合作重点方向，寻找利益契合点、汇合点，依托"一带一路"平台各展其能，避免产业定位雷同、跟风式转向、区位优势不明显。同时，要正确处理地方目标和国家总体目标的关系，产业链的重新分工需要省际统筹协同，并积极探索省份之间分工合作协调机制，密切区域合作分工，这样才能让我国在更大空间进行资源优化配置，整体产业竞争力得到加强。

（三）北京需牢牢把握首都城市战略定位，当好"一带一路"建设排头兵

共建"一带一路"是新时代全面对外开放的重大举措，是满足人民日益增长的美好生活需要、构建人类命运共同体的重要依托。而与其他省份不同的是，北京市作为首都，在"一带一路"建设中扮演着特殊的角色，更需要以服务国家对外开放大局、服务京津冀协同发展、服务首都高质量发展

为基本出发点，发挥"四个中心"功能优势，提高"四个服务"水平，建设服务于"一带一路"的对外交往平台、科技支撑平台、人文交流平台、服务支持平台，发挥开放引领、辐射带动、交流互鉴、保障有力的示范作用，努力将北京打造成为国际交往活跃、国际化服务完善、国际影响力凸显的重大国际活动聚集之都，成为展示中华文化的重要窗口和荟萃世界文化的重要舞台，初步建成具有全球影响力的科技创新中心和全球领先的服务贸易枢纽城市，当好国家"一带一路"建设排头兵，为共建和平、繁荣、开放、创新、文明之路做出积极贡献。

本章主要参考文献

凌云鹏、永乔、成良、李静：《登州：海上丝绸之路从这里启航》，《登州与海上丝绸之路国际学术研讨会论文集》，2008。

毛艳华：《广东参与"一带一路"建设蓝皮书（2013～2018）》，广东人民出版社，2018。

余淼杰、梁庆丰：《全面开放新格局中的粤港澳大湾区建设研究》，《国际贸易》2019年第1期。

赵正永：《向西开放：西部大发展的新机遇——学习贯彻习近平同志共建丝绸之路经济带的战略构想》，《人民日报》2013年10月29日。

北京篇

发挥北京优势，搭建国内外"一带一路"建设桥梁

第四章 北京在"一带一路"倡议中的角色定位

随着城市化的推进，北京的首都功能不断演变。目前北京的城市定位是"四个中心"即"政治中心、文化中心、国际交往中心、科技创新中心"。而在发展过程中，北京出现了"大城市病"问题，这也是非首都功能疏解和京津冀协同发展政策提出的重要背景。与此同时，北京作为首都，具有地理、人才、资本、开放和创新等多方面的优势，在"一带一路"建设中发挥着"排头兵""领头雁"的作用。"四个中心""京津冀协同发展"两大城市发展战略以及"一带一路"倡议这三者呈现出大三角关系，如何实现三种定位的良性互动、协同共振，成为北京市乃至中国未来发展的重要一环。

一 北京首都功能的演变

首都功能是指作为一个国家的首都所承担的保障中央国家机关开展政务工作和国际交往事务，提供安全、有序、高效的城市运行条件以及与其需求相适应的工作、生活设施和相关服务的功能。[1] 进入 21 世纪，中国综合实力显著提升。北京作为首都，它的发展也必须要服从中国发展的规律性和阶段性特征。从世界角度看，世界首都大致可划分为复合功能型首都与简单功能型首都两类。[2] 前者往往在成为首都之前就有一定的发展基础，具有地缘优势，在成为首都后，政治中心优势与地缘优势相互强化，发展资源高度集

---

① 林坚：《首都功能定位需要处理好十大关系》，《中国流通经济》2015 年第 4 期。
② 李晓江、徐颖：《首都功能的国际比较与经验借鉴》，《北京人大》2015 年第 8 期。

中，如伦敦、巴黎、东京等；后者基本形成于特定的历史背景与社会条件，主要见于少数现代化国家和历史相对较短的联邦制国家，如华盛顿、渥太华等。北京从元朝以来就是中国的首都，具有悠久的历史积淀和丰富的文化底蕴。北京成为新中国的首都后，承担着政治中心的功能，并与已有自然地理资源互相作用，发展资源高度集中，因此北京是典型的复合功能型首都。而该类型首都的城市发展演进极具规律性，即人口高度集聚的趋势明显，居住、交通、环境、社会秩序等方面面临的压力巨大。当发展到一定阶段后，首都区域层面的功能重构与协同发展是可持续发展的必由之路，也是首都功能转型与优化提升的重要支撑与保障。①

现如今，北京在不断的发展过程中，人口过度聚集，但城市管理并没同步跟进，造成城市组织过程中诸多非平衡的混沌状态，主要体现在人口膨胀、交通堵塞、环境污染、资源限制、房价高居不下、区域发展不协调等"大城市病"问题，因此京津冀协同发展、非首都功能疏解是治理北京"大城市病"问题的重要路径和措施。而非首都功能疏解的前提是明确北京的首都功能。

新中国成立以来，北京共开展了几次规模较大的城市规划工作。这些规划见证了北京首都功能的演化过程，可分为以下两个阶段。

第一阶段是1953～1982年，主要强调北京作为政治、经济和文化中心的功能。1949年12月，时任北京市市长的聂荣臻主持召开了城市规划会议，苏联专家认为北京没有大工业，但作为首都，不仅应是文化的、科学的、艺术的城市，而且应是大工业城市。而这一方案让梁思成和陈占祥（梁、陈二人曾在1950年提出《关于中央人民政府行政中心区位置的建议》）觉得不妥。他们认为北京是一座百年老城，这样的城市规划会让其难以保持原貌。经过一系列的讨论之后，1953版总规划并没有采用"梁陈方案"。1953年11月第一份上报中央的北京发展规划方案《改建与扩建北京市规划草案的要点》提出，北京应该成为我国的政治、经济、文

---

① 李晓江、徐颖：《首都功能的国际比较与经验借鉴》，《北京人大》2015年第8期。

化中心，特别是要建成我国强大的工业基地和科学技术中心。1958年北京市委提出的《北京城市规划初步方案》对1953版规划草案进行了纠正和补充，并正式提出"把北京建设成为全国的政治中心和文化教育中心，还要把它迅速地建设成为一个现代化的工业基地和科学技术中心"，指出"城市建设着重为工农业生产服务，为逐步消灭工农之间、城乡之间、脑力劳动与体力劳动之间的严重差别提供条件"。但由于历史原因，没有调整城市职能。1973年北京规划局提出《北京城市建设总体规划方案》，对城市性质无表述，只对城市发展目标提出"多快好省地把北京建成一个具有现代工业、现代农业、现代科学文化和现代城市设施的清洁的社会主义首都"。

第二阶段是1982年至今，主要强调北京的政治中心这一核心职能，并围绕政治职能衍生其他的基本职能。1980年，中央书记处首次明确北京不再担当国家经济中心的职能。随后在1983年发布《北京城市建设总体规划方案》明确指出，北京的基本职能为政治中心和文化中心。随着中国经济地位和国际事务参与度的提高，我国对外交流日渐频繁，1993年《北京城市总体规划》首次新增了北京"国际交往中心"这一功能定位。2003年，《北京城市空间发展战略研究》对北京的城市性质无表述，只对城市发展目标提出"国家首都、世界城市、文化名城、宜居城市"。2004版总规提出北京是全国的政治中心也是文化科技中心，是国家经济管理中心也是国际交流中心。2014年，北京市委十一届三中全会确定北京新的战略定位，即"政治中心、文化中心、国际交往中心、科技创新中心"。而由于科技创新尚处于政策支持阶段，我们主要从经济、政治、文化和国际交往四个角度进行分析，其中穿插着对北京科技创新现状的描述。

二　"四个中心""京津冀协同发展"城市发展战略与"一带一路"倡议协同

在经济全球化大背景下，共建"一带一路"，并非是"另起炉灶"，而是"致力于维护全球自由贸易体系和开放型世界经济"①，因此，"一带一路"是助力经济全球化的重要框架。当今世界经济的突出特征是各国间经济的深度融合和发达的贸易体系，可以说，世界各国的经济活动以及人民的生活都已离不开对外交流。而北京作为首都，自然被寄予厚望。2013年底，习近平总书记提出"一带一路"倡议，旨在加强与沿线国家的政策沟通、设施联通、贸易畅通、资金融通、民心相通（简称"五通"）。后续的《推动共建丝绸之路经济带和21世纪海上丝绸之路的愿景与行动》也明确表示，作为首都，北京的定位应该是"一带一路"倡议实施的"领头雁"，充分发挥各类资源优势和引领带动作用，以"五通"为主要内容，以企业为主体，以资本输出为纽带，以产业转移为抓手，携手其他省份，积极对接国内外两个市场，更好地推进"一带一路"倡议的实施。

针对北京日益加重的"大城市病"问题，习近平总书记于2014年2月26日视察北京时强调，"坚持和强化首都全国政治中心、文化中心、国际交往中心、科技创新中心的核心功能，深入实施人文北京、科技北京、绿色北京战略，努力把北京建设成为国际一流的和谐宜居之都"。并基于此，提出了首都功能疏解和京津冀协同发展的问题。京津冀协同发展不仅是中国特色"大城市病"治理模式的积极探索，也是区域协同发展理念的重要体现，同时还是北京发挥主观能动性，借助机制设计，协调与周边地区资源、要素整合和优化配置的创新尝试。京津冀协同发展战略明确指出，以疏解非首都功能为核心，以协同发展为主线，以交通一体化、生态环境保护、产业升级转移三大重点领域为突破口，逐步带动京津冀区域经济、社会实现全方位、多层次一体化协同发展。这在某种程度上表征着京津冀协同发展事实上与"一带一路"倡议肩负着同样的使命，两者都是协同发展理论的实践应用。

在"一带一路"倡议、"京津冀协同发展"中的新定位与之前的"四个中心"形成了北京的多重角色、多项功能，三者之间呈现大三角互动关系。

---

① 国家发展改革委、外交部、商务部：《推动共建丝绸之路经济带和21世纪海上丝绸之路的愿景与行动》，2015。

要做好首都功能疏解工作，必须先明确北京的首都功能定位，这不仅有助于调整经济结构和空间结构，也有助于进行产业转移，打造"高精尖"的经济结构，同时这也决定了北京融入"一带一路"倡议的角色选择。总体来看，"四个中心"的城市发展战略所明确的首都功能，成为"京津冀协同发展"中北京功能的核心内容，不仅如此，"四个中心"的定位也是"一带一路"的重要驱动，"四个中心"与"一带一路"建设存在较为明显的互动关系。而"京津冀协同发展"战略与"一带一路"倡议作为区域经济联动发展构想，虽然两者所涵盖的范围不一样，却有着同样的目标，那就是打造区域经济一体化。"京津冀协同发展"是区域内的"一带一路"构想，"一带一路"是更大范围的"京津冀协同发展"。因此，"京津冀"能为"一带一路"倡议实施提供经验和排除障碍，而"一带一路"倡议的实施形成的经验和机遇又能促进"京津冀协同发展"。

（一）"四个中心"定位是"一带一路"倡议实施的有力后盾

北京是全国的政治中心，在"一带一路"倡议中发挥着重要的政治牵引功能。作为首都，北京拥有资源优势，因此基于这些优势来发挥其政策牵引作用是首要任务。具体来说，北京以丰富的外交资源、企业总部资源为基础，以资本输出为纽带，以科技创新资源、文化资源和旅游资源为重点，以非首都功能疏解和相关产业转移为抓手，充分发挥北京地区的资金、资源优势，发挥引领带动作用，在多个领域、多个层面与"一带一路"沿线国家和国内各省份进行深层次的互通互联。"一带一路"沿线国家多是发展中国家，中国作为最大的发展中国家与周边国家都保持着良好的政治关系，这是北京能够发挥"政策牵引"作用的基础。此外，国有企业也发挥了"排头兵"的作用，利用国有资本带动私人资本对沿线国家进行投资。截至2017年，全国的国有企业有133223家，其中北京有5834家，北京的国有企业占43.8%。此外，中国基建行业的龙头企业，如中国中铁股份有限公司、中国交通建设集团有限公司等的总部均设在北京，这部分企业在"一带一路"基础设施建设中有着得天独厚的优势，在中央企业的领头下，北京市属企业在"一带一路"的对外投资中可以充当"跟投者"的角色，市属企业在企业规模和海外投资经验上略有不足，但具有专业优势，可以通过"跟投""参股"等方式，跟着大型央企参与"一带一路"建设。在这种良好关系的助力下，北京应牢牢抓住"一带一路"建设机遇，推动"一带一路"倡议与北京产业政策相结合。北京应充分利用人才优势、资本优势、海外投资经验主动"走出去"，参与沿线国家的设施联通、贸易畅通、资金融通等建设，推动北京产业政策与"一带一路"建设相融合，主动寻求战略合作和对外并购，进一步拓展海外市场。

文化交流是"一带一路"倡议的重要推手和内容。中国是四大文明古国之一，丝绸之路的存在对中国的宗教、绘画、音乐等产生了深远的影响，中华文明也通过丝绸之路在一定程度上推动了世界文明的发展。现今的"一带一路"倡议延续了古丝绸之路在经济、政治、文化等方面的优良传统，并结合了当代和平发展的思想，赋予了丝绸之路新的时代内涵和深远意义。因此，文化交流中心的定位可以加快打造北京与"一带一路"沿线国家的文化交流平台，这是北京发挥首都核心职能的重要路径。基于打造出的文化交流平台，加快建设北京与"一带一路"沿线国家文化交流的载体。北京作为国家的文化中心，以国家对外文化贸易基地（北京）为重要平台，加快发展与"一带一路"沿线国家的对外文化贸易，从政策扶持、机制保障、信息咨询、人才培养、渠道搭建和加强服务多方面入手，积极支持和指导基地的建设和运营，为"一带一路"文化产品、文化项目提供展示、推介、交易、仓储、物流等综合服务，推动北京早日成为中国文化"走出去"的桥头堡和示范区。"一带一路"破解了传统思维"带""路"的观念，"互联网＋"为"一带一路"的文化交流提供了前所未有的便捷，文化产业合作体系也是文化交流的促进因素。在此体系之下，可以充分发挥旅游产业对资源的平台聚合能力，在"一带一路"倡议中先联先通，将展览、旅游、演艺等形式作为产业链上的一环进行布局。具体来说，首先，北京作为历史名城，文物交流亦能推动文化交流。目前北京已成为全球最大的中国文物艺术品交易中心、全国最大的传统工艺品交易集散地及高端文物流通中心，文物艺术品交易量占全国的 80% 左右。中国国家博物馆的"归来——意大利返还中国流失文物展"（以下简称"归来"）见证了我国与意大利交流和合作的新典范。此次合作起源于 4 月 27 日习近平总书记在人民大会堂与意大利总理孔特的会见。会见时习近平总书记特别指出，"我深感意大利各界对发展对华合作的热切期待以及意大利人民对中国人民的真挚友谊"，随后意方宣布归还查获的 700 多件流失的中国文物。"归来"在国家博物馆展出以来，受到了广泛关注，引发了社会各界的强烈反响，观展观众络绎不绝。在中意两国政府的共同努力和紧密配合下，这段文物回归的佳话将开启中意两个文化遗产大国文明交流互鉴的新篇章。作为文化中心，北京发挥了历史名城的作用，通过文物交流带动文化旅游交流，不断扩大"一带一路"的文化交流规模。其次，北京强化了文化与科技的融合，利用现代科技创新服务平台建设，提升平台服务效率。对外文化贸易涉及跨境交付、境外消费、自然人流动，而平台建设适应了贸易模式的要求，不仅关注国内出口环节，同时也将平台服务进行信息化、科技化改造和创新，拓展其服务前端和服务形式。再次，由于中西方文化有着不小的差异，中国的文化输出主要面对的是有着相似文化底蕴的部分亚洲国家和西方国家的华人圈，对于这样较狭窄的出口口径，一方面保持了传统文化市场，另一方面也实施了多元化发展战略，形成更加开放、包容性更强的多元格局。中日韩三国有着同源的历史背景，更受到儒家文化的影响，因此选取了日韩两国作为文化突破口，文化企业在国内取得优势之后，利用地缘优势加上文化亲和力来辐射周围的华人圈，以此降低"文化折扣"。最后，在全球化下，互联网的发展使国家与国家之间的距离大大缩短，通过电视剧、电影、音乐等媒介进行文化输出也更加便捷，因此在对外文化贸易中北京借鉴了西方国家的经验，成立有国际竞争力的文化经纪公司，形成以经纪公司为支撑的平台建设模式，推动对外文化贸易服务平台市场化运作水平的提升。同时，加强对外文化贸易服务，打造优秀的电视剧、电影、音乐娱乐、动漫网游，借助互联网平台，推动中国文化输出。随着"一带一路"建设的推进，中国与沿线国家实现了文化互相交流、互相借鉴、互相融合、共同创新。

北京作为全国的国际交往中心，承担了诸多重大外交外事活动，服务国家开放大局，面向世界展示我国改革开放和现代化建设成就。而"一带一路"倡议与北京的国际交往中心建设互相影响、互相促进、协同发展。自"一带一路"倡议提出以来，北京相继制定了《北京市对接共建"一带一路"教育行动计划实施方案》《北京市参与建设丝绸之路经济带和21世纪海上丝绸之路实施方案》等，着力构建北京服务国家"一带一路"建设的国际交往平台。在实践层面，很多"一带一路"大型会议及论坛，如北京"一带一路"高峰论坛、21世纪"一带一路"与商业文化论坛、"一带一路"知识产权高级别会议等先后举办，不仅展现了北京作为主场外交首都的都市特色，也提升了北京国际交往中心的地位，更凸显了北京作为"一带一路"倡议的"指挥部"的中心地位。"一带一路"的推进有利于北京借力成为具有全球影响力的首都。一方面，"一带一路"建设无疑是北京展示城市魅力的绝佳机会，各类会议的举办势必会推动北京市软硬件设施完善，强化国际交往中的城市特色。另一方面，借助"一带一路"建设，北京能吸引更多国际组织总部的入驻，如亚投行和丝路基金，这有利于强化北京作为国际交往中心的功能。此外，北京作为国际交往中心，对"一带一路"建设起到了增强辐射力的作用。正如上文所述，北京是一座历史悠久的城市，延续了古丝绸之路的优秀传统，秉承着合作共赢的理念与"一带一路"沿线国家共建文化交流、人文交流平台。北京所具有的优势，使其成为沿线国家在国际交往中可选择的平台，在推动"一带一路"沿线国家的政策沟通和政治交往上发挥着重要的作用。首先，北京应该积极主动地服务国家对外交往，参与国际活动的主办和接待工作，主动对接相关部门参与相关国际合作，构建北京与"一带一路"沿线国家首都的对话和交流机制等，以进一步明确北京国际交往中心在"一带一路"倡议中的定位和使命。其次，北京应结合京津冀协同发展政策，优化空间和产业布局，完善城市软硬件设施，构建交通航空网络，提升城市名片形象，助力"一带一路"的实施。再次，北京金融机构聚集，应推动北京与沿线国家金融行业的互联互通，通过提供有效的全球金融治理方案，促进开放型经济体制的构建。最后，北京应与沿线国家首都逐渐建成友好城市，建设行之有效的人文交流机制，推动城市之间的外交活动，不断提升北京的话语权和影响力。

科技创新是一座城市要取得经济话语权和获得核心竞争力的关键，也是打造国际关系交往枢纽的"助推器"。北京作为全国的科技创新中心，积极融入全球创新网络，搭建国际科技合作基地平台，发挥创新示范功能，实现创新资源共享。此外，要提高国际研发能力，形成国际化科研成果，以此吸引跨国研发企业入驻。要把北京的科技创新优势与"一带一路"沿线国家的需求相结合，在中关村海淀园区的示范下，开展海外科技合作，鼓励相关企业"走出去"。大力推动中科院等科研机构在沿线国家布局相关科技园区。建设"一带一路"国际人才培养基地，积极引进国际优秀人才。

（二）京津冀协同发展战略与"一带一路"倡议高度相关、目标趋同

"一带一路"倡议与京津冀协同发展战略并非是相互孤立的，而是高度相关、相互影响的。从地区来说，京津冀地区既是京津冀协同发展战略的主要地区，又连接了"丝绸之路经济带"与"海上丝绸之路"。从发展来说，京津冀协同发展主要有三大核心目标，即打造世界级城市群、推进经济创新发展和承载首都功能疏解，① 因此其核心诉求仍是提升区域竞争力以服务于以上三大目标。而"一带一路"倡议中有关地区性合作、基础设施一体化建设等举措与京津冀的战略方向高度契合。两者互为依托、互为支撑。一方面，京津冀地区的优势能给"一带一路"倡议提供人才优势、资本优势、开放优势以及科技创新优势，如果能将这些优势融入"一带一路"建设，将大力推动"一带一路"倡议的实施。另一方面，"一带一路"倡议的提出，也为京津冀地区的发展提供了更加广阔的平台和视野，如果将"一带一路"建设融入京津冀发展，利用京津冀地区已形成的规模

---

① 孙莉、王慧娟：《"一带一路"视域下的京津冀区域竞争力提升研究》，《经济研究参考》2017 年第 70 期。

经济效应，就能以更低的成本、更高的效率拓宽国内甚至国际市场。

非首都功能疏解是京津冀协同发展的重中之重，也是"一带一路"建设中亟待解决的问题。习近平总书记曾提出"疏解非首都核心功能，解决北京'大城市'病，促进京津冀协同发展"。河北地区和京津地区在发展中仍存在较大的差异，造成京津地区的某些产业产生"虹吸效应"。"虹吸效应"在经济意义上的解释是在地缘相近的地区，经济发展水平较高的地区会对经济发展水平较低的地区形成一定的"虹吸效应"，并按照资源配置的基本逻辑实现产业变迁、能源布局、教育实力、科技发展等的规模化集聚，从而在边缘体周围形成发展较为缓慢的经济状态。而在京津冀地区，北京和天津对河北的虹吸效应，会造成人才、资本和产业资源在京津地区集聚的现象。与此同时，在边缘地区则会形成欠发达地区，该地区缺乏社会公共服务、生活环境较差，而这也会导致京津地区的生态环境恶化，人口密度增长，影响生态可循环性和资源的可持续性。疏解非首都功能会缓解一定的"虹吸效应"，从而促进可持续发展。根据国外（如东京、温哥华、华盛顿等）首都的一些成功经验，非首都功能的转移需要借助区域之间便利的交通、合理的城市规划、连续的产业政策、共享的文化发展、趋同的教育资源等才能实现。而且，疏解非首都功能能提高京津冀地区整体产业利益的全面认知，从而做出长期且全面的战略决策。近些年，北京向河北转移的多是低附加值的劳动密集型、资源消耗型行业，而这些行业在带动经济发展的同时，加速了周边生态环境恶化。对于北京来说，应该加强和深化与相关省市的合作，加快资本输出，以津冀为重点，积极拓展辐射半径，有序推进产业转移和园区对接，推进非首都功能疏解，调整首都"高精尖"经济结构。

三 战略协同促进北京与"一带一路"沿线国家的经贸往来

"京津冀协同发展""四个中心"战略和"一带一路"倡议互相促进、互相融合。如前所述，首先，"四个中心"的明确定位，是京津冀协同发展的核心内容，只有明确了北京的城市定位，非首都功能才能顺利地疏解到津冀两地，提高北京的经济和空间利用率，促进产业转移。其次，"四个中心"是"一带一路"建设的驱动，政治中心是"一带一路"的政策导向，能制定沿线国家的经贸交流政策。作为文化中心，北京是文化古城，与沿线国家的文化交流有助于文化旅游贸易的开展。作为国际交往中心，北京能够吸引各国的金融企业入驻，也能够通过国际交往活动打响"一带一路"的知名度，创造沿线国家的合作机会。京津冀协同发展和"一带一路"都是为了区域经济一体化，两者相结合，有助于发挥京津冀的地区优势。一方面京津冀地区优势产业过剩产能向沿线国家输出，促进了沿线国家与京津冀地区的贸易活动，提高了"中国制造"在沿线国家的市场占有率；另一方面，"一带一路"也提高了中国的世界影响力，作为中国首都的北京的国际地位也将提升，与世界的政治、文化、经济交流也会进一步加强，这必使得一些优秀的企业总部和国际组织总部入驻北京，促进北京企业的创新发展。

（一）京津冀协同发展助力沿线国家的经贸往来

京津冀地区，尤其是河北省，是典型的传统工业主导型区域。河北省，钢铁、水泥、建材等第二产业产值占到总产值的一半以上。而这些产业属于低生产率、低附加值、低产业带动性、高污染、高耗能的产业。从需求来说，由于沿线国家多为发展中国家，对发展经济有较强烈的需求，通过"一带一路"在交通、航空方面的合作，能够从战略层面保证优势产能向外输出。从供给来说，通过"一带一路"进行优势产业转移，不仅减少了贸易壁垒，也降低了劳动力成本，还能提高企业的国际竞争力。推动京津冀地区的优势产能向外转移，也能吸引农矿产品等紧缺资源，这将改善京津冀地区产品的供给结构。此外，京津冀地区科技创新能力不足，主要原因是京津冀地区劳动力等初级生产要素成本低，对于企业来说仍然可以在低级生产要素上获取竞争优势。另外，我国京津冀地区人口大、需求多，企业可以通过扩大生产成本来寻求规模收益。而通过"一带一路"建设的推进，企业可以借力"一带一路""走出去"，不断增强品牌价值，这就要求企业在国际化的进程中积极创新，避免陷入初级生产要素陷阱和规模经济陷阱。同时，借助"一带一路"平台，北京也将吸引更多国外优秀企业和国际组织总部入驻，使北京与世界的文化、经济、政治交流更加密切。

（二）"四个中心"助力沿线国家的经贸往来

从政治中心的角度来说，发挥北京政治中心的优势，在商业贸易方面将常态化"一带一路"各国之间的政治协商，促进自贸区投资保护协定的签订，推动高水平的自由贸易区网络建立，加快投资和贸易壁垒的消除，提高相互开放的水平，营造更为宽松、透明、公平的商业环境；在经贸合作方面，促进"一带一路"沿线国家海关、检验检疫、标准认证部门和机构之间的合作，推进监管互认、信息共享和标准兼容，从而降低经贸合作成本；同时，在国家形象和对世界的影响方面，有助于生态环境保护合作的加强、环保标准的执行、社会责任的承担、良好国际形象的树立。另外，通过高层互访和部门交流，签署多双边合作备忘录，利用国家主权的可信度和影响力，结合亚太经合组织、亚洲合作对话、亚欧会议等现有机制，加快"一带一路"建设，促进相关协调机制建立。

从文化中心的角度来说，北京作为延续了千年的文明古城，汇聚了来自全国各地的千年文化，是全国各地区之间的文化纽带。北京是中国多民族、多地域文化的汇聚地，是世界文化的汇聚地。在北京城内，不仅能看到金光灿灿的琉璃瓦、斗拱挑梁的老建筑，还能看到绿色穹顶的伊斯兰建筑和尖顶高耸的哥特式教堂。这些各色的建筑只是北京文化多元性的一个缩影，北京不仅向人们昭示着她的开放性与包容性，也向世界展示着中华文明厚德载物的泱泱大国气度。党的十九大报告指出文化的重要性，文化是一个国家和民族的灵魂。没有文化自信与文化繁荣，就没有中国梦，就没有中华民族的伟大复兴。作为全国文化中心和先进文化之都，北京的城市文化发展对全国的文化发展起到了带动和示范作用。早在1954年，中央就确定了北京作为我国文化中心的地位。2016年6月，北京市正式发布实施《"十三五"时期加强全国文化中心建设规划》。2017年1月，我国文化部正式发布了《"一带一路"文化发展行动计划（2016～2020年）》，以推动文化贸易合作、文化交流的创新发展。作为北京城市建设的手段与资源，文化在城市建设中发挥着越来越重要的作用。北京拥有全国最多的文化资源，包括但不限于文化产业、文化设施等。北京发挥了现有的文化优势，利用互联网提升各类文化服务的便利性、知名度、覆盖面，并在此基础上建立网上文化的总门户，打造一个统一的、开放的全国文化市场，以此发挥文化中心的作用。例如近些年的一些大众综艺节目如《国家宝藏》《中国诗词大会》《上新了，故宫》《我在故宫修文物》等文化节目都获得了观众的好评。与此同时，北京加快了文化基础设施的建设，营造了公平的文化环境，增强了文化之都的文化普适性。不仅如此，北京的历史文化资源丰富，借此发展文化旅游，把旅游和文化紧密结合，用文化带动旅游，以旅游促进文化，增强中华文化的影响力和辐射力。将独具魅力的传统文化与丰富多彩的当代文化相结合，形成了北京文化旅游的知名品牌。例如故宫文创的多种类产品，从书籍、字画到胶带、文化衫，满足了各个年龄段消费者的需求。通过文化旅游，北京成为"一带一路"沿线国家乃至整个世界了解中国的途径之一。并且"一带一路"建设中北京的加入，也为世界提供了一些必要的建设和机制经验，促进了"一带一路"沿线各国之间的经贸往来。

从国际交往中心的角度来说，"一带一路"能够促进相关国家的金融机构集聚于北京，有效提高投融资效率。我国组织并参与了亚投行（AIIB）、金砖国家新开发银行和丝路基金等跨境基础设施投资机构部门的建设，促进了这些机构之间的配合与协调，加强了与亚洲开发银行、世界银行、国际货币基金、欧洲投资银行等国际金融机构的合作，也促进了更多沿线国家银行进驻北京，推动以联合体的方式开展银团贷款、授信担保等业务；鼓励了沿线国家在国内成立或联合设立基础设施建设基金；积极推进了亚洲债券基金建设，大力培育了亚洲债券市场并推动其开放发展，优化了亚洲金融资源配置；推出了海外投资保险产品，创新了PPP等投融资模式，对购买相关保险给予一定的补贴，引入了民间资本，充分发挥了市场机制作用，多举措构建了投融资平台和机制，该平台和机制资金来源渠道广、配置效率高、投资收益有保障。与此同时，利用国际论坛、展会等加强对外宣传，加深世界对"一带一路"倡议的理解，创造更多的合作机会。北京具有发达的信息网络系统，该优势汇聚整合了各国"一带一路"合作信息，加强了"一带一路"投资的信息服务，在对外投资国别指南基础上，提供了更新、更丰富的国情信息和动态信息，包括政治关系信息、投资项目信息、合作信息、当地企业情况及各类风险的动态变化信息等，帮助相关企业降低了学习成本和运营风险。北京各科研院所对"一带一路"相关问题的研究，为企业发展提供了充足的智力支持和培养了所需的人力资源；加强了北京高校与沿线国家的高校之间的联合培养与交流合作，加快了适合双边投资的各方面人才的培养；加大了语言、管理类人才的引进力度，对"一带一路"建设中紧缺的信息、咨询、语言等方面的人才引进提供了优惠条件。

四　北京融入"一带一路"建设的优势

北京首都功能的发挥能促进其与"一带一路"沿线国家的经贸往来，这些功能汇聚成了北京对接"一带一路"的各项区位优势。接下来我们将从北京的地理优势、人才优势、资本优势、开放优势和科技创新优势五个方面来阐述其对"一带一路"倡议实施的影响。

（一）地理优势

北京最大的区位优势是首都优势。作为首都，北京是世界了解中国的窗口和名片，具有"眼球经济"（Attention Economy）的效果，这有利于北京吸引外资，发展总部经济。目前坐落在北京的世界500强企业总部数量居世界首位，其中中国建筑工程总公司、中国铁道建筑总公司、中国交通建设集团有限公司等中国基础设施建设行业的龙头企业总部都设立在北京。这些企业在当前"一带一路"沿线国家急需的基础设施建设领域都拥有广阔市场。亚投行总部落户北京，使得其在"一带一路"沿线区域的资本融资市场上拥有强大的话语权，成为"一带一路"沿线区域的金融中心。

不仅如此，在官方发布的"一带一路"地图中，北京处于"一带一路"中线和北线 B 的起始点，在北线 B 端北京连接俄罗斯、德国、北欧，在中线北京连接西安、乌鲁木齐、阿富汗、哈萨克斯坦、匈牙利、巴黎，因此北京是连接欧亚大陆的重要节点。且北京地处环渤海经济圈，南临长江三角洲经济圈，北接东北亚经济圈，西靠西北经济圈。北京是"一带一路"交通网络的核心、中国交通网络的核心，还是中国最大的铁路、公路及航空交通中心，京广、京沪、京九等重要铁路干线的起始站，加之城市交通便利，形成了非常完善的城市交通网络。随着"一带一路"建设的不断推进，我国与"一带一路"沿线国家将实现公路、铁路、民航、海运等多种运输方式的衔接。连云港至鹿特丹港联通的新欧亚大陆桥、中国与东盟的海陆空综合交通运输、泛东南亚铁路的建设以及中国与东南亚国家海上运输的互联互通都促进了"一带一路"贸易的发展，为促进区域经济发展创造了条件。因此，北京可以利用优越的地理区位融入"一带一路"建设，通过连接中亚、东欧、北欧和西欧，对其与亚洲、欧洲的其他国家贸易运输、国际互通交流起到重要作用，以此实现对东北亚、中亚以及欧洲等的全方位开放，进而带动我国周边国家的经济增长，扩大中国经济的影响范围。

此外，从对外出口来看，在 2015 年北京出口排前 15 位国家或地区中，"一带一路"沿线国家有 10 个，出口额占出口总额的 50% 以上；从对外进口来看，在北京进口排前 15 位国家或地区中，"一带一路"沿线国家有 10 个，进口额占进口总额的 65% 以上。从对外劳务合作的地区分布来看，北京市与"一带一路"国家的劳务合作都发生在亚洲以内，这说明北京是对外劳务合作的市场，未来随着"一带一路"建设的推进将有较大的发展空间。

（二）人才优势

北京有着 3000 余年的建城史和 800 多年的建都史，是世界历史文化名城，也是全国最大的科学技术研究基地，有中国科学院、中国工程院等科学研究机构和号称"中国硅谷"的中关村科技园区，这为跨国投资提供了良好的环境和设施。另外，北京也是全国教育最发达的地区，有普通高等院校 84 所，包括北京大学、清华大学等全球知名学府，拥有世界第三、亚洲第一大图书馆——中国国家图书馆，以及北京大学图书馆、中国科学院国家科学图书馆等，这也吸引了大量跨国科研总部入驻北京。不仅如此，北京的大学和研究所无论是从中科院的"百人计划"还是从北京市级的"新星计划"都获得了大量的资助，吸引了大量的人才。

在京津冀协同发展战略下，三地为加强对京津冀区域内人才协同发展的统筹协调，协商建立了区域人才合作协调机制，签订并发布了《京津冀人才交流合作协议书》《京津冀人才代理、人才派遣合作协议书》《京津冀人才网站合作协议书》《京津冀人才一体化发展宣言》等人才交流合作的共识性文件。京津冀在实践中通过人才招聘会、人才工作站、政校企联合培养等多种方式，积极探索多元化人才集聚培养方式，并取得了一定进展。

（三）资本优势

北京市经济发达，不仅体现在经济总量上，最重要的是体现在经济结构上。北京市的第三产业十分发达，金融业、信息服务业、商务服务业、科技服务业、现代物流业、文化创意业等在全国都处于领先地位。北京正是利用了人才优势，将人才转化为无形资本。

另外，北京还吸引了大批国外企业总部入驻，如默沙东、西门子、特斯拉等国际知名企业。截至 2018 年底，北京总部企业达 3961 家，创新型企业占比近七成。其中，跨国公司总部达 178 家。此外，北京拥有 53 家世界 500 强企业、52 家全国外贸 500 强企业。北京市还集聚了大量资金雄厚、技术先进、竞争力强的大型国有企业和私营企业，这些企业拥有活跃的资金和较强的投资意愿，它们是对外投资的核心主体，有着典型的中国特有的企业文化。因此，在融入"一带一路"倡议的过程中，北京吸引了国内外高端要素聚集，并能持续向外输出科技等高端服务产品，积极参与"一带一路"沿线区域的产业分工协作。

（四）开放优势

2015 年 5 月，国务院批复同意北京市服务业扩大开放综合试点总体方案，北京市将在科学技术服务、互联网和信息服务、文化教育服务、金融服务、商务和旅游服务、健康医疗服务这六大领域进一步对外开放。

2018 年 7 月，中共北京市委、北京市人民政府印发《北京市关于全面深化改革、扩大对外开放重要举措的行动计划》，鼓励外商投资"高精尖"产业，深入推进服务贸易创新发展试点，积极争取允许外资参股地方资产管理公司，参与不良资产转让交易。出台支持新兴服务出口、重点服务进口等系列服务贸易政策，进一步扩大本市新兴服务出口和重点服务进口。

北京的这些开放政策在北京融入"一带一路"倡议的过程中，能加快中国企业"走出去"和国外企业"引进来"的步伐，以此来加强"一带一路"沿线国家的贸易相关性。

（五）科技创新优势

如上所述，截至 2018 年底，北京总部企业达 3961 家，创新型企业占比近七成。2018 年 10 月中国科学技术发展战略研究院发布的《中国区域科技创新评价报告 2018》显示，我国综合科技创新水平指数得分为 69.63 分，比上年提高 2.06 分，显著提高。其中，北京、上海的科技创新水平引领全国，从科技创新环境指数、科技活动投入指数、科技活动产出指数、高新技术产业化指数以及科技促进经济社会发展指数这五个方面来看，北京都领先于全国其他地区。

在此之前，《北京加强全国科技创新中心建设总体方案》明确了北京加强全国科技创新中心建设的总体思路、发展目标、重点任务和保障措施。通过不断的践行，2017 年北京全国科技创新中心建设全面提速，通过聚集中关村科学城、突破怀柔科学城、搞活未来科学城，升级北京经济技术开发区，"三城一区"在北京科技创新中发挥着引领作用。2017 年"三城一区"实现地区生产总值 8173 亿元，在全市占比超过 30%，同比增长 8.3% 左右，

2018 年第一季度，地区生产总值占全市的 31.3%，同比增长 8.8%。毫无疑问的是，北京将会持续进行科技创新，主要聚焦城市安全与治理、城市环境与生态保护、高精尖技术、生物医药与健康、科技创新智库、科学普及与文化等领域，并发挥引领作用。

虽然现阶段我国的创新能力和发达国家相比仍有差距，但北京对科技创新的重视，为其日后的科技爆发埋下了种子，也为北京融入"一带一路"建设带来了源源不断的活力。

五　北京当好"一带一路"建设排头兵的重要意义

北京市具有中央和地方双重属性，在"一带一路"建设中承担着独特而重要的任务。北京应更好地利用开放、信息、资本、创新、人才等方面的独特区位优势，发挥带头作用，当好"一带一路"建设排头兵，对在世界范围内进一步推进"一带一路"建设具有重要意义。在融入"一带一路"倡议的后续工作中，北京市通过与"一带一路"相关国家的经济、文化交流，不仅能够解决自身发展问题，还可以促进国内外两大市场的融合，为进一步对接"一带一路"提供便利。更为重要的是，北京还可以通过与"京津冀协同发展"等战略的协同，为各个省份借力"一带一路"平台而发展提供示范和政策支持，进而实现国内区域的平衡发展。

（一）北京在推动"一带一路"建设中实现自我发展

北京作为政治、经济、文化中心，辐射作用和示范作用尤其突出，这为其在"一带一路"建设中充分利用自身发展优势巩固"四个中心"定位、实现自身健康发展提供了机会。其一，北京市利用人才优势、政策优势，通过与国家或地区发展战略的对接，以及地方政策、部门政策的对接，[①] 巩固其政治中心的定位。北京还可以建立"一带一路"首都联盟，使之成为国

---

① 程大为：《如何理解"一带一路"倡议中的"对接"策略》，《人民论坛》2017 年第 17 期。

家间"五通"中央政府之外的第二梯队,[①] 在彼此加强政治沟通的同时,北京的政治中心功能将得到进一步发挥。其二,北京市利用资本优势、创新优势和人才优势,继承和发扬优秀传统文化,以此推进与国际友好城市的交往,发展北京市文化产业,在与沿线各国文化交流中,北京市更加注重城市文化品牌的形成和保护,更加关注文化服务质量以及城市文化品质的提升,巩固北京市的文化中心定位。以北京市举办 2022 年冬奥会为例,举办国际体育赛事将促进北京市的冰雪文化产业发展,也将繁荣北京市文化事业。其三,北京市利用人才优势、创新优势,积极融入全球科技创新网络,加强与发达国家的科技创新合作、与发展中国家的科技伙伴关系,致力于将北京市打造为"中国硅谷",这将有利于巩固北京市的科技中心定位。以中白工业园为例,这是由中工国际与白俄罗斯共同发起,中国在海外开发面积最大、合作层次最高的经贸合作区。中白工业园的开发与建设,将持续加强北京市与白俄罗斯之间的科研合作,强化北京市科技中心定位。其四,城市外交是在政府总体外交框架下的重要组成部分,建立国际友好城市和参与国际组织是践行城市外交的重要途径。北京市利用人才优势、资本优势和开放优势,通过与"一带一路"各国加强政策对接,强化贸易投资合作,进而巩固增强北京市的国际交流中心定位。以北京市国际会都建设、国际航线网络布局为例,北京市的国际发展步伐对其国际交流能力提出了新要求,北京市需要进一步增强国际服务能力,进而巩固北京市国际交流中心定位。

(二)北京在推动"一带一路"中助力国内区域发展再平衡

北京市在"一带一路"建设中发挥排头兵作用,不仅可以实现自身的发展,还有助于带动区域发展再平衡。一方面,北京市"四个中心"定位的确立与强化,"一带一路"倡议与国内区域发展战略的协同共振,有利于各地区明确自身的功能定位,实现国内区域平衡发展。以"京津冀协同

---

① 王义桅、刘雪君:《"一带一路"与北京国际交往中心建设》,《前线》2019 年第 2 期。

发展"战略为例，《京津冀协同发展规划纲要》明确规定，天津市作为全国先进制造研发基地、北方国际航运核心区、金融创新运营示范区、改革开放先行区，河北省作为全国现代商贸物流重要基地、产业转型升级试验区、新型城镇化与城乡统筹示范区、京津冀生态环境支撑区。与北京市"四个中心"定位相比，三省市功能定位相互协调、各司其职、互相促进。"一带一路"倡议与京津冀协同发展战略，有利于三省市更好地发挥自身功能，实现京津冀地区协同发展。另外，北京市在践行"一带一路"建设中的功能可以辐射全国。借助于丰富的外交资源、企业总部资源，北京作为"领头雁"，以津冀为重点积极拓展辐射半径，在多个领域、多个层面与国内"一带一路"相关地区进行深层次的互联互通，不断引领和带动其他地区更好地推进"一带一路"倡议实施。全方位构建国际交往服务保障体系，带动其他城市共同践行国际化。同时，北京应利用总部优势，总结央企"走出去"经验，市属企业据此可以选择"跟投"或"参股"，并逐渐成为"走出去"的独立主体，为国内企业进一步参与"一带一路"建设提供示范。

与此同时，北京市还可以利用"四个中心"的辐射作用，带动国内区域协调发展。中央通过制定地区差异化发展政策，缩减审批流程，进而优化国内整体营商环境，缩小区域发展差距。以工程建设项目审批制度改革为例，国务院办公厅下发《关于开展工程建设项目审批制度改革试点的通知》，要求各地方解决营商环境中存在的企业开办和工程建设项目审批效率低、环节多、时间长等问题。2020年《世界银行营商环境报告》显示，北京市排名第28，上海市排名第31。北京市是全国营商环境最好的城市，尤其在开办企业、获取电力、登记财产、保护中小投资者以及执行合同这五个方面，均已进入全球前30。北京市可以发挥政策牵引功能，将自身成功经验进行复制，提高地方发展能力。北京市作为全国文化中心，应持续继承和发扬北京市优秀传统文化，发展壮大北京市文化产业，并以北京市服务业发展的基础和经验，弘扬各地区文化特色、文化优势，带动全国文化事业和文化产业的发展，提升全国文化交流能力。以北京国际图书博览会为例，北京市在打造文化品牌的同时，应吸引全国优秀图书参展，将各地方的优秀文化通过北京平台进行宣传推广。北京市作为全国科技中心，应打造国家重点科技创新示范园区，同时提高全国科技企业自主创新能力，加大知识产权保护力度，提升全国创新示范功能。以"一带一路"国际科学组织联盟为例。它由中国科学院倡议，并在北京落户，是我国首个"一带一路"倡议框架下由沿线国家科研机构和国际组织共同组成的综合性国际科技组织。北京市在推动"一带一路"国际科学组织联盟建设的同时，应发挥对国内科研机构的带动作用，拉动国内科技水平提升。北京市作为全国国际交流中心，应加强会都建设，引领全国走上国际舞台，提升中国的国际交流能力。以北京大兴国际机场"五纵两横"的骨干交通网络为例，以大兴机场为圆心，一小时公路圈可以覆盖北京、天津、廊坊、保定、唐山、雄安新区、张家口等地区，两小时高铁圈覆盖石家庄、秦皇岛、邯郸、衡水等地区。北京大兴机场的外围基础设施建设，不仅服务于北京大兴国际机场，也加强了京津冀区域基础设施的互联互通和合作共享。

（三）北京在推动"一带一路"建设中对接国内外两大市场

北京市作为重要的国际交流中心，不仅引领带动着国内区域平衡发展，还是对接国内外两大市场的重要桥梁。北京市作为全国的政治中心、文化中心、科技中心和国家交流中心，在带动国内区域平衡发展的同时，与"一带一路"倡议的具体合作领域"五通"进行融合，[①] 推动"一带一路"国际协调发展，从而发挥北京市作为国内外两大市场的桥梁作用。

国外市场方面，北京市作为"一带一路"建设中的排头兵，可以发挥自身优势，结合"四个中心"定位，积极推动"一带一路"实现"五通"。北京市在融入"一带一路"建设中，加强国家或地区发展政策对接，加强地方政策、部门政策对接，发挥北京市作为全国政治中心的政策牵引功能，推动"一带一路"实现政策沟通。以国家间发展战略对接为例，中国已经

---

① 程大为：《如何理解"一带一路"倡议中的"对接"策略》，《人民论坛》2017 年第 17 期。

和芬兰、以色列、俄罗斯、卡塔尔、捷克等多个国家签订了建立战略伙伴关系的声明。① 未来，北京市还需扩大政策对接的国家范围，细化政策对接的领域，切实联通国内外两大市场。北京市可以加强自由贸易区的对接、国际组织的对接以及商业项目的对接，② 发挥北京作为国际交流中心的国际交往功能以及作为科技中心的创新示范功能，推动"一带一路"贸易和投资方式转变，实现设施联通、贸易畅通和资金融通。以构建城市合作网络为例，世界城地组织亚太区"一带一路"地方合作委员会的成立，以及北京与多地友好城市的建立，不仅可以带动国内其他城市融入国际网络，还可以加大城市间沟通协调力度，改善贸易与投资环境。北京市还可以加强国际文化和学术的沟通与交流，发挥文化中心的文化交流功能，推动"一带一路"建设中的民心相通。以香山旅游峰会为例，北京市成立世界旅游城市联合会，旨在吸引来自全球的国际旅游组织、旅游城市政府官员、旅游相关机构高管等参与，以促进会员城市和会员机构的交流，加强合作、凝聚共识。国内各城市也应积极参与，了解国际文化差异，进而促进国内外文化融合，实现民心相通。

六　本章小结

北京市具有中央和地方双重属性，充分利用开放、政策、资本、创新、人才等方面的独特优势，发挥特色功能，促使北京市当好"一带一路"建设中的排头兵，这对于国内外市场具有重要的意义。北京市在推动"一带一路"建设中领头雁作用的发挥，不仅可以推动自身发展，还可以引领和带动其他省份更好地推进"一带一路"倡议实施，为国内区域发展再平衡提供抓手。北京还是国内外两大市场对接的重要桥梁。北京市不仅需要发挥"四个中心"的政策牵引功能、文化交流功能、国际交流功能和创新示范功

---

① 程大为：《如何理解"一带一路"倡议中的"对接"策略》，《人民论坛》2017 年第 17 期。
② 程大为：《如何理解"一带一路"倡议中的"对接"策略》，《人民论坛》2017 年第 17 期。

能，还需要发挥"四个中心"与"五通"相结合的政策牵引功能、文化交流功能及贸易投资功能。

本章主要参考文献

陈宝龙、朱伟：《京津冀科技人才相关政策的比较研究》，《当代经济》2017 年第 9 期。

程大为：《如何理解"一带一路"倡议中的"对接"策略》，《人民论坛》2017 年第 17 期。

邸晓星、徐中：《京津冀区域人才协同发展机制研究》，《天津师范大学学报》（社会科学版）2016 年第 1 期。

董克用、韦秀峰：《首都人才战略思考》，《中国人才》2003 年第 9 期。

冯雪玲、张永庆：《基于设立雄安新区后京津冀区域经济一体化研究——与长三角、珠三角地区的对比分析》，《物流工程与管理》2017 年第 8 期。

韩振国、张爱东、郝秋香：《北京"四个中心"定位的机遇和挑战》，《现代商业》2017 年第 14 期。

李晓江、徐颖：《首都功能的国际比较与经验借鉴》，《北京人大》2015 年第 8 期。

李晓江、徐颖：《首都功能的历史、现状及完善》，《北京人大》2015 年第 8 期。

林坚：《首都功能定位需要处理好十大关系》，《中国流通经济》2015 年第 4 期。

刘薇、李冉：《北京与"一带一路"沿线国家的投资贸易合作分析》，《统计与咨询》2016 年第 3 期。

彭文英、滕怀凯、范玉博：《北京"城市病"异质性及非首都功能疏解治理研究》，《学习与探索》2019 年第 9 期。

沈琳、刘力军、朱静：《京津冀区域人才合作的长效机制研究》，《河北企业》2014 年第 6 期。

宋小飞：《北京建设全国文化中心的建议——基于京津冀一体化及"一带一路"的双重视角》，《学理论》2018 年第 4 期。

孙莉、王慧娟：《"一带一路"视域下的京津冀区域竞争力提升研究》，《经济研究参考》2017 年第 70 期。

天津市京津双城联动发展战略研究课题组、李文增：《深入落实京津冀协同发展规划纲要　促进京津双城联动发展的建议》，《环渤海经济瞭望》2015 年第 12 期。

王德利、许静、高璇：《京津冀协同发展背景下北京非首都功能疏解思路与对策》，《经济研究导刊》2019 年第 9 期。

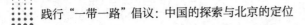

王娟娟：《京津冀协同区、长江经济带和"一带一路"互联互通研究》，《中国流通经济》2015 年第 10 期。

王义桅、刘雪君：《"一带一路"与北京国际交往中心建设》，《前线》2019 年第 2 期。

于国庆：《北京对接"一带一路"的定位和路径》，《投资北京》2016 年第 11 期。

第五章 "一带一路"倡议下北京对外贸易方式转变

　　随着"一带一路"倡议的深入推进,中国与"一带一路"沿线国家的经贸合作水平不断提升。2013~2018年,中国与"一带一路"沿线国家的货物贸易进出口总额超过6万亿美元,在中国货物贸易总额中的占比达到27.4%,且每年平均增长幅度为4%。2018年,中国与"一带一路"沿线国家的服务贸易进出口总额达到1217亿美元,占中国服务贸易总额的15.4%。在此背景下,北京市作为中国重要的非港口式贸易中心和服务贸易发展的"领头羊",在"一带一路"经贸往来中发挥着重要的作用。近年来,北京市积极参与"一带一路"建设,着力构建服务国家"一带一路"建设的人文交流平台、对外交往平台、服务支持平台和科技支撑平台。在2018年更是出台了《北京市推进共建"一带一路"三年行动计划(2018~2020年)》,作为指挥整体工作的重要文件。在货物贸易方面,近年来北京与"一带一路"沿线国家进出口贸易额迅速攀升,市属企业"走出去"的步伐不断加快。从商品结构来看,北京对"一带一路"沿线国家主要出口机电产品、化工产品、贱金属及其制品等,进口原油、铁矿石和原材料等产品,贸易互补性强于竞争性,未来具有较大的贸易发展潜力。在服务贸易方面,北京将科技、文化、金融、运输和旅游等方面作为与"一带一路"合作的重点领域,并涌现出了同仁堂医药、中国国航、北控集团、北京银行等一大批服务贸易领域的京企代表。因此,通过深化与"一带一路"沿线国家的经贸合作,不仅能够有效实现资源的合理利用,还有助于增强北京外贸企业的创新能力,进一步提升对外贸易的国际竞争力,实现北京对外贸易发展方式由量变到质变的转变。

一 "一带一路"背景下的北京对外贸易发展

随着对外贸易规模的不断扩大，北京市的对外贸易呈现快速发展趋势，北京成为中国重要的非港口式贸易中心。目前，北京对外贸易伙伴遍布全球200多个国家或地区，其中与亚洲国家的贸易总额占比约为50%。自中国提出"一带一路"倡议以来，北京与"一带一路"沿线国家的对外贸易也得到了进一步发展，许多沿线国家成为北京市的重要贸易伙伴。

（一）北京对外贸易总体状况

从整体来看，北京货物贸易实现了由量的扩张转向质的提升。2000年以前，北京对外贸易处于探索蓄势阶段，货物进出口规模相对较小，基本维持在300亿美元左右。随着2001年中国正式加入世界贸易组织（WTO），北京对外贸易也呈现高速发展特征，2005年进出口总额突破千亿美元，2018年达到4124.3亿美元。与此同时，北京出口商品结构逐步优化，精加工、高附加值制成品出口增长较快。具体来看，2018年机电产品出口占北京市总出口的比重为43.4%，高新技术产品占总出口的比重为20.5%。

北京服务贸易快速发展，成为新的贸易增长点。2015年5月，北京试点实施服务业扩大开放，进一步增强了服务贸易的发展动力。2018年全市服务贸易进出口总额达到1606.2亿美元，占对外贸易总额（货物和服务贸易进出口之和）的比重为28%，成为北京对外贸易新的增长点。三大优势行业（旅行服务、运输服务和建筑服务）进出口合计970.9亿美元，占服务贸易总额的60.5%。新兴服务贸易成为新热点，其中2018年电信、计算机和信息服务进出口额占服务贸易进出口额的比重为10.4%。

1. 货物贸易总额在波动中总体呈上升趋势

总体来看，1983～2018年北京对外贸易规模呈现波动上升趋势，具体如图5-1所示。除1996年受到亚洲金融风暴、2009年受到国际金融危机的影响出现小幅度下降外，1983～2013年北京对外贸易总额整体呈现上升趋势,从 1983 年的 305.99 亿美元上升到 2013 年的 4299.42 亿美元,达到历史峰值。然而,2014~2016 年北京贸易总额出现了明显的下滑。其中,2016 年贸易总额下降到近年最低,为 2823.79 亿美元,主要原因是受到国际形势影响,全国外贸走势整体低迷,北京进出口涨幅随之下降。与此同时,近年来北京一直在疏解非首都功能,外贸主体数量减少,是导致北京进出口涨幅下降的另一个重要因素。随后国际形势好转,以及北京外贸产业的转型升级,北京外贸的技术、服务进一步提升,因此,北京对外贸易总额再次上升。2017 年,北京对外贸易总额为 3237.21 亿美元,较 2016 年上涨14.64%。其中,进口额为 2652.18 亿美元,增长 15.1%;出口额为 585.03亿美元,增长 12.5%。2018 年,北京进出口额攀升到 4124.26 亿美元。其中,进口额为 3382.56 亿美元,出口额为 741.7 亿美元。

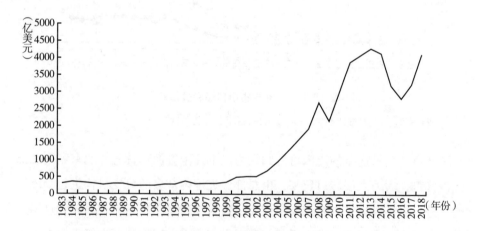

图 5-1 北京市进出口总额

资料来源:《北京统计年鉴》和中华人民共和国北京海关网。

2. 一直处于贸易逆差状态

自 1983 年以来,北京对外贸易始终处于逆差状态,且贸易逆差增长速度较快。1983~1998 年,北京进出口贸易差额较小,然而自 1999 年以来北京对外贸易差额大幅上升,除 2009 年受金融危机影响出现小幅度下降外,整体呈上升趋势。虽然 2014~2016 年北京对外贸易差额呈现出减小趋势,但2017~2018年贸易差额再次上升（见图5-2）。具体来看，北京进口规模在2006年就已突破1000亿美元，而出口规模到2018年也仅为741.7亿美元，二者相差较大。这表明，与中国对外贸易长期保持顺差的状况大相径庭，北京进出口贸易一直保持逆差状态，且逆差金额不断增大，由1983年的12.24亿美元上升到2018年的2640.86亿美元。

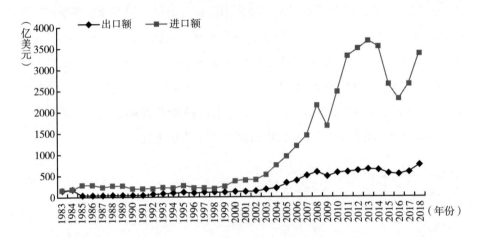

图5-2　北京市出口额和进口额

资料来源：《北京统计年鉴》和中华人民共和国北京海关网。

北京市贸易逆差的原因可以归结为以下几个方面：首先，北京利用总部经济优势，大力发展转口贸易，由总部代表国内众多的分支机构进行全球采购，进口后再根据计划全国配置使用，这就导致了北京进口规模较大且迅速增长。其次，北京固定资产投资、基础设施建设、房地产开发等需要进口大量的原材料和生产设备。再次，自2001年加入WTO以来，中国的关税和非关税贸易壁垒进一步减少，也促使北京最终消费品的进口呈现快速增长的趋势。最后，相较于进口来说，北京市商品出口能力比较弱。与广东、浙江、江苏等外贸大省相比，北京市对外贸易的经济主体是国有企业，民营企业和外资企业占比较低，对外贸易方式也以一般贸易为主，缺少发展加工贸易的条件。此外，由于北京的科技和人才优势没能很好地转化为对外贸易竞争优势，与进口规模的快速增长相比，出口能力的提高速度较慢，进而导致了北京对外贸易逆差较为严重。① 长期的贸易失衡会使得北京的外汇储备有所减少，从而在一定程度上降低了在国际市场的购买力，不利于经济的发展。②

3. 贸易方式以一般贸易为主

从贸易方式来看，2004～2018年一般贸易在北京进出口贸易中迅速发展，占据绝对的主导地位。从贸易结构来看，北京对外贸易方式也较为多元，包括一般贸易、加工贸易（来料加工装配贸易、进料加工贸易）、租赁贸易以及对外承包工程货物等。自2004年以来，北京一般贸易额逐年增长，到2007年一般贸易进出口额在北京对外贸易总额中的比重超过70%。尽管2009年受到国际金融危机的影响，一般贸易额下滑较为明显，但危机过后迅速上升，到2011年占比已经达到84.06%，之后所占份额虽有下降，但依然在80%上下波动。比如，2016年北京一般贸易进出口总额为2237.93亿美元，所占对外贸易总额的比重为79.25%。自2017年以来，北京一般贸易进出口总额迅速攀升。其中，2017年北京一般贸易进出口总额为2642.15亿美元，所占比重增长到81.62%。到2018年北京一般贸易进出口额达到3539.42亿美元，占同期北京进出口贸易总额的85.8%（见图5-3、图5-4）。

北京进出口贸易方式主要为一般贸易的原因在于：一方面，北京是中国的首都，较多大型国有企业集聚于此，这些企业需要大量进口以满足国内市场的需求。因此，由国有企业进行的一般贸易在北京对外贸易中占据主导地位。另一方面，发展一般贸易与北京所处的地理位置有关。北京没有港口，需要借助天津港出口加工贸易产品，不具备大力发展加工贸易的地理优势。因此，在北京的进口商品结构中，一般贸易特征比较明显的原油等产品占有较大比重。③

4. 国有企业是对外贸易的主体

北京对外贸易主体主要包括国有企业、外商投资企业和民营企业。

① 刘崇献：《北京市巨额外贸逆差的成因及影响研究》，《中国商贸》2013年第18期。
② 杨雅琳、谢宇、高笛鸣：《北京对外贸易发展方式转变研究》，《经济论坛》2018年第5期。
③ 魏浩：《2003～2007年北京对外贸易进口结构的实证研究》，《中央财经大学学报》2008年第10期。

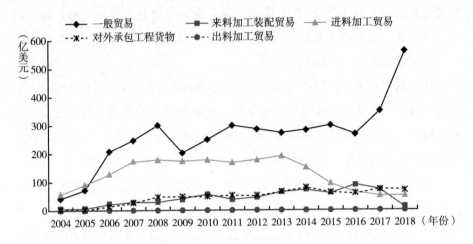

图 5 – 3　北京市主要出口贸易情况

资料来源：《北京统计年鉴》和中华人民共和国北京海关网。

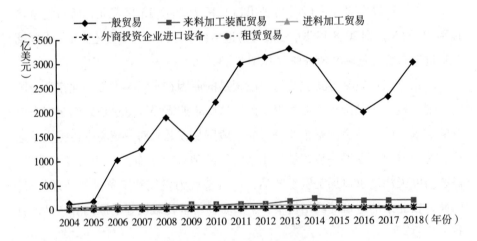

图 5 – 4　北京市主要进口贸易情况

资料来源：《北京统计年鉴》和中华人民共和国北京海关网。

2003～2006 年，外资企业一直占据北京对外贸易的主体地位，所占份额超过 50%。与此同时，国有企业对外贸易额迅速攀升，2006 年进出口额超过外资企业和民营企业，成为北京对外贸易的主体（见图 5 – 5、图 5 – 6）。这主要是由于北京集中了全国 70% 以上的中央企业总部，包括全国众多的中央企业总部、国家政府机关、国家军事单位、国外跨国公司总部等机构，这些机构大多都是国有企业。由于国有企业所占比重不断上升，2003～2018年外商投资企业所占份额整体上呈现大幅度下降趋势，近几年来所占份额一直在20%附近波动。此外，随着民营企业的快速发展，其参与对外贸易活动也逐渐增多，已成为国民经济中最为活跃的经济增长点。尽管目前所占份额仍较低，但民营企业的对外贸易额逐渐增加，尤其是出口贸易呈现波动中上升的趋势，这在一定程度上说明了民营企业在北京对外贸易中的地位不断提升。具体来看，2018年，从出口来看，国有企业出口额达到了495.19亿美元，占比66.8%，外商投资企业出口额为150.62亿美元，占比20.3%，民营企业出口额为92.66亿美元，占比12.5%；从进口来看，国有企业进口额达到了2600.32亿美元，占比76.9%，外商投资企业进口额为575.10亿美元，占比17.0%，民营企业进口额为200.25亿美元，占比5.9%。

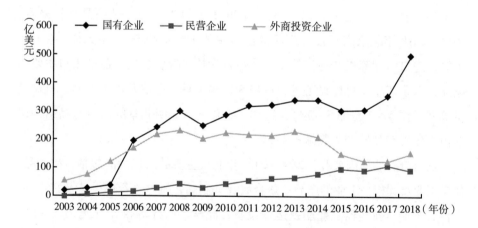

图5-5 北京市主要出口企业性质情况

资料来源：《北京统计年鉴》和中华人民共和国北京海关网。

5. 贸易结构以工业制成品为主

依据北京海关统计原则，对外贸易商品可划分为初级产品、工业制成品以及未分类商品三种类别。整体来看，工业制成品在北京进口和出口商品中的比重都比较大。值得关注的是，高新技术产品和机电产品占出口商品的比

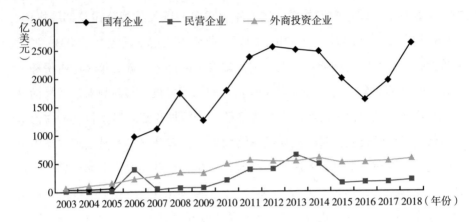

图 5-6　北京市主要进口企业性质情况

资料来源：《北京统计年鉴》和中华人民共和国北京海关网。

重逐渐增加，2018 年占比达到 63.9%；而在进口产品中所占的比重则呈下降趋势，由最初占比 50% 以上下降到 2018 年的 28.6%。从商品结构来看，2014~2018 年北京高新技术产品的出口主要为计算机与通信技术、电子技术等，进口为计算机与通信技术、生命科学技术等；机电产品的出口主要为电器及电子产品、机械设备等，进口为运输工具、电器及电子产品、机械设备等（见图 5-7 至图 5-10），这在一定程度上表明北京的出口商品结构逐渐由中低端产品转变为高端产品。

从出口商品结构来看，2014~2018 年北京主要的出口商品包括：矿产品；化学工业及其相关工业的产品；贱金属及其制品；机电、音像设备及其零件、附件；车辆、航空器、船舶及运输设备；光学、医疗等仪器（见表 5-1）。就出口的具体商品而言，2018 年北京主要的出口商品为成品油（36.3%）、手机（6.1%）、钢材（3.9%）、集成电路（2.3%）、汽车零配件（2.1%）等（见表 5-3）。

从进口商品结构来看，2014~2018 年北京主要的进口商品包括：矿产品；化学工业及其相关工业的产品；珠宝、贵金属及制品；机电、音像设备及其零件、附件；车辆、航空器、船舶及运输设备；光学、医疗等仪器（见表 5-2）。就进口的具体商品而言，2018 年北京主要的进口商品为原油

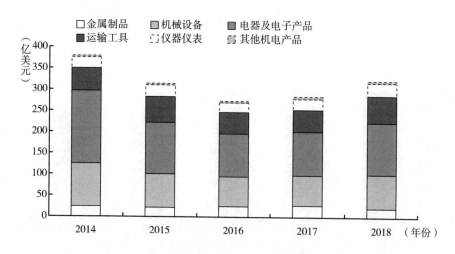

图 5 - 7　2014～2018 年北京市机电产品出口结构

资料来源：中华人民共和国北京海关网。

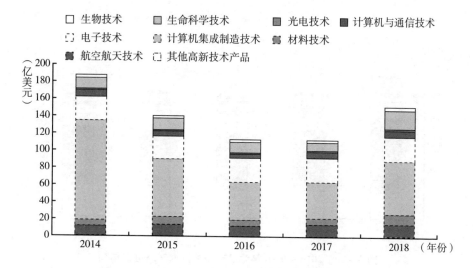

图 5 - 8　2014～2018 年北京市高新技术产品出口结构

资料来源：中华人民共和国北京海关网。

（44.1%）、天然气（7.2%）、汽车（7.2%）、农产品（4.9%）、食品
（4.3%）等（见表 5 - 3）。

北京进出口贸易结构形成的主要原因是：第一，北京经济发展形势良

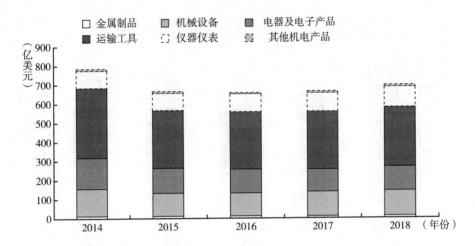

图 5 – 9 2014～2018 年北京市机电产品进口结构

资料来源：中华人民共和国北京海关网。

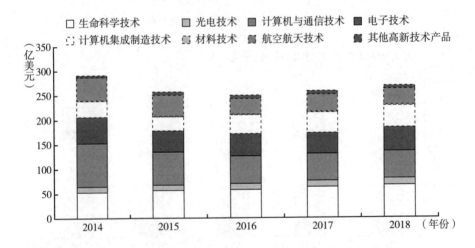

图 5 – 10 2014～2018 年北京市高新技术产品进口结构

资料来源：中华人民共和国北京海关网。

好，固定资产投资、房地产投资、基础设施投资等导致其对生产性资源、投资性资源的需求大幅度增加，原材料和零部件、生产用设备在进口商品中占据主导地位。第二，近年来，北京逐渐形成了"中心—外围"开放型的发展模式。北京作为全国的政治中心、文化中心、国际交往中心和科技创新中心，

表 5-1　2014~2018 年北京市出口商品结构

单位：亿美元，%

HS商品编码（8位）	2014 年		2015 年		2016 年		2017 年		2018 年	
	出口额	占比	出口额	占比	出口额	占比	出口额	占比	出口额	占比
第一类 活动物；动物产品	0.61	0.10	0.64	0.12	0.57	0.11	0.72	0.12	0.64	0.09
第二类 植物产品	4.89	0.78	3.73	0.68	4.48	0.86	7.13	1.22	10.09	1.36
第三类 动、植物油、脂、蜡；精制食用油脂	0.06	0.01	0.09	0.02	0.06	0.01	0.17	0.03	0.09	0.01
第四类 食品；饮料、酒及醋；烟草及制品；烟	5.04	0.81	4.57	0.84	4.13	0.80	4.44	0.76	4.11	0.55
第五类 矿产品	105.40	16.91	83.41	15.26	119.61	23.07	159.31	27.23	284.39	38.34
第六类 化学工业及其相关工业的产品	42.21	6.77	41.57	7.60	28.97	5.59	31.47	5.38	35.41	4.77
第七类 塑料及其制品；橡胶及其制品	10.07	1.61	8.86	1.62	8.93	1.72	10.57	1.81	9.25	1.25
第八类 革、毛皮及制品；箱包；肠线制品	1.17	0.19	1.12	0.20	1.30	0.25	2.24	0.38	1.07	0.14
第九类 木及制品；木炭；软木；编结品	1.58	0.25	1.97	0.36	1.42	0.27	1.29	0.22	0.92	0.12
第十类 木浆等；废纸、纸；纸板及其制品	1.67	0.27	1.12	0.20	2.16	0.42	2.04	0.35	1.62	0.22
第十一类 纺织原料及纺织制品	21.33	3.42	31.01	5.67	23.38	4.51	26.42	4.52	19.13	2.58
第十二类 鞋帽伞等；羽毛品；人造花；人发品	2.64	0.42	3.18	0.58	3.80	0.73	4.56	0.78	2.21	0.30

续表

HS商品编码（8位）	2014年		2015年		2016年		2017年		2018年	
	出口额	占比	出口额	占比	出口额	占比	出口额	占比	出口额	占比
第十三类 矿物材料制品；陶瓷品；玻璃及制品	6.42	1.03	6.27	1.15	6.40	1.23	9.31	1.59	6.43	0.87
第十四类 珠宝、贵金属及制品；仿首饰；硬币	3.04	0.49	2.87	0.52	0.92	0.18	0.75	0.13	1.14	0.15
第十五类 贱金属及其制品	56.79	9.11	58.26	10.66	53.23	10.27	55.16	9.43	52.97	7.14
第十六类 机电、音像设备及其零件、附件	273.19	43.82	199.73	36.53	171.15	33.02	173.63	29.68	202.41	27.29
第十七类 车辆、航空器、船舶及运输设备	53.18	8.53	61.32	11.22	50.25	9.69	51.78	8.85	62.83	8.47
第十八类 光学、医疗等仪器；钟表、乐器	26.07	4.18	28.55	5.22	23.53	4.54	26.26	4.49	30.96	4.17
第十九类 武器、弹药及其零件、附件	0.07	0.01	0.10	0.02	0.05	0.01	0.03	0.01	0.05	0.01
第二十类 杂项制品	7.68	1.23	7.11	1.30	8.52	1.64	11.40	1.95	9.57	1.29
第二十一类 艺术品、收藏品及古物	0.25	0.04	0.52	0.09	0.70	0.14	0.14	0.02	0.29	0.04
第二十二类 特殊交易品及未分类商品	0.09	0.01	0.75	0.14	4.81	0.93	6.21	1.06	6.15	0.83
合计	623.45	100.00	546.72	100.00	518.37	100.00	585.03	100.00	741.74	100.00

资料来源：中华人民共和国北京海关网。

表5-2 2014~2018年北京市进口商品结构

单位：亿美元，%

HS商品编码(8位)	2014年		2015年		2016年		2017年		2018年	
	进口额	占比	进口额	占比	进口额	占比	进口额	占比	进口额	占比
第一类 活动物；动物产品	21.90	0.62	20.03	0.76	20.77	0.90	22.96	0.87	31.32	0.93
第二类 植物产品	53.48	1.51	74.50	2.81	65.15	2.83	75.21	2.84	77.01	2.28
第三类 动、植物油、脂、蜡；精制食用油脂	9.49	0.27	11.57	0.44	11.20	0.49	11.18	0.42	13.54	0.40
第四类 食品；饮料、酒及醋；烟草及制品	38.10	1.08	37.83	1.43	34.29	1.49	33.87	1.28	33.52	0.99
第五类 矿产品	1988.29	56.28	1209.06	45.64	985.79	42.83	1367.36	51.56	1960.14	57.93
第六类 化学工业及其相关工业的产品	134.55	3.81	151.33	5.71	130.12	5.65	144.12	5.43	169.60	5.01
第七类 塑料及其制品；橡胶及其制品	26.12	0.74	25.14	0.95	25.26	1.10	27.21	1.03	31.67	0.94
第八类 革、毛皮及制品；箱包；肠线制品	3.48	0.10	4.49	0.17	4.50	0.20	5.07	0.19	4.48	0.13
第九类 木及木制品；木炭；软木；木及制品编结品	14.08	0.40	9.30	0.35	9.74	0.42	14.13	0.53	17.52	0.52
第十类 木浆等；废纸；纸、纸板及其制品	13.08	0.37	14.49	0.55	12.95	0.56	15.92	0.60	22.82	0.67
第十一类 纺织原料及纺织制品	31.54	0.89	24.57	0.93	15.17	0.66	19.54	0.74	23.71	0.70
第十二类 鞋帽伞等；羽毛品；人造花；人发品	2.47	0.07	1.45	0.05	1.51	0.07	1.61	0.06	1.70	0.05

续表

HS 商品编码(8 位)	2014 年		2015 年		2016 年		2017 年		2018 年	
	进口额	占比	进口额	占比	进口额	占比	进口额	占比	进口额	占比
第十三类 矿物材料制品；陶瓷品；玻璃及制品	5.66	0.16	4.72	0.18	4.50	0.20	4.96	0.19	4.45	0.13
第十四类 珠宝、贵金属及制品；仿首饰；硬币	20.63	0.58	16.05	0.61	270.58	11.76	185.53	7.00	232.62	6.87
第十五类 贱金属及其制品	48.74	1.38	57.23	2.16	59.34	2.58	66.30	2.50	72.11	2.13
第十六类 机电、音像设备及其零件、附件	304.62	8.62	251.16	9.48	244.81	10.64	245.41	9.25	258.15	7.63
第十七类 车辆、航空器、船舶及运输设备	366.45	10.37	302.92	11.43	301.22	13.09	303.03	11.43	310.19	9.17
第十八类 光学、医疗等仪器；钟表；乐器	93.31	2.64	91.41	3.45	94.77	4.12	98.60	3.72	108.79	3.21
第十九类 武器、弹药及其零件、附件	0.05	0.00	0.07	0.00	0.12	0.01	0.05	0.00	0.07	0.00
第二十类 杂项制品	4.98	0.14	4.81	0.18	5.43	0.24	6.55	0.25	6.83	0.20
第二十一类 艺术品、收藏品及古物	0.48	0.01	0.49	0.02	0.50	0.02	0.25	0.01	0.60	0.02
第二十二类 特殊交易品及未分类商品	351.56	9.95	336.55	12.70	3.89	0.17	3.32	0.13	2.97	0.09
合计	3533.06	100.00	2649.18	100.00	2301.62	100.00	2652.16	100.00	3383.83	100.00

注：HS 商品编码（类）对应的具体商品类别（章）见附表 5 - 1。

资料来源：中华人民共和国北京海关网。

表 5 – 3　2018 年前 15 位主要出口和进口商品

单位：万美元，%

主要出口商品	金额	占比	主要进口商品	金额	占比
成品油	2694272	36.3	原油	14925508	44.1
手机	452237	6.1	天然气	2434105	7.2
钢材	289262	3.9	汽车	2419626	7.2
集成电路	171515	2.3	农产品	1667672	4.9
汽车零配件	152450	2.1	食品	1440941	4.3
农产品	152111	2.1	铁矿砂及其精矿	990131	2.9
食品	131496	1.8	医药品	669016	2.0
船舶	131325	1.8	粮食	623572	1.8
服装及衣着附件	118999	1.6	成品油	560269	1.7
通断保护电路装置及零件	114286	1.5	计量检测分析自控仪器及器具	549103	1.6
汽车	102149	1.4	汽车零配件	469368	1.4
液晶显示板	91832	1.2	未锻轧铜及铜材	447785	1.3
粮食	82065	1.1	煤及褐煤	346287	1.0
纺织纱线、织物及制品	81239	1.1	集成电路	287582	0.8
自动数据处理设备及其部件	55422	0.7	电动载人汽车	274828	0.8

资料来源：中华人民共和国北京海关网。

利用科技资源优势，吸引了较多国有企业和外资企业在此设立总部。尤其是许多大型跨国公司的研发、采购、销售、投资、管理、结算和物流等中心都聚集在北京，并将生产加工基地建立在劳动力成本和营运成本较低的周边地区，从而形成合理的价值链分工。因此，很多企业将北京作为原材料和生产设备采购中心，再利用北京的交通、信息通讯、科技和人才优势向全国销售产品，使北京成为全国的商品进口中心和工业制成品的出口地。[①] 值得关注的是，2016～2018 年珠宝、贵金属及制品的进口额大幅度提升，占比由 2014 年的不足 1% 增加到 10% 左右。这主要是由于北京的消费能力不断增强。北京市属于国内经济发达地区之一，人均国民收入已经进入中等发达国家行列，此外聚集了众多央企总部、跨国公司总部、国家机关、军事机构、高等院校以及全国最有消费能力的"富人"，财富和资源聚集能力很强，造成北京市的消费能力很强，加上国人偏好进口商品，因此珠宝等高档奢侈商品的进口量明显增加。

　　6. 对外贸易地区比较集中，贸易伙伴不断扩大

　　2003～2018 年北京不断扩大对外贸易市场，对外贸易伙伴逐渐增多。从出口贸易额占比来看，2003 年日本、美国和中国香港位居北京出口贸易前三位，所占比重分别为 29%、24% 和 18%。这三个国家或地区加总占比高达 71%，说明北京对外出口地区相对集中。2018 年主要出口的前三位国家或地区为新加坡、中国香港和美国，所占比例分别为 12.3%、10.3%、7.1%（见图 5 – 11、图 5 – 12）。可以看出，前三位国家或地区所占出口份额有所降低，这也说明北京对外贸易分布地区逐渐扩散。2010～2018 年，越南、印度等发展中国家也成为北京新的贸易伙伴国，且近几年北京对这些国家的出口额呈现不断增长的趋势。这说明随着中国与"一带一路"沿线国家经贸合作领域的不断拓宽，北京对"一带一路"沿线国家的出口额也逐年增长。

　　从进口贸易额占比看，2003 年日本、美国和德国三个国家位居北京进口来源国前三名，占比分别为 32%、19% 和 13%。2018 年位居北京进口来源国

---

　　① 魏浩：《2003～2007 年北京对外贸易进口结构的实证研究》，《中央财经大学学报》2008 年第 10 期。

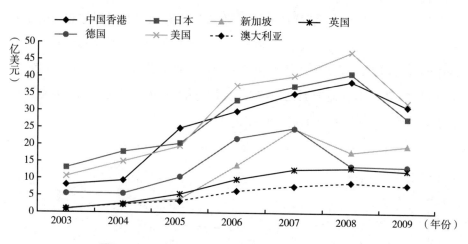

图 5 - 11　2003～2009 年北京市主要出口国家或地区

资料来源:《北京统计年鉴》和中华人民共和国北京海关网。

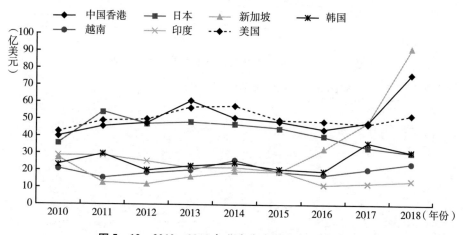

图 5 - 12　2010～2018 年北京市主要出口国家或地区

资料来源:《北京统计年鉴》和中华人民共和国北京海关网。

前三名的国家分别是美国、德国和澳大利亚,占比分别为 8.6%、6.9% 和
6.1%(见图 5 - 13、图 5 - 14)。北京进口来源国基本可以分为两类:第一类
是沙特阿拉伯、俄罗斯、澳大利亚等资源丰富的国家,主要进口石油、铁矿
石等自然资源。第二类是美国、日本、德国和韩国等经济发达国家,主要进
口零部件和工业制成品。近几年来,原油在北京进口中一直都占据 40% 左右

的份额，沙特阿拉伯、俄罗斯、阿曼、安哥拉等石油主产国都是北京的主要进口国。这主要是因为，从生产性需求看，经济的快速发展导致企业对石油的中间投入需求逐渐增加；从消费性需求看，汽车产业是北京的主导产业，居民对汽车需求的日益增加也导致石油需求不断上涨。因此，需要大量进口石油以满足国内生产者和消费者的需求。①

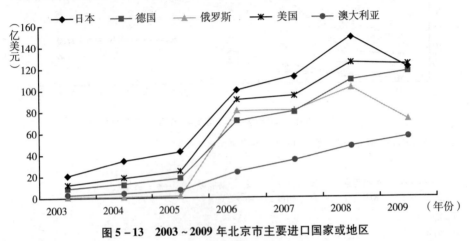

图 5 – 13　2003 ~ 2009 年北京市主要进口国家或地区

资料来源：《北京统计年鉴》和中华人民共和国北京海关网。

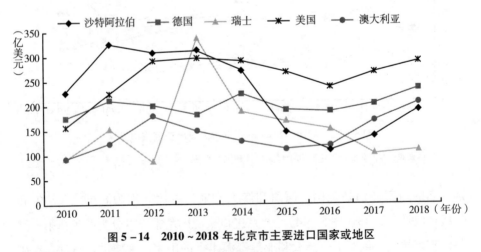

图 5 – 14　2010 ~ 2018 年北京市主要进口国家或地区

资料来源：《北京统计年鉴》和中华人民共和国北京海关网。

---

①　孙东林：《1983 ~ 2012 年北京对外贸易差额及变动分析》，《中国市场》2014 年第 40 期。

从与北京贸易的主要区域经济组织来看,如图5－15、图5－16所示,2013～2018年北京主要出口区域经济组织为APEC、东盟、北美自由贸易区等,而且近年来北京对东盟的出口额增长速度较快。2013～2018年北京主要进口区域经济组织为APEC、北美自由贸易区和欧盟等。综上可以看出,虽然贸易伙伴不断向"一带一路"沿线的发展中国家(地区)扩大,但美国和德国等发达国家仍是北京贸易的主要目的地。虽然对外贸易市场集中可以在一定程度上降低交易成本,但遭受贸易保护政策威胁的风险也会增加。

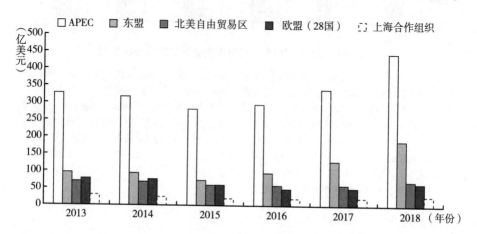

图5－15 2013～2018年北京市主要出口区域经济组织

资料来源:中华人民共和国北京海关网。

7. 服务贸易成为新的增长点

2014～2018年北京市服务贸易规模年均增长10%以上,2018年全年服务贸易进出口额突破1万亿元(10628.9亿元),占全国的20.3%,成为北京对外贸易新的增长点。其中,运输(23.00%),旅行(27.85%),建筑(9.60%),保险服务(6.84%),电信、计算机和信息服务(10.42%),其他商业服务(14.68%)的贸易额占比较高(见图5－17)。但是北京服务贸易在全球服务贸易中所占的比重仍然较低(占比不足1%),说明相较于其他发达国家或地区的城市来说,北京服务贸易的国际市场占有率较低,发展水平还有待进一步提升。2015年5月,国务院批复《北京市服务贸易创新

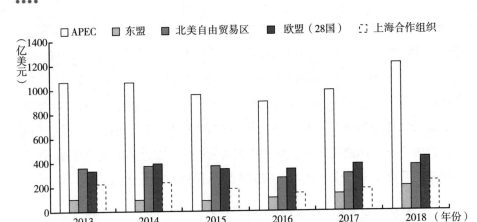

图5-16　2013～2018年北京市主要进口区域经济组织

注：APEC的21个成员包括：澳大利亚、文莱、加拿大、智利、中国、中国香港、印度尼西亚、日本、韩国、墨西哥、马来西亚、新西兰、巴布亚新几内亚、秘鲁、菲律宾、俄罗斯、新加坡、中国台北、泰国、美国和越南。东盟10国包括：文莱、缅甸、柬埔寨、印度尼西亚、老挝、马来西亚、菲律宾、新加坡、泰国、越南。欧盟（28国）包括：比利时、丹麦、英国、德国、法国、爱尔兰、意大利、卢森堡、荷兰、希腊、葡萄牙、西班牙、奥地利、芬兰、匈牙利、马耳他、波兰、瑞典、爱沙尼亚、拉脱维亚、立陶宛、斯洛文尼亚、捷克、斯洛伐克、塞浦路斯、罗马尼亚、保加利亚、克罗地亚。上海合作组织包括：中国、俄罗斯、哈萨克斯坦、吉尔吉斯斯坦、塔吉克斯坦、乌兹别克斯坦、巴基斯坦、印度8个国家。

资料来源：中华人民共和国北京海关网。

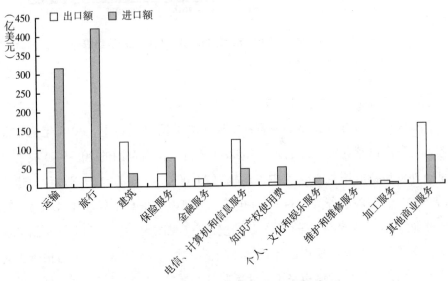

图5-17　2018年北京市服务贸易收支情况

资料来源：中华人民共和国商务部。

发展试点工作实施方案》，提出要重点推动金融、科技、信息、文化创意、商务服务等五大现代服务业领域的服务贸易发展。力争到 2020 年，北京服务贸易规模进一步扩大，全国领先地位进一步巩固，其中新兴服务贸易出口年增速达到 10% 左右，占比力争达到 65% 。同时，该方案明确提出，北京将立足首都城市战略定位，发挥北京资源优势，积极推动中医药、教育、旅游等北京特色优势服务贸易发展，逐步提升北京服务贸易的核心竞争力。

综上，通过对北京对外贸易总体状况的分析，我们可以发现：北京的货物贸易总额在波动中总体呈上升趋势，但是一直处于贸易逆差状态。在贸易方式上，北京对外贸易方式较为多元，其中一般贸易占据主导地位；在贸易主体上，国有企业是对外贸易主体，民营企业在对外贸易中的地位越来越重要；在贸易结构上，进出口产品以工业制成品为主，其中高新技术产品和机电产品占出口商品的比重逐渐增加，表明北京对外贸易正在逐步从出口产业链的中低端环节向高端环节迈进。从贸易伙伴来看，北京不断扩大对外贸易市场，对外贸易伙伴逐渐增多，尤其是对"一带一路"沿线国家的出口额逐年增长，但仍然存在贸易地区较为集中的问题。除此之外，近年来北京服务贸易快速发展，成为新的贸易增长点。

（二）"一带一路"倡议给北京对外贸易带来的变化

"一带一路"倡议的提出给中国对外贸易带来了新的机遇。2013～2018 年，中国与"一带一路"沿线国家进出口总额达 64691.9 亿美元，占中国货物贸易总额比重达到 27.4% ，年均增长 4% 。《"一带一路"贸易合作大数据报告（2018）》指出，2017 年中国与"一带一路"沿线国家的贸易额快速增长，且增速高于中国外贸整体增速。值得关注的是，在贸易份额提升的同时，中国自"一带一路"沿线国家的进口增速五年来首次超过出口增速。在贸易往来范围扩大的同时，贸易方式不断创新。中国已经与 17 个"一带一路"沿线国家建立了双边电子商务合作机制，签署了电子商务合作文件。与此同时，企业对接和品牌培育等实质性步伐也在不断加快。

在此背景下，北京市积极参与"一带一路"建设，制定了《北京市参与建设丝绸之路经济带和 21 世纪海上丝绸之路的实施方案》，着力构建服务国家"一带一路"建设的对外交往平台、人文交流平台、科技支撑平台和服务支持平台。2018 年北京出台了《北京市推进共建"一带一路"三年行动计划（2018~2020 年）》，作为指挥整体工作的重要文件。数据显示，2013~2018 年，北京市对外贸易总额累计为 3 万亿美元、年均增速 1.5%，其中货物贸易为 2.3 万亿美元。服务贸易规模同样稳步增长，占对外贸易的比重由 2013 年的 19.2% 提高至 2017 年的 31.5%，贸易结构进一步优化。2018 年北京服务业增加值占 GDP 的比重达 81%，超过全国平均数 29 个百分点，服务贸易规模年均增长 10% 以上，服务贸易额占全国的 1/5，金融、信息、科技等优势服务业对全市经济增长贡献率合计达 67%。

在北京与"一带一路"沿线国家贸易方面，2016 年，北京与"一带一路"沿线国家双边贸易额为 958.5 亿美元，居全国第四位，占其进出口总额的比重达到 34.2%，同比增长 9.3%。尤其是，北京高新技术产品的进出口份额显著上升，由 2013 年的 11.5% 上升至 2016 年的 13%。2018 年 1~6 月，北京与"一带一路"沿线国家双边贸易额达到 816.7 亿美元。在"一带一路"倡议提出之后，北京借助"一带一路"倡议所搭建的政府平台，与沿线国家不断深化合作。

二　北京与"一带一路"沿线国家的货物贸易往来

从根本上说，两个地区之间的贸易发展取决于两者间贸易竞争与互补关系。如果两个地区之间产业结构相似度高，贸易竞争激烈，则贸易合作的空间就小。反之，如果两个地区产业结构不同，且各自具有专业化优势，则两个地区贸易合作的空间就较大。北京与"一带一路"沿线国家之间贸易往来亦取决于两个地区的需求。

（一）中国与"一带一路"沿线国家货物贸易格局及竞合关系

"一带一路"是一个开放、包容的国际区域合作网络，愿意参与的国家均可参与，它不是一个封闭的体系，也不是一个排他性平台，没有一个绝对的边界，因此其所涵盖的范围并不能精确。为了研究方便，在相关文献中一般将研究对象设定为"一带一路"沿线主要涉及的 65 个国家、七大板块，正如我们第一章所列示的那样，其中中国范围是指除中国香港、澳门、台湾以外的地区。这并不意味着参与"一带一路"建设的国家只有这些。"一带一路"是目前世界上地理范围最大、最具有发展潜力的经济大通道，其建设的基本目的，是促进经济要素的有序自由流动、资源的高效配置和市场的深度融合，推进沿线各国开展更大范围、更高水平和更深层次的区域合作，打造多种形式的国际区域合作，这需要沿线国家的共同努力。

从基本贸易格局来看，《"一带一路"贸易合作大数据报告（2018）》显示，中国与"一带一路"沿线国家进出口贸易总额的增长速度较快，说明"一带一路"沿线国家的重要性愈发凸显。2017年，中国与"一带一路"沿线国家的进出口总额达到14403.2亿美元，占中国进出口贸易总额的36.2%。其中，中国对"一带一路"沿线国家的出口额为7742.6亿美元，占中国总出口额的34.1%；自"一带一路"沿线国家的进口额为6660.5亿美元，占中国总进口额的39.0%。从国别区域看，2017年，中国与"一带一路"沿线国家贸易额排前10位的国家分别是韩国、越南、马来西亚、印度、俄罗斯、泰国、新加坡、印度尼西亚、菲律宾和沙特阿拉伯，中国与这10个国家的贸易总额占中国与"一带一路"沿线国家贸易总额的68.9%。从商品结构看，2017年中国对"一带一路"沿线国家出口的商品主要集中为电机电器设备和锅炉机器，占中国对"一带一路"沿线国家出口额的比重分别为23.2%和15%。而中国自"一带一路"沿线国家进口的商品则主要集中为电机电气设备和矿物燃料，占中国自"一带一路"沿线国家进口额的比重分别为26.7%和23.6%。可以看出，中国与"一带一路"沿线国家进出口商品具有较强的互补性。

"一带一路"沿线国家工业化水平各异，不同的工业化水平意味着其所具有的要素禀赋和比较优势不尽相同，从这个角度来讲，中国与"一带一路"沿线国家之间的贸易存在较强的互补性。[1] 众多学者的研究也表明，中

---

① 黄群慧、韵江、李芳芳：《"一带一路"沿线国家工业化进程报告》，社会科学文献出版社，2015。

国与"一带一路"沿线国家之间的贸易竞争并不激烈，互补性大于竞争性。根据李敬等的研究，① 在"一带一路"沿线国家中有一个非常重要的贸易互补关系板块，这一板块有 19 个国家，主要由中国和中东欧国家组成。这一板块的国家的贸易互补关系占据主导地位，具有强势出口能力，对其他板块能产生重要支配作用。这些国家是中国在"一带一路"建设中最重要的贸易伙伴，将为中国提供有利的出口空间。在后续"一带一路"建设中，中国要发挥在该互补板块中的凝聚作用，持续释放贸易潜力。

（二）北京与"一带一路"沿线国家货物贸易格局演变

从总体来看，2008～2018 年北京与"一带一路"国家进出口贸易额呈波动上升趋势（见图 5－18）。2009 年受国际金融危机的影响，北京与"一带一路"沿线国家进出口贸易额出现下滑趋势，金融危机之后有所上升。2014～2016 年，北京贸易总额下降，北京与"一带一路"沿线国家的贸易额也呈现了明显的下降趋势，主要原因在于，受到国际形势影响，全国外贸走势整体低迷，这导致北京进出口涨幅下降。而与此同时，近年来北京一直在疏解非首都功能，外贸主体数量减少，是导致北京进出口涨幅下降的另一个因素。2016 年以来，北京与"一带一路"沿线国家进出口贸易额迅速攀升，从 2016 年的 999.39 亿美元上涨到 2018 年的 1755.82 亿美元，这主要是由于随着"一带一路"倡议的深入推进，北京积极主动参与共建"一带一路"，市属企业"走出去"的步伐不断加快，进而带动贸易额持续快速上涨。由图 5－18 可以看出，2008～2018 年北京与"一带一路"沿线国家进口额与贸易总额变动趋势基本一致，但是出口额相对较小，增长较为缓慢，贸易逆差较为严重。这主要是由于北京的固定资产投资、房地产开发投资等增长速度较快，并且汽车行业是北京的主导产业，因此对"一带一路"沿线国家的原材料、化石燃料和生产设备等产品的需求量较大。

---

① 李敬、陈旎、万广华、陈澍：《"一带一路"沿线国家货物贸易的竞争互补关系及动态变化——基于网络分析方法》，《管理世界》2017 年第 4 期。

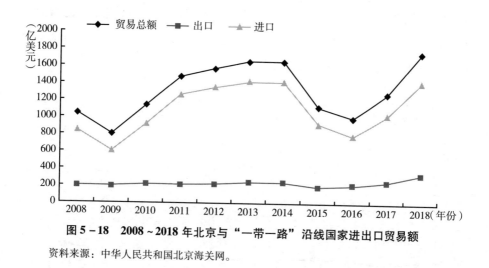

图 5-18 2008～2018 年北京与"一带一路"沿线国家进出口贸易额

资料来源：中华人民共和国北京海关网。

从北京与"一带一路"各板块（国家）的贸易来看，对外贸易板块（国家）较为集中。如图 5-19、图 5-20 所示，2008～2018 年北京对东南亚 11 国的出口额最大，且从 2015 年以来迅速增长，由 2015 年的 73.49 亿美元增长到 2018 年的 190.33 亿美元。北京从西亚、中东 19 国的进口额最大，近几年持续增长，由 2016 年的 431.12 亿美元增长到 2018 年的 813.08 亿美元。从北京与"一带一路"沿线具体国家的贸易往来看，2008～2018 年北京的主要出口国集中在新加坡、越南、菲律宾、马来西亚等东南亚国家，2018 年占比分别为 26.77%、7.09%、6.85%、5.21%（见表 5-4）。这主要源于东南亚与中国一直保持着良好的合作关系，随着中国—东盟自由贸易区的发展，这种合作关系得以进一步加深。更为重要的是，北京的主要出口产品为机电产品、化学工业及其相关工业的产品、贱金属及其制品等，而东南亚国家对这些产品的需求量非常大，从而导致北京对东南亚国家的出口额持续增长。除此之外，俄罗斯、印度和巴基斯坦也是"一带一路"沿线国家中中国的主要出口国，2018 年占比分别为 4.71%、4.07%、5.87%（见表 5-4）。2008～2018 年北京的主要进口国集中为沙特阿拉伯、伊拉克、伊朗、阿曼、科威特等中东国家，以及俄罗斯等石油资源丰富的国家，2018 年占比分别为 13.88%、14.11%、

8.40%、7.90%、7.53%、11.56%（见表5-5）。这主要是由于随着北京经济的发展和汽车消费需求的增加，石油的生产性需求和消费性需求均快速增长，致使石油进口量大幅度增加。

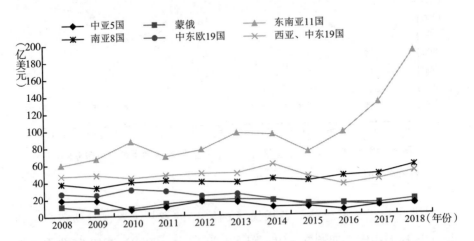

图5-19　2008～2018年北京对"一带一路"各板块（国家）出口额

资料来源：中华人民共和国北京海关网。

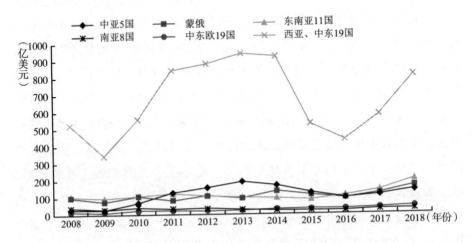

图5-20　2008～2018年北京从"一带一路"各板块（国家）进口额

资料来源：中华人民共和国北京海关网。

表 5-4 北京对"一带一路"沿线国家出口额

单位：亿美元，%

板块	国家	2008 年		2010 年		2012 年		2014 年		2016 年		2018 年	
		出口额	占比	出口额	占比	出口额	占比	出口额	占比	出口额	占比	出口额	占比
中亚 5 国	哈萨克斯坦	12.78	6.34	4.08	1.87	11.19	5.01	6.52	2.70	3.67	1.76	7.66	2.24
	吉尔吉斯斯坦	0.54	0.27	0.73	0.33	0.15	0.07	0.38	0.16	0.25	0.12	0.39	0.11
	塔吉克斯坦	0.15	0.08	0.29	0.13	0.28	0.13	0.42	0.17	0.56	0.27	0.37	0.11
	土库曼斯坦	2.00	0.99	0.95	0.44	3.01	1.35	1.14	0.47	0.25	0.12	1.06	0.31
	乌兹别克斯坦	3.21	1.59	1.00	0.46	2.16	0.97	1.17	0.48	1.00	0.48	3.95	1.16
蒙俄	蒙古国	0.94	0.47	0.67	0.31	2.26	1.01	1.40	0.58	0.92	0.44	1.55	0.45
	俄罗斯	10.33	5.12	8.26	3.79	15.60	6.98	16.17	6.70	12.34	5.93	16.08	4.71
东南亚 11 国	越南	10.44	5.18	21.17	9.72	18.25	8.17	25.98	10.77	17.35	8.34	24.23	7.09
	老挝	0.46	0.23	0.33	0.15	2.15	0.96	4.26	1.77	2.45	1.18	2.74	0.80
	柬埔寨	0.39	0.19	0.48	0.22	3.44	1.54	0.45	0.19	1.11	0.53	2.44	0.71
	泰国	7.11	3.53	5.32	2.44	8.85	3.96	6.99	2.90	6.83	3.28	8.40	2.46
	马来西亚	5.69	2.82	6.32	2.90	7.06	3.16	6.57	2.72	10.74	5.16	17.79	5.21
	新加坡	17.86	8.86	27.45	12.60	11.99	5.37	19.25	7.98	32.20	15.48	91.45	26.77
	印度尼西亚	11.03	5.47	14.33	6.58	15.71	7.03	16.57	6.87	8.89	4.27	13.70	4.01
	文莱	0.14	0.07	0.15	0.07	0.11	0.05	0.07	0.03	0.24	0.11	0.70	0.20
	菲律宾	4.70	2.33	4.27	1.96	3.50	1.57	9.08	3.76	12.89	6.19	23.39	6.85
	缅甸	1.85	0.92	6.66	3.06	5.30	2.37	4.72	1.96	2.85	1.37	5.11	1.50
	东帝汶	0.00	0.00	0.01	0.00	0.08	0.04	0.00	0.00	0.16	0.08	0.38	0.11
南亚 8 国	印度	27.75	13.76	28.64	13.15	25.34	11.35	21.94	9.10	11.55	5.55	13.91	4.07
	巴基斯坦	6.74	3.34	4.43	2.04	7.77	3.48	9.16	3.80	20.38	9.79	20.05	5.87
	孟加拉国	2.16	1.07	4.58	2.10	2.90	1.30	5.67	2.35	10.70	5.14	19.28	5.64

续表

板块	国家	2008年		2010年		2012年		2014年		2016年		2018年	
		出口额	占比	出口额	占比	出口额	占比	出口额	占比	出口额	占比	出口额	占比
南亚8国	阿富汗	0.18	0.09	0.09	0.04	0.24	0.11	0.08	0.03	0.25	0.12	0.05	0.02
	尼泊尔	0.24	0.12	0.18	0.08	0.27	0.12	0.58	0.24	0.16	0.08	0.54	0.16
	不丹	0.00	0.00	0.00	0.00	0.00	0.00	0.02	0.01	0.00	0.00	0.00	0.00
	斯里兰卡	1.16	0.57	1.55	0.71	3.14	1.40	4.84	2.01	2.01	0.96	2.81	0.82
	马尔代夫	0.01	0.00	0.00	0.00	0.16	0.07	0.03	0.01	0.16	0.07	0.40	0.12
	波兰	2.34	1.16	1.68	0.77	3.02	1.35	2.66	1.10	1.51	0.73	2.89	0.85
	捷克	0.44	0.22	0.83	0.38	1.23	0.55	2.42	1.00	1.39	0.67	1.25	0.36
	斯洛伐克	0.73	0.36	0.49	0.22	0.72	0.32	0.64	0.26	0.38	0.18	0.36	0.11
	匈牙利	16.68	8.28	14.43	6.62	6.44	2.89	4.25	1.76	0.99	0.47	0.78	0.23
	斯洛文尼亚	0.19	0.09	0.18	0.08	0.23	0.10	0.30	0.12	0.16	0.08	0.27	0.08
	克罗地亚	0.33	0.16	0.26	0.12	0.33	0.15	0.13	0.06	0.07	0.03	0.48	0.14
	罗马尼亚	1.93	0.96	8.03	3.68	0.57	0.26	0.83	0.34	0.29	0.14	0.58	0.17
	保加利亚	0.22	0.11	0.22	0.10	0.42	0.19	0.41	0.17	0.08	0.04	0.43	0.12
	塞尔维亚	0.18	0.09	0.20	0.09	0.21	0.09	0.36	0.15	0.08	0.04	0.42	0.12
中东欧19国	黑山	0.07	0.03	0.04	0.02	0.57	0.25	0.54	0.22	0.04	0.02	0.20	0.06
	马其顿	0.05	0.03	0.05	0.02	0.07	0.03	0.05	0.02	0.20	0.09	0.07	0.02
	波黑	0.05	0.02	0.04	0.02	0.03	0.02	0.09	0.04	0.04	0.02	0.09	0.03
	阿尔巴尼亚	0.07	0.03	0.07	0.03	0.02	0.01	0.05	0.02	0.11	0.06	0.19	0.06
	爱沙尼亚	0.12	0.06	0.18	0.08	0.25	0.11	0.21	0.09	0.22	0.10	0.21	0.06
	立陶宛	0.18	0.09	0.22	0.10	0.28	0.12	0.15	0.06	0.12	0.06	0.17	0.05
	拉脱维亚	0.35	0.17	0.23	0.11	0.14	0.06	0.17	0.07	0.07	0.03	0.20	0.06
	乌克兰	2.62	1.30	1.13	0.52	5.52	2.47	1.44	0.60	2.03	0.97	3.66	1.07
	白俄罗斯	0.18	0.09	3.36	1.54	3.32	1.49	3.82	1.59	5.21	2.50	1.13	0.33
	摩尔多瓦	0.01	0.01	0.01	0.01	0.04	0.02	0.04	0.02	0.01	0.01	0.02	0.01

续表

板块	国家	2008 年		2010 年		2012 年		2014 年		2016 年		2018 年	
		出口额	占比	出口额	占比	出口额	占比	出口额	占比	出口额	占比	出口额	占比
西亚、中东19国	土耳其	7.45	3.70	5.73	2.63	8.92	4.00	4.59	1.90	6.30	3.03	3.97	1.16
	伊朗	8.66	4.30	10.03	4.61	11.41	5.11	18.85	7.82	10.38	4.99	14.55	4.26
	叙利亚	1.49	0.74	0.95	0.44	0.66	0.29	0.07	0.03	0.09	0.04	0.28	0.08
	伊拉克	0.79	0.39	3.72	1.71	2.88	1.29	10.29	4.26	0.99	0.47	3.91	1.14
	阿联酋	10.57	5.24	9.11	4.18	9.39	4.21	10.20	4.23	5.29	2.54	9.33	2.73
	沙特阿拉伯	4.99	2.47	4.79	2.20	6.65	2.98	4.22	1.75	2.59	1.24	2.67	0.78
	卡塔尔	0.88	0.43	0.60	0.28	1.02	0.46	1.25	0.52	0.57	0.27	1.31	0.38
	巴林	1.50	0.74	0.54	0.25	0.28	0.13	0.35	0.14	0.12	0.06	0.16	0.05
	科威特	1.13	0.56	1.11	0.51	0.64	0.29	0.82	0.34	0.64	0.31	0.69	0.20
	黎巴嫩	0.37	0.18	0.72	0.33	0.28	0.13	0.79	0.33	0.27	0.13	0.26	0.08
	阿曼	0.78	0.39	0.60	0.28	0.36	0.16	0.26	0.11	1.22	0.59	2.52	0.74
	也门	0.98	0.49	0.53	0.24	0.18	0.08	0.52	0.22	0.14	0.07	0.09	0.03
	约旦	2.15	1.07	0.75	0.34	0.65	0.29	1.05	0.44	0.42	0.20	0.22	0.06
	以色列	1.62	0.81	2.15	0.99	2.68	1.20	2.79	1.15	2.26	1.09	2.20	0.64
	巴勒斯坦	0.01	0.00	0.01	0.00	0.00	0.00	0.01	0.01	0.02	0.01	0.01	0.00
	亚美尼亚	0.06	0.03	0.02	0.01	0.07	0.03	0.03	0.01	0.09	0.04	0.36	0.10
	格鲁吉亚	0.20	0.10	0.09	0.04	0.19	0.08	0.21	0.09	0.13	0.06	0.12	0.04
	阿塞拜疆	0.45	0.23	0.81	0.37	0.53	0.24	0.32	0.13	0.09	0.04	0.32	0.09`
	埃及	2.92	1.45	2.02	0.93	2.18	0.98	2.52	1.04	3.57	1.72	6.87	2.01
	总计	201.62	100.00	217.89	100.00	223.29	100.00	241.18	100.00	208.06	100.00	341.67	100.00

资料来源：中华人民共和国北京海关网。

表5-5　北京从"一带一路"沿线国家进口额

单位：亿美元，%

板块	国家	2008年 出口额	2008年 占比	2010年 出口额	2010年 占比	2012年 出口额	2012年 占比	2014年 出口额	2014年 占比	2016年 出口额	2016年 占比	2018年 出口额	2018年 占比
中亚5国	哈萨克斯坦	34.40	4.21	53.31	5.96	69.40	5.29	58.12	4.24	26.97	3.51	43.42	3.13
	吉尔吉斯斯坦	0.00	0.00	0.00	0.00	0.00	0.00	0.00	0.00	0.00	0.00	0.00	0.00
	塔吉克斯坦	0.11	0.01	0.17	0.02	0.39	0.03	0.31	0.02	0.24	0.03	0.00	0.00
	土库曼斯坦	0.04	0.00	9.97	1.12	86.47	6.59	94.95	6.92	54.90	7.14	80.16	5.77
	乌兹别克斯坦	0.04	0.01	5.53	0.62	3.31	0.25	11.76	0.86	10.47	1.36	16.58	1.19
蒙俄	蒙古国	1.32	0.16	4.74	0.53	5.06	0.39	8.11	0.59	2.87	0.37	4.07	0.29
	俄罗斯	101.78	12.44	100.25	11.22	103.71	7.91	127.90	9.32	88.03	11.45	160.54	11.56
东南亚11国	越南	7.67	0.94	7.34	0.82	7.55	0.58	16.04	1.17	20.65	2.69	24.33	1.75
	老挝	0.02	0.00	1.52	0.17	1.32	0.10	1.45	0.11	1.43	0.19	3.08	0.22
	柬埔寨	0.00	0.00	0.05	0.01	0.14	0.01	0.19	0.01	0.87	0.11	1.89	0.14
	泰国	15.10	1.85	10.69	1.20	17.26	1.32	13.23	0.96	16.83	2.19	18.56	1.34
	马来西亚	27.60	3.37	29.59	3.31	22.96	1.75	12.41	0.90	11.46	1.49	62.74	4.52
	新加坡	24.16	2.95	16.95	1.90	19.08	1.46	20.00	1.46	26.21	3.41	33.55	2.42
	印度尼西亚	18.96	2.32	25.31	2.83	31.23	2.38	20.41	1.49	21.71	2.83	41.43	2.98
	文莱	0.85	0.10	3.34	0.37	3.35	0.26	0.73	0.05	0.29	0.04	0.00	0.00
	菲律宾	9.92	1.21	12.76	1.43	7.46	0.57	8.26	0.60	6.47	0.84	11.24	0.81
	缅甸	0.35	0.04	0.59	0.07	0.63	0.05	2.32	0.17	1.91	0.25	5.21	0.37
	东帝汶	0.00	0.00	0.00	0.00	0.00	0.00	0.00	0.00	0.00	0.00	0.00	0.00
南亚8国	印度	35.89	4.39	38.53	4.31	23.39	1.78	14.69	1.07	13.05	1.70	21.70	1.56
	巴基斯坦	1.40	0.17	3.99	0.45	8.74	0.67	5.70	0.42	2.37	0.31	2.82	0.20
	孟加拉国	0.44	0.05	0.60	0.07	0.71	0.05	1.00	0.07	1.05	0.14	0.96	0.07

续表

板块	国家	2008年		2010年		2012年		2014年		2016年		2018年	
		出口额	占比	出口额	占比	出口额	占比	出口额	占比	出口额	占比	出口额	占比
南亚8国	阿富汗	0.02	0.00	0.01	0.00	0.00	0.00	0.07	0.01	0.00	0.00	0.00	0.00
	尼泊尔	0.00	0.00	0.00	0.00	0.04	0.00	0.05	0.00	0.02	0.00	0.04	0.00
	不丹	0.00	0.00	0.00	0.00	0.00	0.00	0.00	0.00	0.00	0.00	0.00	0.00
	斯里兰卡	0.02	0.00	0.11	0.01	0.22	0.02	0.23	0.02	0.15	0.02	0.16	0.01
	马尔代夫	0.00	0.00	0.00	0.00	0.00	0.00	0.00	0.00	0.00	0.00	0.00	0.00
中东欧19国	波兰	5.26	0.64	3.34	0.37	3.19	0.24	5.01	0.36	3.66	0.48	7.80	0.56
	捷克	0.76	0.09	1.12	0.13	1.93	0.15	2.47	0.18	3.38	0.44	4.49	0.32
	斯洛伐克	0.15	0.02	0.32	0.04	0.44	0.03	0.60	0.04	0.88	0.11	1.02	0.07
	匈牙利	1.41	0.17	3.00	0.34	1.85	0.14	5.00	0.36	9.87	1.28	12.34	0.89
	斯洛文尼亚	0.07	0.01	0.10	0.01	0.16	0.01	0.25	0.02	1.31	0.17	1.24	0.09
	克罗地亚	0.32	0.04	0.07	0.01	0.16	0.01	0.17	0.01	0.06	0.01	0.09	0.01
	罗马尼亚	0.43	0.05	1.19	0.13	1.14	0.09	1.49	0.11	1.69	0.22	2.35	0.17
	保加利亚	0.54	0.07	1.00	0.11	1.25	0.10	1.51	0.11	0.60	0.08	4.62	0.33
	塞尔维亚	0.01	0.00	0.01	0.00	0.02	0.00	0.26	0.02	0.39	0.05	0.58	0.04
	黑山	0.00	0.00	0.01	0.00	0.01	0.00	0.01	0.00	0.00	0.00	0.00	0.00
	马其顿	0.00	0.00	0.00	0.00	0.00	0.00	0.01	0.00	0.02	0.00	0.02	0.00
	波黑	0.00	0.00	0.00	0.00	0.00	0.00	0.02	0.00	0.01	0.00	0.04	0.00
	阿尔巴尼亚	0.35	0.04	0.72	0.08	0.36	0.03	0.37	0.03	0.27	0.04	0.11	0.01
	爱沙尼亚	0.39	0.05	0.52	0.06	0.16	0.01	0.32	0.02	0.40	0.05	0.46	0.03
	立陶宛	0.02	0.00	0.04	0.00	0.07	0.01	0.08	0.01	0.04	0.00	0.20	0.01
	拉脱维亚	0.01	0.00	0.04	0.00	0.09	0.01	0.15	0.01	0.11	0.01	0.16	0.01
	乌克兰	0.78	0.10	4.05	0.45	6.59	0.50	9.45	0.69	4.84	0.63	5.36	0.39
	白俄罗斯	3.71	0.45	2.54	0.28	4.18	0.32	4.32	0.31	2.01	0.26	2.28	0.16
	摩尔多瓦	0.00	0.00	0.00	0.00	0.02	0.00	0.05	0.00	0.03	0.00	0.03	0.00

续表

板块	国家	2008 年		2010 年		2012 年		2014 年		2016 年		2018 年	
		出口额	占比	出口额	占比	出口额	占比	出口额	占比	出口额	占比	出口额	占比
西亚、中东 19 国	土耳其	4.35	0.53	4.14	0.46	5.63	0.43	5.41	0.39	2.68	0.35	3.50	0.25
	伊朗	72.34	8.84	59.36	6.64	86.20	6.57	96.22	7.01	73.10	9.51	116.69	8.40
	叙利亚	0.00	0.00	0.12	0.01	0.06	0.00	0.00	0.00	0.00	0.00	0.00	0.00
	伊拉克	12.18	1.49	60.84	6.81	119.52	9.11	181.44	13.22	98.57	12.82	195.94	14.11
	阿联酋	25.01	3.06	24.78	2.77	54.70	4.17	63.93	4.66	20.73	2.70	39.93	2.88
	沙特阿拉伯	227.02	27.75	228.41	25.56	308.16	23.50	272.32	19.85	109.38	14.23	192.73	13.88
	卡塔尔	5.20	0.64	9.96	1.11	53.36	4.07	32.32	2.36	11.76	1.53	24.43	1.76
	巴林	0.39	0.05	0.44	0.05	0.07	0.01	0.66	0.05	0.01	0.00	0.15	0.01
	科威特	39.60	4.84	53.76	6.01	75.78	5.78	75.79	5.52	45.02	5.86	104.54	7.53
	黎巴嫩	0.00	0.00	0.02	0.00	0.01	0.00	0.01	0.00	0.00	0.00	0.02	0.00
	阿曼	105.77	12.93	73.92	8.27	123.67	9.43	152.76	11.13	60.77	7.91	109.77	7.90
	也门	26.67	3.26	23.31	2.61	33.16	2.53	24.39	1.78	0.00	0.00	5.01	0.36
	约旦	0.91	0.11	1.00	0.11	1.99	0.15	1.89	0.14	0.89	0.12	0.89	0.06
	以色列	3.92	0.48	4.34	0.49	6.15	0.47	6.51	0.47	6.23	0.81	5.73	0.41
	巴勒斯坦	0.00	0.00	0.00	0.00	0.00	0.00	0.07	0.01	0.00	0.00	0.00	0.00
	亚美尼亚	0.01	0.00	0.02	0.00	0.00	0.00	0.03	0.00	0.04	0.00	0.01	0.00
	格鲁吉亚	0.00	0.00	0.01	0.00	0.02	0.00			0.04	0.00	0.04	0.00
	阿塞拜疆	0.00	0.04	0.80	0.09	0.06	0.00	0.99	0.07	0.12	0.02	1.75	0.13
	埃及	0.31	0.04	5.14	0.58	8.76	0.67	7.78	0.57	1.81	0.24	11.97	0.86
	总计	818.03	100.00	893.80	100.00	1311.39	100.00	1371.97	100.00	768.61	100.00	1388.72	100.00

资料来源：中华人民共和国北京海关网。

（三）京企代表——北汽福田与"一带一路"沿线国家贸易

北汽福田汽车股份有限公司（简称"福田汽车"），成立于 1996 年，是一家跨行业、跨所有制、跨地区的国有控股上市公司。公司总部位于北京市昌平区，现有总资产约 887.1 亿元，品牌价值达到 1528.97 亿元。企业的管理中心位于北京，并在北京、山东、河北、湖南、广东五个区域建设了 21 个工厂，主要销售的汽车为商用车（商用车指的是所有载货汽车和 9 座以上客车）。公司业绩连续十四年在中国商用车产销量中列第一位，连续五年列全球第一位。截至 2018 年，福田汽车累计出口商用车达 55.6 万辆。福田汽车作为北京最早探索海外市场的企业之一，助力全球化发展，已在全球 9 个国家建立独立公司并有 2000 多家海外分销网点。为保障快速生产，福田汽车已经在全球建立了 34 个组装工厂，散件组装工厂已建立 27 个，产能每年达到 10 万辆。而为了保障快速发货，福田建立了 3 个全球共享仓储平台并在 4 个国家设置配件分拨中心，同时利用建设的 10 个服务培训中心保障服务水平，产品及服务遍及全球，为中国汽车品牌国际化之路做出了示范。

"一带一路"倡议提出之后，福田汽车以客户需求为中心，致力于与中资企业整合资源，提高中国企业的国际竞争力。截至目前，福田汽车在"一带一路"沿线国家持续部署 32 个项目，建立在俄罗斯、印尼、印度、巴西、墨西哥这 5 个国家的全球化工厂亦在高效推进，助力实现福田汽车的海外本地化生产。截至 2019 年，福田汽车服务了巴基斯坦 KKH 公路、缅甸最大公共交通系统、肯尼亚蒙内铁路、塞内加尔 TT 铁路、阿斯塔纳世博会、东南亚国家联盟峰会等"一带一路"沿线国际重点工程项目，为"一带一路"相关建设服务的商用车交车累计超过 5000 辆。在福田汽车主销市场——东南亚的菲律宾、越南以及南美洲的秘鲁等国家中，福田成为当地的主流商用车品牌。在消费者心中，福田汽车与日系商用车的品牌差距逐渐缩小，并成为中国在当地的商用车品牌典范。在重卡的销售中，北汽福田亦在中国企业中拔得头筹，仅非洲区域，福田汽车累计销售量就超过了 13000 辆。仅 2019 年上半年，福田汽车组织、参与的大型"一带一路"基建论坛及专题活动就达到 6 场，赢得了客户的高度认可。2019 年 1～6 月，中国对外承包工程出口（海外工程自带）的重卡累计 2009 辆，其中福田汽车出口数量近 600 辆，占比达到 30%，再次稳居对外承包工程龙头企业位置，且相比 2018 年同期更是实现了较大幅度的增长。

泰国是福田汽车重要的海外市场，福田汽车把握"一带一路"机遇，与泰国本地企业正大集团开展战略合作。两家公司通过成立合资公司，共同开拓福田商用车在泰国乃至东盟的市场，助力物流市场的高端发展，同时引领泰国商用车产品成功升级换代。两家公司以卡客车为核心产品，致力于以品质领先的产品打造列泰国前三位的商用车品牌。福田汽车借助正大集团在泰国本土的强大商业地位，发挥中方的技术优势，推进贸易模式向国际合作模式转型。在东盟的基础设施建设以及泰国东部经济走廊建设等相关项目中，商用车市场需求量较大，合资企业的建立可以有效实现中泰优势互补，双方稳抓机遇，可以为泰国及东盟市场提供高品质的商用车，从而促进泰国市场的产品升级，实现中泰双赢。

为更好地满足当地消费者的需求，以北汽福田为代表的中国汽车企业海外拓展的先行者面临着种种挑战。面对印度买家多数拥有司机的现象，福田汽车降低了司机位的装饰标准，同时升级后排座椅配置以提升乘坐舒适度；面对东南亚岛国的车漆易受天气影响的问题，福田汽车将车漆喷涂改用更环保的阴极电泳喷涂技术，减缓其腐蚀速度；面对新西兰市场投放的皮卡配件因使用方法不同而造成的频繁损坏问题，福田汽车精心调配合金用料配比让材质更结实。同样，在蒙内铁路的项目中，作为最大设备供应商的福田，依据当地的特殊道路情况设计出 3.2 轴距车型。通过缩短传动轴、更改油箱容量的方式，帮助汽车能够在当地更窄的路基上调头。正是这种因地制宜的贸易模式使得北汽福田能突破重点市场，通过调整产品结构，促使营销模式成功转型。"依靠简单的贸易模式是非有效的，力图向营销模式转型，通过突破重点市场，继而调整产品结构，才是拓展海外市场的根本。"福田汽车以此为目标，努力发展。近些年，全球经济增速放缓，商用汽车市场大受影响，福田汽车却顺利进入西亚、东南亚、非洲、中南美、中东欧等市场，还实现了对土耳其、澳大利亚等次发达市场的拓展。正是贴近"一带一路"沿线国家等用户的个性需求，让福田汽车慢慢在异国他乡站稳了脚跟，满足了双边贸易互补性的需求。

"一带一路"建设为我国车企创新进出口贸易模式提供平台，为中国品牌创造了无限商机，使得中国品牌在"走出去"时更有信心。以福田汽车为首的国内商用车企业正在谋篇布局中，通过贸易出口、海外建厂等多种形式，实现贸易模式向国际合作模式的转型，引导企业朝着全球化目标前进。未来，福田汽车将立足全球市场，在打造海外全价值链体系这一战略方针指导下，加快改革创新步伐。同时，福田汽车将继续规范并完善属地化营销体系，逐步适应当地市场的专业性产品服务体系，通过持续不断加快国际化进程的方式，在寻求自身发展的同时，渐渐将品牌融入进去。福田汽车在讲好中国企业故事的同时，积极塑建大国之品。

该案例充分说明中国企业可以利用与"一带一路"沿线国家的贸易互补性，提供满足对方需求的商品和服务。"一带一路"建设为中国企业海外开拓市场提供了重要的机遇和平台。

三 北京与"一带一路"沿线国家的服务贸易合作

"一带一路"建设所推进的基础设施互联互通和产能合作会衍生出众多的服务贸易机会，[①] 这为我国服务贸易发展提供了重要的平台。当前，中国与"一带一路"沿线国家服务贸易增长迅速，其中运输、旅游等传统服务贸易进出口占据主导地位，服务贸易逆差较大。服务外包发展迅速，对服务贸易发展具有一定的推动作用。北京市作为大型企业总部集中聚集地，具有发展服务贸易的科技、人才等优势，其服务贸易始终领先于全国其他省份，2018 年北京市服务贸易进出口额占全国的 20.3%，未来服务贸易进一步增长的可能性比较大。

---

① 李钢、李俊：《中国服务贸易的未来竞争优势——基于比较优势动态的分析》，《人民论坛·学术前沿》2015 年第 10 期。

（一）中国与"一带一路"沿线国家服务贸易现状

"一带一路"倡议提出以来，我国与沿线国家的服务贸易往来日益密切，服务贸易的双边合作机制逐步建立。从贸易总额看，2018 年，我国与"一带一路"沿线国家的服务贸易进出口额为 1217 亿美元，占中国服务贸易总额的比重为 15.4%。从贸易结构来看，除了部分国家在特定服务贸易部门具有较明显的比较优势之外，如印度的电信、计算机与信息技术服务，马尔代夫的旅游服务，新加坡的金融服务等，"一带一路"沿线国家整体服务贸易比较优势较弱。[①] 中国与沿线国家的服务贸易多集中在传统服务贸易部门，在附加值较高的新兴贸易部门合作较少，如知识产权服务等。具体来看，我国与"一带一路"沿线国家的服务贸易合作主要包括三种类型：第一类是基础设施服务，包括基础设施建设、项目运营维护等；第二类是商务服务，包括金融、电子商务、物流等；第三类是生活服务，包括教育、医疗、旅游等。其中，基础设施服务与互联互通紧密联系，成为服务贸易合作的先行领域；商务服务则主要体现在国际贸易和投资领域，为实现贸易相通和资金融通提供重要支撑；生活服务极大地促进了人员往来和交流，是实现民心相通的重要手段。[②] 从合作机制看，近年来，中国已经同 14 个国家先后建立了服务贸易双边合作机制，例如，中国分别与金砖国家和中东欧国家签订了《金砖国家服务贸易合作路线图》和《中国—中东欧国家服务贸易合作倡议》。

（二）北京与"一带一路"沿线国家服务贸易合作

在中国积极推进与"一带一路"沿线国家服务贸易合作的背景下，北京作为服务贸易发展的"领头羊"，在科技、文化和旅游等领域成为与"一

---

① 尚涛、殷正阳：《中国与"一带一路"沿线国家的服务贸易动态比较优势及其结构性演进分析》，《国际商务》（对外经济贸易大学学报）2018 年第 1 期。
② 宋晓东：《"一带一路"背景下的中国国际服务贸易发展》，《中国流通经济》2016 年第 12 期。

带一路"沿线国家合作的先行者。服务业是北京经济发展的主引擎，服务业增加值占生产总值的比重超过了80%。相关数据显示，2016年，北京与"一带一路"沿线国家服务贸易进出口额118.3亿美元，其中出口额为52.1亿美元、进口额为66.2亿美元。在服务外包方面，2013~2016年，北京服务外包企业与"一带一路"沿线20余个国家承接国际服务外包业务，离岸执行金额总计14.94亿美元。其中，2016年，北京服务外包企业与"一带一路"沿线的20个国家承接国际服务外包业务，离岸执行金额为3.18亿美元，新加坡、马尔代夫、马来西亚、印度和印度尼西亚居前五位。

在科学技术方面，北京市通过打造科技支撑平台，完成更多的全球技术整合。连续六年承办了中国跨国技术转移大会，共有来自40多个国家或地区的知名企业和机构代表共计1.3万人参会，2018年大会围绕技术转移要素整合、重点国家地区合作、高精尖产业发展三条主线，吸引了国内外众多科技创新创业者来寻求合作，已成为北京国际创新合作与交流的名片。此外，北京市依托中国—阿拉伯国家技术转移中心、中国—东盟技术转移中心等，累计完成6700多项跨国技术的对接，其中达成超过2000个项目的合作意向，项目签约数量近140个，签约金额超过600亿元。2016年，北京市在欧洲承建而后正式成立亚欧科技创新中心，积极与俄罗斯、德国、巴基斯坦等20多个亚欧会议成员国的相关机构建立科技合作联系。

在与沿线国家的服务贸易中，北京市通过相关政策鼓励市内企业积极进入规划设计、设备采购、建筑施工、运营管理等全产业链环节。积极支持企业的重大技术标准"走出去"，以此推动境外承包工程数量的增长与外贸进出口的联动发展。在双边国家政府倡议下，北京企业参与英国曼彻斯特空港城、肯尼亚蒙内铁路、非洲"万村通"、印度尼西亚高速公路等一批重点项目建设。此外，北京市充分发挥在轨道交通、垃圾焚烧、污水处理、电力等领域的咨询设计、技术研发、投资建设和运营管理等优势，使优势技术、标准和品牌"走出去"。作为科技"走出去"的载体，北京市同时推进境外园区建设。北京与"一带一路"沿线国家共同建设了以塔吉克斯坦北部有色金属产业园区、剑桥启迪科技园为首的一批具有鲜明特色的科技园区以及海外孵化基地。同时，为助力中医药产业发展，北京市推进实施北京中医医院新加坡明医馆、欧洲中医药发展促进中心等重点项目。除此之外，北京还依托欧洲科技优势，力图重点打造国际创新研发园，在关键核心技术上双边国家互促发展。北京市龙头企业首创集团与法国夏斗湖市合作建设了中法经济贸易合作区，成为首个建于发达国家的，集国际大学城、创新研发园以及物流工业园于一体的大型产业园区。

在人文交流方面，北京市企业先后赴芬兰、爱沙尼亚、希腊、捷克等国开展品牌文化活动。2017 年，北京市的 37 家企业被认定为年度文化出口重点企业，数量居全国首位。2016 年，北京市 20 余家企业被行业认定为年度文化出口重点企业，数量在全国各省份中居前列。为此，北京市政府特别设立文化艺术基金，计划在五年内投入 5 亿元，以重点支持"一带一路"题材的舞台艺术作品。北京市已投入资金 8361 万元，获得资助的项目共计 97 个。北京市已经连续多年在爱沙尼亚、芬兰及波罗的海地区举办北京文化庙会，通过通俗易懂的展示形式、传统技艺促进双边国家的文化交流。

在旅游和留学教育方面，北京市发起设立世界旅游城市联合会，已有 121 个知名旅游城市的会员单位共计 182 个参与。联合会基于"一带一路"沿线国家，助力"一带一路"国际旅游走廊的建设。同时，北京市支持市属高等院校、科研院所、企业与"一带一路"沿线国家共同合作，联合培养国际高端人才。中法国际大学城已经正式启用运行，与多所国内学校建立了联合培养机制，共有 30 余家学校签约入园。北京市率先开展国内首个目标国家为"一带一路"沿线国家并且服务于高新技术企业及机构的国际人才计划项目——"藤蔓计划"，该项目有效帮助了沿线国家的留学生与中关村科技企业建立联系。

（三）京企先行者——同仁堂医药服务贸易发展案例

中药是我国特有的传统出口产品，在国内国际市场容量巨大，是典型的朝阳产业。自 2008 年开始，国家发展和改革委员会将中药确定为三大重点资助领域之一，国家财政也加大了对中药行业的支持力度。2016 年，为贯彻落实《推动共建丝绸之路经济带和 21 世纪海上丝绸之路的愿景与行动》，积极加强中国与"一带一路"沿线国家在中医药这一领域的交流与合作，开创中医药对外全方位开放的新格局，国家中医药管理局、国家发展和改革委员会联合印发《中医药"一带一路"发展规划（2016～2020 年)》。该规划计划在 2020 年基本形成中医药"一带一路"全方位合作新格局，具体建设任务包括与沿线国家合作建设颁布 20 项中医药国际标准、注册 100 种中药产品、建设 30 个中医药海外中心与 50 家中医药对外交流合作示范基地。①

在为"一带一路"沿线国家提供中医药产品和服务，或与之进行商贸往来的中国企业中，历史最悠久的品牌当数北京同仁堂。北京同仁堂作为我国中医药行业的金字招牌，早在 20 世纪 90 年代初便走出国门，20 多年来始终致力于将疗效显著、安全可靠的中药产品与中医服务介绍给世界各国人民。多年来，同仁堂响应国家"一带一路"倡议的号召，让企业的足迹遍及全球，积极满足当地需求，通过提供不同形式的中医药诊疗服务，与"一带一路"沿线国家开展服务贸易。

目前，北京同仁堂已经在马来西亚、新加坡、泰国、柬埔寨、文莱、波兰、捷克、菲律宾、阿联酋等"一带一路"沿线国家开设了零售终端药店，开办中医诊所和养生中心，大力推进"欧洲中医药发展和促进中心"建设。以中医药产业园区为载体，以中医教育为保障，以医院为支撑，打造一个集中医医疗、保健、教育、科研、商贸、文化于一体的特色化中医药品牌和服务机构。在中医药品的出口中，鉴于各国对中医药引进有不同程度的限制，同仁堂为了让更多的人了解中医药，并真正从中获益，因地制宜并运用灵活多样的形式突破准入瓶颈。比如，在东南亚市场，其进口政策较为宽松，北京同仁堂的药品便可以正式注册的形式进入。但对于一些国内常见的中药，部分国家的药监部门仍会禁止使用。大活络丹是一种在国内主治气血亏虚、

---

① 孟方琳、田增瑞、赵袁军、梁静溪：《中医药服务贸易在"一带一路"的产业融合》，《开放导报》2018 年第 3 期。

内蕴痰热的典型中药，在东南亚市场被患者广泛需要，但新加坡、马来西亚等国家禁止在中药中添加黄连，为此，北京同仁堂根据本地需要，在保证药效的基础上，灵活调整大活络丹的药方，之后提升制药工艺，实现了真正的因地制宜。又如，澳大利亚政府允许以补充药物的形式为中成药进行注册，北京同仁堂便直接将 60 种中成药引入市场。相比之下，欧美市场对中药有严格的准入要求，北京同仁堂则按需选择了 20 多种产品，以食品补充剂的形式进入当地药店。

在西班牙加泰罗尼亚，同仁堂建设了 1.5 万平方米的产业园区，用于建设中医研究院和中医药文化传播中心，同时开设中医学硕士研究生课程。在此园区中建成拥有 200 张床位的中医院，使中医硕士学位、中药和中医师首次在国外得到官方认可。北京友谊医院、北京儿童医院分别与巴基斯坦、俄罗斯医疗机构开展合作，有效实现了国家间医疗技术的交流和医疗资源的共享。[①]

（四）京企先行者——中国国航运输服务贸易案例

中国国际航空股份有限公司（AIR CHINA，简称"国航"），于 1988 年在北京正式成立，是国内唯一载国旗飞行的民用航空公司。国航是中国航空集团公司控股的航空运输主业公司，是中国三大航空公司之一。"一带一路"倡议提出之后，国航积极响应，将国际航线开航重点放在"一带一路"沿线国家或地区。"一带一路"倡议提出六年来，国航相继开通北京—孟买、北京—明斯克—布达佩斯、北京—华沙、北京—阿斯塔纳、北京—休斯敦—巴拿马、重庆—迪拜、上海—曼谷、杭州—芽庄等航线，不断拓展航空"版图"，为中国与"一带一路"沿线国家的经贸提供便利。

"一带一路"建设为国航航线的不断扩展带来了新的机遇，也为国航的国际线路布局增添了动力。数据显示，截至 2018 年 5 月底，国航的中欧航

---

① 白琦瑶、侯胜田、袁剑、于海宁：《"一带一路"战略下中医药服务贸易的发展机遇与对策》，《世界中医药》2018 年第 2 期。

线数量达到 29 条。"一带一路"倡议提出的六年来，中欧航线数量与每周航班量分别增长 50% 和 80%。此外，国航亚太航线数量也达到 29 条，亚太航线数量和航班量分别增长 30% 和 100%。目前，国航航线网络覆盖了 19 个"一带一路"沿线国家，航线的开通给当地社会带来了积极影响，获得了"中法合作奖"与"中国—匈牙利人民友谊奖"等荣誉称号，广受国际社会认可。

服务好"一带一路"建设，关键是互联互通，而交通运输是基础。围绕"一带一路"倡议，以及京津冀协同发展、长江经济带建设等国家战略，国航积极实施枢纽网络战略，成功构建了以北京、上海、成都、深圳为一级节点的四角菱形网络，致力于将北京建成世界级超级枢纽。同时，国航持续加快国际网络布局，航线遍布六大洲，作为中欧、中美之间第一大航空承运者，其国际竞争能力持续提升。未来，国航将继续多领域、全方位、深层次地服务"一带一路"建设，严格履行企业社会责任，为"一带一路"倡议下中国企业的"走出去"搭建更加便捷的空中桥梁。

（五）京企先行者——北京控股集团开展多产业服务贸易案例

近年来，北京控股集团有限公司（简称"北控集团"）依据国企"走出去"发展要求，围绕国家"一带一路"建设，立足自身优势，在全球 10 多个国家或地区开展水务、能源、固废等现代城市服务项目，为项目所在国的经济发展和环境改善等带去积极影响，并形成多地发展、扎实稳健的海外发展态势。

在环保固废领域中，北控集团旗下北京控股于 2016 年成功收购欧洲专业垃圾焚烧发电企业 EEW 能源利用有限公司的全部股权。此为中国企业迄今为止在固废环保领域进行的最大一宗海外并购，创造了当时中国企业在德国并购的新纪录，成为中德合作示范项目。EEW 是德国市场排名第一的垃圾焚烧发电公司，拥有 18 个垃圾焚烧发电厂，分布在德国、卢森堡和荷兰三个国家，市场占有率达 17%。

在环保水务领域，北控集团旗下北控水务作为一家综合性、全产业链、领先的专业型水务环境服务商，于 2013 年 3 月中标威立雅葡萄牙项目。这是中资企业首次成功并购海外水务资产的案例，提升了北控集团的国际影响力和行业知名度。此项目业务涵盖自来水处理、输配、污水收集、处理处置以及终端用户收费及服务的全产业链。2014 年，北控水务中标新加坡樟宜二期新生水项目。此项目是新加坡首个水务对外合作项目，采用微滤及反渗透技术将污水处理厂的出水经深度处理后，作为工业水源及饮用水水源补充，可有效缓解新加坡紧张的供水状况，北控做到了科技"走出去"。在2015 年即"一带一路"倡议提出之后，企业再次签订了葡萄牙的阿尔加维大区自来水系统五年维护合同。截至目前，运营资产包括自来水厂 13 座、污水处理厂 24 座，管网长度 4000 公里。

（六）京企先行者——北京银行金融服务贸易案例

北京银行已成立 20 余年，并逐渐发展为品牌卓越、业绩领先、覆盖全面、基础扎实的国际一流中型商业银行，这为其服务"一带一路"建设奠定了坚实基础。开行至今，北京银行表内外总资产由 200 多亿元增长到近 3万亿元；净资产从 10 亿元增长到近 1500 亿元；在全球千家大银行中排名第77 位，品牌价值达 310 亿元，其中人均净利润、成本收入比、不良贷款率等指标均达到国际领先水平。

"一带一路"建设离不开资金的大力支持，北京银行借此机遇来发展业务。一方面，北京银行成立陕西北银丝路股权投资管理合伙企业，主导成立总规模为 100 亿元的陕西北银丝路基金，利用 PPP、并购重组、产业投资等方式，用于重点支持丝绸之路经济带的协同发展过程中基础设施建设、民生工程、棚户区改造、教育、医疗卫生等项目。另一方面，北京银行依托"一带一路"沿线国家的分行，重点参与"一带一路"沿线国家铁路、公路、电信等基础设施建设。比如，北京银行依托西安分行为西咸新区、国际港务区、延安新城等大型重点项目建设提供融资 196 亿元；依托乌鲁木齐分行融资 1000 亿元支持新疆重点企业和重点项目建设，向新疆生产建设兵团意向性授信 500 亿元；依托深圳分行支持盐田港、大铲湾、蛇口港港口建设。

为持续完善服务网络，拓宽"一带一路"建设的金融通道，北京银行在多地开展进出口相关业务，为贸易企业提供方便。目前，北京银行在全国已经建立 500 余家经营机构，成功构架起覆盖京津冀、长三角、珠三角、中西部地区等的广泛服务网络。同时，在中国香港、荷兰阿姆斯特丹设立了代表处，并与全球 1151 家银行建立了代理行关系，成功形成横跨世界五大洲、102 个国家或地区的全球化金融服务网络。通过依托国内国际两大网络，北京银行为中资企业"走出去"提供金融支持和高效本地化服务。

作为支持中小企业"走出去"的银行，北京银行紧紧依靠自身优势，以全面融入、深度合作的姿态投身到"一带一路"建设中。在顶层设计的推动下，创新"一带一路"服务组织体系。同时强化北京银行内部协调联动，通过建立多层次对接机制，支持"一带一路"沿线产业升级重点项目，做好产业升级客户的综合服务。通过发挥北京银行"科技金融""绿色金融""文化金融"等品牌优势，对重点区域和创业创新型孵化器加大支持力度。北京银行将稳步提升"走出去"金融服务，逐步探索境内境外联动营销、网络化/智能化等综合金融服务，充分发挥中小银行服务"一带一路"建设的重要作用。

综合以上案例可以看出，北京将科技、文化、金融、运输与旅游等作为参与"一带一路"合作的重点领域，涌现出了同仁堂医药、中国国航、北控集团、北京银行等一大批服务贸易领域的京企代表。未来，北京市将建立统一的"一带一路"重大项目库，统筹相关政策，优先以资金支持入库项目建设。在完善双向投资促进平台的过程中，探索建立北京市国际产能合作服务中心，助力企业全方位"走出去"和"引进来"。同时，北京市还将推动建立国际商事解决中心，积极探索建立涉外商事纠纷化解的联动机制，多元化解矛盾纠纷。而各企业应基于"一带一路"倡议的政策优势，在服务贸易方面争取有所作为。①

---

① 方虹、钱玮蔚、王旭：《"一带一路"背景下中国金融服务贸易出口潜力研究》，《前沿》2018 年第 3 期。

四　北京与"一带一路"沿线国家贸易潜力分析

依据上文分析，北京市与"一带一路"沿线国家的贸易潜力很大，而将这些贸易潜力转化为实际贸易流量需要建立在积极履行"一带一路"建设任务的框架之上。随着"一带一路"倡议的深入推进，以及双边贸易便利化水平的不断提高，未来北京与"一带一路"沿线国家的贸易潜力将得到持续释放。

（一）中国与"一带一路"沿线国家贸易潜力

目前，中国与"一带一路"沿线国家的贸易额虽然在不断攀升，但商品贸易结构仍不够合理。以中国和中东欧国家为例，机器和运输设备占据了总贸易额的80%以上，而中东欧国家具有优势的农牧产品贸易量较小。随着"一带一路"的推动，中东欧国家的优势产业势必会对中国市场产生一定冲击，中国需要寻找合适的贸易模式与其开展贸易合作，以期能够通过加强与中东欧国家优势产业的贸易合作助力中国制造业转型升级。但不可否认的是，"一带一路"沿线国家要素禀赋、比较优势及产业特点之间的差异，形成了区域分工和合作的基础，而沿线国家不同的工业产品、服务诉求和利益追逐是合作趋于良性、合理的动力源。了解是合作的基础。中国需要对具体的国家做出有针对性的分析，寻找贸易契合点，加速产业对接，实现有针对性的产能合作，积极探索并构建各方都能够受益的双边或区域合作新模式。

例如，《推动共建丝绸之路经济带和21世纪海上丝绸之路的愿景与行动》中界定了"21世纪海上丝绸之路"的西线和南线两条路径，其中西线包括东南亚、南亚、西亚、东北非四个区域。从这四个区域来看，东南亚是中国初级或自然资源密集型产品的重要出口区域，南亚、东北非地区以进口中国的资本或技术密集型产品为主，西亚以进口中国的劳动密集型产品为主。根据张桂梅等的研究,① 中国与东南亚国家,南亚的尼泊尔,西亚的约旦、沙特等国,以及东北非的埃塞俄比亚等国的贸易潜力已经基本达到饱和。针对与我国贸易潜力已基本饱和的国家,中国需要继续稳定与这些国家的贸易往来,并积极寻找新的贸易增长点。而中国与南亚大部分国家、西亚的格鲁吉亚等国之间的贸易潜力巨大。针对与我国贸易潜力巨大的国家,中国应当制定系列措施,促进与这些国家的贸易往来,使贸易潜力得以释放。贸易伙伴需要分层次来对待,并实施相应的贸易政策。

总之,"一带一路"倡议的提出,表明中国期望在符合当前国际发展机制和形势下更为深入地融入全球分工体系,与沿线国家共同深化对全球价值链的参与程度。而"一带一路"要想真正具有生命力,就需要我们深入去了解每个国家、每个群体的状况及其对中国的期望和需求。

(二)北京与"一带一路"沿线国家贸易潜力

从北京来看,其与"一带一路"沿线国家也有着较大的贸易潜力。

首先,北京与沿线国家商品贸易结构具有较强互补性。对北京市和"一带一路"沿线国家对外贸易现状分析之后了解到,北京出口商品以工业制成品为主,其中份额最大的是机电产品和高科技产品,进口产品以初级产品为主,其中资源类、原料类产品占比最大。与此相反,大部分"一带一路"沿线国家由于具有丰富的油气、矿物金属资源等,出口商品以初级产品为主,其中份额最大的就是矿产品、化学品等。而进口商品以工业制成品为主,其中机电产品和高科技产品所占比例很大。北京可以"四个中心"为依托,发挥双边政治关系、政策引导、文化交流、国际交往等对经贸活动的拉动作用,持续挖掘北京市与沿线国家之间的贸易潜力。

其次,北京与沿线国家产业结构具有明显差异性。北京是中国经济发展最具潜力的地区之一,处于发达经济的初级阶段,也是我国为数不多的进入

---

① 张桂梅、李晓璇:《中国与"21 世纪海上丝绸之路"西线国家贸易潜力研究》,《山东工商学院学报》2019 年第 6 期。

后工业化阶段的省市。倒"金字塔"形的产业结构是北京经济的最大特征。而大部分"一带一路"沿线国家仍属于发展中国家和新兴经济体，甚至有些国家还处于工业化初期阶段，产业结构以第一产业为主，工业与服务业尚处于起步阶段，技术、资金和机器设备需求比较旺盛，产业结构升级需要一定的时间。因此，北京与"一带一路"沿线国家在经济发展阶段和产业结构上存在显著差异，为双边开展贸易往来，继而加强经贸合作打下了基础。同时，沿线国家多为发展中国家和新兴经济体的特质，表明大部分国家普遍处于经济上升期，市场需求旺盛。拥有如此大的经济规模，同时处于经济转型时期，不管是以纺织品、家用电器、交通工具和电子产品为代表的生活用品，还是发动机、矿山机械、建设机械、农业机械、纺织机械、汽车、船舶设备、铁路运行设备、高科技、高工艺设备及工具类产品均有巨大的市场需求。从这个角度来讲，"一带一路"沿线国家所具有的广阔市场空间也能够为北京市对外贸易提供良好的发展机遇。

北京市具有较为明显的技术和产业优势，供需潜力巨大，形成了良好的产业发展基础。作为首都，北京资金、人才和创新资源集聚，形成了强大的科技优势、人才优势和文化优势。此等优势为产业结构向"高精尖"调整，尤其为高新技术产业的发展提供了坚实的基础。北京市在电子信息技术产业、新能源产业、汽车产业和生物医药产业等方面拥有显著优势，与"一带一路"沿线国家的互补性较强。即便是对于高新技术水平较高的一些中东欧国家而言，北京也可以利用创新资源集聚优势，加强与这些国家的科技交流与合作，在良性竞合关系中实现双赢。如此可以看出，无论是从国家层面还是北京市地区层面，双边贸易互补性较强，产业结构存在差异性，可以借助"一带一路"平台深入挖掘贸易潜力。

五　本章小结

本章在分析北京市对外贸易基本状况之后，探究了北京与"一带一路"沿线国家服务贸易现状与发展潜力，结果表明，现有贸易规模呈现持续上涨趋势,并且仍存在较大贸易潜力,需要借助"一带一路"倡议所带来的政策优势,通过深化贸易合作,实现双边或多边共赢,加快对外贸易方式转变,具体措施如下。

(一)创新贸易方式,提高贸易便利化水平

北京的对外贸易方式仍以传统贸易为主,随着互联网的普及和电子商务技术的快速发展,"互联网+"成为许多传统行业转型升级的重要手段。目前,一条更加便捷通畅的网上丝绸之路正在加紧搭建中,跨境电商正在成为新的贸易增长点。北京应当更好地利用人才、科技、总部经济等区位优势,利用"一带一路"沿线国家的市场优势,在沿线国家构建创新网络,广泛开展科技合作,积极推动跨境电子商务等新业态和新模式的发展。同时,加大力度疏解高污染、高能耗企业,通过政策鼓励留存企业加快对外贸易发展方式的转变,构建"高精尖"经济结构。此外,在"逆全球化"风向下,北京应进一步推进贸易畅通,改善边境口岸通关条件,降低通关成本,提高贸易自由化、便利化水平。

(二)推动贸易与投资结合,探索投资合作新模式

在与"一带一路"沿线国家深化贸易合作的过程中,要结合沿线国家实际情况,利用北京政治中心优势,积极响应"一带一路"贸易相关政策,不断探索创新合作模式。积极适应全球价值链整合发展要求,以境外投资扩大资产配置范围,促进相关产品、设备与服务的出口贸易。同时,总结央企"走出去"的典型经验,鼓励并支持本市拥有自主知识产权和品牌的领军企业进行海外投资,以贸易和投资相结合的方式,为北京市构建全球价值链体系奠定基础。

(三)推动服务贸易重点领域创新发展,加强与"一带一路"国家合作

当前,北京产业结构由以工业为主导的第二产业转换为以服务业为主导的

第三产业，而服务贸易能够进一步激发"一带一路"国家间的合作潜能。因此，北京应当抓住产业结构调整机会，重点扶持金融、科技、信息、文化创意、商务服务以及医疗等领域的服务贸易发展，积极拓展新兴服务贸易，利用北京独特的区位优势，重点推进服务外包、技术贸易、文化贸易。加快服务贸易自由化和便利化，深化与"一带一路"沿线国家及重点城市的服务贸易往来，制定"一带一路"科技创新合作行动计划，推动科技园区管理服务模式输出。

（四）加强国际外交联系，发挥社会机构的作用

作为国家外交外事中心，北京市应充分发挥其作用，与驻京的各国使领馆建立密切沟通机制，通过丰富的外交活动与企业加强交往，合作开发境外项目，以此互换经贸信息，宣传经贸政策，为双边贸易合作创造良好条件。同时，要重视投资商贸领域的社会机构的作用，利用进出口商会、行业协会、投资促进会驻外代表处等非政府组织加强与"一带一路"国家的经贸往来。

本章主要参考文献

《北京市服务贸易创新发展试点工作实施方案》（京政办发〔2018〕51 号），http://coi. mofcom. gov. cn/article/ckts/cksm/201901/20190102824303. shtml。

方虹、钱玮蔚、王旭：《"一带一路"背景下中国金融服务贸易出口潜力研究》，《前沿》2018 年第 3 期。

费娇艳：《中国服务贸易发展形势与展望》，《国际贸易》2018 年第 2 期。

李敬、陈旎、万广华、陈澍：《"一带一路"沿线国家货物贸易的竞争互补关系及动态变化——基于网络分析方法》，《管理世界》2017 年第 4 期。

刘崇献：《北京市巨额外贸逆差的成因及影响研究》，《中国商贸》2013 年第 18 期。

孟方琳、田增瑞、赵袁军、梁静溪：《中医药服务贸易在"一带一路"的产业融合》，《开放导报》2018 年第 3 期。

尚涛、殷正阳：《中国与"一带一路"沿线国家的服务贸易动态比较优势及其结构性演进分析》，《国际商务》（对外经济贸易大学学报）2018 年第 1 期。

宋晓东：《"一带一路"背景下的中国国际服务贸易发展》，《中国流通经济》2016 年第 12 期。

孙东林:《1983～2012年北京对外贸易差额及变动分析》,《中国市场》2014年第40期。

魏浩:《2003～2007年北京对外贸易进口结构的实证研究》,《中央财经大学学报》2008年第10期。

杨雅琳、谢宇、高笛鸣:《北京对外贸易发展方式转变研究》,《经济论坛》2018年第5期。

《"一带一路"贸易合作大数据报告(2018)》,https://www.yidaiyilu.gov.cn/mydsjbg.htm.

张桂梅、李晓璇:《中国与"21世纪海上丝绸之路"西线国家贸易潜力研究》,《山东工商学院学报》2019年第6期。

张路路:《"一带一路"背景下我国中药出口贸易潜力研究》,浙江工商大学硕士论文,2018。

附表 5 – 1　HS 商品编码类章说明

HS 商品编码(类)	HS 商品编码(章)
第一类　活动物;动物产品	活动物
	肉及食用杂碎
	鱼及其他水生无脊椎动物
	乳;蛋;蜂蜜;其他食用动物产品
	其他动物产品
第二类　植物产品	活植物;茎、根;插花、簇叶
	食用蔬菜、根及块茎
	食用水果及坚果;甜瓜等水果的果皮
	咖啡、茶、马黛茶及调味香料
	谷物
	制粉工业产品;麦芽;淀粉等;面筋
	油籽;籽仁;工业或药用植物;饲料
	虫胶;树胶、树脂及其他植物液、汁
	编结用植物材料;其他植物产品
第三类　动、植物油脂、蜡;精制食用油脂	动、植物油、脂、蜡;精制食用油脂

续表

HS 商品编码(类)	HS 商品编码(章)
第四类 食品;饮料、酒及醋;烟草及制品	肉、鱼及其他水生无脊椎动物的制品
	糖及糖食
	可可及可可制品
	谷物粉、淀粉等或乳的制品;糕饼
	蔬菜、水果等或植物其他部分的制品
	杂项食品
	饮料、酒及醋
	食品工业的残渣及废料;配制的饲料
	烟草、烟草及烟草代用品的制品
第五类 矿产品	盐;硫磺;土及石料;石灰及水泥等
	矿砂、矿渣及矿灰
	矿物燃料、矿物油及其产品;沥青等
第六类 化学工业及其相关工业的产品	无机化学品;贵金属等的化合物
	有机化学品
	药品
	肥料
	鞣料;着色料;涂料;油灰;墨水等
	精油及香膏;芳香料制品、化妆盥洗品
	洗涤剂、润滑剂、人造蜡、塑形膏等
	蛋白类物质;改性淀粉;胶;酶
	炸药;烟火;引火品;易燃材料制品
	照相及电影用品
	杂项化学产品
第七类 塑料及其制品;橡胶及其制品	塑料及其制品
	橡胶及其制品
第八类 革、毛皮及制品;箱包;肠线制品	生皮(毛皮除外)及皮革
	皮革制品;旅行箱包;动物肠线制品
	毛皮、人造毛皮及其制品
第九类 木及制品;木炭;软木;编结品	木及木制品;木炭
	软木及软木制品
	编结材料制品;篮筐及柳条编结品
第十类 木浆等;废纸;纸、纸板及其制品	木浆等纤维状纤维素浆;废纸及纸板
	纸及纸板;纸浆、纸或纸板制品
	印刷品;手稿、打字稿及设计图纸

续表

HS 商品编码(类)	HS 商品编码(章)
第十一类 纺织原料及纺织制品	蚕丝
	羊毛等动物毛;马毛纱线及其机织物
	棉花
	其他植物纤维;纸纱线及其机织物
	化学纤维长丝
	化学纤维短纤
	絮胎、毡呢及无纺织物;线绳制品等
	地毯及纺织材料的其他铺地制品
	特种机织物;簇绒织物;刺绣品等
	针织物及钩编织物
	针织或钩编的服装及衣着附件
	非针织或非钩编的服装及衣着附件
	其他纺织制品;成套物品;旧纺织品
第十二类 鞋帽伞等;羽毛品;人造花;人发品	鞋靴、护腿和类似品及其零件
	帽类及其零件
	伞、手杖、鞭子、马鞭及其零件
	加工羽毛及制品;人造花;人发制品
第十三类 矿物材料制品;陶瓷品;玻璃及制品	矿物材料的制品
	陶瓷产品
	玻璃及其制品
第十四类 珠宝、贵金属及制品;仿首饰;硬币	珠宝、贵金属及制品;仿首饰;硬币
第十五类 贱金属及其制品	钢铁
	钢铁制品
	铜及其制品
	镍及其制品
	铝及其制品
	铅及其制品
	锌及其制品
	锡及其制品
	其他贱金属、金属陶瓷及其制品
	贱金属器具、利口器、餐具及零件
	贱金属杂项制品

续表

HS 商品编码（类）	HS 商品编码（章）
第十六类　机电、音像设备及其零件、附件	核反应堆、锅炉、机械器具及零件
	电机、电气、音像设备及其零附件
第十七类　车辆、航空器、船舶及运输设备	铁道车辆;轨道装置;信号设备
	车辆及其零附件,但铁道车辆除外
	航空器、航天器及其零件
	船舶及浮动结构体
第十八类　光学、医疗等仪器;钟表;乐器	光学、照相、医疗等设备及零附件
	钟表及其零件
	乐器及其零件、附件
第十九类　武器、弹药及其零件、附件	武器、弹药及其零件、附件
第二十类　杂项制品	家具;寝具等;灯具;活动房
	玩具、游戏或运动用品及其零附件
	杂项制品
第二十一类　艺术品、收藏品及古物	艺术品、收藏品及古物
第二十二类　特殊交易品及未分类商品	特殊交易品及未分类商品

第六章　北京双向投资及其与
"一带一路"倡议的对接

随着"一带一路"倡议的逐步推进，中国对"一带一路"沿线国家的对外直接投资进入了全新的发展阶段。2018 年，中国对外直接投资总额为 1298 亿美元，同比增长 4.2%，其中对"一带一路"沿线国家的直接投资金额为 156 亿美元，同比增长 8.9%，占中国对外直接投资总额的比重升至 13%。在这样的背景下，北京作为中国首都，同时也是一座国际性大都市，在"一带一路"建设中扮演着重要角色，积极推进投资活动且渐显成效。譬如，一批跨国技术转移项目的积极对接、雅典中国文化中心的加快建设、北汽南非汽车工业园建设的稳步推进等，这些都是北京在"一带一路"建设中迈出的前进步伐，也显示出北京与"一带一路"沿线国家双向投资具有巨大的增长空间。因此，以"一带一路"为背景研究北京市双向投资与潜力，充分发挥自身带动作用，对促进中国与"一带一路"沿线国家合作交流以及双方企业投资的区位选择和风险防范具有重要的理论和实践意义。

一　"一带一路"背景下的北京双向投资发展

2006 年以来，北京外商直接投资和对外直接投资发展迅速，吸引外资和对外投资的规模不断扩大。如表 6 - 1 所示，北京外商直接投资由 2006 年的 45.52 亿美元，增长到 2015 年的 129.96 亿美元，首次突破百亿大关，2017 年增长到 243.29 亿美元。北京市对外直接投资规模虽然不及外商直接投资，但也呈现出快速增长的趋势，尤其是在 2008 年之后。2008 年，北京非金融类对外直接投资流量 4.73 亿美元，存量达到 25.1 亿美元。2013 年北京非金融类对外直接投资存量突破 100 亿美元，达 127.65 亿美元，这五年的增长率超过了 408%。"十二五"以来，北京市累计境外直接投资达450 亿美元。2018 年北京非金融类对外直接投资额达到了 70.45 亿美元，投资领域从采矿业、制造业为主逐渐转向新兴服务行业，境外投资水平居全国各省份前列。

表 6-1　北京市 2006～2018 年双向投资额

单位：亿美元

	2006 年	2007 年	2008 年	2009 年	2010 年	2011 年	2012 年
北京实际利用外商直接投资额	45.52	50.66	60.82	61.21	63.64	70.54	80.42
	2013 年	2014 年	2015 年	2016 年	2017 年	2018 年	
	85.24	90.41	129.96	130.29	243.29	173.10	
	2006 年	2007 年	2008 年	2009 年	2010 年	2011 年	2012 年
北京市非金融类对外直接投资额	0.56	1.53	4.73	4.52	7.66	11.75	16.89
	2013 年	2014 年	2015 年	2016 年	2017 年	2018 年	
	41.30	72.74	122.80	155.74	66.51	70.45	

资料来源：《北京市统计年鉴》与北京市 2019 年统计公报。

目前，北京双向投资已经迈入新阶段，呈现多样化特点，具体表现在双向投资结构不断优化、利用外资领域不断扩大等。其中一个重要的原因是北京在近几年有序引导境外投资，双向投资从注重"引进来"转向"引进来"与"走出去"并驾齐驱。在"一带一路"倡议提出以后，北京对"一带一路"沿线国家的双向投资愈加重视。截至 2018 年 3 月，北京市企业在"一带一路"沿线 31 个国家累计直接投资 33.2 亿美元，主要投资商务服务业、制造业和建筑业等行业。同时，北京市也积极推动服务业扩大开放综合试点，2018 年，北京服务业利用外资比重进一步提高，占北京实际利用外资的 95.4%。①

---

① 数据来源于网络资讯报道，http：//www.zhjs.cc/article-54937-1.html。

二　"一带一路"与北京市外商直接投资

（一）总体情况

北京作为我国政治、文化、科技创新、国际交往中心，拥有各类资源和国家政策优惠，能够吸引众多跨国企业的投资。北京市吸引外资起源于改革开放后的第二年，即 1980 年在北京建立的全国第一家外资企业——"北京航空食品有限公司"。图 6－1 对北京市外商直接投资情况进行了直观展示。1987 年前后，北京外资企业数量少、规模小，并且发展比较缓慢，集中在制造业，投资范围单一。由于法律法规不健全，人们不敢迈开步子，外商投资额一直较小。直到 1994 年，北京实际利用外商直接投资额突破 10 亿美元大关，达到了 14.45 亿美元，1998 年冲破 20 亿美元大关，达到了 20.64 亿美元。外商直接投资规模的快速扩张在很大程度上源于 1992 年邓小平同志的南方谈话，全国开放迎来热潮，国家陆续开放沿海、沿江口岸，北京利用人才、技术以及政策优势抓住发展机会，加快当地的对外开放步伐。2001 年中国加入 WTO，这为中国走向世界提供了更好的平台，北京及时抓住机遇，吸引外资的速度进一步提高，2002 年之后实际利用外资额快速增长，特别是在 2004 年以后，年均增长率保持在 17% 以上。

现如今，北京市外商直接投资已经迈入新的发展阶段，外商直接投资的各项工作均居全国前列。2012 年以来北京市引进外资规模占改革开放后总量的四成，其中 2015 年北京市实际利用外资金额 129.96 亿美元，累计金额达到 1013.58 亿美元。2017 年北京市实际利用外资金额再创新高，首次突破 200 亿美元大关，达到 243.29 亿美元，同比增长 86.7%，规模首次跃居全国第一位，存量排名全国前列，这为北京市发展提供了充裕的资金保障。外商直接投资的快速发展与北京率先开展服务业扩大开放综合试点、发展开放型经济有着密切的联系。近几年，北京积极促进对外贸易转型升级、对接

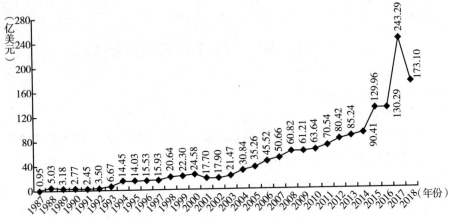

图 6-1　北京市实际利用 FDI

资料来源：《北京统计年鉴》。

服务"一带一路"建设、降低外商投资企业准入门槛、放宽外资市场准入限制等，各项政策的提出和相关建议的实施都在促进北京利用外商直接投资金额的进一步扩大。2017 年外商直接投资额九成以上用于服务业（占北京实际利用外资额的 95.4%）。2018 年北京市全年实际利用外资额虽有所下降，但仍达 173.10 亿美元，并且数据显示 2018 年服务业利用外资占比高达 85.8%，可见北京在积极引进外资过程中有明显的产业导向，这也是自 2015 年 5 月北京被列为全国唯一的服务业扩大开放综合试点城市以来，三年成果的突出展现。

（二）外商直接投资的区域分布

表 6-2　北京市 2015～2017 年外商直接投资情况

单位：亿美元，%

地区	外商直接投资额			外商直接投资额占比		
	2015 年	2016 年	2017 年	2015 年	2016 年	2017 年
中国香港	99.32	56.17	214.51	77.28	44.25	88.89
英属维尔京群岛	18.96	21.06	3.09	14.75	16.60	1.28
开曼群岛	0.58	26.97	3.68	0.45	21.25	1.52

续表

地区	外商直接投资额			外商直接投资额占比		
	2015 年	2016 年	2017 年	2015 年	2016 年	2017 年
日本	1.22	1.24	2.96	0.95	0.98	1.23
韩国	0.81	3.78	3.19	0.63	2.98	1.32
美国	0.37	1.02	1.40	0.29	0.80	0.58
新加坡	1.65	5.43	1.14	1.28	4.28	0.47
德国	3.58	9.55	1.18	2.78	7.52	0.49
毛里求斯	0.03	0.08	0.36	0.02	0.06	0.15
百慕大	—	0.02	7.39	—	0.01	3.06
萨摩亚	0.15	0.10	0.01	0.11	0.01	0.00
荷兰	0.05	0.08	1.62	0.04	0.07	0.67
法国	1.61	1.34	0.71	1.25	1.06	0.29
英国	0.20	0.17	0.08	0.16	0.14	0.03
合计	128.52	126.93	241.31	100.00	100.00	100.00

资料来源:《北京市统计年鉴》。

从地域来看,北京市实际利用外资额的主要来源为亚洲国家或地区,其中以香港最多,欧美发达国家的投资相对较少。在中国加入 WTO 之后,经济更加开放,关税降低和其他优惠政策吸引更多的外资。香港对北京的外商直接投资居北京吸引外资额的首位。2017 年,香港对北京的外商直接投资额高达 214.51 亿美元,比上年增长 2.8 倍,占北京吸引外资总额 88.89%,无论是在增速上还是在绝对数上,香港对北京外商直接投资规模都远超其他地区。排名第二位的是百慕大。百慕大对北京外商直接投资额 7.39 亿美元,占比 3.06%。其后,依次是开曼群岛、韩国和英属维尔京群岛。2015 ~ 2017 年,来自香港的外商直接投资额占比明显增加,由 2015 年的 77.28% 上升为 2017 年的 88.89%,百慕大对北京外商直接投资额也出现明显上升。而来自英属维尔京群岛的外商直接投资额占比出现大幅下降,由 2015 年的 14.75% 下降为 2017 年的 1.28%。在 2006 年之前,很少有来自自然资源匮乏的小岛上的外商直接投资,如开曼群岛、英属维尔京群岛、百慕大和萨摩亚等,但正是这些小岛是避税港型离岸金融中心,有极大的税收优惠,因此这些地方从 2006 年开始对北京的投资逐年增加。

香港是内地吸引外资的主要来源地，其中很重要的一个原因是香港一直担任着内地与海外"超级联系人"的角色。很多外资企业在香港设立公司，看中的并非是香港市场，而是希望通过香港在其他地区寻找机会，进入内地和东南亚等市场。因此这些外资企业对内地投资时就贴上了"香港"的标签。近几年全球经济疲软，地缘政治风险提高，全球对外直接投资状况并不乐观，但香港表现不俗，在外来直接投资金额和对外直接投资方面都排全球前列。2014年，中国香港外来直接投资金额达1030亿美元，仅次于排首位的中国内地（1290亿美元），远超美国、英国和新加坡等国家或地区。而在对外直接投资方面，2014年中国香港较上年同期增长三成，仅次于美国，金额达1430亿美元。虽然近几年全球经济增速放缓，欧洲地区经济增长缓慢，中国内地经济增速保持在7%左右，相对于世界其他地区来说，还是非常好的投资选择。此时，香港作为"窗口""跳板"的角色凸显出来，保持资金流向高水平目的地，既对整个香港经济发展有帮助，也为东道国和投资地带来了资金。

英属维尔京群岛也是北京投资的重要来源地。它虽是一个自然资源匮乏的小岛，但凭借岛国政府为外来企业提供的优惠政策，成为世界上著名的"避税天堂"。全球著名的"避税天堂"还有百慕大、开曼群岛以及南太平洋上的岛国萨摩亚以及中美洲的伯利兹等。这些国家都有地理面积小、自然资源稀缺、经济基础薄弱的特征，只好通过放松管制进而吸引投资的方式来发展经济。这些小岛特有的政策包括免交当地税项、无公司注册资本最低限制、任何货币都可作为资本注册、注册后的公司账目和年报也不必公开等。也正是由于这些离岸金融中心没有外汇管制、保密程度高、资金转移不受任何限制，国际洗钱活动在这些小岛上异常猖獗。2000年，英属维尔京群岛因为洗钱活动就被列在避税黑名单。在国际压力下，当地政府开始修改公司法，加强对外企公司管理，这些"避税天堂"的竞争变得激烈。相关资料显示，近几年萨摩亚和伯利兹的条件更为优厚，注册公司成本更低。由表6-2可见，2017年英属维尔京群岛对北京市外商直接投资占比明显下降，百慕大占比上升至第二位，但这并不会对北京的外商直接投资格局造成冲击。我国的主要外资来源地中可能会首次出现优惠政策力度较大的伯利兹或萨摩亚，但只要投资环境不发生变化,吸引外资的总体形势就不会受到太大影响。

　　欧美、日等发达国家或地区对北京市外商直接投资额较小。由图6-2可以看出,除香港外,开曼群岛对北京市投资较多,但从绝对金额来看仍然很小,而欧美、日等发达国家或地区的投资额还要少于开曼群岛。所以,北京市外商直接投资额中发达国家的占比极其微小。从图6-3分析可知,日本、韩国与德国等对北京的投资呈现不稳定状态,北京实际利用日本、韩国与德国的直接投资额分别在2011年、2012年和2013年达到极值。2011年,北京实际利用来自日本的外商直接投资额为7.72亿美元;2012年,北京实际利用来自韩国的外商直接投资额为7.10亿美元;2013年,北京实际利用来自德国的外商直接投资额为10.75亿美元。此后,三国对北京市的投资额均有下降,其中韩国最为明显。2017年,韩国和日本对北京市投资额有所上升,在3亿美元左右,韩国尤其明显。虽然韩国、日本对北京市的投资呈现波动,前几年有所下降,但在2017年,韩国、日本在北京市外商直接投资来源中分别排第四和第六。北京市的外商直接投资主要来自中国香港、日本、韩国等地,与地理和文化相近因素有关。英国对北京市投资额最小,最高不超过1亿美元。美国对北京市投资额一直很小,最高为2013年的3.89亿美元,其他年份都在2亿美元上下浮动,这和中美两国的政治关系有关。

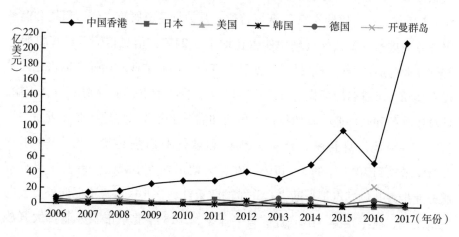

图6-2　北京市2006~2017年外商直接投资的主要来源

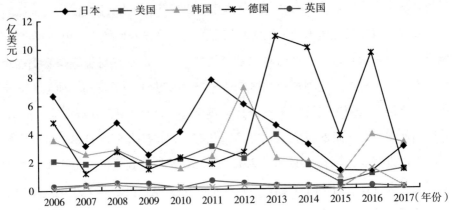

图 6 – 3　北京市 2006 ~ 2017 年外商直接投资的主要发达国家来源

（三）外商直接投资的产业分布

分行业来看，如表 6 – 3、图 6 – 4 所示，2015 ~ 2017 年北京市各行业利用外商直接投资额发生了巨大变化。2015 年，实际利用外资额排第一的是其他行业，占比约 65% ；其次是批发与零售业，占比约 19% ，排名前两位的行业利用外资额占比超过八成；其后依次为租赁和商务服务业，制造业，信息传输、计算机服务和软件业。2016 年，批发与零售业利用外资额达到58. 43 亿美元，占比约 45% ，跃居首位；其他行业退居第二位；租赁和商务服务业仍排第三位，外资利用额占比增至 9. 24% ；信息传输、计算机服务和软件业与房地产业分别排名第四和第五位；而制造业利用外资额占比几乎没有变动，但排名出现显著下降。2017 年，排在前五位的分别是信息传输、计算机服务和软件业、其他行业、租赁和商务服务业、房地产业和批发与零售业。特别是信息传输、计算机服务和软件业出现猛增，由 2016 年的8. 71% 增长到 2017 年的 54. 17% 。在扩大使用外资领域上，借助于北京市服务业扩大开放试点带来的先行先试的政策红利，北京市着重促使外资投向飞机维修、演出经济、出境游等新兴业态，2018 年北京市服务业扩大开放试点金额达到 78. 8 亿美元，较扩大开放试点前增长近 2 倍。

表 6 - 3 北京市 2015 ~ 2017 年分行业外商直接投资情况

单位：亿美元，%

按行业分类	外商直接投资额			外商直接投资额占比		
	2015 年	2016 年	2017 年	2015 年	2016 年	2017 年
农、林、牧、渔业	0.76	0.23	0.08	0.59	0.18	0.03
制造业	5.94	6.38	3.93	4.57	4.90	1.62
建筑业	0.01	0.01	0.27	0.01	0.01	0.11
信息传输、计算机服务和软件业	4.86	11.35	131.79	3.74	8.71	54.17
批发与零售业	24.22	58.43	18.20	18.63	44.85	7.48
住宿和餐饮业	0.05	0.30	0.32	0.04	0.23	0.13
房地产业	2.75	6.62	20.69	2.12	5.08	8.50
租赁和商务服务业	7.12	12.04	22.96	5.48	9.24	9.44
其他行业	84.24	34.93	45.05	64.82	26.81	18.52
合计	129.96	130.29	243.29	100.00	100.00	100.00

资料来源：《北京市统计年鉴》。

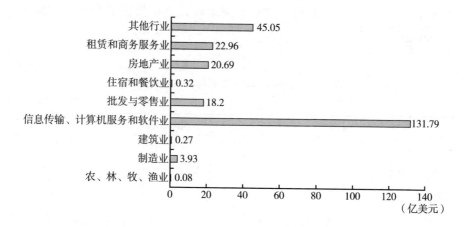

图 6 - 4 2017 年北京市外商直接投资的产业分布

　　总体来看，农、林、牧、渔业（第一产业）、建筑业、住宿和餐饮业利用外资额相对较小，其中，第一产业的利用外资额逐年下降，建筑业与住宿和餐饮业的利用外资额逐年增加。截至 2017 年末，第一产业实际利用外商直接投资额降为 0.08 亿美元，建筑业及住宿和餐饮业的实际利用外商直接投资额分别为 0.27 亿美元、0.32 亿美元。北京市第一产业实际利用外商直接投资额的占比很小，原因可能是第一产业投资成本大、产品周期长、受天气影响大、风险不可控以及农业环境受限等。

制造业的实际利用外商直接投资额逐年下降，信息传输、计算机服务和软件业，房地产业，租赁和商务服务业的实际利用外商直接投资额逐年增加，其中信息传输、计算机服务和软件业的增长尤为突出。房地产业、租赁和商务服务业利用外商直接投资额增长势头相近。

2018 年，北京市实际利用外资 173.1 亿美元，同比下降 28.9%（见表 6-4）。其中，信息传输、计算机服务和软件业占 26.1%，租赁和商务服务业占 15.7%，科学研究、技术服务和地质勘查业占 13.9%，房地产业占 11.2%。此外，从表 6-4 可以看出，居民服务和其他服务业较上年增长了 898.1%，体现了北京市转型服务业的良好态势。住宿和餐饮业较 2017 年也大幅增长。金融业和制造业利用外商直接投资金额较上年相比分别增长 1.7 倍和 1.6 倍，建筑业利用外商直接投资额出现较大降幅，为 -99.4%。

表 6-4　北京市 2018 年实际利用外资情况

单位：万美元，%

行业	实际利用外资	比上年增长
总计	1731089	-28.9
农、林、牧、渔业	6725	702.5
制造业	102868	161.6
建筑业	15	-99.4
交通运输、仓储和邮政业	112852	-18.2
信息传输、计算机服务和软件业	452240	-65.7
批发与零售业	77612	-57.4
住宿和餐饮业	30180	854.8
金融业	92141	171.1

行业	实际利用外资	比上年增长
房地产业	194690	-5.9
租赁和商务服务业	271400	18.2
科学研究、技术服务和地质勘查业	240499	18.8
水利、环境和公共设施管理业	6032	1131
居民服务和其他服务业	2146	898.1
文化、体育和娱乐业	5727	11.3

资料来源：北京市统计局。

（四）不同市辖区利用外商直接投资

由表6-5分析可得，总体来看，近几年朝阳区、海淀区、顺义区、西城区和东城区利用外商直接投资额较高，而延庆区、密云区和门头沟区利用外商直接投资额较低。2017年，西城区实际利用外商直接投资额跃居首位，利用外资约116亿美元。2014～2016年，利用外资额最多的辖区一直是朝阳区。各辖区利用外资额可能与辖区内经济发展水平相关。以GDP来看，2015年朝阳区GDP为4640.2亿元，排名北京各辖区第一位；排第二位的是海淀区，2015年GDP为4613.5亿元。以人均GDP来看，排前五的分别是西城区、东城区、顺义区、海淀区和朝阳区。其中西城区人均GDP达到25.19万元，朝阳区人均GDP为11.73万元。可见，经济发展较快的辖区利用外资投资额较多。辖区经济环境和人文环境相对发达，享有较多政策优惠，招商引资能够得到更好的上下协作和多方配合，为外商投资提供了较为宽松便利的条件，所以外资企业能够安心落户。此外，人才和科技的聚集也会吸引外商投资。以海淀区为例，海淀区拥有集科技和创新于一体的中关村，并且集中了北京80%的高等院校、科研院所，科技、金融、文化等处在北京先锋水平，更容易得到外商的青睐。

表 6 - 5　北京市各辖区 2014 ~ 2017 年实际利用 FDI

单位：亿美元

市辖区	2017 年	市辖区	2016 年	市辖区	2015 年	市辖区	2014 年
西城区	116.11	朝阳区	74.52	朝阳区	93.39	朝阳区	39.00
朝阳区	58.80	海淀区	18.87	海淀区	13.02	海淀区	16.02
海淀区	24.91	昌平区	7.89	东城区	5.27	大兴区	8.75
顺义区	9.27	顺义区	6.93	顺义区	5.21	顺义区	5.22
通州区	8.19	西城区	5.04	西城区	3.35	东城区	5.10
昌平区	8.00	东城区	5.03	大兴区	3.25	丰台区	4.53
东城区	5.82	大兴区	4.11	通州区	3.05	西城区	4.34
大兴区	4.51	通州区	3.60	昌平区	1.09	通州区	3.57
石景山区	2.53	石景山区	1.50	石景山区	0.91	昌平区	1.04
房山区	1.84	丰台区	1.04	丰台区	0.58	平谷区	0.96
怀柔区	1.31	平谷区	0.45	怀柔区	0.22	石景山区	0.94
丰台区	1.03	房山区	0.41	延庆区	0.19	怀柔区	0.50
平谷区	0.60	怀柔区	0.37	门头沟区	0.15	密云区	0.20
门头沟区	0.25	密云区	0.21	平谷区	0.15	房山区	0.14
密云区	0.07	延庆区	0.20	密云区	0.09	门头沟区	0.08
延庆区	0.05	门头沟区	0.10	房山区	0.03	延庆区	0.03

资料来源：北京区域统计年鉴。

三　"一带一路"与北京市对外直接投资

2013 ~ 2018 年间，北京市坚持"引进来"和"走出去"并重，对外投资规模超过 390 亿美元，北京市企业在"一带一路"沿线国家或地区大力推动基础设施互联互通、国际产能合作以及重点境外园区建设，在沿线 31 个国家直接投资累计约为 16.6 亿美元。2018 年全年，北京对外直接投资额达 70.45 亿美元，同比增长 15.45%，其中对"一带一路"沿线 25 个国家直接投资 2.82 亿美元，占北京对外直接投资总额的 4%，对外直接投资额同比增长 45%，保持着高增长势头。值得一提的是，科学研究和技术服务业、线上教育、居民服务等服务业的投资金额，均较上年同期猛增 2 ~ 3 倍。

在对接"一带一路"项目上,北京市积极鼓励企业优质产能和优质装备"两优出海",带动北京制造和北京服务"走出去",帮助解决当地民生问题,助推"一带一路"科技园区建设。

同时,北京市鼓励企业积极进入规划设计、设备采购、建筑施工、运营管理等全产业链环节,支持重大技术标准"走出去",推动境外承包工程与外贸进出口联动发展。这种对外承包工程既可以带动东道国经济社会发展、基础设施建设,又能为当地创造就业岗位,也能很好地带动北京市的出口贸易。从国家层面来度量对外承包工程所带来的积极影响,即2018年中国完成对外承包工程营业额1690亿美元,主要集中在交通、运输、建筑、电力行业,占比2/3,为当地提供就业岗位84万个,并带动我国设备材料出口170亿美元,较上年同期增长10.4%,由此可见意义之重大。

(一)北京市参与对接的"一带一路"项目

央企在"一带一路"中担当领衔,在它们的带动和示范下,北京市属企业"走出去"的步伐不断加快,北京市大力支持本地企业积极参与肯尼亚蒙内铁路、马尔代夫易卜拉欣纳西尔国际机场、非洲"万村通"、英国曼彻斯特空港城、印度尼西亚高速公路等一大批重点项目建设。此外,北汽南非工业园、北控柬埔寨金边经济特区建设也在顺利推进中。2018年,作为"一带一路"旗舰项目的中巴经济走廊新增了11项产能合作项目,帮助巴基斯坦发展清洁能源、生态环保、智能交通等各项事业,这都离不开北京市企业的积极参与。北京市企业通过"走出去"既提高了自身的国际影响力,也为后续地方企业的积极跟进做出了示范。以下我们就北京市企业参与"一带一路"对外投资项目进行阐释并对项目进度进行跟踪,以便更加具体地看到北京市对"一带一路"沿线国家的投资进展与阶段性成果。

1.肯尼亚蒙内铁路

2017年6月1日,中国与肯尼亚合作完成建设的蒙巴萨至内罗毕铁路正式通车(以下简称"蒙内铁路"),这是肯尼亚独立以来修建的最大基建项目。蒙内铁路的完工标志着非洲拥有了第一条全面投入商业运营并完全按照中国标准建造的铁路，这是中国"一带一路"倡议与肯尼亚《2030 愿景》全面对接和有机融合的旗舰项目，也是中国全力支持非洲各国家实现"2063 议程"的标志性成果。通车至今，蒙内铁路以高效、旅客服务周到和零事故率得到了肯尼亚人民的好评，这不仅是"中国标准"的胜利，也是中肯友谊在新时代背景下向前迈进的重要一步。在项目建设之前，影响肯尼亚建造现代化铁路建设的主要因素是快速发展的经济与滞后的基础设施建设之间的矛盾日益突出。在《2030 愿景》中，肯尼亚决定要建设现代化铁路来缓解国内交通问题，所以优先选取经济发展最好、人流量最大的蒙巴萨与内毕罗作为试点建设铁路。中方以加大对基础设施建设投资的方式帮扶肯尼亚当地经济发展。很多非洲国家面临着资金匮乏、科技力量不足以及人力短缺等问题，肯尼亚也不例外。

蒙内铁路项目的实施正是对解决以上三大难题的积极探索。首先，在资金上，中国进出口银行长期以来与肯尼亚政府合作，为铁路建设提供资金支持。其次，在技术层面，中国不仅为肯尼亚提供许多铁路建设方面的科技支撑，而且在地质勘探、机械制造、电力设备制造等方面为蒙内铁路建设做好技术保障。最后，培养当地专业人员解决人力资本匮乏问题，中国路桥集团设立专门的培训学校使当地人员掌握相关技术知识，并且为肯尼亚未来的现代化发展储备人才。如今肯尼亚已经在蒙内铁路沿线规划了多个产业园区，用以解决项目建设资金短缺、产业转移及就业等问题，同时蒙内铁路开创的中肯合作模式对于其他发展中国家相关项目建设也有示范作用。因此，中国"一带一路"建设倡议与肯尼亚《2030 愿景》全面对接正在发挥着重要的作用。

蒙内铁路由中交集团所属中国路桥公司承建，在项目建设的过程中，众多北京企业也参与其中，共同见证中非互利合作、携手进步的铁路建设。例如，蒙内铁路第四标段施工所用的混凝土搅拌站由三一重工提供，共有 120 台三一设备活跃于项目现场，事实上，三一海外业务布局本身与"一带一路"路线图高度吻合，公司 70% ~ 80% 的海外业绩都来自"一带一路"建设，蒙内铁路只是三一打造的众多精品项目的一个缩影。三一海外精品项目不胜枚举。埃塞俄比亚阿达玛风电项目、南非世界杯场馆、欧洲第一高楼"联邦大厦"等都是当地的靓丽"名片"。又如，在蒙内铁路项目中，福田汽车作为最大重卡设备供应商，专门为当地特殊道路状况设计 3.2 轴距车型，缩短了传动轴，更改了油箱容量，从而可以在更窄的路基上调头，这为蒙内铁路的按期贯通提供了保障和支持。与此同时，福田汽车在西非为平均车龄已达 26 年的塞内加尔重型运输行业提供系统性解决方案等。这都是北京企业为"一带一路"建设做出贡献的努力尝试。① 而为了满足肯尼亚政府以及当地企业的铁路人才需求，2016 年，北京交通大学与中国路桥启动合作培养肯尼亚留学生项目，为肯尼亚培养铁路人才。与此同时，北京交大还与中国路桥公司共同签署《"一带一路"国际人才联合培养战略合作协议》，在非洲及"一带一路"沿线构架开展全方位、各层次的教育合作项目。

除了协助蒙内铁路运行通车，中国企业还继续投资承建了蒙内铁路就近的铁路支线工程——蒙内铁路港支线工程。该项目主要是实现蒙内铁路向蒙巴萨港区内延伸，是蒙巴萨港和蒙内铁路协同运作的关键。2018 年 9 月，蒙内铁路支线工程完工，该工程和蒙内铁路工程不仅给肯尼亚交通运输带来了极大的便利，同时还极大地带动钢铁业、水泥业、建筑业等行业发展，一定程度上解决了当地就业问题，同时加快了当地城市化进程，有助于推进当地产业升级。

2. 非洲"万村通"

2015 年，习近平总书记提出了"万村通"项目，实现非洲 25 个国家 1 万多个村庄可以使用卫星电视，这是中非合作论坛约翰内斯堡峰会提出的中非人文领域合作举措之一，也是"一带一路"倡议设施联通、民心相通的组成部分。"万村通"项目的实施使远在万里之外的非洲村落观看中国影视剧变成现实。承建"万村通"这一项目的是北京四达时代集团。集团副总裁郭子琪表示，该项目不仅为这些村落提供卫星电视，还要免费为每一个村落安装数字电视系统，同时为当地村民提供相关培训，让他们有能力应对村

---

① 相关资料来源于北京市经济和信息化局官网。

庄中的设备运维问题。截至 2019 年 4 月，"万村通"项目已在 16 个国家完成全部施工任务，其中卢旺达、刚果（布）、乌干达、中非、布隆迪、肯尼亚等 6 国已顺利完成项目验收。

"万村通"项目是实现中非基础设施和文化贸易互联互通的长期工程，其为长期闭塞的非洲农村民众打开了解世界的窗口，不仅促进了非洲农村的发展，填补了农村的数字网络空白，也让非洲人民能够享受全球化发展的成果，感受人类命运共同体带来的好处。事实上，自 2016 年以来，四达时代陆续在非洲多国举办了多场包括斯瓦希里语、豪萨语、祖鲁语在内的"中国影视剧配音大赛"，在非洲有 43 个自办频道，陆续在坦桑尼亚、肯尼亚、乌干达、尼日利亚等 30 多个国家成立公司并开展数字电视运营，在"一带一路"背景下提升中非信息网络互联互通水平，深化中非之间的文化交流，展现了身为中国企业的责任。

3. 曼彻斯特机场空港城

2015 年 10 月习近平总书记访问英国时，双方有意愿将各自的重大倡议，即"一带一路"倡议与英国的"北部振兴计划"相互结合开展合作。曼彻斯特机场空港城项目以及海南航空开通的北京至曼彻斯特直航两个项目就是中英合作的重要成果。其中，曼彻斯特机场空港城项目是由北京建工集团与英国曼彻斯特机场集团、英国 Carillion 建筑公司和大曼彻斯特养老金成立的合资企业来开发，其中北京建工集团投入 1200 万英镑取得了合资企业 20% 的股权。北建集团在该项目中的表现得到英方的高度认可，并因此又获得了位于曼彻斯特市区的米德伍德洛克高档住宅项目和圣·迈克老区改造项目，北京建工成为曼彻斯特城市建设中的"中国名片"。北京至曼彻斯特直航项目也进展顺利。2016 年 6 月，北京至曼彻斯特直航航线正式开通，成为除伦敦之外中英两国间唯一直飞的航线，也是海南航空围绕"一带一路"倡议进行产业布局的成果之一。该航线把更多的中国乘客带到英国，也将更多英国乘客带来中国，为双方旅游业、贸易来往提供了很大便利。

曼彻斯特机场空港城项目仍然在紧锣密鼓的建设当中。该项目为当地创造了 16000 多个岗位，大大缓解了就业压力。此外，机场还将安全指示牌、菜单翻译成中文，专门安排提供中文服务的人员，并开设了原本没有的退税服务。项目将会给英国当地带来更多基础设施和商业领域的投资，能够在未来给英国城市带来巨大的经济增长。吸引外商投资、带动当地就业是英国"北部振兴计划"的重点，这与"一带一路"倡议完全吻合。曼彻斯特机场空港城项目成为中英基建合作项目的一个重要样板。

4. 北汽南非汽车工业园

2017年3月，北汽集团与南非工业发展有限公司的合作项目——南非汽车工业园正式落户库哈工业区。早在2016年8月，北汽集团就与南非有产业合作，当时北汽集团的第一座海外整车制造工厂选址南非后，并开始建立北汽南非工厂。截至2017年3月，北汽南非工厂已经完成土地平整、总装车间临时搭建、基坑开挖等前期基础性工作。整车制造势必会带动南非本地相关机车零部件、交通运输、仓储等上下游产业的生产，为当地劳动力提供了就业机会。

南非汽车工业园区项目一期投资1亿美元，逐步引入汽车座椅、前后保险杠、内饰、仪表板等多类零部件供应商，以及相关配套的物流服务企业和生活服务区，使进驻工业园区的企业能够获得综合保障。工业园区在2018年开始运营，为当地提供了就业机会，并将进一步完善南非本地汽车产业链条，带动南非经济发展。

5. 北控柬埔寨金边经济特区

一直以来，中国与柬埔寨贸易合作关系密切，尤其是在近几年，中国成为柬埔寨最大的进口来源国，也是柬埔寨的第一大贸易伙伴，2017年中柬双边贸易额达到57.9亿美元，比上年同期增长了22%。其中，北京市与柬埔寨首都金边市的密切经济往来在中柬两国巩固与深化贸易关系过程中发挥了重要的牵头作用。这次中柬金边经济特区建设项目的主要参与方是北京市最大的国有企业之一——北控集团。在"一带一路"背景下，未来两国首都间的经贸往来将会进一步深化中柬两国友谊，促进双方政治、经济、文化联系，推动双边合作。

2018年5月21日，中柬金边经济特区有限公司举行揭牌仪式。该特区是柬埔寨现有经济特区中占地规模最大的，也是柬埔寨探索"产城融合"发展模式的综合新区，其开发进程受到两国政府、商界以及柬埔寨社会的高度关注。中柬金边经济特区地理位置优越，位于金边以北50公里，北与泰国相接、南向直通金边，总规划占地面积30平方公里，土地面积达15平方公里，总投资预计20亿美元（136亿元人民币）。计划分两期实施，一期项目占地面积约14平方公里，总投资预计10.8亿美元（约合73.44亿元人民币）。截至2017年8月，已经取得一期土地的土地证并拥有永久使用权，后续的土地仍在持续收购中。未来，将进行特区产业园区发展规划、土地收储、道路、电力、供水等基础设施建设、招商，以及经济特区的管理和运营。特区项目整体开发完成，大概需要10～15年时间，将达到宜居宜业的规划目标。通过研究多个成功产业新城建设经验，特区定位为打造工贸结合为主力、化陆为港的交通基础，形成东盟最大的工、贸、港结合的特色产业中心。

北控集团是北京市国有控股企业中最具有代表性的企业，兼具实业经营和资本运作实力的国有控股企业，主营业务包含城市开发运营，如城市基建与相关服务，清洁能源、大数据与搭建智慧城市等，业务范围广阔，已延伸至欧洲、美洲和东南亚等地。北控集团凭借在城市基建和现代城市一体化建设方面的丰富经验，必定能为金边经济特区建设提供领先的建设方案，使其成为中柬经贸合作的新典范。

6. 中巴经济走廊新增11项产能合作项目

2016年5月31日，中巴经济走廊新增的11项产能合作项目如期签约。新增项目包括搭建两座20MW光伏电站、规划巴基斯坦工业园区的绿色生态建设、帮扶大型污水处理、合资成立公交车运营公司等。北京市朝阳区国际绿色经济协会建立的绿商网为此次新增项目的撮合提供了重要的信息交流与共享服务，在北京市企业"走出去"和中巴经济合作项目落地过程中发挥了重要作用。

当前，中巴经济走廊建设进入了第二阶段，巴方政府对此非常重视，由专门设立的计划发展部牵头，以提高工作效率、统筹协调项目、落实各项工作。瓜达尔港建设是第二阶段的重要项目之一。以下重点介绍瓜港的两大主要组成部分：码头和自由区的建设进程。瓜港作为中巴经济走廊在巴方的起点，同时联络着丝绸之路经济带和 21 世纪海上丝绸之路，是"一带一路"倡议推行的重要着眼点之一。自 2013 年中国港控接管了瓜港的码头运营权到 2016 年 11 月 23 日瓜港迎来的首航，三年内瓜港发生了翻天覆地的变化。自由区逐步引进工业企业，通过实施退还保证金等措施保证企业资金的顺利周转。进驻企业的原材料进口和产成品出口都依赖于瓜港，为了实现未来更大的货运量，瓜港开始了二期工程建设，有望成为南亚最大的深水港。由此看出，港口和自由区的相辅相成，为瓜达尔港带来了日新月异的变化。

此外，中巴经济走廊建设的重点项目还有交通运输方面的 ML－1 巴基斯坦国内铁路建设计划、农业领域的中国专家到访当地共同讨论农业发展课题、探讨农产品品牌合作等。中巴经济走廊建设在巴基斯坦政府方面始终占有着优先地位，"一带一路"倡议在巴基斯坦的深入实施对促进当地经济发展具有里程碑意义。同时，中巴两国传统友谊关系也更上一层楼。

7. 文化艺术的投资

为践行"一带一路"倡议，2019 年 6 月，"一带一路"全球个人艺术巡展开拓者王新元携北京首都名医俱乐部首投菲律宾 3 亿元。2019 年 6 月 16 ~ 19 日，王新元与北京首都名医俱乐部董事长边延军一行应 BBCC 菲律宾美创地产相邀，赴菲律宾当地进行写生考察。王新元先生是著名文化学者、诗书画大家，对菲律宾给予了高度评价，他认为菲律宾这个被誉为"亚洲纽约"的万岛之国具有风景秀丽、新旧交错、东西融汇的地方特色。考察期间，中菲企业代表主要对菲律宾西班牙皇城遗址、马尼拉大教堂、菲律宾塔尔湖等具有当地风情特色的景区及 BBCC 菲律宾美创地产项目进行了参观调研。之后，中国北京首都名医俱乐部决定首期对菲律宾当地企业——BBCC 菲律宾美创地产注资 3 亿元人民币，此次中国企业对菲律宾企业的注资不仅是北京对外直接投资的组成部分，更是中菲合作交流长久、友谊长青的展现，同时也体现了中国"一带一路"倡议助力构建人类命运共同体的理念。

8. 机场启动及首都机场开通新航线与"一带一路"的对接

实现首都北京基础设施先行、设施全方位联通是一项具有重要意义的战略举措。北京作为国际化大都市，交通运输以客运为主、货运为辅，民用航空的扩展是推动首都交通便利化的重要任务。2019年9月底，北京大兴国际机场投入运营，它将与首都机场共同构建成以"双枢纽"为核心的京津冀世界级机场群。作为一个大型世界级航空枢纽及机场群，北京大兴国际机场的正式运营成为国家或地区经济增长的引擎，更是中国进一步扩大对外开放的重要引擎。

在大兴国际机场正式运营背后，一大批新航司进驻新机场，为服务新机场以交通枢纽的角色引领京津冀地区航空产业发展、开通"首都连首都"的国内外重要商务旅游城市航线起到了举足轻重的作用。

2015年9月11日，首都机场召开了第四届北京全球友好机场总裁论坛，就首都机场的国际航班航空时刻、改造二号航站楼以提升国际旅客体验和开建机场第四跑道问题进行探讨。在会议上，首都机场计划增加与"一带一路"国家通航，目前有半数"一带一路"沿线国家还没有和北京通航。首都机场计划将都柏林、亚特兰大、曼彻斯特（2016年6月正式开通了北京至曼彻斯特直飞航线）等城市纳入首都机场直航线路，进而提升国际枢纽机场竞争力，吸引国际旅客中转，以加快推进与"一带一路"国家的互联互通。

（1）青岛—墨尔本航线

2016年，北京首都航空开通青岛—墨尔本航线，实现了"一带一路"双向开放桥头堡城市青岛与海上丝绸之路南线延伸城市墨尔本的空中联通。其中2015年澳大利亚维多利亚州与中国签署的"一带一路"合作谅解备忘录为本航线的开通奠定了一定的基础。青岛—墨尔本航线的顺利开通为沿线城市旅客带来了更加便捷的远程直航服务，有利于两地在经济、文化方面更快地实现互联互通。

（2）青岛—莫斯科航线、杭州—莫斯科航线

北京首都航空于2017年7月开通了青岛—莫斯科航线。一年后，即

2018 年 7 月，北京首都航空开通第二条中俄直飞航线——JD475 杭州—莫斯科洲际航线。可见，北京首都航空在全力以赴践行国家"一带一路"倡议和党的十九大报告精神，开通的两条航线在极大程度上方便了欧亚经济联盟未来寻求合作共赢机会。

综上所述，北京大兴国际机场的建成与运营以及首都航空新建航线举措将会助推"一带一路"建设继续深化，通过搭建"空中丝路"打造多区域战略协同网络体系。

（二）北京对"一带一路"国家投资取得的阶段性成果

北京对"一带一路"沿线国家的投资为当地基础设施建设等带去了资金与技术，实现了产能合作与互联互通，也给北京市企业多元化发展带来了更多的选择与机遇。在"一带一路"倡议提出之前，北京市提出的非首都功能疏解政策将不适合北京发展阶段的产业逐渐转移至天津、河北，"一带一路"倡议的提出，使更多产业能够向外输出，从两方配置升级为三方配置。

2013 ~ 2018 年，"一带一路"倡议成效显著，沿线各国通过"一带一路"倡议连接起来，对外贸易关系不断深化，战略互信进一步增强，截至 2018 年，我国已与 103 个国家和国际组织签署了 118 份"一带一路"方面的合作协议。北京市企业表现非凡，到 2019 年 4 月，北京市已与来自全球 51 个国家的 56 个城市缔结友好城市，如北京先后与保加利亚、黑山和塞尔维亚签署了《共同宣言》等。

根据北京市出台的参与建设"一带一路"实施方案，未来五年，北京市将以政策沟通、设施联通、贸易畅通、资金融通、民心相通"五通"为主要内容，以经贸合作为重点，把北京市打造为服务国家"一带一路"倡议的综合服务型平台。

2019 年 4 月 25 日第二届"一带一路"国际合作高峰论坛召开期间举行了千余场企业对接洽谈会，中方企业包括内地和部分港澳台企业，其中有世界 500 强企业 90 家、中国 500 强企业 78 家、央企 100 多家、民企 200 多家，外方有 88 个国家或地区派出企业参与洽谈，规模宏大。洽谈会内容涉及领域十分广泛，包含传统的基础设施、能源、农业、金融，也包含新经济业态的跨境电商等。值得注意的是，民企在"一带一路"建设中扮演着重要角色，据统计，2017 年中国民营企业 500 强中，有 274 家参与了"一带一路"建设，占比超过半数。中国已建立了 113 个境外经贸合作区，大多数由民营企业主导，促进了园区与东道国、入园企业三方的可持续发展和合作共赢。

此外，北京市作为服务业扩大开放综合试点城市，服务业增加值占GDP 比重高，服务贸易增长速度快，服务贸易占到全国服务贸易的近 1/5。2018 年，金融、信息、科技等优势服务业对全市经济增长贡献率合计达67%。在"一带一路"倡议提出后，北京市有望积极对标衔接国际先进经贸规则，在确保完成新一轮开放试点任务过程中，在服务业领域找到与"一带一路"沿线国家投资合作的切入点，将首都汇集的成熟优势业态与发展模式输出到沿线国家，同时错位引进沿线国家在服务业的先进管理经验与技术，实现互联互通。

（三）北京市重点推进海外园区建设

像北京这样的国际性大都市，往往是生产性服务业密集的地区，[①] 基于生产性服务业的北京产业园区建设在全国都具有典型性和示范性，如中关村科技园区、798 艺术区、各种文化创意产业园等。在"一带一路"倡议下，北京在沿线国家也依靠相关经验积极推进重点境外园区建设，与"一带一路"相关国家共同建设塔吉克斯坦北部有色金属产业园区、剑桥启迪科技园、纽卡斯尔启迪科技园、中意设计创新基地等一批特色鲜明的科技园区，建设一批海外孵化基地等。下一步，北京市将建立统一的"一带一路"重大项目库，统筹相关政策和资金优先支持入库项目建设；完善双向投资促进平台，探索建立北京市国际产能合作服务中心，为企业"走出去""引进来"提供全方位、综合性服务。同时，推动建立国际商事解决

---

① 李芳芳、张晓涛、李晓璐：《生产性服务业空间集聚适度性评价》，《城市发展研究》2013年第 11 期。

中心，探索建立涉外商事纠纷化解联动机制，多元化解矛盾纠纷。

1. 塔吉克斯坦北部有色金属产业园区

在共建"一带一路"倡议带动下，2017年8月31日，中国国际经济合作投资公司与上海海成集团签署战略合作协议，扩建升级"中塔工业园"，旨在建成塔吉克斯坦北部有色金属产业园区。

"中塔工业园"是2014年9月习近平总书记对塔吉克斯坦进行国事访问期间，中塔双方签署的合作备忘录里确定的建设项目。该合作项目牵头公司是塔中矿业有限公司，由中国环球新技术进出口有限公司与上海海成集团合资成立。园区主要依托塔中矿业的矿山，延伸至矿业的整条产业链，其中塔中矿业冶炼厂于2017年投入使用，极大地提高了塔方铅、锌、铜的精炼技术水平，填补了塔方有色金属冶炼领域的多项空白。

如今中塔方双方联合将"中塔工业园"提升为"塔吉克斯坦北部有色金属产业园区"，首先园区面积进一步扩大，其次要引进有实力的中资企业，共同进行资源综合开发。计划该产业园区要成为集矿山开采和配套服务于一体的综合型园区，集聚上下游企业及其他相关企业，预计实现600万吨/年的采选和处理矿石的能力，预计年产铜、铅、锌等金属35万吨。园区的建成将提供给塔方1万个左右的岗位，促进当地就业率提高，有效推动塔吉克斯坦工业现代化进程，加速"一带一路"倡议在中亚地区的落地，进一步实现"一带一路"倡议同塔吉克斯坦"2030年前国家发展战略"的深度对接。

2. 剑桥启迪科技园

2018年7月19日，英国剑桥启迪科技园正式开幕。该园是国新国际与启迪控股在境外联合投资的首个科技园区，园区占地约230亩，总建筑面积近40000平方米。园区综合了剑桥在生命科技、数字经济等领域的优势和启迪控股在技术成果产业化和创业企业孵化等方面的经验，旨在建成促进全球科技协同发展的高新技术产业聚集地。

生命科技创新中心作为园内首个入驻建筑项目，在2018年7月9日举行了封顶仪式，这是园内第一个生物科技综合创新载体。作为园区重点工程，中心按照国际认可的生命科技实验室标准建设，兼具创新研发与创业孵化功能，是整个科技园发展目标的缩影，目前已经有众多企业申请入驻。截至 2019 年 5 月，除生命科技创新中心之外，剑桥启迪科技园还有四处物业已投入使用，入驻企业包括显示器技术开发与应用公司 Displaylink（UK）Ltd.，英国老牌的游戏研发与发行公司 Frontier Developments Plc.，呼吸活检技术研发公司 Owlstone Medical Ltd.。一批批高新技术企业园区入驻会促进产业发展，早日形成技术成果产业化链条。国新国际与启迪控股将这些成果与中国产业转型的实际需求以及中国市场相结合，服务中国产业技术变革和优化升级，有望成为中国企业"走出去"的有力推手，引领中国经济向高质量发展阶段迈进。此外，双方可以以启迪全球创新网络为触角，在全球寻找原始创新的技术与产业，通过投资并购等金融手段，进行技术引进和消化吸收，服务中国产业转型升级，为促进全球产业和科技创新发展贡献力量。

3. 中意设计创新基地

2017 年 2 月 22 日，清华大学在欧洲设立首个教育科研基地——中意设计创新基地的协议达成。此基地由清华大学与米兰理工大学在意大利米兰合作建设，标志着清华大学全球战略又迈出重要一步。2017 年 11 月 13 日，中意设计创新基地正式启动，未来将为两国培养设计人才和搭建设计创新平台，有效连接两国设计创新资源。同时，园区将承担企业孵化、展览展示等多项设计创新服务功能，以期共同推进双方教育文化产业等方面的交流与合作。除此之外，其创新的管理运营模式也可以进一步学习借鉴，为提升中国工业设计水平添砖加瓦，实现从"中国制造"到"中国设计"的提升，助力中国制造业转型升级。

对外直接投资的行业选择是一个动态的过程，因此北京对外投资在行业选择上除了考虑北京发展情况及优势外，还考虑了以下几个方面以提供参考基础，如产业比较优势理论、产业内垂直贸易量基础、资源获取能力、技术寻求等。总体来看，北京市工业对外投资行业大致可以归纳为"3 + 4 + 4"三大类：原有重点行业（石油/天然气/矿产、汽车制造、设备制造)、传统优势行业(家电、食品加工、纺织、机械)以及高新技术行业(电子信息产业、生物医药、新材料/新能源、先进装备制造业)。在这三大类重点投资行业中,要继续推进原有重点行业的对外投资,兼顾传统优势行业,同时在北京市高新技术和先进制造业等迅速发展的趋势下,加大高新技术行业的对外投资力度,逐渐拓宽北京市工业企业对外投资领域。

四　本章小结

本章主要就北京市双向投资情况以及北京市企业对接"一带一路"重点海外园区建设项目进程进行跟踪。首先,本章对北京市外商直接投资和吸引外资的区域、行业以及辖区等特征等做了详细的数据分析和图表展示,发现北京市外商直接投资规模远大于对外投资规模,但对外投资规模逐渐步入发展的快车道;近几年外商直接投资的行业领域主要集中在信息传输、计算机服务和软件业以及租赁和商务服务业;海淀区和朝阳区是对外商直接投资吸引力度最大的两个辖区。接着,对8个北京市对接"一带一路"项目的进程和3个重点海外园区建设项目案例进行了阐释与分析。最后,就北京市对外投资的行业选择和阶段性成果进行了探究和报道。

在此基础上,笔者对未来北京市双向投资及其对接"一带一路"倡议作出以下展望。第一,未来北京可以借助在服务业、高技术制造业、科技创新和文化创新等方面的优势,为与各国企业加强合作创造更多的机会。北京在构建首都"高精尖"经济结构的过程中,服务业扩大开放也会反向哺育北京营商环境,使"高精尖"企业的集聚效应愈发突出。第二,北京作为全国唯一的服务业扩大开放综合试点城市,需要进一步谋划新一轮服务业开放改革,借鉴国际先进国家或地区的改革创新实践,持续推动金融、航空、科技、旅游、文化等服务业扩大开放向纵深推进。第三,北京要吸取世界最优营商环境的先进经验,进一步提高市场主体进入的透明度和可预期性,着力营造公平竞争的市场环境。第四,在吸引外资方面,北京市除了放宽市场准入限制、给予内外资企业同等待遇以提供便利外，还应建立多层次金融服务保障体系，搭建"政金企"信息对接、企业海外投资保险统一投保、"一带一路"的全国性综合金融资产交易等平台。只有这样，北京才能营造更好的投资环境，维护各国企业的合法权益，使双方在共同遵守各项框架协议的基础上，最大程度实现投资便利化。

本章主要参考文献

《北京与 51 个国家的 56 个城市缔结友城》，北京市人民政府网站，2020 年 2 月 21 日。

陈利君、刘曼：《中巴经济走廊建设背景下的产能合作》，《云南社会科学》2017 年第 2 期。

郝洁、叶荪静霖：《中国对"一带一路"沿线国家 OFDI 动机分析》，《中国商论》2018 年第 31 期。

李芳芳、张晓涛、李晓璐：《生产性服务业空间集聚适度性评价》，《城市发展研究》2013 年第 11 期。

李计广、钊锐、张彩云：《我国对"一带一路"国家投资潜力分析——基于随机前沿模型》，《亚太经济》2016 年第 4 期。

李敬：《重庆市与"一带一路"国家投资贸易合作的基本情况、深化思路与对策建议》，《大陆桥视野》2019 年第 3 期。

刘静：《北京利用 FDI 的技术溢出效应研究》，首都经济贸易大学硕士论文，2012。

刘薇、李冉：《北京与"一带一路"国家的投资贸易合作分析》，《中国国情国力》2016 年第 5 期。

毛海欧、刘海云：《中国对外直接投资对贸易互补关系的影响："一带一路"倡议扮演了什么角色》，《财贸经济》2019 年第 28 期。

米军、史双美：《中俄蒙经济走廊贸易便利化水平及其深化发展的思考》，《北京工商大学学报》（社会科学版）2018 年第 4 期。

王永中、李曦晨：《中国对"一带一路"沿线国家投资风险评估》，《开放导报》2015 年第 4 期。

吴妲葳：《"一带一路"倡议下国际经济与贸易行业发展》，《中国集体经济》2019 年第 25 期。

《"一带一路"五周年通讯交流，天涯若比邻》，http://news. eastday. com/c/20180902/u1a14204310. html，2020 年 2 月 21 日。

《"一带一路"与中非合作：精准对接与高质量发展》，https：//www. focac. org/

chn/zfzs/t1678563. htm，2020 年 2 月 21 日。

于国庆：《北京对接"一带一路"的定位和路径》，《投资北京》2016 年第 11 期。

《中资"英国故事"："一带一路"对接"北方中心"》，http：//www. oushinet. com/
ouzhong/ouzhongnews/20170815/269533. html，2020 年 2 月 21 日。

第七章　北京市推进"一带一路"建设的政策牵引功能

　　政策沟通是"一带一路"建设中的"五通"之首，是"一带一路"相关国家开展各领域务实合作的前提和保障，为"一带一路"建设提供顶层设计。而政策沟通的具体实施还需要从三个层面入手：一是要推进各省份发展政策与"一带一路"建设对接，二是要推进"一带一路"建设同我国重大区域发展政策对接，三是要推进"一带一路"相关国家之间的发展政策对接。

　　对于北京而言，其作为中国的政治、文化、国际交往、科技创新中心，承担着贯彻和落实"一带一路"倡议、当好国家"一带一路"建设中的"排头兵"的重要任务。在切实推进"一带一路"政策沟通方面，需要最大限度地发挥其政策牵引功能，既要推进北京市发展政策尤其是产业政策与"一带一路"建设的对接，为全国各省份有效对接"一带一路"建设提供示范和借鉴，又要推进京津冀协同发展战略与"一带一路"建设更好地融合，更为重要的是，应发挥文化、国际交往中心的功能，并借助政治中心定位，更好地服务于双边政治关系，促进国家间产业政策的高效对接，以弥补"一带一路"倡议的推行中因尚缺完善的制度体系、东道国制度环境参差不齐等问题而带来的不利影响。

一　推动北京市产业政策与"一带一路"建设对接

　　作为开放多元的国际合作机制，"一带一路"倡议连接东亚和欧洲两大经济圈，同时涵盖发展潜力巨大的"广大腹地国家"，地域差异特征尤为明显，融入地区性规范是顺利推进"一带一路"倡议的必要前提。北京是

"一带一路"倡议实施的"领头雁",在参与"一带一路"建设中应对国家相关政策第一时间做出快速反应,并着力促进产业政策与"一带一路"建设融合,充分发挥首都各类资源优势和引领带动作用,密切与沿线国家的政策沟通,为全国各省份更好地对接"一带一路"建设提供示范和政策借鉴。通过设施联通、贸易畅通、资金融通等的进一步推动,积极对接国内外市场,实现产业的转型升级,更好推进"一带一路"建设。

北京是中国少数几个进入后工业化阶段的城市,第三产业占据主体地位,现代金融业、现代信息产业、文化产业、互联网产业等在全国处于领先和优势地位。产业结构决定了北京产业定位于"微笑曲线"两端的知识密集型和技术密集型产业。而"一带一路"沿线国家基础设施建设滞后,技术水平低,对完善相关的基础设施有迫切需求。北京务必抓住"一带一路"建设的机遇,推动"一带一路"建设中北京产业政策的融合,发挥北京的政策牵引功能。基于与沿线国家的协商,北京出台各项产业政策以引导企业循序渐进、有针对性地选择"一带一路"目标市场,营造国内外良好的产业环境。一方面,加快有竞争优势的产业"走出去",顺利转移与首都功能定位不符的相关产业;另一方面,参与"一带一路"沿线区域的产业分工协作,促进沿线国家的经济发展,吸引国内外高端要素聚集北京,持续向"一带一路"沿线地区输出科技、资本等。北京应进一步打造"高精尖"城市经济结构,实现产业的转型升级。①

在"一带一路"倡议下北京应配套实施产业转移政策。根据产业梯度转移理论,北京的部分产业可以转移至中西部地区,并依傍"中关村一区十六园"和亦庄经济技术开发区,与"一带一路"沿线的中西部省份或国外重点园区进行对接合作,合理地将非首都功能相关产业进行转移。产业转移与对接可采用多种方式,如总部加生产基地的方式,将企业的研发、销售、设计、售后服务等核心环节留在北京总部,将生产部门、生产环节转移或外包给沿

---

① 北京市发展和改革委员会:《北京市推进共建"一带一路"三年行动计划(2018~2020)》,2018。

线地区，增加沿线国家就业人口。① 另外，也可以采取直接或间接投资的方式，在沿线地区投资建厂，通过成立分公司或者控股的方式将收入纳入北京地区。与沿线国家共同构建产业园区，形成产业集聚区，推进园区间产业转移与对接。在企业"走出去"方面，北京市的中央企业要充分发挥"排头兵"的作用，充分发挥人才、业务、资本等方面的优势主动寻求与沿线国家各行业的合作，开展对外投资或并购，进一步拓展国外市场。市属企业在资产规模、海外投资经验等方面可能与央企存在一定差异，但是部分公司在专业领域的优势同样明显，可以扮演"跟投者"角色，追随央企参与"一带一路"沿线地区的基础设施建设。另外，在"一带一路"建设中，民营企业所发挥的作用相对突出，北京拥有数量众多的民营企业，并且绝大部分企业处于行业技术领先地位，要积极引导民营企业直接或者间接（参股国有企业）对"一带一路"沿线国家进行投资，融入"一带一路"建设中的对外开放。

1. 北京对基础设施行业的政策引导服务于"一带一路"建设

北京的基础设施行业拥有较强的竞争力，实现与"一带一路"沿线国家基础设施产业政策的对接不仅对北京该行业的发展有利，而且有利于服务于"一带一路"沿线国家的基础设施建设。作为交通网络中的辐射核心，北京的中线连接西安、乌鲁木齐、阿富汗、哈萨克斯坦、匈牙利、巴黎，北线连接俄罗斯、德国、北欧，是欧亚大陆的重要节点，具有特殊的地理位置优势，有利于融入"一带一路"建设，增强与亚洲、欧洲等国家的互联互通。北京在基础设施、公共服务和现代制造中的国有资产比重为80%。在"一带一路"建设中，更容易利用国家资本带动私有资本对沿线地区进行投资。中国基础设施行业的龙头企业包括中国建筑工程总公司、中国铁道建筑总公司以及中国交通建设集团有限公司等，其总部均在北京。这些企业在基础设施建设领域均有着明显的竞争优势，在"一带一路"倡议的推进过程中拥有着广阔的市场，可以大胆"走出去"，积累宝贵的建设经验。

在北京产业政策的引导下，北京市基础设施产业"走出去"步伐加快。

---

① 北京市发展和改革委员会：《北京市推进共建"一带一路"三年行动计划（2018~2020）》，2018。

截至 2018 年，北京在基础设施互联互通、国际产能合作以及重点境外园区建设上均取得了显著成效。马尔代夫易卜拉欣纳西尔国际机场改扩建工程完工，预计到 2030 年客运量将提升至 891.6 万人次，较 2013 年翻一番。如前文所述，中巴经济走廊新增 11 项产能项目，着力发展智能交通等基础设施产业。同时，北京企业还参与了肯尼亚蒙内铁路、非洲"万村通"等一大批重要项目建设，北汽南非工业园、北控柬埔寨金边经济特区建设也取得了初步进展。2019 年 6 月 28 日，北汽集团在南非本地组装生产的第一辆汽车成功下线，未来工厂将被打造为立足南非、辐射非洲大陆的海外制造中心。中建一局也相继承接了埃及新行政首都中央商务区项目。

同时，北京与沿线国家城市建立的友好城市关系也进一步强化了"一带一路"的互联互通，基础设施行业迅速发展。例如，哈萨克斯坦首条城市轻轨线路（阿斯塔纳轻轨）项目由北京市国有资产经营有限责任公司牵头，北京城建集团、北京市轨道交通建设管理有限公司等完成项目设计、实施等工作。轻轨的建立极大地提升了阿斯塔纳机场和新火车站交通的便利度。由两国元首亲自倡导推动的重大合作项目——中白工业园（中国与白俄罗斯），被称为"丝绸之路经济带"上的明珠，很大程度上解决了当地的民生问题。另外，北京利用在信息产业、卫星导航产业上的优势，积极推动"数字丝绸之路"建设。2019 年 6 月，"一带一路"经济信息共享网络在北京成立。该网络从北京出发，涵盖全球 30 多家创始成员机构，有助于消除各国之间的"消息赤字"，共享投资、贸易、产业、项目等动态信息和研究成果，形成信息资源池，向"一带一路"地区投资者提供权威及时的信息服务。

2. 北京对科技创新产业的政策引导服务于"一带一路"建设

《北京市推进共建"一带一路"三年行动计划（2018～2020 年）》指出，将在"一带一路"相关国家重点城市建设一批特色鲜明的科技园区。北京"三城一区"是推进"一带一路"建设的核心主体，包括中关村科学城、怀柔科学城、未来科学城、北京经济技术开发区。"三城一区"是北京乃至全国的科技创新平台。科技创新是城市吸引力的重要源泉，也是城市软实力的重要支点。2017 年，"三城一区"的地区生产总值在北京市的占比超过 30%，同比增长 8.3%。其中，北京经济技术开发区同比增长 12%。2017 年北京科学技术奖 195 项获奖成果中，由"三城一区"单位完成的成果达 129 项，占比 66%，崛起的创新高地成为北京转型发展的重要支撑。因而，有效建立"三城一区"产业政策与"一带一路"倡议的联结机制有助于北京发挥科技优势，充分利用高科技外交活动，为周边国家和其他沿线地区提供更优质的服务。

2013 年以来，北京成功举办了 6 届中国跨国技术转移大会，促进 7000 多项跨国技术对接，签约金额超过 1000 亿元人民币。其中，太库科技已成功进入俄罗斯、以色列等"一带一路"国家，进一步促进覆盖"一带一路"创新网络的搭建。北京海淀区作为中关村的发祥地，是全国科技创新中心核心区。"一带一路"沿线国家已成为海淀科技企业"走出去"的重要领域。比如，神州高铁已为沿线 50 多个国家的班列和高铁提供运营维护；四达时代的数字电视机顶盒技术已覆盖非洲 30 多个国家或地区，实现了中国与非洲文化的互联互通；盛景网联在以色列拟设立 100 亿元人民币的中以创新投资基金，将帮助 100 家以色列公司和中国产业、市场、资本进行对接。

因此，北京应大力增强中关村国家自主创新示范区的建设，持续吸引国际高端创新资源加速汇聚流动。充分发挥中关村国家自主创新示范区品牌优势和辐射带动作用，打造"一带一路"上的中关村。优化布局中关村海外联络处，支持企业联合各类创新资源，在"一带一路"相关国家重点城市建设一批特色鲜明的科技园区，提高其全球影响力，在"一带一路"建设中发挥重要支撑作用。[1] 另外，大力培养国内外"一带一路"建设人才，广泛开展国际科技合作，推动怀柔科学城重大科技基础设施向全球开放共享，搭建长期稳定的科研合作平台。同时，鼓励企业与科研机构和高校合作，积极在"一带一路"沿线国家建设研发中心开展关键核心技术研发和产业化应用研究。

3. 北京对金融产业的政策引导服务于"一带一路"建设

在金融领域，北京形成了以证券业为主导、多层次资本市场体系逐步推

---

[1] 北京市发展和改革委员会：《北京市推进共建"一带一路"三年行动计划（2018～2020）》，2018。

进的格局。新增 A 股上市公司数量领先全国,新三板市场规模持续扩大,四板核心业务逐渐向外拓展,要素市场资源配置能力进一步提升,互联网金融进一步得到创新和发展。北京在金融中心的建设过程中,更多的是采用政府引导,因而金融行业更容易通过政策牵引服务于"一带一路"建设。国际经验表明,一国经济的影响力最重要的是向全球输出多少资本,并通过这些资本影响全球的经济规则和贸易格局,对于一个地区来讲也是如此。①

截至 2019 年一季度末,中国银行北京市分行已累计为多个"走出去"项目提供融资支持近 31 亿美元;同时与 50 余家在京"走出去"企业开展了结构化融资业务合作,跟进重大项目约 60 个,意向性支持金额超过 80 亿美元。同时,北京银行不断加强"丝路汇通"品牌的建设。利用覆盖京津冀、长三角、珠三角和中西部地区的服务网点与遍布"一带一路"沿线 43 个国家的代理行网络,为"一带一路"沿线客户提供跨境金融服务与金融支持。其中,北京银行先后为乌兹别克斯坦布哈拉与撒马尔罕污水处理项目、巴基斯坦风电项目采购及建设、哈萨克斯坦阿斯塔纳城市轻轨一期项目建设提供融资担保服务。自"一带一路"倡议提出以来,建行北京分行签约共建的"一带一路"国家海外项目涉及 20 个国家,为中资企业海外展业、融入国际市场提供至关重要的资金支持。

北京地区金融资源丰富,企业总部数量众多,人均 GDP 超过 17000 美元,资本处于相对过剩的阶段,资本输出优势突出。北京对接"一带一路"对外开放政策,将资本输出作为核心。亚投行总部落户在北京,标志着北京在"一带一路"沿线区域资本市场拥有更大的话语权,北京俨然成为"一带一路"沿线区域的资金融通中心。因此,北京大力促进相关国家的金融机构在京集聚,促进沿线国家银行进驻北京,在京成立基础设施建设基金。通过联合体的方式开展银行贷款、授信担保等业务,提升投融资效率。并且进一步创新投融资模式,利用 PPP 等新型模式,推出海外投资保险产品,对购买相关保险给予一定的补贴。引入和撬动民间资本,多措并举构建资金

---

① 马光远:《中国成为资本净输出国的历史意义》,《中国外资》2014 年第 21 期。

来源渠道广、配置效率高、投资收益有保障的投融资平台和机制。除此之外，北京金融业与"一带一路"沿线国家的产业对接离不开亚洲基础设施投资银行、金砖国家开发银行和丝路基金等机构的充分配合与协调，大力发展天使投资、创业投资，推行熊猫国债等人民证券产品，为"一带一路"相关国家基础设施建设提供支持。加快推进设立人民币国际投贷基金，推进人民币"丝绸之路"，争取跨境投融资优惠政策，为企业海外投资并购提供市场化、专业化的投融资服务。同时，主动积极与亚洲开发银行、世界银行、国际货币基金、欧洲投资银行等国际金融机构合作，推进亚洲债券基金建设，推动亚洲债券市场的开放发展。大力培育亚洲债券市场，推动开发性和政策性金融机构加大专项贷款投放力度，提高企业的投融资水平和优惠待遇，进而优化亚洲金融资源配置。建立本市企业海外投资保险统一投保平台，优化企业"走出去"信用保险服务，增强企业风险防范能力。

二　推动京津冀协同发展政策与"一带一路"建设对接

京津冀协同发展与"一带一路"倡议，都是新常态下中国寻求转型升级和推进开放型新经济体制建设的构想，尤其是京津冀协同发展更多涉及跨省市的体制机制改革。京津冀协同发展将为"一带一路"在更大范围内的改革积累经验，提供借鉴。从这个意义来说，京津冀协同发展对"一带一路"来说是一整套改革的龙头，只有京津冀协同发展取得成功，"一带一路"在更大范围内才能获得助力，畅通前进的道路。与"一带一路"倡议相比，京津冀协同发展就是局部范围内的"一带一路"构想，而"一带一路"构想则是扩大版京津冀协同发展。① 在实践中，要推动京津冀协同发展与"一带一路"倡议的对接，通过前者为后者提供经验和扫清障碍，通过后者为前者拓展空间和赢得机遇。

---

① 刘慧、刘卫东：《"一带一路"建设与我国区域发展战略的关系研究》，《中国科学院院刊》2017 年第 4 期。

　　以北京为核心的首都城市群是区域发展中重要的增长极，必须发挥北京国际大都市的经济辐射作用，促进周边产业结构升级。通常而言，城市一般存在规模效应。北京作为首都城市，既具有一般城市共有的特性，又具有一般城市不具备的首都属性。这导致北京叠加了过多功能，对周边地区的资源要素形成虹吸效应，不仅没能辐射带动周边地区的发展，还导致了"环京津贫困带"的出现。只有通过疏解非首都核心功能，才能建成区域反磁力中心，形成新的经济增长极，发挥首都对周边地区的辐射带动作用，避免出现"大树底下不长草"和"灯下黑"现象，促进区域协同发展。京津冀协同发展是环渤海经济圈的主要引擎，只有京津冀协同发展起来，环渤海经济圈才会重新焕发生机和活力，带动周边的山东半岛、辽东半岛以及内陆腹地的内蒙古和山西，从而有利于激发整个中国北方的经济发展潜力。[1] 因此，北京应注重首都特殊优势，充分发挥京津一体化的引领地位，推动京津引领与河北协同发展，实现京津冀地区的转型升级。

　　在京津冀协同发展过程中，最大的短板来自河北。作为北京"一体两翼"的重要组成部分，雄安新区既是北京非首都功能疏解集中承载地、首都功能拓展区，又是以首都为核心的世界级城市群中的重要一极。规划建设雄安新区，就是要补齐河北区域在科技、产业、公共服务等领域发展的短板，辐射带动冀中南加快发展。雄安新区作为"千年大计、国家大事"，必须高起点定位、高标准建设、高水平推进。要立足于高端高新产业培育，建立优势互补、错位发展的产业分工格局，优化区域产业空间布局，形成创新链和产业链紧密联系的区域价值链体系。着眼于长远发展，提供比北京更优质的公共服务，不仅要让北京非首都功能能够转得出，还要能够留得住、发展得好。雄安新区在承接北京非首都功能疏解过程中，要立足于周边配套的产业链和创新型产业集群，发挥物流集中的优势，提升区域整体竞争力。[2]北京是贯通东北、华北、西北、华东地区的全国铁路以及与周边国家铁路运

　　① 杨东方：《京津冀协同发展对"环渤海"地区发展的机遇与挑战》，《新视野》2015年第1期。
　　② 河北省人民政府：《河北雄安新区规划纲要》，2018。

输的总枢纽，河北可依托北京实力较强企业，带动本地企业服务于"一带一路"基础设施建设行业。积极开发沿线国家潜在市场，增设发往整个欧洲地区的铁路运输班列。通过构建北京至新疆、内蒙古、哈尔滨方向的高铁，可以建成多条亚欧大陆桥通道，加上已建成的高速公路，将会形成"高铁＋高速"的快速交通网络。当地企业可利用交通便利、物流集中的优势，积极参与中巴、中蒙、中俄陆上经济走廊建设，同北京的科技、金融服务企业合作，参与中缅孟印经济走廊建设，推动与周边国家更紧密的经济合作。

三　北京市服务双边政治关系　助力
"一带一路"国家政策沟通

政策一般是国家政权机关、政党组织为实现所代表的阶级利益所制定的行动准则，具有权威性和全局性。制度则是社会成员共同遵守的办事规程，具有强制性，但灵活性较大。通常而言，政策可以决定制度，但制度不能违反政策。"一带一路"倡议以构建对外开放新格局为导向，明确了中国今后优化经济发展空间格局的努力方向。"一带一路"倡议的推行缺乏完善的制度体系，并且东道国制度环境参差不齐，对倡议的顺利推行产生重要的影响。而随着中国综合国力的增强，双边政治关系对中国与其他国家经贸往来、文化互容互通、政策沟通所发挥的作用愈加明显，成为一种特殊的制度安排。

（一）双边政治关系对经贸活动的直接影响

依据新制度经济学派的观点，组织内嵌于国家特有的制度安排中，国家的制度环境会对组织产生重要作用，以对外直接投资活动为例，东道国不完善的制度环境往往会极大增加母国跨国组织的投资风险和不确定性成本，不利于投资活动的开展。[1] "一带一路"沿线地区是发展中国家集聚地，整

---

[1] 蒋冠宏：《制度差异、文化距离与中国企业对外直接投资风险》，《世界经济研究》2015 年第 8 期。

体制度环境较差，大大增加了中国投资风险。而中国提倡人类命运共同体，与"一带一路"沿线诸多国家均有着良好的政治关系。并且"一带一路"倡议的提出，更加彰显中国追求与"一带一路"沿线国家共同谋求发展、同呼吸共命运的大国风范，进一步形成了政治互信的强大推动力。从理论上来讲，良好的双边政治关系可促使双方在政治上达成合作共识，在经济上谋求合作，一定程度上能缓解制度环境对母国经济活动的制约作用。

双边政治关系是出于维护国家安全、促进经济发展等战略考虑，与其他国家结成政治上的亲疏关系。这种政治关系有正式与非正式之分。正式关系通常以联盟、协定或条约的形式出现，如伙伴关系、双边投资协定；而非正式关系则主要表现为两国高层领导人的互动以及民间自发组织的友好交流活动等，如高层互动、友好城市交流等。同时，双边政治关系并不是一成不变的，会受到国际环境、政府更迭、领土争端等影响而发生变化。随着国家综合实力的提高，双边政治关系对经贸往来的作用也日益凸显。

伙伴关系是双边政治关系较为正式并具有权威性的制度安排，属于中长期的强制性制度安排。它有等级之分，包括全面伙伴关系、战略伙伴关系、全面战略合作关系等。等级越高，代表两国政治依赖程度越高，即在重要国际问题或经济发展中拥有共同利益，彼此能够相互合作和相互支持，为两国经贸活动的展开奠定坚实的政治基础。另外，伙伴关系等级越高，东道国越容易为母国提供合理的投资政策和各项优惠条例，从而不断加深母国与该国的经贸合作。而双边投资协定作为另一种正式的主动性制度安排也为经贸合作的顺利进行提供制度支持，制度一旦形成，便对行为体有了一定约束，可降低决策过程中的交易成本和风险。因而，双边投资协定的达成可促使交易成本的降低，同时减少投资风险，[①] 有助于维护母国公司合法权益，增强对东道国投资的信心，有效扩大投资规模。作为双边政治关系的非正式制度安

---

① 张建红、姜建刚：《双边政治关系对中国对外直接投资的影响研究》，《世界经济与政治》2012 年第 12 期。

排，高层互访这种短期的外交活动往往释放出两国政治交好的信号，尤其是国家元首间的互访，可以直接为两国企业家提供交流的平台，促使母国与东道国企业合作协议的签订。另外，现阶段外交活动逐步由意识形态导向转向务实的国家利益导向，[①] 并且母国综合实力越强，越容易在政治博弈中取得主导地位，从而为国内企业谋求更多的经济机会，这些投资或经济合作机遇往往涉及基建、能源行业等规模较大的项目，将极大地带动母国投资的发展。城市交流也是双边政治关系中非正式部分的体现，友好城市的交流有利于双方了解彼此的投资和贸易需求，消除经济决策信息的不对称问题，有助于双方经贸活动的顺利开展。此外，友好城市的交流可促使双方达成各项投资优惠政策或协议，从而有效提升双边的经贸合作水平。双边政治关系受政治、军事、经济等综合因素的影响，往往具有连续性和复杂性，[②] 而政治冲突一般带有随机性和偶然性。政治冲突一旦爆发，东道国可能会将冲突成本直接施加于母国的跨国公司，严重挫伤母国企业在该国投资的积极性，从而抑制了投资规模甚至贸易规模的扩大。然而母国对东道国的投资项目往往持续时间较长，由于沉没成本的产生，政治冲突和经济交往之间存在特殊的"防火墙"，[③] 因而政治冲突对双方经贸合作的影响可能存在一定的滞后性。由此可见，政治冲突对"一带一路"地区投资负向影响取决于上述两方面作用的强度。

（二）双边政治关系通过影响东道国制度环境，间接影响经贸活动

东道国制度环境往往决定着母国经贸活动的风险或成本，对母国贸易与投资产生重要影响。通常情况下，东道国制度环境将给母国带来两种风险，一种是由东道国本身制度产生的绝对风险，以及与母国制度的差异而产生的

---

① 潘镇、金中坤：《双边政治关系、东道国制度风险与中国对外直接投资》，《财贸经济》2015 年第 6 期。
② 刘智：《双边政治关系对中国对外直接投资的影响》，江西财经大学硕士论文，2017。
③ Davis C. L., Meunier S., "Business as Usual? Economic Responses to Political Tensions," *American Journal of Political Science*, 2011, 55（3）.

相对风险，统称为系统性风险；另一种则是因双边制度联系等问题而引发的特定风险。① 上述两种风险的增加均会导致投资成本的提高，并阻碍母国投资等经济活动的顺利进行。根据理性选择主义，双边政治关系作为国家之间制度安排能够合理降低两国经济活动的交易成本和不确定风险，并且不同的政策工具对国家经济活动的影响存在较大的区别。由此可见，双边政治关系作为最重要的国家间制度安排，不仅可以直接影响到母国对外贸易和投资等经济活动，而且可以通过影响东道国的制度环境、国家间制度距离发挥间接作用。

"一带一路"沿线国家不完善的制度环境使中国在该地区开展贸易与投资面临严峻挑战，东道国制度质量欠佳可能会使母国经营者难以避免国内政治动荡、宗教冲突或经济不稳定对投资产生的负面影响，此时良好的双边政治关系将有利于提供低于东道国系统风险的外部环境，一定程度上替代东道国制度环境，促进母国顺利开展投资。具体来看，高层互访等短期的外交活动可视为母国政治权力不断向外扩张的过程，母国可通过对东道国施加政治压力提高对母国经营者的产权保护、剩余索取等能力，缓解东道国制度问题引致的风险，从而促进母国投资和贸易规模的扩大；② 而双边投资协定作为调节和规范各国海外投资的国际制度，对协定的签约方具有较强约束力，并且协定明确双方开展投资的条件以及各自享有的权利和必须履行的义务，这极大地制约着东道国应对外资的行为，降低母国海外资产被征收、投资待遇不公平、投资门槛居高不下等发生的概率，将替代东道国制度环境以保障母国投资活动的顺利进行；③ 而当两国的政治交恶时，即地缘性冲突、军事冲突等政治冲突爆发时，东道国政府往往将母国的跨国公司同母国一同视为惩治对象，较容易把政治冲突成本施加到母国的跨国公司，由于投资活动具有

---

① 潘镇、金中坤：《双边政治关系、东道国制度风险与中国对外直接投资》，《财贸经济》2015 年第 6 期。

② 杨连星、刘晓光、张杰：《双边政治关系如何影响对外直接投资——基于二元边际和投资成败视角》，《中国工业经济》2016 年第 11 期。

③ 宗芳宇、路江涌、武常岐：《双边投资协定、制度环境和企业对外直接投资区位选择》，《经济研究》2012 年第 5 期。

长期性和可持续性，母国公司撤资能力弱，只能被动接受东道国的惩罚，并且法律、法规存在较大缺陷的东道国可能会改变法律或法规，对母国跨国公司实行高税收、严管制、契约歧视等以掠夺母国公司资产，阻碍公司正常经营活动的开展，进一步削减母国的对外直接投资规模。①

　　在中国与沿线各国的经贸合作中，除应对东道国制度环境不完善问题外，制度距离也是客观存在的交易成本和风险。两国制度距离的扩大增加了母国经营者的组织协调和适应成本，由于对东道国市场信息掌握的不充分，母国经营者所面临的政治风险、法律风险也相应提升，这将阻碍母国的贸易与投资规模的进一步扩大。而双边政治关系中的伙伴关系作为国家中长期的正式制度安排，能够切实增强两国的政治互信，并且伙伴关系建立的时间越长、等级越高，越能使双方的经济活动嵌入两国营造的特定制度背景中，增强两国制度特别是文化制度的融会贯通与相互包容，减少母国经营者的适应及熟悉成本，从而有助于母国贸易与投资规模的扩大。② 另外，中国对"一带一路"沿线国家的自然资源行业的投资占比较大，而这些东道国与中国的制度距离往往存在很大差异，有关要素资源的投资关系着东道国的国家安全，需要两国的相互信任才能进行，而伙伴关系为母国开展上述类型的投资提供了实质性的制度安排，弥补了制度质量的差异对投资的负面影响，有利于中国开展全方位投资。自"一带一路"倡议提出以来，中国与沿线国家的高层领导人互动频率增加，不仅加深了双方高层领导人的友谊，而且为双方企业提供了合作交流的平台，甚至直接促进大型基础设施建设等项目投资合约的达成，降低母国投资者的谈判和交易成本，有利于增加对与母国制度差异较大国家的投资。相反，政治冲突将进一步放大制度距离对两国展开经济合作的阻碍作用，东道国将以海外投资威胁国家安全为由提高母国资本进入市场的门槛，并有效制约母国经济活动的正常进行。

---

① 张建红、姜建刚：《双边政治关系对中国对外直接投资的影响研究》，《世界经济与政治》2012 年第 12 期。

② 张建红、姜建刚：《双边政治关系对中国对外直接投资的影响研究》，《世界经济与政治》2012 年第 12 期。

（三）北京服务双边政治关系助力"一带一路"政策沟通

双边政治关系引导"一带一路"建设，不完全等同于利用现有的国际体制并通过多轮的正式谈判或条约的达成以约束和规范双方的行为，而是更趋向关系治理，没有固定的僵化模式。以利益共识和信任为基础，着眼于宏观、战略和全局性目标，具有较大灵活性，能够根据世界环境或国家特征及时调整。北京作为中国的首都，既是中央政府及各类国家级机关驻扎地，又是各国驻华使馆集聚地，是名副其实的政治、文化、国际交往中心，具有得天独厚的优势。然而在对接"一带一路"建设过程中，除中央政府相关部委外，北京与"一带一路"沿线国家的联系并不紧密，具有较大的发展空间。北京承担着国家政治、文化、科学教育、国际交往等诸多职能，因而，北京要主动融入"一带一路"建设，增强与中央部委的联系，将北京的各项工作与国家对外交往结合起来，营造积极良好的合作氛围，进而拓宽北京市在沿线地区的交际圈和联系空间，加深双方的政治关系，更好地服务于"一带一路"建设。

1. 加大城市宣传力度

在国际上，北京是中国的名片，也是中国面向"一带一路"沿线国家全方位开放的门户地区。为响应党中央的号召，更好地服务于与沿线国家的政治关系，北京应充分做好对外宣传工作，树立开放、友好、文明的城市形象。积极申请在北京召开国际级别的展会、论坛及一些竞技体育活动，如奥运会、世锦赛等。这不仅有利于提高北京的知名度，加大对北京城市形象的宣传力度，而且这一系列活动的承办能促使北京的基础设施完善，改善民生，也有利于使北京集中精力整治地区生态环境问题，获得巨大的生态效益。从短期来看，北京承办这些国家活动将会消耗大量资金、劳动力、土地等生产要素，但是从长期来看，北京所取得的效益却是不可估量的。

北京作为中国的首都，与沿线国家的诸多城市缔结了友好城市关系。这种非正式制度联系将有利于两国政治的往来。因而，北京应该利用首都的特有优势，加强和中央政府的沟通，建立与众多国际和地区组织、非政府国际组织的联系机制。欢迎联合国、世界贸易组织、世界银行等国际组织在北京设置更多工作部门或办事处，鼓励和支持非政府组织到北京建立总部或者分部。积极推出各项投资优惠政策吸引更多跨国公司、国际智能智库、全球媒体在北京设置分支机构，进一步提高北京的开放程度，让"一带一路"沿线更多的国家认识北京、了解中国，营造良好的合作氛围和环境，加快"一带一路"建设。

2. 打造一流国际交流平台

作为中国的国际交往中心，外国驻华使馆集中分布在北京，北京成为中国与"一带一路"沿线国家的政治往来、搭建国际交往的平台。同时，北京也是国家重大外事外交活动的承办方，活动层级高，规模较大，涉及重要外宾多为国家元首级别。这些都为北京市委、市政府、公安部等带来前所未有的机遇和挑战。北京市政府要充分利用现有周边地区的度假村、会议中心等资源，支持各种国际性的专业会议和年会在北京召开，提供更加便利化的会议会务。详细制定与国际交往服务有关的细则，完善北京服务"一带一路"建设的软环境。注重服务人才的选拔与培养，打造国际一流的高质量团队，为各类国际会议提供专业化支持，为圆满完成一系列国家重要外交活动的服务提供保障。

此外，活动的安全警卫任务也对北京公安部提出了更为严格的要求。由于来京出席会议的人员均是各国国家高层领导人，北京市公安机关站在维护国家安全、政治稳定、国家国际声誉的高度，时刻秉持"万无一失、一失万无"的工作目标，超前谋划，统筹推进，确保万无一失。充分调动可用警力、人力进行统筹规划，增强与当地及周边地区部队的合作与交流，确保活动的安全工作，保障活动的顺利进行。同时，注重训练职业化安保人才，未雨绸缪，储备人才，形成北京特殊的竞争优势，以便吸引更多高层会议在京召开，提高北京知名度，努力打造国际交往活跃、国际化服务完善、国际影响力凸显的重大国际活动聚集之都，更好地服务于双边政治关系，促进"一带一路"的稳步实施。

3. 提供全面的信息服务

北京是全国信息基础网络最为发达的地区，除上述利用国际会议、展会等活动对北京和"一带一路"倡议进行宣传外，北京应发挥信息网络系统优势，搜集和整理"一带一路"沿线国家的合作信息，加深世界对"一带一路"倡议的理解。"一带一路"沿线涉及国家众多，国家类型及国家特点相差较大，因而难以找到统一的经贸合作标准，这对维持中国与"一带一路"沿线国家的双边政治关系提出了挑战。

北京要主动为国家分担信息服务压力，积极向国内相关部门或者企业提供"一带一路"沿线国家的国情信息和动态信息。丰富国家对外投资国别指南，为投资者提供更多"一带一路"投资的信息服务，包括政治关系信息、投资项目信息、当地企业情况以及各类风险的动态变化等。合理规划指导各类型企业对"一带一路"沿线地区的投资，减少这些企业的学习成本以及协调沟通成本，降低运营风险。这不仅能促进北京以及其他地区对"一带一路"沿线国家的经贸往来，也能推动中国与"一带一路"沿线国家保持较为稳定的双边政治关系。此外，北京利用信息基础网络设施方面的优势，打造北京与"一带一路"沿线国家互联互通的信息基础网络设施平台。与相关国家建立共用共享的信息数据库，有效参与"一带一路"沿线国家的信息基础网络设施建设。同时，在各国投资贸易信息方面互通有无，方便多方的企业和机构获得资讯，努力做好"一带一路"倡议的信息服务工作。鼓励北京各科研院所加强对"一带一路"相关问题的研究，将已有的研究成果用于指导北京以及所涉及的企业与"一带一路"沿线国家的合作。争取为双方经贸往来提供高质量的智力支持，做好对"一带一路"沿线国家经贸往来的信息服务。在这个以国家为基本单元的国际社会中，主权国家一直在全球治理和地区治理的实践中扮演着重要的角色。

4. 培育"一带一路"新型人才

北京在服务"一带一路"建设中，利用多渠道、多方式培育"一带一路"建设所需的人力资源。国际化人才是各国提高综合国力和国际竞争力的战略资源，培养适合新时代国家经济社会对外开放新形势新需求、符合中国在全球化进程中的新角色新定位、达到"一带一路"建设新要求新挑战的人才，是提高北京服务双边政治关系的重要措施。

北京市政府应推动高校与"一带一路"沿线国家的高校联合培养和交流合作，加快培养一大批具有国际视野、通晓国际规则等方面的人才，为指导北京向"一带一路"沿线国家进行投资提供建设性的意见，促进投资或贸易活动的顺利展开。《北京市"一带一路"国家人才培养基地项目管理办法》的出台，极大地促进了语言、管理类人才的引进，并对精通外语、具有较强的跨文化沟通能力和国际化运作能力，以及参与"一带一路"建设紧缺的信息、咨询、语言等人才引进提供优惠条件，吸引这些人才来北京，保障"一带一路"倡议的顺利推行。为搞好"一带一路"建设，做好必要的人才储备，克服沟通障碍，让更多的人理解"一带一路"，诠释中国提出的"一带一路"倡议构想，利用外语和跨国化思维进行专业领域的沟通与合作，助力形成良好的双边政治关系。此外，依托北京丰富的教育资源，在国家层面设立"一带一路"建设专门的培训机构，鼓励北京高校积极探索非通用语种人才培养的路径。特别是对于"一带一路"沿线国家的非通用语种，与伦敦大学、莫斯科国立语言大学、德国哥廷根大学等国外著名院校开展实质性合作，正确处理人才培养的"专"与"博"的关系。加大国际化通识教育力度，为非通用语种师资和人才培养、"一带一路"建设语言人才储备开辟新路径，以便更好地服务于"一带一路"建设。

5. 做好硬环境支撑

双边政治关系为"一带一路"建设提供软环境支撑，然而北京的实际环境水平仍是中央乃至群众所关心的重要问题。近年来，北京市人口规模持续增加，机动车增长速度快，资源约束、区域生态退化等问题突出，面临艰巨的环境保护任务。[①] 为了提供更好的工作、协商、出游环境，北京需要进一步加大环境保护力度，加快结构调整和增长方式转变。

全市以大气污染防治为重点，全面推进环境污染防治和生态保护建设工作。合理防控工业大气污染物排放的增长。[②] 控制机动车排气污染，对夜间

---

① 郑桂森、栾英波、王继明等：《北京建设世界城市中主要地质环境问题的思考》，《中国地质灾害与防治学报》2013年第1期。
② 北京市环境保护局：《北京市"十三五"时期大气污染防治规划》，2017。

进京货车、外地车辆和公交、出租车等加大检查力度。完善公交运营线路、加快轨道交通建设等，控制扬尘污染。针对城市建设全面展开的实际情况，对工地扬尘污染、运输车辆遗撒、废弃物露天焚烧等违法行为进行查处。市委、市政府、环保局要充分发动全体市民投入污染防治和环境保护工作，继续提高城市的绿化率，提高环境质量水平。此外，北京一直是水资源短缺城市，地表水水体水质未见明显好转，地下水开采量持续增加，平均日排放污水量又较大，注重城区节水设施改进、提高城市水资源的重复利用率等是节约水资源、保护生态环境的重要举措。要注重完善城市路网、继续采用车牌尾号限行措施，缓解城市道路交通噪声的影响。严格限制北京的建筑施工行业，合理控制建筑施工噪声污染、建筑垃圾污染对北京环境带来的负面影响，提高在京人员的生活质量。加大对城市废弃物的处理力度，实行垃圾的分类收集，增设北京周边垃圾的处理厂，加强对危险废弃品的监管，对涉及危险废物产生、收集、贮存、转移及处理处置的单位进行不定期检查等。努力把北京打造为一个生态文明、环境友好的城市，为中国与"一带一路"沿线国家的外交活动提供一个相对舒适的环境，进一步维护国家形象，增强与沿线国家的往来，更好地服务于"一带一路"建设。

本章主要参考文献

北京市发展和改革委员会：《北京市推进共建"一带一路"三年行动计划（2018~2020）》，2018。

北京市环境保护局：《北京市"十三五"时期大气污染防治规划》，2017。

河北省人民政府：《河北雄安新区规划纲要》，2018。

蒋冠宏：《制度差异、文化距离与中国企业对外直接投资风险》，《世界经济研究》2015年第8期。

刘慧、刘卫东：《"一带一路"建设与我国区域发展战略的关系研究》，《中国科学院院刊》2017年第4期。

刘智：《双边政治关系对中国对外直接投资的影响》，江西财经大学硕士论文，2017。

马光远：《中国成为资本净输出国的历史意义》，《中国外资》2014 年第 21 期。

马涛：《全球贸易形势与区域贸易协定发展》，《国际经济合作》2016 年第 5 期。

潘镇、金中坤：《双边政治关系、东道国制度风险与中国对外直接投资》，《财贸经济》2015 年第 6 期。

杨东方：《京津冀协同发展对"环渤海"地区发展的机遇与挑战》，《新视野》2015 年第 1 期。

杨连星、刘晓光、张杰：《双边政治关系如何影响对外直接投资——基于二元边际和投资成败视角》，《中国工业经济》2016 年第 11 期。

张建红、姜建刚：《双边政治关系对中国对外直接投资的影响研究》，《世界经济与政治》2012 年第 12 期。

郑桂森、栾英波、王继明等：《北京建设世界城市中主要地质环境问题的思考》，《中国地质灾害与防治学报》2013 年第 1 期。

宗芳宇、路江涌、武常岐：《双边投资协定、制度环境和企业对外直接投资区位选择》，《经济研究》2012 年第 5 期。

Davis C. L., Meunier S., "Business as Usual? Economic Responses to Political Tensions," *American Journal of Political Science*, 2011, 55 (3).

第八章 北京市推进"一带一路" 建设的文化交流功能

文化交流是"一带一路"倡议的重要推手和主要内容。北京市在推动"一带一路"文化交流中"领头雁"作用的发挥，不仅可以推动自身文化中心建设，还可以引领和带动其他地区更好地推进"一带一路"文化交流，为国内区域发展再平衡提供抓手，成为国内外两大市场对接的重要桥梁。而要实现这些功能，北京市需要充分发挥文化交流功能，推动"一带一路"建设中的民心相通。

加快打造北京与"一带一路"沿线国家的文化交流平台，是北京市发挥首都核心职能的重要路径。因此，如何打造北京与"一带一路"沿线国家的文化交流平台，发挥北京市在"一带一路"建设中的"文化交流"功能，是本章的研究重点。本章通过明确文化交流的定义，探讨北京文化交流的现状，进而找出北京市在"一带一路"建设中的文化交流方面存在的问题，并提出解决方案。

一 北京的文化交流功能

（一）文化定义

区别于其他概念，文化的定义相对广泛，范围界定也相对较难。它最初泛指人类区别于动物的一切活动及其成果。泰勒将文化定义为："文化，或文明，就其广泛的民族学意义来说，是包括全部的知识、信仰、艺术、道德、法律、风俗以及作为一个社会成员的人所掌握和接受的任何其他的才能和习惯的复合体"。① 联合国教科文组织在 2001 年通过的《世界文化多样性宣言》

---

① 〔英〕泰勒：《原始文化》，连树声译，上海文艺出版社，1992。

中提出文化概念是当代社会比较权威的解释，即"文化应被视为某个社会或某个社会群体特有的精神与物质、智力与情感方面的不同特点之总和；除了文学和艺术外，文化还包括生活方式、共处的方式、价值观体系、传统和信仰"。①

针对文化的分类，2002 年 12 月，党的十六大报告第一次明确地把"文化事业"和"文化产业"从文化中区分开来。2003 年 10 月，十六届三中全会明确用"公益性文化事业"表述"文化事业"，用"经营性文化产业"表述"文化产业"。2004 年国家发改委颁布《关于 2004 年经济体制改革的意见》，首次出现了"公共文化服务体系"这一崭新的概念。建设"公共文化服务体系"，是市场经济大背景下发展"公益性文化事业"的一种全新理念和方式。② 自此，国内将文化分为"公共文化服务"和"文化产业"两部分。2016 年 12 月通过的《中华人民共和国公共文化服务保障法》进一步明确了公共文化服务的责任主体、目的以及内容，并提出鼓励和支持在公共文化服务领域开展国际合作与交流。

在统计层面，统计局依据《国民经济行业分类》（GB/T4754 - 2002），制定了《文化及相关产业分类（2004）》，按活动的同质性原则划分，将文化产业与文化事业进行了合并统计，划分为文化产业核心层、文化产业外围层和相关文化产业层三部分。由于新的《国民经济行业分类》（GB/T4754 - 2011）的颁布实施、联合国教科文组织《文化统计框架—2009》的发布，以及文化新业态③的不断涌现，统计局对《文化及相关产业分类（2004）》也相应进行了修订，制定了《文化及相关产业分类（2012）》，此次修订仍然依据活动的同质性原则划分，将文化及相关产业分为文化产品的生产和文化相关产品的生产两部分。本次修订对新增分类内容坚持如下处理原则：凡属于农业、采矿、建筑施工、行政管理、体育、自然科学研究、国民教育、

---

① 刘明君、郑来春、陈少岚：《多元文化冲突与主流意识形态建构》，中国社会科学出版社，2008。
② 陈立旭：《中国公共文化体制的改革创新历程审视》，《浙江学刊》2017 年第 2 期。
③ 文化新业态，包括数字内容服务中的数字动漫制作和游戏设计制作，以及其他电信服务中的增值电信服务。

餐饮、金融、修理等生产活动和宗教活动均不纳入分类。而又为了体现当前新产业新业态新模式①的发展状况，以及由于新《国民经济行业分类》（GB/T4754－2017）的颁布实施，统计局对《文化及相关产业分类（2012）》进行了修订，制定《文化及相关产业分类（2018）》，将文化及相关产业分为文化核心领域和文化相关领域两部分，对新增内容保持《文化及相关产业分类（2012）》处理原则，并依据文化及相关产业结构划分，将文化及相关产业组合成文化制造业、文化批发和零售业、文化服务业。

针对近年来出现的"文化创意产业""数字文化产业""数字产业"等新概念，于2018年5月国家统计局和中宣部联合发布了《关于加强和规范文化产业统计工作的通知》，明确指出各地区要统一使用"文化产业"概念。自2018年1~7月数据发布起，北京市统计局按照国家统计局《文化及相关产业分类（2018）》，开展文化产业统计监测和数据发布工作，统计数据发布时间保持不变，发布内容由"规模以上文化创意产业情况"调整为"规模以上文化产业情况"。自此，在统计层面，北京市文化创意产业调整为文化产业，文化事业（公共文化服务）与文化产业合称为"文化及相关产业"。为了区分"实际意义的文化产业"与"统计意义的文化产业"，在后文的分析中，笔者将"实际意义的文化产业"定义为"文化产业"，将"统计意义的文化产业"定义为"文化及相关产业"。

（二）文化中心

2017年9月13日，中共中央、国务院正式批复的《北京城市总体规划（2016年~2035年）》（以下简称《北京市规划》）已成为北京城市建设的法定蓝图，一次性回答了北京发展中的众多问题。关于建设一个什么样的首都，明确指出北京的一切工作必须坚持全国政治中心、文化中心、国际交往中心、科技创新中心的城市战略定位，"有所为、有所不为"，以"城"的

---

① 随着互联网时代的到来，以"互联网＋"为依托的文化新业态不断涌现并发展迅猛，日益成为文化产业新的增长点。

更高水平发展服务保障"都"的功能。关于如何建设文化中心，《北京市规划》提出，要通过构建涵盖老城、中心城区、市域和京津冀的历史文化名城保护体系，精心保护好北京历史文化遗产这张中华文明的金名片；通过建设一批世界一流大学和一流学科，培育世界一流文化团体，培养世界一流人才，提升文化软实力和国际影响力；通过完善公共文化服务设施网络和服务体系，提高市民文明素质和城市文明程度，营造和谐优美的城市环境和向上向善、诚信互助的社会风尚；通过激发全社会文化创新创造活力，建设具有首都特色的文化创意产业体系，打造具有核心竞争力的知名文化品牌。

为了进一步强化北京市"文化中心"功能，全面深度融入"一带一路"建设，2018年出台的《北京市推进共建"一带一路"三年行动计划（2018～2020年)》（以下简称《"一带一路"行动计划》）指出，北京市应当全面开展人文交流合作，服务文明之路建设，切实发挥全国文化中心的示范引领作用，推进文化、旅游、教育、体育、卫生等多领域国际人文交流合作，统筹设计和集中打造首都北京城市形象，拓宽中华文化传播渠道，增进民间交往，架好民心连通桥。

结合《北京城市总体规划（2016年～2035年)》以及《北京市推进共建"一带一路"三年行动计划（2018～2020年)》的发展要求，在"一带一路"背景下，北京市应促进文化与教育、体育、旅游和中医药结合，通过打造文化交流品牌，培育优秀文化人才，实现"文化＋"融合，进而实现北京市"文化中心"建设。①

"文化中心"的建立与发展，主要是为了提升文化的国际吸引力和影响力。而文化在国际上的吸引力和影响力，是文化软实力和文化硬实力结合的结果。文化软实力主要是指一个国家的文化价值观、意识形态、社会制度、文化模式、对外交往所表现出来的凝聚力、吸引力、影响力和竞争力。② 文化硬实力主要是指文化产业的生产力、文化事业的经营力、文化产品的传播力等诸多力的可"物化"、可量化的表现形态。③ 与统计定义中的文化及相

---

① 这里的文化中心是指人文交流的文化中心，而非单纯的文化产业。
② 沈红宇：《当代中国文化软实力问题研究》，中共中央党校博士论文，2013。
③ 洪晓楠、蔡后奇：《文化强国"五力互动"论纲》，《江海学刊》2019年第3期。

关产业相一致。从产业结构层面来看，文化及相关产业包括文化制造业、文化批发和零售业、文化服务业，从产业链条的生产、流通和服务等环节来反映文化建设和文化体制改革情况；从产业内容层面来看，文化及相关产业包括文化核心领域和文化相关领域两部分。文化核心领域，以文化为核心内容，为直接满足人们的精神需要而进行的创作、制造、传播、展示等文化产品（包括货物和服务）的生产活动，具体包括新闻信息服务、内容创作生产、创意设计服务、文化传播渠道、文化投资运营和文化娱乐休闲服务等活动；文化相关领域，为实现文化产品的生产活动所需的文化辅助生产和中介服务、文化装备生产和文化消费终端生产（包括制造和销售）等活动。

国际文化交流中，文化软实力与文化硬实力需要互相配合，提升文化影响力。文化软实力可通过扩大本民族文化产品的覆盖范围，与时俱进，生产出具有中国本民族特色的文化产品，[①] 并通过日益庞大的文化硬实力，直接参与国际竞争，促进精神财富的创造和积累，从而提升一国的综合国力。[②] 在文化"走出去"的策略中，如果只是单纯地输出文化硬实力，虽然能以文化产品快速直接且强硬地达成显见的效果，但是很容易激起民族主义的文化排异反应；如果只是单纯地输出文化软实力，虽然能以一种缓慢柔和的方式来实现文化的输出，但是很容易在文化的冲突中因没有文化阵地而丧失话语权。

所以，在"一带一路"背景下，北京想要发挥文化中心功能，就要根据文化输出对象的不同，灵活调整文化软实力和文化硬实力的输出比例，逐步摸索出输出对象可接受的硬实力和软实力的黄金分割点，并以此为基础建构北京市与"一带一路"沿线国家文明对话的话语体系。结合《北京市规划》和《"一带一路"行动计划》发展要求，在"一带一路"背景下，北京市以文化硬实力作为发展媒介，发挥文化软实力的作用，促进文化与体

---

① 尹璐璐：《提升国家文化软实力的路径探析》，《学理论》2019 年第 6 期。
② 沈红宇：《当代中国文化软实力问题研究》，中共中央党校博士论文，2013。

育、旅游和中医药结合，通过打造文化交流品牌，培育优秀文化人才，发挥文化距离与对外交流的正向作用，进而实现北京市"文化中心"建设的战略目标。

二　文化对国家间经贸活动的影响

文化交流是"五通"中民心相通的中心，在文化交流中所形成的文化认同是区域合作的基石，是深化多双边合作坚实的民意基础。而与深度的文化交流相反的一个词是文化距离。文化距离是指国家或地区间文化存在的无形的差距。这种文化的差异会带来思维方式、行为方式、价值观等方面的不同，对对外交流、经贸活动都会产生重要的影响，进而影响着"一带一路"建设中的其他"四通"。事实上，任何事情都有两面性，一定程度的文化差异并非仅仅是坏事。在"一带一路"建设中，我们需要做的是，接受并尊重多元文化的存在，区分文化差异的维度和程度，理解文化差异对经贸活动和对外交流产生影响的作用机制，在此基础上预测和评估文化差异可能产生的积极作用和消极作用，在着力促进文化交流、文化融合、民心相通的同时，可以利用适度的文化差异，使之对彼此的交流和经贸能够发挥促进作用。

（一）文化距离对经贸活动和对外交流的负向影响

Hofstede 指出，[1] 各个国家或地区都有自己的文化特色，不同文化之间存在明显的差异，贸易成本会因文化的差异而增加，因此贸易会受到文化距离的阻碍作用，贸易更倾向于在文化相似的国家之间进行。Roger White 和 Bedassa Tadesse 也认为贸易会被文化距离抑制，[2] 并在 2010 年的

---

[1] Hofstede G. , "Cultural Dimensions for Project Management," *International Journal of Project Management*, 1983, 1 (1).

[2] Roger White, Bedassa Tadesse, "Cultural Distance and the US Immigrant-Trade Link," *Global Economy Journal*, 2008, 31 (8).

进一步研究中发现差距较大的文化距离对出口有负向影响。同样认为文化距离对两国的贸易有抑制作用的还有 Min Zhou。[1] 他认为类似的文化，有助于两国贸易。还有研究表明，文化相近或相似是决定国与国之间进出口贸易的因素之一，[2] 并通过两条路径对贸易产生影响，一方面通过降低成本影响双边贸易，另一方面通过提高熟悉度来影响双边贸易。陈昊、陈小明实证检验文化距离对出口贸易的边际影响方向为负，[3] 从回归系数来看，文化距离每增加1%，出口贸易额就减小约0.185%，文化差距会增加国家之间贸易的成本，使得国家贸易受到抑制。臧新等的研究发现，[4] 与贸易国文化距离越远，越会阻碍中国文化产品的出口。以中国与中东欧国家为研究对象的尚宇红、崔惠芳也得出了相同的结论。[5] 尹轶立、刘澄利用中国与"一带一路"国家的进出口数据，[6] 实证探讨1993~2015年文化距离对中国与"一带一路"国家进出口总额的影响，结果表明：中国与"一带一路"国家的文化距离对进出口有长期显著的负向影响。上述这些研究都说明了两个问题：文化距离确实对国际贸易有显著影响、两国之间文化距离与贸易量成反比。

新国际贸易理论主要探讨了产业内贸易产生的原因。需求偏好相似理论是林德在《论贸易和转变》一书中提出来的，[7] 在对产业内贸易产生的原因做出解释的同时，该理论第一次从需求侧寻找国际贸易发生的原因。需求偏好相似理论认为，要素禀赋理论仅仅适用于初级产品贸易的解释，而工业产

---

[1] Zhou M. , "Intensification of Geo-cultural Homophily in Global Trade: Evidence from the Gravity Model," *Social Science Research*, 2011, 40 (1).

[2] GabrielJ. Felbermayr, Farid Toubal. , "Cultural Proximity and Trade," *Social Science Electronic Publishing*, 2010, 54 (2).

[3] 陈昊、陈小明：《文化距离对出口贸易的影响——基于修正引力模型的实证检验》，《中国经济问题》2011年第6期。

[4] 臧新、林竹、邵军：《文化亲近、经济发展与文化产品的出口——基于中国文化产品出口的实证研究》，《财贸经济》2012年第10期。

[5] 尚宇红、崔惠芳：《文化距离对中国和中东欧国家双边贸易的影响——基于修正贸易引力模型的实证分析》，《江汉论坛》2014年第7期。

[6] 尹轶立、刘澄：《文化距离对中国与"一带一路"沿线国家双边贸易往来的影响——基于1993~2015年跨国贸易数据的实证》，《产经评论》2017年第3期。

[7] Linder S. B. , *An Essay on Trade and Transformation*, New York: John Wiley and Sons, 1961.

品双向贸易的发生则取决于重叠需求。这是因为初级产品的贸易发展主要是由供给侧决定的，而工业产品的贸易发展主要是由需求侧决定的。

产品出口的可能性在偏好相似理论的基本观点下决定于它的国内需求，产品生产的初期是为了满足国内的市场需求，一旦国内市场足够大，致使工业可以获得规模经济和有竞争力的单位成本时，就会考虑到扩大产品的销售范围，进一步将产品推出国内，推向国际市场。由于该产品的生产初衷符合国内的市场偏好和收入水平，该产品会较多地出口到与本国具有相似偏好并且收入水平较近的国家。

两国的贸易流量和流向取决于两国之间需求偏好的相似性，两国需求结构越接近，两国的贸易量就越大。如果两个国家的需求结构一致，同时，需求偏好也完全一致，一国进口或出口的商品，可能也就是另一国进口或出口的商品。这其中，有很多重要的影响因素，人均收入水平是其中最主要的因素。两国的人均收入水平越接近，两国的消费者的需求偏好和商品的需求结构就越接近，从而贸易关系就越紧密。人均收入水平较低的国家，选择消费品的质量就越低；人均收入水平越高的国家，选择消费品的质量就越高。

由于现实经济是非常复杂的系统，仅靠各国收入水平这一个因素，不一定能真实全面地反映需求偏好，确定需求偏好的要素还有很多，文化就是其中重要的一个。文化是一个国家或者民族的历史和传承，它既包含于具体事物，又游离于具体事物，包括风土人情、地理相貌、生活习惯、思维方式、传统风俗等。文化包括世界观、生活观、价值观等的意识形态本质。它通过这些意识形态部分影响和塑造人们的市场偏好和需求偏好。文化水平接近的国家，对于同一种产品，会有相似的认同感，从而需求偏好接近，有利于进行进出口贸易。因此，中国与贸易国之间的文化距离越小，两国的偏好越相似、越接近，就越有利于进出口贸易；相反，文化距离越大，中国与贸易国的进出口贸易可能性就越小（见图8-1）。

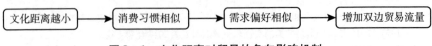

图8-1　文化距离对贸易的负向影响机制

（二）文化距离对经贸活动和对外交流的正向影响

Linders 运用 92 个国家的数据进行实证研究，[①] 得出文化距离对国际贸易流量有促进作用。曲如晓、韩丽丽认为文化距离对文化商品出口贸易额是正向影响，[②] 这是因为，消费者总是愿意选择多样化的产品，而文化距离与产品多样性、需求多样性的满足往往成正比。郑义等实证研究结果表明，[③] 在细分行业中，如中国木制家具的出口，文化距离也起到了促进的作用，原因在于，文化距离通过满足中国的出口国家或地区的消费者对木质家具的多样化需求而起到正向作用。文化交流与合作、"民心相通"是"一带一路"倡议的重要内容。但是，中国与"一带一路"国家文化距离对进口、出口和贸易总量的影响及其差异有待探讨。借助双差分模型，谢孟军将孔子学院作为文化输出的代理变量，[④] 实证表明海外孔子学院的建立与中国向"一带一路"国家出口的贸易量成正比。

与新国际贸易理论相比，传统的国际贸易理论更侧重于分析产业间的贸易，即一国同一产业只进行出口或进口的贸易状况，各国商品的生产除了受到本国资源禀赋和生产要素的影响，文化距离也会很大程度地影响生产与贸易活动。大卫·李嘉图在其代表作《政治经济学及赋税原理》中提出了比较优势贸易理论。[⑤] 该比较优势理论认为，国际贸易的基础是生产技术的相对差异，而不是绝对差异，以及产生成本的相对差异。"两利相权取其重，两弊相权取其轻"，是每个国家都应依据的原则，因此，每个国家应当进口

---

① Linders, G. M., Slangen, A., De Groot, H. L. F. and Beugelsdijk. S., "Cultural and Institutional Determi-nants of Bilateral Trade Flows," Tinbergen Institute Dis-cussion Paper, No. TI 2005 - 074/3, 2005.

② 曲如晓、韩丽丽：《中国文化商品贸易影响因素的实证研究》，《中国软科学》2010 年第 11 期。

③ 郑义、林恩惠、戴永务：《文化距离对中国木质家具出口贸易的影响》，《林业经济问题》2017 年第 6 期。

④ 谢孟军：《文化能否引致出口："一带一路"的经验数据》，《国际贸易问题》2016 年第 1 期。

⑤ Ricardo D., On the Principles of Political Economy and Taxation, London：John Murray, 1817.

具有"比较劣势"的产品，集中生产并出口具有"比较优势"的产品。各国的商品除了受到本国要素禀赋和资源的影响，文化距离也会在较大程度上影响生产和国际贸易。文化内涵的不同，文化差异的巨大，会使得不同国家生产的商品在形态、功能、工艺、设计、包装等方面不同，能形成本国的比较优势，促进出口流量的增加。以我国古代丝绸之路为例，中国主要以丝绸、茶叶和瓷器换取皮毛、珠宝和香料等，并且成为传统的比较优势产业。因此，国家之间文化距离的存在会通过比较优势影响消费者的选择，各国文化的特殊性造成了对商品价值的认知存在差异，而存在价值认知差异的文化距离较大的国家间可能会进行产业间贸易。

同时，由于消费者的边际效用表现出递减的规律，消费者存在需求偏好的同时也追求产品的多样性，更加丰富的选择将提升消费者效用水平。不同的国家由于成本、工艺、技术的不同，对于不同的商品生产方式不同，这也是文化特征的体现，凝聚着不同文化特征的商品的文化价值存在较大差异。各国固有的文化价值认知是相对稳定的，但是消费者的需求是多样化的，因此，文化距离较大的国家间通过贸易来交换与本国文化价值差异较大的产品，从而满足多样化消费需求，实现贸易性互补。因此，文化距离越大，越有利于国家间的进出口贸易（见图8-2）。

图8-2　文化距离对贸易的正向影响机制

从以上机制分析我们可以看出，文化距离对中国与"一带一路"国家的经贸活动和对外交流既可能会有正向促进作用，又可能会有负向抑制作用。从需求偏好的角度看，文化距离会阻碍中国与"一带一路"国家间的贸易。从比较优势和贸易互补的角度看，文化距离会促进中国与"一带一路"国家间的贸易。但是各个阶段中这两种效应的大小无法准确地判断，因此，当正向的效应和负向的效应叠加后的综合效用，也存在多种可能，无法确定,我们需要在进一步促进文化交融的同时,针对具体问题进行具体分析。

三 "一带一路"背景下北京市文化中心建设现状

由上文可知,文化影响力需要文化硬实力与软实力合力,并通过合理比例发挥作用。本部分通过明确北京市推动"一带一路"文化交流的文化硬实力和文化软实力现状,观察北京市推动"一带一路"文化交流的成果,为进一步分析文化硬实力与文化软实力结合中存在的问题寻找突破口。

北京市推动"一带一路"文化交流的硬实力,与北京市自身硬实力一致,但是文化软实力由于制度、环境的差异,发生了变化。因此,本部分首先介绍北京市文化硬实力现状,其次介绍北京市推动"一带一路"建设的文化软实力,最后对北京市推动"一带一路"文化交流的具体成就进行阐述。

(一)北京市文化硬实力发展现状

本文定义文化硬实力即文化及相关产业。对于中国整体而言,文化及相关产业占GDP比重由2004年的2.13%增加到2017年的4.2%,文化及相关产业在国民经济中的作用越来越突出。在地区分布中,北京市文化及相关产业占GDP比重最高,2017年占比达9.6%,上海市、浙江省次之,分别居第二位(6.79%)和第三位(6.14%),广东省位于第四位(5.37%)。北京文化及相关产业发展对地区经济发展的贡献度高,是全国文化发展的标杆。

1. 文化硬实力总体规模

从省域角度分析2017年全国规模以上文化及相关产业发展现状(见表8-1),在企业数量分布中,江苏省、广东省都在7000家以上,山东省、浙江省在4000家以上,北京位居第五,有3994家规模以上企业,占全国总数的7%。在规模以上文化及相关产业人数分布中,广东省从业人数为182.5万人,江苏省为117.6万人,北京市位居第五,为54.1万人,占全国总数的6%。在规模以上文化及相关产业单个企业营业利润分布中，浙江省单个企业营业利润为2724.28万元，位居第一，北京市位居第四。2018年，北京市规模以上文化及相关产业实现收入突破万亿元，达到10703亿元，同比增长11.9%。① 因此，北京规模以上文化及相关产业在全国的规模较大，处于全国前五位。

表8-1 按省域划分2017年全国规模以上文化及相关产业基本情况

省份	企业数量（家）	省份	从业人员（人）	省份	营业利润（亿元）	省份	单个企业营业利润（万元）
广东	8060	广东	1824754	广东	1504.28	浙江	2724.28
江苏	7884	江苏	1176131	浙江	1285.31	上海	2553.68
山东	4790	山东	683741	江苏	884.09	海南	2525.56
浙江	4718	浙江	549357	北京	751.51	北京	1881.61
北京	3994	北京	541371	上海	676.47	广东	1866.35

资料来源：《中国文化及相关产业统计年鉴2018》。

从产业结构角度分析2017年全国规模以上文化及相关产业发展状况（见表8-2），中国文化服务业企业数量共有3万家，占文化及相关产业总量的51%，而文化批发和零售业的企业数量不到1万家，仅占16%；文化制造业从业人员为487.7万人，文化服务业从业人员为338.4万人，两者共占文化及相关产业的93%；文化服务业营业利润为4447.7亿元，文化制造业营业利润为2784.5亿元，两者共占文化及相关产业的93%；文化制造业营业利润率②为6.2%，文化批发和零售业营业利润率为3.0%，文化服务业营业利润为14.8%；文化服务业单个企业的利润总额为1534.7万元，文化制造业单个企业的利润总额为1454.4万元，文化批发和零售业单个企业的

① 《"影视十条"综合施策，精准促进北京影视业发展》，北京市广播电视局网站，2019年2月19日。
② 营业利润率＝营业利润/营业收入×100%，北京市统计中没有营业利润，但北京市和全国都有利润总额，为了使数据具有可比性，用利润总额替代营业利润。

利润总额为 610.0 万元。整体来看，文化批发和零售业在文化及相关产业中的产业规模较小，盈利能力较差；文化制造业更有利于解决就业问题，且盈利水平高；文化服务业企业数量多，解决就业问题能力较强，且盈利水平最高。

表 8 – 2　按产业结构划分 2017 年全国规模以上文化及相关产业基本情况

项目	文化制造业	文化批发和零售业	文化服务业
企业数量（家）	19803.00	9739.00	30709.00
从业人员（万人）	487.67	55.37	338.40
资产总计（亿元）	34014.44	12180.12	72693.63
营业收入（亿元）	46623.78	19684.04	31891.00
主营业务收入（亿元）	46077.50	19493.54	31206.81
营业税金及附加（亿元）	294.22	65.02	267.60
主营业务税金及附加（亿元）	287.43	62.85	251.53
营业利润（亿元）	2784.45	580.54	4447.67
利润总额（亿元）	2880.22	594.06	4712.95
应缴增值税（亿元）	952.91	168.32	709.53

资料来源：《中国文化及相关产业统计年鉴 2018》。

如表 8 – 3 所示，北京市文化服务业企业单位数 3464 家，占北京市文化产业的 87%，文化批发和零售业排第二，比文化制造业多 226 家；文化服务业亏损率为 33.3%，文化制造业亏损率为 23.7%，文化批发和零售业亏损率为 22.8%，文化服务业的亏损率较文化制造业高约 10 个百分点；文化服务业单个企业利润总额最高，达 2095.9 万元，文化批发和零售业为 1615.4 万元，文化制造业最低，仅为 1040.2 万元；文化服务业营业利润率为 10.0%，文化批发和零售业营业利润率为 3.3%，文化制造业营业利润率为 4.0%。整体来看，北京市文化服务业规模最大，盈利能力最好，但是亏损企业占三成，企业亏损率较高；北京市文化制造业规模不大，盈利能力也不高；北京市文化批发和零售业规模较大，企业盈利能力较好。综合来看，北京市文化及相关产业整体排名第一的是文化服务业，其次是文化批发和零售业，而文化制造业在北京市不占优势。

表8-3　按产业类别划分2017年北京市规模以上文化及相关产业基本情况

项目	文化批发和零售业	文化服务业	文化制造业
企业数量（家）	378.00	3464.00	152.00
亏损企业（家）	86.00	1155.00	36.00
从业人员（人）	49837.00	458667.00	32867.00
资产总计（亿元）	1457.68	11954.52	475.74
利润总额（亿元）	61.06	726.03	15.81

资料来源：《中国文化及相关产业统计年鉴2018》。

综上所述，从产业规模来看，北京市文化服务业占主要支配地位，北京市文化制造业规模不具优势，北京文化服务业企业规模占北京市文化及相关产业企业数量的87%，而全国文化服务业占比仅为51%，北京市文化制造业占比仅为3.8%，全国文化制造业占比达33%；北京市文化及相关产业的营业利润率不高，除文化批发和零售业之外，均低于全国水平，北京市文化服务业营业利润率为10.0%，全国为14.8%，北京市文化制造业营业利润率为4.0%，全国为6.2%，北京市文化批发和零售业营业利润率为3.3%，全国为3.0%。

整体来看，北京市是全国文化及相关产业发展的标杆，北京市的文化及相关产业发展经验对全国文化及相关产业发展具有很好的借鉴意义。文化服务业在北京市文化及相关产业中占支配地位，盈利能力较好，但低于全国水平；全国文化批发和零售业虽然规模以上企业数量占比低，盈利能力较差，但是较全国而言，北京市表现良好；全国文化制造业提供了众多劳动岗位，规模大，盈利能力较好，但是在北京市没有突出优势。因此，北京市文化服务业、文化批发和零售业是重点发展产业。

2.文化硬实力结构特征

从产业内容角度分析2017年中国规模以上文化及相关产业发展状况（见表8-4），从企业数量来看，只有内容创作生产、创意设计服务、文化辅助生产和中介服务的企业数量在1万家以上；从从业人员来看，只有内容创作生产、文化辅助生产和中介服务、文化消费终端生产的从业人员在150万人以上，其余均在100万人以下；从营业收入来看，文化消费终端生产

（2.1万亿元）、内容创作生产（2.0万亿元）、文化辅助生产和中介服务（1.8万亿元）位居前三，创意设计服务（1.1万亿元）仅次于文化装备生产位居第五；从营业利润来看，只有新闻信息服务、内容创作生产、文化辅助生产和中介服务大于1000亿元；新闻信息服务（26.4%）、文化投资运营（22.2%）以及文化娱乐休闲服务（12.2%）三者营业利润率较高，内容创作生产（10.4%）位居第四，创意设计服务（7.5%）和文化辅助生产和中介服务（7.4%）紧随其后，分别位居第五和第六；单个企业利润总额最高的是新闻信息服务，为8383亿元，其次是文化投资运营为3970亿元、内容创作生产为1700亿元，创意设计服务、文化辅助生产和中介服务单个企业利润总额在1000亿元以下。

综合来看，内容创作生产的规模大，盈利能力较好；创意设计服务、文化辅助生产和中介服务的规模大，但盈利能力较差；新闻信息服务规模虽然不大，但是盈利能力高；文化投资运营虽然规模不大，但盈利能力较好，仅次于新闻信息服务。

表8-4 按产业内容划分2017年全国规模以上文化及相关产业基本情况

项目	企业数量（家）	从业人员（万人）	营业收入（亿元）	营业利润（亿元）	利润总额（亿元）
文化核心领域					
新闻信息服务	2195	52.52	6981.75	1791.90	1840.01
内容创作生产	12069	194.22	19655.17	1956.16	2051.88
创意设计服务	10523	95.56	10772.19	767.37	809.19
文化传播渠道	7414	67.01	9257.85	444.14	491.97
文化投资运营	356	3.65	635.49	120.46	141.32
文化娱乐休闲服务	5388	52.65	1609.96	172.86	195.68
文化相关领域					
文化辅助生产和中介服务	10559	165.40	17565.96	1229.27	1291.25
文化装备生产	3007	81.21	10876.13	535.56	547.03
文化消费终端生产	8740	169.24	20844.31	794.92	818.90

资料来源：《中国文化及相关产业统计年鉴2018》。

如表 8 - 5 所示，2017 年北京市规模以上文化及相关产业收入合计前四位分别是创意设计服务（占比 26%）、新闻信息服务（占比 24%）、内容创作生产（占比 19%）、文化传播渠道（占比 17%），均属于文化核心领域，且均较 2016 年同期呈上升趋势，新闻信息服务和创意设计服务的同比增速均为两位数；从业人员平均数前三位分别是内容创作生产（占比 26%）、新闻信息服务（占比 24%）、创意设计服务（占比 18%），均属于文化核心领域，但除了内容创作生产较上年呈上升趋势外，其余均呈下降趋势，创意设计服务同比下降 6.1%，在文化核心领域中下降幅度最大。整体来看，北京市新闻信息服务收入呈上升趋势，从业人员平均数与 2015 年同期基本持平；内容创作生产收入和从业人员平均数均呈上升趋势；创意设计服务收入呈上升趋势，而从业人员平均数较 2015 年同期呈下降趋势。

表 8 - 5　按产业内容划分 2017 年北京市规模以上文化及相关产业分类

项　目	收入		从业人员	
	2018 年 1～12 月合计（亿元）	同比增长（%）	2018 年 1～12 月平均数（万人）	同比增长（%）
合计	10703.0	11.9	59.0	-1.7
文化核心领域	9292.0	14.1	49.0	-1.1
新闻信息服务	2558.3	20.7	14.2	-1.2
内容创作生产	2005.2	8.7	15.1	0.6
创意设计服务	2771.1	17.8	10.8	-6.1
文化传播渠道	1826.9	7.2	6.1	5.7
文化投资运营	30.5	-7.7	0.3	-5.0
文化娱乐休闲服务	99.8	9.2	2.4	-2.9
文化相关领域	1411.0	-0.6	10.0	-4.6
文化辅助生产和中介服务	654.8	6.6	7.9	-3.0
文化装备生产	168.3	-3.0	1.0	-7.8
文化消费终端生产	587.8	-7.0	1.0	-12.5

资料来源：北京市统计局。

与全国文化及相关产业对比分析，新闻信息服务、创意设计服务和文化传播渠道是北京市的优势产业。从从业人员来看，北京市新闻信息服务占比为 24%，全国占比为 6%；北京市文化传播渠道占比为 17%，全国占比为 8%；北京市创意设计服务占比为 26%，全国占比为 11%，北京市这三个产业较全国而言更具吸引力和发展潜力。北京市内容创作生产从业人员占比为 19%，全国占比为 22%，虽然北京市占比低，但绝对量大，吸引了北京市和全国将近 1/5 的从事文化及相关产业的人才，是北京市的重要产业；北京市文化辅助生产和中介服务从业人员占比为 6%，全国占比为 19%，北京市文化消费终端生产从业人员占比为 5%，全国占比为 19%，北京这两个产业从业人员占比显著低于全国，且低于北京市其他文化及相关产业，不具有发展优势。

从收入水平看，内容创作生产是北京市及全国的重要产业，北京市内容创作生产收入占比为 19%，全国营业收入占比为 20%。新闻信息服务、创意设计服务、文化传播渠道等在北京市具有发展优势。北京市新闻信息服务收入占比为 24%，全国营业收入占比为 7%；北京市创意设计服务收入占比为 26%，全国营业收入占比为 11%；北京市文化传播渠道收入占比为 17%，全国营业收入占比为 9%。文化消费终端生产、文化辅助生产和中介服务以及文化投资运营等在北京市的发展优势不明显。北京市文化消费终端生产收入占比为 5%，全国营业收入占比为 21%；北京市文化辅助生产和中介服务收入占比为 6%，全国营业收入占比为 18%；北京市文化投资运营收入占比为 0.3%，全国营业收入占比为 1%。

从全国文化及相关产业利润水平看，新闻信息服务全国营业利润占比为 23%，排第一，全国单个企业利润总额排第一；内容创作生产全国营业利润占比为 25%，排第四，全国单个企业利润总额排第四；创意设计服务全国营业利润占比为 10%，排第五，全国单个企业利润总额排第七；文化传播渠道全国营业利润占比为 6%，排第七，全国单个企业利润总额排第八。

综上所述，可以发现，新闻信息服务、创意设计服务、文化传播渠道在北京市具有发展优势，新闻信息服务盈利能力高，而创意设计服务、文化传播渠道的整体盈利能力不高；内容创作生产是北京市及全国的重要产业，但盈利能力较差；文化投资运营、文化娱乐休闲服务、文化消费终端生产、文化装备生产、文化辅助生产和中介服务在北京市的发展优势不明显。①

3. 北京市文化硬实力现状总结

全国文化及相关产业利润总额结果显示，文化制造业、文化批发和零售业、文化服务业的结构比例为3∶1∶6；而北京市文化及相关产业三者结构比例为0∶1∶9，文化服务业具有明显优势，显著高于国内水平。

产业结构分析中，北京市文化服务业在文化及相关产业中占支配地位，盈利能力较好；产业内容分析中，新闻信息服务在北京市具有发展优势，盈利能力高，而内容创作生产是北京市及全国的重要产业，盈利能力较差；创意设计服务在北京市业具有发展优势，但整体盈利能力不高。以上结果表明，产业内容分类更能精确反映北京市文化服务业发展状况。产业结构分析中，北京市文化批发和零售业整体表现良好，盈利能力较差；而产业内容分析中，文化传播渠道在北京市具有发展优势，但整体盈利能力不高。以上结果表明，产业内容分类与产业结构分类可相互解释。产业结构分析中，北京市文化制造业没有突出优势；而产业内容分析中，文化消费终端生产、文化辅助生产和中介服务在北京市发展优势不明显。以上结果再次表明，产业内容分类与产业结构分类可相互解释。

由于产业内容分类较产业结构分类更能精确反映北京市文化及相关产业的发展状况，文中选用产业内容分类作为分析北京市文化及相关产业现状的标准。综合来看，北京市文化及相关产业中，新闻信息服务、内容创作生产、创意设计服务以及文化传播渠道是重点发展产业，是北京市发挥"文化中心"作用的重要媒介。

（二）北京市推动"一带一路"文化交流的文化软实力发展现状

文化中心建设，需要文化硬实力与文化软实力合力发挥作用。因此，

---

① 文化消费终端生产全国营业利润占比为10%，排第九，全国单个企业利润总额排第六；文化辅助生产和中介服务全国营业利润占比为16%，排第六，全国单个企业利润总额排第五；文化投资运营全国营业利润占比为2%，排第二，全国单个企业利润总额排第二。

不仅需要文化硬实力作为发展媒介，还需要文化软实力延伸文化价值。北京市作为"一带一路"建设中的"排头兵"，在发挥文化交流功能的同时，不仅需要发挥北京市的新闻信息服务、内容创作生产、创意设计服务以及文化传播渠道作用，还需要发挥文化软实力作用。文化软实力主要是指一个国家的文化价值观、意识形态、社会制度、文化模式、对外交往所表现出来的凝聚力、吸引力、影响力和竞争力。本部分从资金支持力度以及企业参与积极性角度，分析北京市在推动"一带一路"文化交流中的吸引力、凝聚力和竞争力，判断北京市在"一带一路"建设中的文化软实力现状。

北京市积极为"一带一路"文化交流提供资金支持，以提升北京市在"一带一路"文化交流中的吸引力和凝聚力，以北京市文化艺术基金和专项扶持资金为例，北京市文化艺术基金引导性持续显现，2018 年度共资助项目 132 个，涉及"一带一路"主题的项目 12 个，约占项目总量的 10%，有效激发了文艺院团的创造活力。2018 年北京制定实施了《北京市提升广播影视业国际传播力奖励扶持专项资金管理办法》和《专项资金评审办法》，建设了全国首个提升广播影视业国际传播力项目库。2018 年度入库项目 106 个，最终确定了 43 个奖励扶持项目，其中广播影视节目对外传播译制 24 个，广播影视节目版权输出 15 个，广播影视国际平台建设 4 个。该投资项目积极响应国家"一带一路"倡议、弘扬中华优秀传统文化，注重突出重大主题和京味特色，增强了文化交流的凝聚力。

北京市企业积极参与"一带一路"文化交流，提升了北京市在"一带一路"文化交流中的凝聚力和影响力，以被选入文化部"一带一路"文化贸易与投资重点项目的企业为例，北京市有 4 个企业项目入选 2018 年文化部"一带一路"文化贸易与投资重点项目名单，分别是北京华江文化发展有限公司的"紫金光华陶瓷文创产品及设计服务营销推广"项目、大气团（北京）文化有限公司的"汉字体验馆建设与推广"项目、北京市演出有限责任公司的"2018'聆听中国'音乐会丝路巡演"项目、北京炫果壳信息技术股份有限公司的"'一带一路'沿线国家动漫优秀 IP 推广平台"项目。这 4 个投资重点项目均已取得一定成就。其中，"2018'聆听中国'音乐会丝路巡演"项目分别于 2018 年 5 月 18 日、5 月 24 日、5 月 26 日、5 月 29 日登陆"一带一路"沿线及同区域的德国慕尼黑海格力斯音乐厅、匈牙利布达佩斯孔子学院、匈牙利格德勒皇宫音乐厅及西班牙马德里国家音乐厅，为欧洲观众奉上四场中国传统民乐与西方古典音乐交相辉映的音乐盛会。在"一带一路"国际合作高峰论坛欢迎宴会上，"紫金光华陶瓷文创产品及设计服务营销推广"项目——"紫金光华国宴陶瓷餐具"惊艳了各国嘉宾。

（三）北京市推动"一带一路"文化交流的成就

北京市推动"一带一路"文化交流的成就主要体现为教育、体育、旅游和中医药等的发展，文化交流品牌的建立，优秀人才的培养，文化距离的缩短等。本部分主要阐述北京市在推动"一带一路"文化交流中在打造文化品牌和缩短文化距离方面取得的成就。打造文化品牌主要以出版业、电影业以及文化遗产为例进行阐述，缩短文化距离主要以电影业为例来进行说明。

在出版业方面，北京市通过搭建具有国际影响力的图书交流平台，吸引国内外出版社、图书公司积极参与，充分发挥北京市在出版物方面对"一带一路"的引领作用。以 2018 年 8 月在北京举办的北京国际图书节"一带一路"国际合作出版高峰论坛为例。此次论坛，外语教学与研究出版社、五洲传播出版社以及北京时代华语国际传媒股份有限公司等众多国内企业，分别与西班牙大众出版社、黎巴嫩数字未来出版社、马来西亚文化事业有限公司等"一带一路"沿线国家或地区的出版公司进行合作，签订了中国图书版权输出协议，涉及中国政治、经济、文化等领域图书共计 300 余册，为中国文化"走出去"做出了应有的贡献。

在影视方面，北京市通过发挥人才以及对外开放优势，打造影视交流平台，为中国与"一带一路"沿线国家或地区影视交流创造合作契机，引领中国与"一带一路"的影视发展潮流。以"北京优秀影视剧海外展播季"为例，北京市自 2014 年开始，每年持续举办"北京优秀影视剧海外展播季"品牌活动，覆盖俄罗斯、希腊、哈萨克斯坦、肯尼亚、赞比亚、厄瓜多尔等国家或地区，通过中外企业洽谈会、明星见面会、配音大赛、展映活动等形式，推动北京优秀影视剧的国际化传播、影视企业间的国际合作、影视版权的国际交易，促进北京影视业发展。

在文化遗产方面，北京市积极开展与"一带一路"沿线国家的文化遗产交流活动，打造文化遗产交流品牌，推动北京市非物质文化遗产走出国门，以"北京之夜"文艺演出为例，"北京之夜"文艺演出由北京市人民政府与中国在当地的使馆主办，已赴阿联酋、希腊、爱尔兰、俄罗斯、巴西、巴拿马等地进行文艺演出，充分展示中国文化魅力。

在缩短文化距离方面，以建立影视翻译基地，扫除北京市与"一带一路"沿线国家影视传播障碍为例，2014年1月，"中国（北京）影视译制基地"在北京成立。截至2018年11月，基地已完成了149部中国电影、229部（13215集）电视剧多语种译制配音，上线了24小时不间断播出的自办多语种中国影视剧频道，通过加大译配和推广力度，《媳妇的美好时代》《平凡的世界》《北京青年》《北京爱情故事》等一大批优秀影视剧在非洲热播，引起当地观众共鸣，成为向非洲展示当代中国的重要载体。

整体来看，北京市在推动"一带一路"文化交流中的文化硬实力具有优势，主要体现在文化服务业、文化批发和零售业等领域，具体指新闻信息服务、内容创作生产、创意设计服务及文化传播渠道。就北京市在推动"一带一路"文化交流中的文化软实力而言，从资金支持力度以及企业积极性方面反映了文化的凝聚力和影响力。北京市在文化硬实力和文化软实力的合力作用下，正在逐步打造文化交流品牌，缩短文化距离，强化北京市"文化中心"地位，发挥北京市在"一带一路"建设中的"文化交流"功能。

四　北京服务对外文化交流助力"一带一路"建设

（一）"一带一路"背景下北京文化中心建设现存问题

虽然北京文化产业在硬实力和软实力方面都实现了与"一带一路"建

设的对接，但北京作为文化中心在发挥"一带一路"建设中的文化交流功能方面仍存在国际传播能力不足、文化交流内容中外融合深度不够、文化产业融合不足等问题，具体表现为：友好城市交流不足，新闻传媒业宣传力度不够；文化产品中的中华文化缺失以及中外文化缺乏深度融合；文化衍生产业开发不足。

1. 友好城市交流不足

文化产业"走出去"，需不断增加宣传手段和加大宣传力度。友好城市可以促使文化产业"走出去"，对文化贸易的促进效应会逐渐增强。截至2019年，北京共有56个友好城市，其中"一带一路"沿线国家有21个。同样作为文化名城的东京都，有23个特别行政区、26个市、5个町和1个村，其中有20个区、8个市和3个町拥有各自的友好城市，拥有2个以上友好城市的市区町占38.7%。而且，东京都各市区町基本都设立了国际交流沙龙或国家交流振兴协会等作为居住在本地的外国人的窗口，通过传统文化的普及及"国际交流活动"等，以支援、促进在中央区居住、工作、集会等的人们的文化活动和国际交流活动，推动居民与外国人的交流。① 因此，北京市也应加强各城区与国际都市间的友好交流。

目前北京西城区与瑞士联邦沃州蒙特勒市，朝阳区与瑞士卢加诺市、韩国首尔市，海淀区与德国海德堡市，东城区与意大利弗利—切塞纳省等都建立了国际友好城市关系，但均以经济发展良好的城市为交流背景，没有"一带一路"沿线欠发达国家的友好城市。北京市各区有友好城市的数量不平衡，昌平区、顺义区、大兴区等尚未有国际友好交流城市，仍需扩大建设范围。目前北京市各城区已部分建立友好交流城市关系，但是交流程度仍然不够深入，北京市各区与国际友好城市间的文化交流互动较少，需要不断增加交流频度。

2. 新闻传媒业的国际传播能力不足

新闻传媒业的国际传播能力的提高，有助于文化交流功能的提升。加强

---

① 周萍萍：《友好城市交流的东京经验与提升北京文化软实力的对策研究》，《教育现代化》2016年第7期。

媒体合作在"一带一路"建设中起到加强文化交流、增进了解互信等重要作用，能在"一带一路"建设中搭建信息桥梁，正确引导舆论，增进国家之间的互信。[①]而全球宣传报道"一带一路"建设的主要媒体多是西方的主流媒体，主要包括 CNN、BBC、AJ 与 RT。[②]在西方媒体掌控中国议题的报道中，常规做法是通过控制信息源，把握话语权和解释权。例如，BBC 对于中非关系的报道中同样表现出这一特征，即官方信息源的使用频次最多，而引用中国或非洲普通民众作为信息源的报道不足 15%。[③]从报道相似性看，西方媒体对"一带一路"倡议的报道明显分为两种风格，CNN、BBC、AJ[④]享有更多的相似报道议程设置，而 RT 则相对独立。从报道参与来看，国际媒体援引中国主流媒体信息源的新闻内容较少，除了 RT 在报道"一带一路"倡议时多次援引新华社的报道外，CNN、BBC、AJ 的报道很少有中国媒体的声音。此外，中国智库、研究所、大学和学者在这些媒体上的声音仍然薄弱。整体来看，中国新闻传媒业的国际传播能力还有待提升。北京作为政治中心和文化中心，在国际传媒方面具有不可替代的作用。因此，北京市在"一带一路"背景下的"文化中心"建设，需要不断增强新闻传媒业的国际传播能力，向世界发出中国声音，让全球各国人民更能真实了解"一带一路"倡议，协力推动构建人类命运体。

3. 文化产品的中华文化缺失

文化产品的中华文化缺失，具体表现在文化产品一味追求经济效应和数量，从而带来了众多缺乏精神内核的产品，如北京市"文化＋旅游"的无差别特色小镇，以及动漫影视业的无新意的主题内容。以电影业为例，北京

① 夏德元、宁传林：《"一带一路"新闻传播问题研究现状及热点分析——基于文献计量、共词分析与 SNA 方法》，《当代传播》2018 年第 1 期。
② 李倩倩、李瑛、刘怡君：《"一带一路"倡议海外传播分析——基于对主要国际媒体的文本挖掘方法》，《情报杂志》2019 年第 3 期。
③ 王继周、马亚芳：《从"话语权削弱"到"流动的倾向性"：BBC"一带一路"议题建构研究》，《新闻与传播评论》2019 年第 4 期。
④ CNN、BBC 是老牌西方媒体；AJ 被称为阿拉伯世界的 CNN，与 CNN、BBC 并称为世界三大主流媒体；RT 是十年来俄罗斯倾力打造的具有国际影响力的媒体，同时俄罗斯也是不可忽视的海外声音。

电影市场存在内容空洞、逻辑不强等问题。不论是《爵迹》（乐视影业）等改编自网络小说，还是《钟馗伏魔》（大盛国际）等改编自中国古代传奇故事的魔幻片，都有一个重要特点就是欧美化处理严重，大部分传统东方魔幻主题在改编中已经成为空壳，内在却是欧美、日本等外国魔幻元素的杂糅，导致作品风格不鲜明，在国际市场影响力不足的同时失去了国内市场。《西游记》《聊斋志异》《封神榜》等中国古代传奇故事之所以光辉依旧，传承至今，原因并不在于故事多么奇幻，而在于根本上讲述了中国人的处世哲学、人世间的大悲大爱，以及面对矛盾艰险时如何权衡抉择，这种专属于东方的价值理念才是魔幻外壳背后的中国故事。因此，北京市在文化交流的过程中，重视中外文化结合的同时，注重中华传统文化的引入，向"一带一路"沿线国家传递中国优秀文化。

4. 中外文化缺乏深度融合

北京市在与"一带一路"沿线国家经贸合作中，存在文化品牌国际化不足的问题。以电影业为例，在北京市各大院线国产和外国影片争抢票房的同时，外国影片对北京市影业的国际化影响却仍需要提高。据中新经纬统计，2018 年，中国票房过亿元影片 80 部，其中国产电影 41 部；过 5 亿元影片 32 部，其中国产电影 19 部；过 10 亿元电影 16 部，其中国产电影 8 部。整体来看，中国引入国外影片规模大，占据国内影片市场的一半。虽然国内引入众多国外影片，但文化的"进口引致出口"效果不明显。①

2014 年以来，北京影视企业不断尝试吸收外国影视优点，走出国门，但效果仍不尽如人意。以 2016 年影片《长城》为例，并没有将中国文化引入西方的拍摄手法中体现出中国文化与西方艺术的结合，而只是简单的模仿与堆砌。2018 年 1 月上映的电影《谜巢》虽为中外合资电影，故事背景和拍摄手法确实可与国外先进水平匹敌，但是内容呈现上仍表现出与《长城》同样的弊端。2018 年 6 月的影片《功夫瑜伽》（太合娱乐）被印度媒体

① 刘晓光、杨连星：《文化贸易存在进口引致出口吗——基于中国文化产品出口二元边际分析》，《经济理论与经济管理》2018 年第 3 期。

《印度斯坦时报》批评为将印度文化呈现得太过简化，对印度文化写得不够细致，还把印度人定型。① 整体来看，北京影视在"一带一路"文化交流中存在生搬硬套、简单堆砌的现象，对国外文化理解不够，人物设定脱离实际。北京影视业的这一弊病，反映出北京市在文化吸收借鉴中存在的弊病：在认同态度上，北京的主流态度是折中处理，以调和的态度拼凑外来和本土的文化片段；在认同深度上，北京重于形式，缺少整体性理论构建。②

5. 文化衍生产业开发不足

北京市"文化中心"建设，要求文化与教育、体育、旅游和中医药等领域结合，共同促进北京市与"一带一路"沿线国家的文化交流，即发展"文化+"模式。北京市文化资源丰富，但对文化资源的开发利用总体上还很不够。"文化+"作为一种新的经济加速器，可以为经济和社会发展注入文化内核，助力中国制造向中国创造转变。"文化+"与旅游业、教育、体育等领域的跨界融合，可以推动"一带一路"建设。北京市文化产业与其他产业融合程度不高，还存在诸多问题，下面以文化旅游为例。

北京市文化旅游中文化资源挖掘程度不够，"文化+旅游产业"间协调程度较差。目前全市多数景区仍停留在一般的旅游观光层面，缺乏对资源的深度挖掘和整体旅游范围的营造，缺少能长久吸引游客深度参与、互动、体验的旅游产品，文化旅游资源优势尚未转变成旅游产业和旅游经济优势。文化旅游资源开发呈单体式、零散化，以清晰的城市价值主线为脉络、以景观与环境有机联系为指向的整合性开发比较少，文化旅游资源的潜在价值及其与城市整体之间的价值关系等，还没有被普遍重视和充分激活，应提高产业协调程度，加强产业间深度融合。③

北京市文化旅游景区间协调性低，主要表现为所辖的各区县以行政区划

① 《成龙〈功夫瑜伽〉印度票房口碑遇冷为何惹当地人反感》，http：//www. mnw. cn/movie/huayu/1576085. html，2017 年 2 月 7 日。
② 王冰冰、肖迎、王珊：《北京与东京近现代建筑文化认同比较》，《新建筑》2018 年第 3 期。
③ 李萌：《基于文化创意视角的上海文化旅游研究》，复旦大学博士论文，2011。

为单位，各自为政，整体联动度不够。同时，不同部门、不同景点、不同行业之间也缺乏协调机制和利益共享机制，如旅游部门和宗教部门以及文物保护部门之间存在如何协调和如何实现利益共享的问题。这种现象在一定程度上影响了北京市作为文化旅游中心的带动辐射作用的发挥。新加坡文化旅游项目衔接度高，景区之间交通便利。特别是"民族文化区"内的马来族文化区甘榜格南亚拉街、华族文化区"牛车水"和印度族文化区"小印度"等都处于新加坡的中心区域，彼此之间甚至可以靠步行来去。北京市文化旅游景区间整体联动不够紧密，区域间景点协调性差，应增强区域间景点的整体联动性。

（二）"一带一路"背景下北京"文化中心"建设发展建议

本部分针对北京"文化中心"在推动"一带一路"文化交流中存在的问题，从加强与友好城市交流、构架话语沟通体系、做大做强文化IP、探索内容与形式的合作道路以及健全文化衍生产业这五方面进行了分析说明。

1. 加强与友好城市的合作交流

未来，北京市应不断扩大国际友好城市规模，尤其是与"一带一路"沿线国家的友好城市发展。在与国外城市合作方面，主动加快与中亚各国首都的友好城市建设，推动与东南亚各国的文化重镇的友好城市建设。在与国内城市合作方面，除了"一对一"交流模式外，可以探索"多对多"或"一对多"模式，实现京津冀协同发展，构建城市合作网络，不断扩大北京市与"一带一路"国家的友好城市交流规模。

北京市在不断扩大友好城市交流规模的同时，应不断丰富各友好城市文化交流合作的形式与内容。内容上，注重文化性方面的交流，形式上注重推动实质性合作。具体到人的交流，可以设置友城留学生奖金，鼓励学生互换；可以设立友城公务员奖学金，鼓励工作人员的较长期实地感受和了解；可以考虑设立联合办学等人的交流和互派项目，培养和发展一批友谊使者。不能长期停留在互访、磋商、参观、会议等初期交流阶段。这不仅符合友好城市的性质特征，而且不易受到双方经贸或者政治关系的影响，对于促进国与国之间长远交往有莫大的裨益。①

2. 构架话语沟通体系

建立畅通的"一带一路"倡议话语沟通体系。近年来，随着"一带一路"倡议下交通、基建等项目的陆续开展，一些项目在具体实施过程中可能会触碰当地的某些利益群体，引发社会矛盾。文化创意设计服务在北京市具有发展优势，因此，北京市需要发挥其优势，为"一带一路"倡议的推行营造安全的地缘政治环境。建立畅通的"一带一路"倡议话语沟通体系，既让沿线国家了解、认识、接受"一带一路"倡议，又能及时得到沿线国家对"一带一路"倡议的意见反馈，建立良性的沟通机制，实现"一带一路"倡议的文化认同。②

早在 2011 年，新华社就提出要构建"媒体联合国"式的全球媒体新秩序，这呼应了联合国教科文组织在 20 世纪 70 年代提出的"新世界信息秩序"，新华社并非志在打造第二个美联社或路透社，而是超越了英美单极化的发展主义现代化和全球化，也表现出中国传媒全球传播的多元主体性意识。③随着"一带一路"建设的推进，"'一带一路'新闻合作联盟""丝路电视国际合作共同体""'一带一路'记者组织联盟"等媒体联盟纷纷涌现，共同体成员之间实现了渠道、内容的互联互通。④ 北京市作为全国重要的发声地，需要加强与跨国市场媒体的联系，借助该类媒体进行"一带一路"倡议在国际舆论场的广泛报道和正面解读。另外，在我国传播话语权建设中也可以借力跨国市场媒体及其影响力。

在媒体全球化趋势下，传播媒介极大程度上依附相同的新闻通讯社作为信息来源，特别是美联社（AP）、路透社（Reuters）、法新社（AFP）和美

---

① 吴素梅、李明超：《国际友好城市参与中国—中东欧合作研究》，《上海对外经贸大学学报》2018
年第 2 期。

② 李倩倩、李瑛、刘怡君：《"一带一路"倡议海外传播分析——基于对主要国际媒体的文本
挖掘方法》，《情报杂志》2019 年第 3 期。

③ 沈珺、邵培仁：《整体全球化与中国传媒的全球传播》，《当代传播》2019 年第 1 期。

④ 唐世鼎：《构建"一带一路"媒体国际合作新格局——以"丝路电视国际合作共同体"为
例》，《中国广播电视学刊》2018 年第 9 期。

国国际合众新闻社（UPI）等，新闻实践在全球层面变得越来越国际化和同质化。信息传播技术的发展、媒体数量的增加和类型的多样化并未带来观点的扩散，相反，带来的是争论的萎缩。当国际新闻的信息来源一致时，新闻频道数量的增加并没有太大意义。[①] 因此，打造主流媒体和培育互联网新媒体成为发展重点。北京市新闻信息服务业作为优势产业，盈利能力高。在"一带一路"背景下，北京可以发挥"文化中心"功能，配合优秀文化内涵，通过加强资本运作，采取兼并收购、参股控股等方式，培养具有国际影响力的主流媒体和互联网新媒介。

3. 做大做强文化 IP

北京市在与"一带一路"国家经贸合作中，存在文化品牌"内核"不足、文化品牌国际化不足的问题。应加强文化产品内容营销，加快社会主义核心价值观建设与传播，重点打造中国文化 IP，实现品牌知名度的提升。

加强社会主义核心价值观建设。应紧扣重大纪念活动节点，开展主题教育、系列展览和文化活动。大力传承红色文化，推进香山革命纪念地保护利用。[②] 加强文化产品内容营销，重点打造中国文化 IP，具体在打造城市文化品牌中，重点打造文化 IP，加强 IP 保护，扩大品牌传播范围。打造文化 IP，包括游戏 IP、文学 IP、形象 IP、动画 IP、个人 IP、小镇 IP 等，不断丰富 IP 概念，打造原创 IP 或传承创新老字号。加强 IP 保护，应编制文化创意产业引领区建设发展规划，加快北京文化产权交易中心建设，推动"文化 +"市场主体发展，加强文化综合执法，净化网络空间和文化市场环境。扩大品牌传播范围，通过产业融合，运用"互联网 +"思维，促进 IP 与影视、出版、动漫、游戏、在线教育、体育赛事等领域的融合发展，深度挖掘 IP 价值，提高影视精品的转化率和影响力。以 2019 年春节"进宫过大年"与"故宫中国节"活动为例，立足中国传统节日，运用多媒体展示、场景还原

---

① 张莉、陆洪磊：《影响国际议题报道的全球化和本土化因素的再思考——基于"一带一路"报道的比较研究》，《现代传播》（中国传媒大学学报）2018 年第 10 期。
② 《政府工作报告 30 问 | 北京 2019 年如何着力抓好文化中心建设》，https://baijiahao. baidu. com/s? id = 1622614093823670872&wfr = spider&for = pc，2019 年 1 月 14 日。

等多层次艺术与科技手段，再现传统喜庆的年节风俗，让人们在欢笑中体验传统节日蕴含的智慧与情感。

4. 探索内容与形式的中外合作道路

北京市的文化发展，需要从认同态度上放弃折中之路，以全面学习外来文化、对待本土文化采取先破后立的态度，站在局外人角度考虑北京市文化的精华与糟粕，①并做出适当的取舍；在文化深度上，脱离形式，探索文化"走出去"的深层影响因素，探索文化发展的内在意义，构建相应的理论体系，最终实现外来思想与北京市传统文化价值观的深度融合。以北京影视业为例，2018年，《红海行动》（博纳影业）、《唐人街探案2》（万达影视）以及中外合作的《巨齿鲨》（引力影视）的票房进入全球票房前15位。其中，《红海行动》和《唐人街探案2》91%的票房是国人贡献的，而《巨齿鲨》只有39%来自国内。《巨齿鲨》的成功，凸显了引力影视在文化"走出去"的过程中，中国元素与外国元素融合发展的新模式。文化国际化发展，已形成了固定的发展模式，北京文化想要快速融入，就需要放弃对传统形式及价值的固守，做到规避此前因盲目讨好中国观众而使中国元素不伦不类的尴尬局面。

5. 健全文化衍生产业

北京市文化产业与其他产业融合程度不高，应充分挖掘文化资源，紧扣"一带一路"倡议，把文化资源优势转化为经济优势、产业优势、发展优势。首先，要挖掘文化内涵，塑造主题产品。对于遗产遗迹类的文化产品而言，挖掘文化的深厚性与历史的连续性，并伴以或战争或浪漫的古代故事、诗词，增添文化的灵性；对于民俗类的文化产品而言，当地的生活习俗和现存的生活状态是主题产品的根本内涵。其次，要推陈出新，打造支撑产品。实现主题产品与体现体验性、参与性、娱乐性的主题公园和演艺产品类等支撑产品的同步发展，以杭州景区《宋城千古情》为典型范例。再次，要网状铺设，多点立足，打造辅助产品、关联产品。辅助产品以旅游节庆系列、

---

① 王冰冰、肖迎、王珊：《北京与东京近现代建筑文化认同比较》，《新建筑》2018年第3期。

特色餐饮系列、旅游纪念品系列、旅游标识解说系列等为主。关联产品以发展书籍、游戏、玩具、服饰、影视等为主。游戏和影视是最为突出的关联产品，书籍、玩具、服饰等还有待进一步开拓。最后，要结合现代新兴发展元素，实现产业升级。从"文化"到"文化+旅游"再到"文化+旅游+科技"，发挥北京科技发展优势，为游客带来更新颖、智能的体验和更高效、贴心的服务。①

五　本章小结

北京市在推动"一带一路"建设中的文化交流方面，应发挥新闻信息服务、内容创作生产、创意设计服务以及文化传播渠道等文化硬实力的作用，并利用文化软实力，提升文化的凝聚力和影响力。通过均衡文化硬实力与文化软实力，打造文化品牌，缩短文化距离，强化北京市"文化中心"地位，发挥北京市在"一带一路"建设中的"文化交流"功能。

北京是全国文化发展的标杆，在"一带一路"背景下，北京文化中心建设对促进"一带一路"建设中的人文交流具有不可替代的作用。北京文化中心建设存在国际传播能力不足、文化交流内容中外融合深度不够、文化产业融合不足等问题，严重阻碍了北京"文化中心"的国际影响力提升。本章针对现存问题，从加强与友好城市交流、构架话语沟通体系、做大做强文化IP、探索内容与形式的合作道路、健全文化衍生产业等方面提出具体建议。

本章主要参考文献

陈昊、陈小明：《文化距离对出口贸易的影响——基于修正引力模型的实证检验》，

---

① 《"创意设计+"如何提高旅游产品文化附加值?》，https：//mp. weixin. qq. com/s/8AG1RI1o5i0lzYt30Exj6A，2016 年 6 月 20 日。

《中国经济问题》2011 年第 6 期。

陈立旭：《中国公共文化体制的改革创新历程审视》，《浙江学刊》2017 年第 2 期。

洪晓楠、蔡后奇：《文化强国"五力互动"论纲》，《江海学刊》2019 年第 3 期。

李萌：《基于文化创意视角的上海文化旅游研究》，复旦大学博士论文，2011。

李倩倩、李瑛、刘怡君：《"一带一路"倡议海外传播分析——基于对主要国际媒体的文本挖掘方法》，《情报杂志》2019 年第 3 期。

刘明君、郑来春、陈少岚：《多元文化冲突与主流意识形态建构》，中国社会科学出版社，2008。

刘晓光、杨连星：《文化贸易存在进口引致出口吗——基于中国文化产品出口二元边际分析》，《经济理论与经济管理》2018 年第 3 期。

曲如晓、韩丽丽：《中国文化商品贸易影响因素的实证研究》，《中国软科学》2010 年第 11 期。

尚宇红、崔惠芳：《文化距离对中国和中东欧国家双边贸易的影响——基于修正贸易引力模型的实证分析》，《江汉论坛》2014 年第 7 期。

沈红宇：《当代中国文化软实力问题研究》，中共中央党校博士论文，2013。

沈珺、邵培仁：《整体全球化与中国传媒的全球传播》，《当代传播》2019 年第 1 期。

唐世鼎：《构建"一带一路"媒体国际合作新格局——以"丝路电视国际合作共同体"为例》，《中国广播电视学刊》2018 年第 9 期。

王冰冰、肖迎、王珊：《北京与东京近现代建筑文化认同比较》，《新建筑》2018 年第 3 期。

王继周、马亚芳：《从"话语权削弱"到"流动的倾向性"：BBC"一带一路"议题建构研究》，《新闻与传播评论》2019 年第 4 期。

吴素梅、李明超：《国际友好城市参与中国—中东欧合作研究》，《上海对外经贸大学学报》2018 年第 2 期。

夏德元、宁传林：《"一带一路"新闻传播问题研究现状及热点分析——基于文献计量、共词分析与 SNA 方法》，《当代传播》2018 年第 1 期。

谢孟军：《文化能否引致出口："一带一路"的经验数据》，《国际贸易问题》2016 年第 1 期。

尹璐璐：《提升国家文化软实力的路径探析》，《学理论》2019 年第 6 期。

尹轶立、刘澄：《文化距离对中国与"一带一路"沿线国家双边贸易往来的影响——基于 1993～2015 年跨国贸易数据的实证》，《产经评论》2017 年第 3 期。

〔英〕泰勒：《原始文化》，连树声译，上海文艺出版社，1992。

臧新、林竹、邵军：《文化亲近、经济发展与文化产品的出口——基于中国文化产品出口的实证研究》，《财贸经济》2012 年第 10 期。

张莉、陆洪磊：《影响国际议题报道的全球化和本土化因素的再思考——基于"一带一路"报道的比较研究》，《现代传播》（中国传媒大学学报）2018 年第 10 期。

郑义、林恩惠、戴永务：《文化距离对中国木质家具出口贸易的影响》，《林业经济问题》2017 年第 6 期。

周萍萍：《友好城市交流的东京经验与提升北京文化软实力的对策研究》，《教育现代化》2016 年第 7 期。

Hofstede G. , "Cultural Dimensions for Project Management," *International Journal of Project Management*, 1983, 1 (1).

Linders, G. M. , Slangen, A. , De Groot, H. L. F. and Beugelsdijk. S. , "Cultural and Institutional Determi-nants of Bilateral Trade Flows," Tinbergen Institute Dis-cussion Paper, No. TI 2005 – 074/3, 2005.

Zhou M. , "Intensification of Geo-cultural Homophily in Global Trade：Evidence from the Gravity Model," *Social Science Research*, 2011, 40 (1).

第九章 北京参与并推进"一带一路"建设的战略布局

中国提出"一带一路"倡议，作为首都，北京市应发挥模范带动作用，从适宜自身发展角度，探索推动"一带一路"建设的发展模式。《北京市推进共建"一带一路"三年行动计划（2018～2020 年)》（以下简称《"一带一路"行动计划》）明确提出北京市应如何参与并推进"一带一路"建设。本章将在分析《"一带一路"行动计划》实施状况以及遇到的问题基础上，从文化、科技等领域助力"一带一路"建设的同时促进自身经济发展的角度出发，对北京市如何参与和推动"一带一路"建设提出建议。

一 发展原则

北京市参与并推进"一带一路"建设，应坚持发挥首都核心功能，推动国际经济平稳发展；应坚持市场主导，政府引导，多方参与；应坚持统筹布局，协同推进经济发展。要进一步发挥开放引领、辐射带动、交流互鉴、保障有力的服务平台作用，当好国家"一带一路"建设中的"排头兵"，推动共建"一带一路"。

发挥首都核心功能，推动国际经济平稳发展。坚持"首都首善"标准，突出首都的政治、科技、文化、人才和便捷的基础设施等综合优势。充分发挥首都优势，把服务"一带一路"建设与"四个中心"、具有全球影响力的科技创新中心等战略紧密结合起来，发挥战略叠加效应，承接一批国家重大功能性载体，打造一批开放型合作平台，增强要素集聚和辐射能力，为北京建设国际一流的和谐宜居之都注入新动力。

市场主导，政府引导，多方参与。用好国际国内两个市场、两种资源，充分发挥市场在资源配置中的决定性作用，强化企业主体作用；强化政府在"一带一路"经济发展中的引领作用，以全球视野优化区域资源配置；充分发动企业、高等院校和科研机构广泛参与，调动民间组织、行业协会等社会力量的积极性，形成合力，共同参与"一带一路"建设。

统筹布局，协同推进经济发展。强调政策、文化、科技全方位引领作用，聚焦"一带一路"建设。充分尊重"一带一路"相关国家发展需求，积极加强与相关国家政策法规的协调对接，增进政治互信；积极推动人文交流，促进民心相通；积极对接与相关国家的科技发展战略，共享科技成果和科技发展经验。共同推动贸易畅通，促进"一带一路"经贸合作。

二　行动路径

"一带一路"建设的目的，是实现"一带一路"沿线国家经济发展，促进国际区域发展平衡。北京市参与并推进"一带一路"建设，旨在通过北京市自身区位优势，促进自身发展、中国区域再平衡发展和"一带一路"沿线国家的共同繁荣。因此，要结合北京市"四个中心"发展规划，使其与"一带一路"发展需求相匹配；要发挥北京市的政治中心功能，增进"一带一路"沿线国家政治互信；要发挥北京市的文化中心功能，促进"一带一路"沿线国家民心相通；发挥北京市的科技中心功能，促进"一带一路"沿线国家科技成果和科技发展经验的共享；发挥北京市的国际交流中心功能，促进北京市国际交流平台的搭建。

政治互信是以"相信对方不是威胁"为核心，构建以基于平等合作的身份互信、谋求互利共赢的利益互信及致力于和平发展的行为互信为内容的有机整体。[1] 习近平总书记强调，政治互信就是要"减少相互猜疑，求同存

---

[1]　李梦：《"一带一路"倡议下中国与湄公河国家的政治互信问题研究》，华中科技大学硕士论文，2018。

异、和睦相处",① "不把自己的意志强加给对方"。② 北京作为国家政治中心,加强"一带一路"建设的政治互信,助力双边政治和谐关系的形成,是北京市参与并推动"一带一路"建设的核心内容。

国之交在于民相亲,民相亲在于心相通。民心相通,以文化交流为根基。《北京蓝皮书:北京文化发展报告(2018~2019)》指出,在中国内地一线城市中,北京的城市文化竞争力、文化影响力、形象传播影响力、文化创意度和文化创新活力度均位居第一。因此,为促进中国与"一带一路"沿线国家的民心相通,发展首都文化软实力和国际影响力成为重要内容。

《中国区域科技创新评价报告2018》指出,北京市综合科技创新指数为84.83,排名第二,显著高于全国平均水平(69.63 分)。北京作为我国最大的科研基地、高等教育基地和最大的科技人才聚集之地,不仅拥有"三城一区"全国科技创新中心,而且拥有北大、清华、人大、北航、北理工、北师大等90 多所知名高校。高教综合实力位居全国第一,为科技发展提供了源源不断的动力。科技创新在"一带一路"互联互通建设中具有支撑作用,因此,科技发展,不仅是北京市的优势,也是北京市参与并推进"一带一路"合作的重要合作内容。

北京市作为中国的首都,不仅是国内重要活动、会议的聚集地,也是中国的对外交往门户。完善北京市对外交往平台,是北京市加强与"一带一路"沿线国家交流交往的重要窗口。北京市国际交流中心功能,是中国加强与"一带一路"沿线国家沟通交流的重要平台。

北京市参与并推进"一带一路"建设,积极发挥北京市政治中心、文化中心、科技中心和国际交往中心的首都功能,服务"一带一路"建设。北京服务于"一带一路"建设,以政治互信为基础,以人文互通为支撑,以科技发展为动力,以加强国际交流建设为载体,以促进经济协调发展为目标,共同构建中国与"一带一路"沿线国家的新格局。

---

① 习近平:《习近平谈治国理政》,外文出版社,2014。
② 习近平:《习近平谈治国理政》(第二卷),外文出版社,2017。

三　发展模式

发展模式是一个国家或地区在特定的现实场景中，基于经济发展基础、资源要素享赋、文化意识形态、政策支撑体系等综合因素，呈现出的不同特点和效果。北京市参与并推进"一带一路"的发展模式，应以发展北京市"四个中心"为原则，坚持以"政治互信""文化交流""科技交流"为抓手，努力为"一带一路"建设带来新机遇。

（一）强化政治互信

2014 年 2 月，习近平总书记在视察北京时强调，"看北京首先要从政治上看"，这句话蕴含着北京作为社会主义大国首都的政治属性，为党和国家站好岗、放好哨的政治责任，各项工作当好首善的政治标准。学术界对国际关系行为体之间的政治互信关系大致分为四个层次：一是稳步的经贸关系；二是外交关系机制化和深化；三是安全观的良性互动，特别是双方对对方军事战略意图的良性认知；四是相同或相似的价值观或认同。这是一种从物质到文化、从低级到高级层次递进的过程。全球化趋势促使经贸稳步发展得到了保障，外交关系机制化和深化、安全观的良性互动以及相同或相似价值观或认同，是北京参与并推动"一带一路"建设的政治目标。衡量中国与"一带一路"沿线国家政治互信水平，可从国际关系中的双边政治和双边安全两个角度进行分析。

1. 完善政治服务功能

政治关系是双边关系的关键，加强双边政治对话，可以加速双边发展进程，拓宽双边合作领域，为经济快速发展营造良好政治生态。双边政治关系一般从高层互访、伙伴关系、双边投资协定、政治冲突这四个角度进行分析。[①] 因此，

---

① 张倩、李芳芳、程宝栋：《双边政治关系、东道国制度环境与中国 OFDI 区位选择——基于"一带一路"沿线国家的研究》，《国际经贸探索》2019 年第 6 期。

北京市推动"一带一路"沿线国家政治互信，应积极主动创造条件，以"四个服务"为目标，完善政治服务功能，为加深高层互访、加强伙伴关系、积极推动双边投资合作、维护政治稳定铺平道路。

随着外交内涵和外延的不断拓展，我国领导人出访或别国领导人来访的次数和频率不断增加。高层互访为本国所带来的利益和成效是非常可观的，往往是友好关系或战略合作伙伴关系确立、多领域合作性文件签署、互通有无的重要时机。例如，2017 年 5 月 13 日，国家主席习近平在钓鱼台国宾馆会见匈牙利总理欧尔班，宣布两国建立全面战略伙伴关系；2018 年 6 月 6 日，国家主席习近平在人民大会堂同吉尔吉斯斯坦总统热恩别科夫举行会谈。两国元首一致同意建立中吉全面战略伙伴关系，翻开两国友好合作新篇章。

北京市作为首都，是高层互访的主场地，也是备受世界媒体和舆论关注的政治交往和政治活动中心，其一举一动、一言一行不仅对全国具有很强的示范效应，还是其他国家了解中国的重要窗口，因此，建设好国际交往中心，为党和国家重大外交外事活动提供优质保障，是首都功能赋予北京的重大使命。北京市有责任也有能力为高层互访做好服务保障工作，支撑国家政务活动，北京当地良好的经济、文化、创新氛围，也能够为高层互访效果提供有力支撑。"一带一路"上的北京首都城市朋友圈更为中国与"一带一路"各国高层的密切交往和国家战略合作伙伴建立提供了基础。例如，应习总书记邀请，奥地利总统亚历山大·范德贝伦于 2018 年 4 月 7～13 日对我国进行国事访问，其间还参观了故宫等地，我国丰富的文化遗产和经济强劲增长给他留下了非常深刻的印象。同时，鉴于北京 2022 年将举办冬奥会，奥地利希望参与其中，这为中奥之间合作提供了特别的机会，此次访问为中奥两国各领域合作打下了坚实的互信基础。同时，北京也有责任自觉服从服务国家发展大局，确保党的路线方针政策和各项决策部署在北京落地生根，如积极对接服务 APEC 会议、"一带一路"国际合作高峰论坛，亚投行、丝路基金总部相继落户北京。

为了更好地完善政治服务功能，北京市需要加强总体部署和统筹协调，提前做好规划设计，预留发展空间，优化布局重大外交外事活动区、国际会议会展区、国际旅游区、国际组织集聚区等国家交往功能区；① 不断完善专业化、常态化的运行服务保障机制，加强运营团队建设，提高涉外服务设施和城市综合运行服务保障能力；借助文化中心、创新中心等功能，持续优化软硬件环境，打造文化之都、创新名市；积极推动中国与"一带一路"沿线国家的双边投资协定签署工作，在做好首都规划重要参与者、首都基础设施建设具体实施者的同时，积极承担中央精神的坚决贯彻者、中央决策的重要"试验田"和全国政治建设的示范引领者的角色；② 进一步发挥北京在服务业扩大开放、科技创新、营商环境优化等方面的优势，深化基础设施、科技创新、文化交流合作，不断扩大在"一带一路"沿线国家的国际首都朋友圈，促进城市间友好往来，进一步巩固中国与"一带一路"沿线国家所建立的战略伙伴关系，在交往过程中积极推动和平发展，在面对危机和政治冲突事件时，选择理性对待，以和平方式解决政治冲突。

2. 助力双边政治安全

安全是人类生存和发展的基本需求。政治安全是指政治体系处于受保护状态，从而能够免受、防止和排除危险或将危险降至最低程度。而保障政治安全，就要维护好政权安全，维护好政治制度安全，维护好意识形态安全。③ "一带一路"倡议的提出起源于古丝绸之路，并延续着以"和平合作、开放包容、互学互鉴、互利共赢"为核心的丝路精神，这种精神将持续推动着秩序朝着更加公正合理的方向发展，其中和平合作是首要精神。

在"一带一路"倡议提出之初，也出现过很多质疑的声音。对新生事物的认识和评价，应该用事实来说话。在"一带一路"倡议实施的六年多里，各国都是完全本着自主自愿、共商共建共享、循序渐进的原则来开展合

---

① 中共北京市委党史研究室、武凌君：《北京市改革开放 40 年的成就、经验与展望》，《北京党史》2018 年第 6 期。
② 曹悦、晓文：《新中国成立初期政治中心建设中北京角色作用探析》，《北京党史》2015 年第 1 期。
③ 周美雷：《以首善标准建设大国政治中心》，《前线》2019 年第 5 期。

作，且"一带一路"给参与的各国民众都带来了实实在在的好处。和平稳定发展，是"一带一路"相关国家共同致力的重要国际使命。在不断深入的交流沟通过程中、在各种形式的合作机制不断建立过程中，各方都深刻认识到，增强政治互信是推动互利合作、加快经济一体化、实现共同发展和繁荣的前提条件，这实际上增强了双边政治安全和地区稳定。而北京作为首都，面对这些质疑的声音，更应该发挥其作为国际交往中心的功能，搭建"一带一路"相关信息的共享平台，共建"一带一路"伙伴网络，帮助世界各国人民充分了解、及时获取有关"一带一路"进程的各种消息。但与此同时还要确保网络意识形态安全，2019年6月，北京市发布了《国家网络安全产业园区发展规划》，明确指出，北京市将建立国家安全产业园区，作为国家网络安全战略支撑基地、国际领先的网络安全研发基地，承担网络安全核心技术突破、国际交流合作和产业政策创新等任务，① 为"一带一路"沿线各国在保障网络意识形态安全的同时进一步增强政治互信提供技术支撑。

"一带一路"倡议涉及国家众多，各层面、各领域的合作如火如荼，但在长期的双边关系和合作中难免会出现一些问题和摩擦。而若想让所涉及的国家主体能够通过坦诚对话和协商逐步妥善解决，对重大问题形成共识，共同担负起维护地区和平稳定的重要责任，政治互信是前提。"一带一路"所倡导的政治互信，是以对话合作来塑造安全与发展环境。北京应当坚持首都意识，始终与党中央保持一致，向中央看齐。在我国与"一带一路"沿线国家探索和建立政治互信机制过程中，发挥好引导带头作用。

北京市应在新时代、新环境、新形势下，加强国家的国际话语权，敢发声、多发声、巧发声，消除抹黑中国的言论，准确向"一带一路"国家、向世界传播国内国际安全情势。作为全国政治中心，北京市需要发挥表率带头作用，在全面对外开放条件下积极加强国际传播能力，构建安全话语体

---

① 《北京三区合力打造国家网络安全产业园区》，http：//www.cac.gov.cn/2019－12/12/c_1577686235707359.htm，2019年12月12日。

系，通过提高传播技术、疏通传播渠道，营造积极的国际传播环境。同时，应发挥全国文化中心功能，在向国际发声的同时，注重言辞文本，关注目标对象的文化差异、历史关系，根据特定语境、特定目标任务、特定话语群体，针对性地选择话语表达方式和媒介渠道。

（二）加强文化交流

相较于使用强硬的军事力量，国际文化交流的发展是构筑一个拥有文化多元且相互尊重、相互认同、达成多方理解并提升国际对话能力的和平世界的关键。北京市推动"一带一路"文化交流，应注重文化"引进来"和"走出去"。通过积极融入国际文化，推动文化在"引进来"的过程中，注入中华文化，向世界发声；通过打造北京文化品牌，促进文化"走出去"。

1. 融入国际文化

文化交流，不仅包括打造中国式文化品牌，还包括文化的"引进来"，对国际文化赋予中国色彩，在世界范围内打造适应市场规律的个性化品牌，运用集体智慧合力传达中国声音。冬奥会、冬残奥会和世园会都是国际重要活动，如何在弘扬国际文化中传承中国本土文化，成为北京市促进文化交流的重要内容。

在加强文化交流方面，北京市充分发挥自身优势，主动承接国际重大活动，积极引入国际文化，并通过将本土特色与国际文化融合，实现北京文化、中国文化走向世界。北京市在迎接国际奥林匹克运动会期间，多处融入中国文化特色，凸显中华精神，促进了中国与国际文化的交流与融合。现代奥林匹克运动会（包括冬奥会和冬残奥会①）是社会文明进步阶段的产物，是城市乃至国家发展的加速器。为了办好 2022 年北京冬奥会、冬残奥会，北京市以四个坚持为原则——坚持绿色办奥、共享办奥、开放办奥、廉洁办奥，充分体现了"中国精神"。其中，坚持绿色办奥方面，通过加强冬奥会

---

① 1988 年起，冬季和夏季奥运会的残疾人比赛项目被列为永久性项目；申办奥运会的城市，必须同时申办残奥会；奥运会后一个月内，在奥运会举办城市的奥运场地上举行残疾人奥运会。

期间的绿色供电,实现全部场馆由城市绿色电网全覆盖,通过全场馆采用耐候钢为骨架结构,实现建筑材料的环保与安全。坚持共享办奥方面,北京市通过推动举办市民快乐冰雪季、"健康河北·欢乐冰雪"等系列文体活动,带动更多群众特别是青少年参与冰雪运动,加快冰雪运动发展和普及,使广大人民群众受益。坚持开放办奥方面,北京市通过吸收借鉴北京奥运会和其他国家的办赛经验,以举办国际赛事为契机,吸引国际目光关注北京特色文化,了解中国文化精髓,并与国外文化相结合,推动中国文化走向世界。坚持廉洁办奥方面,北京市通过严格管控预算与成本,加强监督与管理,实现社会资源优化配置。通过冬奥会、冬残奥会的各项设计,充分展现中国文化的魅力。例如,2022 年北京冬奥会吉祥物"冰墩墩",以国宝熊猫为原型进行设计创作,将熊猫形象与富有超能量的冰晶外壳相结合,体现了冬季冰雪运动和现代科技特点;冬残奥会吉祥物"雪容融",则以灯笼为原型进行设计创作,代表着收获、喜庆、温暖和光明,顶部的如意造型象征吉祥幸福,和平鸽和天坛构成的连续图案寓意和平友谊。张家口赛区的"雪如意"跳台滑雪场地的剖面 S 形创意,取自中国传统吉祥饰物"如意"的 S 形曲线,是对中国文化的独到表达。

积极承办世园会,不仅能带动当地经济、社会发展,推动周边道路交通基础设施建设,还将带动周边旅游产业发展。北京市通过举办世园会,将中国元素融入世园会,向世界展现了"中国气质"。北京世园会中国馆的展陈理念"生生不息、锦绣中华"是中华文化融入自然景观和建筑作品的诗意表达。通过展示远古时代人们巢居和穴居的生活方式,向世界传达中国的田园文化和农耕文化价值观。北京世园会期间,共举办 3284 场中西交融、精彩纷呈的文化活动,吸引了 934 万名国内外观众。尤其是由北京世园局发起录制的 10 集大型纪录片《影响世界的中国植物》于 9 月 13 日中秋之夜正式上线播出,成为中国植物界重要的影像工程和文化符号,以及北京世园会宝贵的绿色遗产。①

---

① 《北京世园会:永不落幕的全球"绿色盛会"》,http://news.anhuinews.com/system/2019/10/10/008249321.shtml,2019 年 10 月 10 日。

2. 打造文化交流品牌

北京不仅传承了中华五千年的优秀文化，也肩负着文化"走出去"的重要任务。"紫禁城里过大年""北京国际图书博览会""世界旅游城市联合会""留学北京""北京中医"等都是北京特色文化品牌。如何利用北京优势打造文化品牌，成为北京促进"一带一路"文化交流的重要内容。

北京市作为全国文化中心，在承接文化交流功能的过程中，应充分发挥引领带动作用，以 2019 年"紫禁城里过大年"系列活动为例。从 1 月 7 日至 4 月 7 日，885 件（套）年味文物，将整个故宫展区装点成文化展示的场所，不同主题充分展现了中华民族历代相继的传统礼俗，不仅吸引了大量游客，还加深了国外游客和媒体对中华文化的理解。2 月 18 日，外交部新闻司和故宫博物院联合为外国驻华记者举办"紫禁城里过大年"活动，参与人数达百余人。①

第 26 届北京国际图书博览会于 2019 年 8 月 21～25 日在京举行，95个国家或地区的 2600 多家出版商参展，举办了 1180 余场文化活动，参观人数达 32 万人次。北京国际图书博览会规模浩大，影响人数众多，不仅推动了国内企业对国外市场的了解，还将中国的文化通过图书交流方式，传达到国外。博览会期间达成中外版权贸易协议 5996 项，同比增长5.6%。② 北京国际图书博览会作为北京市推动中国文化走向世界的另一种途径，通过不断完善品牌内涵，将其打造成为具有中国特色的世界文化品牌。

世界旅游城市联合会由北京倡导发起，并于 2012 年 9 月 15 日在北京成立。联合会的建立，旨在推动旅游城市、相关机构间的交流合作，促进旅游业持续增长。截至 2017 年，会员单位已从创立之初的 58 个增加到 192 个，其中城市会员 128 个，机构会员 64 个。世界旅游城市联合会是世界首个以

---

① 《外交部新闻司举行外国记者"紫禁城里过大年"活动》，https://www.fmprc.gov.cn/web/wjdt_674879/sjxw_674887/t1639085.shtml，2019 年 2 月 19 日。

② 《过去一周，"一带一路"发生了这些大事（8 月 26 日～8 月 30 日）》，https://www.yidaiyilu.gov.cn/xwzx/gnxw/101818.htm，2019 年 8 月 30 日。

城市为主体的全球性国际旅游组织。① 北京市应办好香山旅游峰会,将世界旅游城市联合会打造成为吸引国外伙伴了解中国的重要途径,提高国内城市在国际的曝光率,打造北京城市旅游金名片,加深国外对于北京、中国文化的了解,树立中国印象。

北京市积极打造"留学北京"品牌,努力建成全球主要留学中心和世界杰出青年向往的留学目的地。北京市已推出了"'一带一路'外国留学生奖学金""国际合作与交流—2017 年外国留学生奖学金"两大留学教育支持政策,以吸引更多优秀的"一带一路"沿线国家学生来京学习,推动北京市与"一带一路"沿线国家的教育交流与合作,促进互联互通和民心相通。市教委 2017 年项目支出预算表显示,北京市"国际合作与交流—2017 年外国留学生奖学金(市级)"安排 3500 万元,是"一带一路"奖学金的 3 倍多。② 北京市高校优势和科研机构优势明显,是全国重要的接收留学生的窗口。留学生补助政策的推出,有效增强了留学生来京留学的意愿。同时,北京对留学生教育内容及教育结构进行了进一步优化,促使留学生真正融入国内文化,感受中国文化魅力,促进中国文化走出国门。

北京市积极打造"北京中医"品牌,积极与国际进行中医交流,努力推动中医"走出去"。自 2016 年初北京市中医管理局与西班牙加泰罗尼亚自治区政府签署合作协议启动项目以来,欧洲中医药发展促进中心与巴塞罗那大学合作已成功培养三届中医学硕士,开创了欧盟中医学硕士学位的先河。2018 年 5 月 30 日,在第五届中国(北京)国际服务贸易交易会丝路大使话中医活动上,波黑大使表示,波黑建有的传统医学疗养中心,希望能与欧洲中医药发展促进中心增进交流合作,共同保护传统医药。2019 年 1 月17 日在京组织召开中国—西班牙传统医学科技合作研讨会,双方参会机构代表发布《中国—西班牙传统医学科技合作倡议书》。"欧洲中医药发展促

---

① 王漪、王梅霖:《世界旅游城市联合会:为世界旅游业发展注入新活力》,《投资北京》2017 年第 9 期。

② 《北京 14 所市属高校设"一带一路"留学生奖学金,预算总额 775 万元》,https://www.yidaiyilu.gov.cn/xwzx/dfdt/8692.htm,2017 年 2 月 18 日。

进中心"不仅促进了"北京中医"走进欧洲，还提升了中医药的国际号召力和影响力。2019 年 8 月 27 日，中国—缅甸中医药中心在缅甸曼德勒揭牌，该中心旨在推动中医药与缅甸传统医药共同发展。[①] 2019 年 9 月 2 日，"中国—马达加斯加中医中心"项目协议签署仪式在马达加斯加首都塔那那利佛举行，此次中医中心项目合作，将为传播中医药文化、提高马达加斯加中医诊疗水平创造更好的条件，也将为促进两国传统医学交流、加强卫生健康领域合作贡献力量。[②] 2019 年 9 月 6 日，中共中央政治局委员、中央军委副主席张又侠与塞尔维亚国防部长武林举行了正式会谈，双方签署了关于在塞军事医学院合作开设中医中心的谅解备忘录等文件。[③]

（三）加强科技交流

北京市科技创新全国领先，应发挥在"一带一路"建设中的科技引领作用，通过立足具有全球影响力的全国科技创新中心建设，落实国家"一带一路"科技创新合作行动计划，推动国际科研与国际科技合作；通过强化"知识产权保护"，促进"一带一路"沿线国家科技成果和科技发展经验的共享，进而以科技创新引领"一带一路"建设。

1. 加强国际科技和科研合作

深化科研机构间的合作，鼓励基础研究国际合作、促进科研人才协同创新、实现各国优势互补、解决人类共同难题，是推动各国和地区科学繁荣、人文交流、民心相通的有效手段，为将"一带一路"建成和平之路、繁荣之路、开放之路、创新之路、文明之路做出积极贡献。[④] "中白工业园"、

---

① 《中国—缅甸中医药中心在缅揭牌》，http：//www. satcm. gov. cn/hudongjiaoliu/guanfangweixin/2019 - 09 - 02/10713. html，2019 年 8 月 30 日。

② 《中国与马达加斯加签署中医中心项目协议》，http：//www. satcm. gov. cn/hudongjiaoliu/guanfangweixin/2019 - 09 - 04/10779. html，2019 年 9 月 30 日。

③ 《武契奇："一带一路"给塞尔维亚带来巨大机遇》，https：//www. yidaiyilu. gov. cn/xwzx/hwxw/102618. htm，2019 年 9 月 30 日。

④ 杨卫：《基础研究是推进科学技术进步的关键》，http：//news. sciencenet. cn/htmlnews/2017/7/381213. shtm，2017 年 7 月 3 日。

"一带一路"国际科学组织联盟、"技术转移南南合作中心"和"中国——南非矿产资源开发利用联合研究中心"等的组建或成立,都是北京市推动"一带一路"科技发展的重要内容。

由中白两国元首倡导、中工国际于 2010 年与白俄罗斯共同发起、承建并参与运营的中白工业园是中国在海外开发面积最大、合作层次最高的经贸合作区,已成为"一带一路"的标志性项目。2019 年 4 月 13 日,中关村驻白俄罗斯联络处揭牌仪式在中工国际白俄罗斯代表处举行。中关村驻白俄罗斯联络处由中关村科技园区管委会授权中工国际白俄罗斯代表处设立,是中关村在俄语地区设立的第一个联络处。中关村联络处的设立是对中工国际多年深耕白俄罗斯市场并成功开发建设中白工业园的充分认可,对加强中工国际与中关村之间的长期合作与交流具有重要意义。①

2018 年 11 月 6 日,"一带一路"国际科学组织联盟(ANSO)成立,是首个在"一带一路"倡议框架下由沿线国家科研机构和国际组织共同发起成立的综合性国际科技组织,支持约 700 名相关国家青年科学家来华开展短期科研,并筹备建设首批"一带一路"联合实验室等。② 2019 年 7 月 19 日,俄罗斯科学院院长谢尔盖耶夫与中国科学院院长白春礼在莫斯科签署了《中国科学院和俄罗斯科学院科学、科研创新合作路线图》(以下简称《路线图》)。《路线图》表明,双方将在"一带一路"国际科学组织联盟框架内开展合作,共同支持 ANSO 各项活动,以增强其全球影响力并确保联盟成员的实际利益。

2018 年 9 月 14 日,北京矿冶科技集团有限公司与南非首个联合研究中心揭牌成立。该中心致力于促进中国与南非在矿业领域的科技创新合作,加强采矿人才培养,促进成果转化。2019 年 9 月,联合国南南合作日纪念大会暨"技术转移南南合作中心"揭牌仪式在联合国驻华代表处(北京)隆

---

① 《中关村驻白俄罗斯联络处揭牌仪式举行》,http://www.camce.com.cn/cn/xwzx/gsxw/201904/t20190416_210766.htm,2019 年 4 月 16 日。

② 《2019 年全国科技工作会议在京召开　部署推进十项重点任务》,http://kw.beijing.gov.cn/art/2019/1/10/art_46_76089.html,2019 年 1 月 11 日。

重举行。中心旨在通过构建技术转移平台和数据库，将中国技术创新经验，精准对接南南合作伙伴的发展需求，推动南南合作伙伴可持续发展。

中关村科技园区是中国首个国家级自主创新示范区，已形成"一区十六园"的发展格局，培育了大批国际知名企业，是园区开发运营的领军者，成为中国创新发展的一面旗帜，在国内和国际具有极高的知名度和影响力。北京市推动"一带一路"建设，应发挥中关村品牌优势，加强与"一带一路"科技强国的科技合作；同时也应发挥中关村科技发展优势，加强对"一带一路"欠发达地区的科技扶持，提升基础科技能力。联盟、中心的成立，为沿线国家开展科技合作提供了平台，不仅可以加强国家间科技的交流，通过锁定重大科技目标服务"一带一路"民生发展、社会进步，还可以通过联合培养基础科技人才，快速提升科技薄弱地区的科技水平。以绿色发展为例，"一带一路"国际科学组织联盟，可合力向绿色发展方向迈进，快速突破循环发展瓶颈，实现"一带一路"沿线国家整体的可持续发展。

2. 强化知识产权保护

知识产权保护是有效保护国家在国际贸易及合作中产权优势的基础和关键。只有在合理的知识产权保护下，国家才能在知识创新产业方面取得快速发展，是在"一带一路"倡议实施过程中维持自身经济和文化地位的根本所在。①《2018 中国企业知识产权竞争力百强榜》② 显示，中国知识产权竞争力百强企业中北京市（27 家）、广东省（15 家）、浙江省（9 家）、江苏省（9 家）、山东省（7 家）上榜企业最多，六成以上的上榜企业都来自这些地区。北京市应发挥知识产权优势，提升"一带一路"沿线国家整体的知识产权保护意识，促进科技进步，实现经济发展。

2016 年 7 月，中国在北京举办了"一带一路"知识产权高级别会议，并通过了《加强"一带一路"国际知识产权领域合作的共同倡议》。2017 年 5 月，中国在北京举办第一届"一带一路"国际合作高峰论坛，与世界

---

① 何颖旎：《"一带一路"倡议下知识产权保护的中国选择》，《法制博览》2019 年第 25 期。
② 《〈2018 中国企业知识产权竞争力百强榜〉发布》，http：//www.cneip. org.cn/html/246/ 30376.html，2018 年 11 月 9 日。

知识产权组织签署了《中华人民共和国政府和世界知识产权组织加强"一带一路"知识产权合作协议》。2019 年 8 月 21 日,国家市场监管总局与德国联邦经济和能源部在北京续签《关于计量合作的协议》,指出双方将进一步加强在两国法制计量领域的合作,扩大双边计量互认。

知识产权保护不能"一刀切",北京市在发挥知识产权保护方面的带头作用的时候,应切实考虑不同产业类型的企业对知识产权保护的接受能力。[①] 对于知识产权密集型企业(如新兴产业),若处于创新输出阶段,可以积极与国外高科技企业寻求合作,在合作中加强知识产权保护,将知识产权转为企业发展的内生动力;对于知识产权保护薄弱的企业,若处于创新输入阶段,应加强自主创新能力,同时积极与南南伙伴合作,在共同实践中促进科技创新。

四　保障措施

在北京市建设国际大都市的趋势下,对不断完善专业化、国际化、常态化的运行服务保障机制提出了需求,亟须培育国际一流的高质量服务团队、建设国际一流的高水平服务平台。通过拓展国际交流新空间,提升国际服务能力,打造国际交流新高地;加快国际城市网络建设,融入国际交流网络。

(一)打造国际交流新高地

北京市应通过拓展国际交流新空间,提升国际服务能力,打造国际交流新高地。通过加快建设国际会议和会展场所,规划建设好雁栖湖国际会都扩容、国家会议中心二期等重点工程;完善北京大兴国际机场全球航线布局,落实好第四使馆区规划建设,拓宽和优化国际交往空间布局。高质量服务保障"一带一路"重大国际会议等重要外事活动。

---

① 唐卫红:《知识产权保护对技术创新方式优化研究——基于对我国高技术产业行业面板数据的分析》,《价格理论与实践》2019 年第 9 期。

雁栖湖国际会都立足于服务国家顶层国际交往，以举办全流程主场外交活动核心承载区为定位，以服务首都国际交往中心为目标。怀柔区圆满完成了第二届"一带一路"国际合作高峰论坛的服务保障任务，进一步擦亮了雁栖湖国际会都这张"金名片"。雁栖湖国际会都扩容还需继续，通过深入研究会都及周边产业发展，在会议会展、商务休闲、旅游度假等发展上下功夫，整合周边资源，完善配套服务，促进消费升级，更好推动区域发展。

国际会议具有广泛的国际影响力。承办国际会议，不仅可以带动地方经济，还可以提升承办地区的国际影响力。北京国际会议中心充分发挥了服务首都"四个中心"建设的功能，圆满承接了"一带一路"国际合作高峰论坛、国际刑警组织第86届全体大会等活动。随着中国国际地位的提升，以及北京市"国际交往中心"定位的进一步明确，北京作为全球国际会议承接地的地位将不断凸显，因此亟须对国际会议中心进行扩容。北京市作为文化交流中心，在提升服务国际会议能力的同时，应致力于打造北京的国际会议品牌。[1] 通过邀请国外目标群体，加强国内外双向交流，扩大北京的国际影响力。

被誉为"新世界七大奇迹"之一的北京大兴国际机场于2019年9月25日正式投运。大兴机场运营后，将连接天津、石家庄民用运输机场，建设京津冀世界级机场群。大兴机场临空经济区规划成为继机场建设之后的又一大发展重点，应充分发挥国际交往中心功能承载区、国际航空科技创新引领区和京津冀协同发展示范区三大功能区作用。临空经济区拥有"空港＋口岸＋航权＋跨境＋保税＋自贸"等叠加优势，[2] 北京市应发挥科技与口岸等优势，在临空经济区内建立高科技产业园区，完善区内基础教育、医疗设施等，加强国内外人才交流，构建"一带一路"空中走廊，打造国际交往中心功能承载区，成为国际交往新门户。

北京现共有三个使馆区，随着中国国力的增强，很多国家对在京使馆的

---

① 朱佳毅：《地方公共外交的会议型载体研究》，上海外国语大学博士论文，2017。
② 曹允春、刘芳冰、罗雨、赵冰：《临空经济区开放发展的路径研究》，《区域经济评论》2020年第1期。

土地需求持续增加。除了驻华使馆,为了满足数量不断增多、规模不断扩大的国际组织、外国媒体、商贸机构等驻京代表机构的用地需求,北京第四使馆区规划建设迫在眉睫。[①] 第四使馆区规划选址位于朝阳区东坝,以外交馆舍为主,配建外交办公大楼、外交公寓、国际学校、国际医疗机构、外交酒店等主要服务外交人员的生活、办公配套设施。使馆区商贸发展对区域经贸发展和对外交往活力具有明显的拉动作用。[②] 在推动北京市第四使馆区建设的同时,应加强使馆周边文化产业布局,通过文化融合,带动经济发展。

(二)融入国际城市交流网络

北京市应加快国际城市网络建设,积极推进地区间友好交流,稳步扩大"朋友圈",融入国际交流网络。通过围绕科技、文化、经贸等重点领域,深化与友好城市间的务实合作。重点办好中国—中东欧国家(16+1)首都市长论坛等重大活动,发挥好北京—首尔混委会、世界城市和地方政府联合组织亚太区"一带一路"地方合作委员会、城市气候领导联盟等城市合作机制作用。

中东欧国家位于"一带一路"沿线重要区域,与中国传统友谊深厚。"16+1"首都市长论坛倡议自 2015 年 11 月首次提出,定于每年举行一次。2019 年 4 月 12 日,希腊正式加入中国—中东欧国家首都市长论坛,至此,"16+1"平台也就此扩大成"17+1"。至 2019 年 10 月 25 日,首都市长论坛已举办 4 届,已成为中国和中东欧国家及首都城市团结合作、共赢发展的新平台。中国—中东欧国家首都市长论坛为国家首都城市的管理者交流经验提供了重要机会,北京应发挥好桥梁作用,积极融入国际城市交流网络,实现经验互鉴、利益共享。

"首尔—北京混委会"作为常设性合作机制,在 2013 年首尔—北京缔

---

① 彭卫:《北京使馆区发展、空间演化及区域效应研究》,中国社会科学院研究生院博士论文,2015。

② 彭卫:《北京使馆区发展、空间演化及区域效应研究》,中国社会科学院研究生院博士论文,2015。

结友城关系 20 周年之际，基于两市的共同利益与交流而成立。双方轮流举办全体会议，两年一次，探讨两市在经济、文化、教育、环境等领域的全面务实合作方案。"首尔—北京混委会"成立六年来，统筹推动双方 29 个职能部门高效对接，为两市创造了 130 多个涉及经贸、科技、文化、教育和环保等领域的合作项目和交流活动，成为首都城市合作的典范。① "首尔—北京混委会"是北京市与友城建立的第一个市级政府间综合性合作交流平台。北京市应发挥好"首尔—北京混委会"的积极带动作用，进一步完善与友城建立市级政府间的经常性交流合作机制。

2017 年 5 月，世界城地组织亚太区"一带一路"地方合作委员会（BRLC）正式成立，并成为世界城地组织内部首个以"一带一路"命名的委员会。围绕"开放、合作、分享、共赢"，"一带一路"地方合作委员会设定了一系列工作目标和任务，主要包括：聚焦问题，探讨政府解决途径；分享经验，提升城市治理能力；推动交流，建立合作伙伴关系。自成立以来，"一带一路"地方合作委员会广泛吸纳全球会员城市和机构，组织了一系列形式多样、内容丰富的活动项目，有力地带动了各国地方政府参与"一带一路"合作，在助推"一带一路"建设中发挥了积极作用，成为各国会员共享经验、共筑繁荣、增进交流、促进互信的合作平台。北京市作为执行局成员，应积极推动"一带一路"地方合作委员会发展，加快融入国际交流网络。

本章主要参考文献

蔡双立、徐珊珊、许思宁：《开放式创新与知识产权保护：悖论情景下的战略决策逻辑与模式匹配》，《现代财经》（天津财经大学学报）2020 年第 3 期。

曹悦、晓文：《新中国成立初期政治中心建设中北京角色作用探析》，《北京党史》2015 年第 1 期。

---

① 《40 年，北京的友城"朋友圈"遍布全球》，http://wb.beijing.gov.cn/zwxx/gzdt/gjjl/108704.htm，2019 年 11 月 12 日。

曹允春、刘芳冰、罗雨、赵冰：《临空经济区开放发展的路径研究》，《区域经济评论》2020 年第 1 期。

陈兆源：《法律化水平、缔约国身份与双边投资协定的投资促进效应——基于中国对外直接投资的实证分析》，《外交评论》2019 年第 2 期。

何颖旎：《"一带一路"倡议下知识产权保护的中国选择》，《法制博览》2019 年第 25 期。

李建盛：《北京蓝皮书：北京文化发展报告（2018～2019)》，社会科学文献出版社，2019。

李梦：《"一带一路"倡议下中国与湄公河国家的政治互信问题研究》，华中科技大学硕士论文，2018。

彭卫：《北京使馆区发展、空间演化及区域效应研究》，中国社会科学院研究生院博士论文，2015。

邱剑敏：《中国军队维和行动展大国形象》，《求知》2015 年第 8 期。

唐卫红：《知识产权保护对技术创新方式优化研究——基于对我国高技术产业行业面板数据的分析》，《价格理论与实践》2019 年第 9 期。

王漪、王梅霖：《世界旅游城市联合会：为世界旅游业发展注入新活力》，《投资北京》2017 年第 9 期。

习近平：《习近平谈治国理政》（第二卷），外文出版社，2017。

习近平：《习近平谈治国理政》，外文出版社，2014。

许正：《大湄公河次区域安全机制构建研究》，苏州大学博士论文，2017。

张倩、李芳芳、程宝栋：《双边政治关系、东道国制度环境与中国 OFDI 区位选择——基于"一带一路"沿线国家的研究》，《国际经贸探索》2019 年第 6 期。

中共北京市委党史研究室、武凌君：《北京市改革开放 40 年的成就、经验与展望》，《北京党史》2018 年第 6 期。

中国科学技术发展战略研究院：《中国区域科技创新评价报告 2018》，科学技术文献出版社，2018。

周美雷：《以首善标准建设大国政治中心》，《前线》2019 年第 5 期。

朱佳毅：《地方公共外交的会议型载体研究》，上海外国语大学博士论文，2017。

国际篇

"一带一路"建设与全球化新格局重塑

第十章 国际分工理论进展与发展中国家贸易

　　随着运输、通信等贸易支持性技术的进步，国际贸易形式完成了从产业间分工到产业内分工，再到产品内分工的转变。进入 21 世纪，由跨国公司主导的资本全球逐利行为使得在经济全球化的今天，全球价值链分工形式逐渐形成。发达国家及发展中国家由此先后被纳入全球生产网络，并着力提升各自的国际竞争力。为进一步向全球价值链的高端攀升，中国于 2013 年提出了"一带一路"倡议，这一创造性建设或将成为发展中国家打破其面临的"低端锁定"困境的突破口。"一带一路"倡议的提出，不仅为我国国内区域发展平衡问题的解决提供了思路，而且也将成为全球经济发展再平衡的有力催化剂，不断促进全球化形势从排他性到包容性转变，推动全球价值链整体的良性重构。而以美国为主导的西方发达国家所倡导的"再全球化"战略，则将在长期内成为中国融入全球价值链的严峻挑战。

一 国际分工理论进展

　　根据国际分工理论的演化进程，以及诞生年代、研究对象和内涵假设等特征的差异，本部分将分别阐述产业间分工、产业内分工和产品内分工理论，并分析其研究对象及理论假设的发展规律。通常而言，贸易理论的变迁很大程度上受到当时现实经济环境的影响和启发。在全球经济一体化发展的今天，以中间品贸易和规模报酬递增为特征的全球价值链理论在多方面继承和发展了早期的国际分工理论，成为诠释目前国际经贸形势的最优理论体系。

（一）以最终品贸易为基础的国际分工理论

1. 基于规模报酬不变的产业间分工理论

在机器大工业时代，国际分工尚不发达，分工的边界普遍在于产成品本身，价值规律的作用边界则主要在产成品的生产和交换领域。这一时期的国际分工理论均主要关注产业间的相互作用，因而统称为产业间分工理论。

作为国际贸易的开创性理论，绝对优势理论认为，每个国家都在部分产品上拥有绝对有利的生产条件，因而各国在此基础上进行分别生产后彼此交换将对所有国家都有利。尽管绝对优势理论体现了具有重要意义的"共赢"思想，但实际上，该理论只能解释一种极为特殊的情况，即一国的所有生产成本都比另一国高或低时，应如何分工生产，因而具有极大的局限性。此后出现的比较优势理论放宽了前者的假定限制，指出国际贸易的动力是生产要素的相对差异，以及由此引起的相对成本的差异，并认为各国应致力于生产自身拥有比较优势的产品，以此从贸易中获利。由于时代和阶级的局限，比较优势理论虽然更贴近现实情况，但还存在许多矛盾和漏洞，即所谓"李嘉图困境"，这一问题由约翰·穆勒在此后提出相互需求论而得到了较好的解决。

作为对以上理论的继承和发扬，赫克歇尔（1919）和俄林（1933）先后提出并论证了要素禀赋理论。该理论认为，国际分工的格局应由各国要素禀赋的差异性决定，因而一国应以自身最丰富和最廉价的要素，而非其商品生产率为导向进行生产和出口。该理论的局限性在于其并未考虑资本品的贸易。在现代经济背景下，资本品可以进行国家间贸易；而要素禀赋理论则忽视了国家间生产技术的差异，假定资本和劳动力固定属于每个国家，从而造成了理论的缺陷。

总体来看，产业间国际分工理论以市场完全竞争、规模收益不变等假定条件为基础，认为国际贸易产生的动力来源于各国劳动生产率的差异，并主张通过进口其他国家生产率高的产品来替代本国生产率低的产品，以此来增进社会福利。

2. 基于规模报酬递增的产业内分工理论

20 世纪 70 年代以来，在要素禀赋相似的国家之间，同类产品的贸易量同样在逐渐增加。对于这一重要经济现象，传统的产业间分工理论已显得捉襟见肘，以规模报酬递增为基础的产业内分工理论应运而生。与产业间分工理论相比，后者在测量指标、商品结构、地理位置、利益分配和贸易政策取向等方面均有显著差异，并从不同视角解释和论证了国际贸易的最新现象。

瑞典经济学家林德主要从需求角度分析了产业内贸易的根源。他指出，人均收入水平是决定国内需求结构的主要因素。而两个国家的需求结构越相似，两国生产和需要的产品性质及加工程度就越接近，从而两国贸易商品的重合度就越高。这一理论较好地回答了国际贸易的走向问题，并阐述了收入水平的增长有助于发展国际贸易的原因。产品的生命周期理论主要基于要素禀赋的差别，研究了产品生产工序的可分割性。该理论认为，产品和人一样，要经历从成长、成熟到衰退的不同生命阶段。以上阶段在技术水平不同的国家中发生的时间和过程存在较大差异。这一时差反映了同类产品在不同国家市场上竞争地位的差异，从而极大地影响了国际投资的变化趋势。

这一阶段的产业内分工理论主要表现为对产业间分工理论的扬弃。其贸易理论中包含的市场结构、规模经济等有关假设均更符合现实经济情况，从而更具说服力。此外，产业内分工理论强调了贸易市场的不完全竞争性和规模经济等特性，这也为国际贸易理论的进一步发展提供了思路。

（二）以中间投入品贸易为基础的国际分工理论

1. 新形势下的产品内分工理论

20 世纪 90 年代起，经济全球化趋势日渐凸显，产业组织也呈现出全球布局态势。越来越多的企业开始分离其内部的生产过程，依靠外部供应商来提供必要的服务和产品。在此背景下，一部分产品的生产链条实现了空间上的分离，全球价值链逐渐形成，由此诞生了较为典型的产品内分工理论。

美国学者梅利兹于 2003 年创立了异质性企业模型，后经 Helpman 等经济学家的拓展，成为目前研究贸易外包和国际投资问题的重要理论依据。该理论突破了传统产业理论的企业同质性假定，开始关注并研究异质性企业的内部特质，并通过进一步分析得出，生产率、技术以及技术工人是产生异质性的根源，从而结合贸易成本解释了企业生产率差别出现的原因，丰富了国际贸易的理论研究模型。此后，在企业选择何种形式进入国际市场的问题上，Antras 将企业理论与国际贸易理论有机结合起来，提出了企业内生边界模型，以此证实了剩余索取权的分配和资本的密集程度对企业国际化和公司贸易类型选择的重要意义。该理论同时指出，产业特征作为重要影响因素，也在很大程度上决定着异质性企业的组织形式和所有权结构。

以异质性企业作为研究的出发点，产品内分工理论说明了何种贸易形式可以为企业带来更多利益，以及如何以最小成本获得最大贸易收益；相关理论突破了此前的传统贸易理论中对企业的基本假定，并针对企业是否需要出口以及如何出口等问题进行了探究。如今，产品内分工理论已成为探讨新形势下国际贸易问题的有效理论框架，并为研究产业组织理论和企业的全球化生产提供了新的路径。

2. 全球价值链分工理论

随着产品内分工逐步替代产业内分工成为新一轮国际贸易的主要模式，以生产组织方式的垂直分解和跨区域生产环节间功能整合为特征的经济全球化进程，逐渐将各国的生产活动整合为彼此间紧密关联的全球性生产组织网络。在此背景下，以 Gereffi 为代表的学者所创立的全球价值链及其治理理论，为指导各层次主体的经济活动以及解释发展中国家的产业升级问题提供了较为完备的分析框架。

美国学者 Porter 于 1985 年在其著作中首次提出了"价值链"的概念。文中指出，价值形成过程往往由许多相互联系的战略性活动构成，这一过程即为"价值链"。Gereffi（1999）基于这一观念提出了"全球商品链"（GCC）概念，并根据驱动力量不同，将其分为由采购者驱动和由生产者驱动两大类。进入 21 世纪以来，联合国工业发展组织（UNIDO）基于以上观念并结合国际贸易的现实发展状况，在《2000～2003 年度工业发展报告》中提出了"全球价值链"的概念：全球价值链（GVC）是在全球范围内，为实现服务或商品价值而连接生产、回收处理等过程的全球组织，涉及从原料采集直至最终消费回收的全部过程，并包括了所有贸易活动的组织以及价值和利润的分配。至此，作为理解当前全球化问题的最优系统性框架，全球价值链理论形成了较为完整的概念体系。

从内容来看，全球价值链理论是在此前国际分工理论基础上的进一步延伸。相对产业间分工理论，全球价值链理论的突出进展在于：主要分工对象从最终品转变为中间品，主要贸易对象从商品转变为服务。对于产业内分工理论，全球价值链理论继承了其原有的产品差异、不完全竞争等基本假设，并对其核心特征"规模经济"的内涵进行了拓展。而对于产品内分工理论，不同于其仅从生产阶段分析企业应如何决定是否分拆自身的生产链条，以及选择何种形式进行生产，全球价值链理论描述了一系列连续的贸易构成阶段。通过对以上传统贸易理论的扬弃，全球价值链分工理论较好地契合了当前全球化背景下以跨国公司为主导、以要素禀赋合作为基石的经济发展状况，成为研究和解决国际贸易问题的最佳理论模型。

二　发展中国家参与全球价值链情况

随着全球价值链中蕴含的全球生产网络逐渐完善，发展中国家也凭借特有的要素禀赋优势日益深入地参与到国际分工中来。理论和实证研究表明，发展中国家融入全球价值链的程度正不断攀升。作为世界上最大的发展中国家，中国通过技术升级、资本积累等多种途径融入全球价值链，致力于摆脱低端锁定局面。"一带一路"倡议的提出及其六年来取得的辉煌成果，即体现了中国从多个层面探索并拓展包容性全球化的努力。

（一）发展中国家参与全球价值链情况概述

随着经济全球化的发展和科学技术的进步，许多发展中国家也逐渐被纳入全球价值链的分工网络中。发展中国家在全球增值贸易中所占比重由20世纪90年代的20%增加到2000年的30%，目前已经超过了40%。[①] 与此同

[①] 詹晓宁：《发展中国家应充分利用全球价值链》，人民网，2013年2月28日。

时，全球价值链的专业化程度随参与国数量的增加而不断提升，国际竞争愈加激烈。已有研究表明，发展中国家在进行全球价值链生产和贸易的过程中多呈现出以下特征：第一，发展中国家在多数情形下只能服从主导国的价值链战略，呈现被动选择性；第二，发展中国家间的相互竞争导致其全球分工角色存在非稳定性和竞争性；第三，由于价值链高端国家在技术和政策上的压制，发展中国家在全球价值链中的参与度普遍不高，呈现虚假贸易增长。

基于全球价值链相关指标测算方法的逐步完善，许多学者开始对现实贸易问题进行定量考察。理论研究指出，一国可以通过两种途径参与全球价值链，即进口中间投入品用于生产出口品（后向联系），以及向其他国家出口用于生产出口品的中间投入品（前向联系）。而在实证层面，生产链长度、上游度、下游度等指标被广泛使用，以测度一国在全球价值链的何种环节进行专业化生产，进而评判该国产业参与全球价值链的情况。对包括金砖五国在内的 26 个发展中国家全球价值链参与情况进行分析的结果显示，从 1995 年到 2011 年，多数国家的全球价值链参与指数均有不同程度的提升。俄罗斯、墨西哥、爱沙尼亚、保加利亚和立陶宛的全球价值链参与指数比较稳定，智利、文莱和罗马尼亚的全球价值链参与程度有所下降，而菲律宾、柬埔寨和印度尼西亚的全球价值链参与度表现为先上升后下降。进一步结合各国近年来的经济发展状况可知，发展中国家参与全球价值链有助于推动其国内经济增长。因此，各国应充分发挥参与全球价值链的正向效应，以提升本国的出口贸易额和经济竞争力。

（二）中国融入全球价值链的努力："一带一路"推动包容性全球化

作为世界上最大的发展中国家，在融入全球价值链的道路上，中国经历了艰难而漫长的跋涉。自 2001 年底成功加入 WTO 以来，中国凭借"人口红利"大量生产劳动密集型产品，在国际分工产品的加工、组装环节存在较大优势。但同时，一些发达国家通过设置技术封锁、产权保护等排他性措施操控着全球价值链的高端，使中国在较长时间内位于全球价值链的中低端环节，继而只能在生产中获取少量利润，甚至处于"贫困化增长"境地。随着 2008 年底全球经济危机的爆发以及此后贸易保护主义的抬头，中国在国际贸易中面临的问题更加严峻、复杂。在此背景下，中国迫切需要重构全球价值链，用以提升自身产业部门在国际贸易中的分工地位，而 2013 年提出的"一带一路"倡议则为此提供了重要契机。

"一带一路"将丝绸之路精神内涵纳入其中，积极探究开放包容的和平合作模式，通过建立平等开放、均衡普惠的经济交流平台，为沿线国家创造了更多贸易机遇，极大地促进了经济全球化的包容性发展。而该倡议提出的意义不仅仅是发展对外经贸深层次合作以及开拓新市场，还力求相关国家对接彼此的政策和战略，在全球更大范围内整合经济要素，并在此基础上不断拓展产业链，以融入全球化甚至参与全球经贸治理。因此，"一带一路"倡议不仅是全球价值链重构的突破口，也是中国作为最大发展中国家致力于突破全球价值链"低端锁定"局面、推动包容性全球化的重要尝试。

六年来，"一带一路"倡议在国际贸易各层面均逐渐发挥出巨大作用。在投资方面，经过前期对沿线各国的非经济利益诉求投资之后，中国在"一带一路"区域的投资环境不断改善。其中，2015 年是重要的转折年，当年中国总投资量跃居世界第二，吸引对外投资量首次超越了对外直接投资，主要原因就是中国与"一带一路"国家间双边投资的快速增长。这一提升有效加快了国内企业"走出去"的步伐，使其在更广阔的范围内利用资源，增强了产业实力和国际竞争力。在贸易方面，中国与"一带一路"沿线各国的经贸合作日趋频繁。2017 年"一带一路"区域国际贸易量排名前十的国家中，有 7 个在中国与"一带一路"沿线国家的贸易额中同样位居前十。其中，韩国、越南、马来西亚与中国的贸易额分别占其 2017 年贸易总额的 26.68%、28.68%、23.29%，中国已成为诸多"一带一路"沿线国家的重要贸易伙伴。以上理论和数据表明，中国正通过"一带一路"倡议坚定地支持着多边主义和多边贸易体制，推动自由贸易和投资，同时降低全球价值链的排他性，为世界经济的全面复苏注入了强劲动力。

（三）中国参与全球价值链程度的核算

在经历了加入 WTO 和提出"一带一路"等一系列经贸转折点之后，中国参与全球价值链的现状和历程对自身以及其他国家的未来发展和战略选择都有极大的借鉴意义。近年来，随着全球贸易分析项目（GTAP）和世界投入产出数据库（WIOD）等大型跨国投入产出表的问世，人们开始在多国贸易框架下探讨全球价值链问题。其中，WIOD 由 2016 年发布的包含世界 43 个国家、56 个部门的投入产出数据构建而成，其数据更新较快，且能提供时间序列上的连续数据，适用于分析单个国家的全球价值链参与特征。因次，本部分在以上相关方法论研究的基础上，采用对外经济贸易大学全球价值链研究团队开发的 UIBE – GVC Index（WIOD 2016）系统，从实证角度探究中国各产业部门参与全球价值链的情况。有关行业和数据如表 10 – 1 ～ 表 10 – 3 所示。

表 10 – 1　本章统计涉及行业

行业序号	行业
1	食品、饮料和烟草制品的制造
2	纺织品、服装和皮革制品的制造
3	木材和木材、软木制品的制造（家具除外）；稻草制品和编织材料的制造
4	纸和纸制品的制造
5	记录介质的印刷和复制
6	焦炭和精炼石油产品的制造
7	化学品和化工产品的制造
8	基本药品和制剂的制造
9	橡塑制品制造
10	其他非金属矿产品制造
11	基本金属制造
12	制造金属制品，机械和设备除外
13	计算机、电子和光学产品制造
14	电气设备制造
15	机械设备制造
16	家具制造；其他制造

资料来源：WIOD（2016）数据库。

表 10 - 2　有关行业的前向参与度

行业序号	2002 年	2003 年	2004 年	2005 年	2006 年	2007 年	2008 年	2009 年	2010 年	2011 年	2012 年	2013 年	2014 年
1	0.0326	0.0393	0.0451	0.0513	0.0557	0.0572	0.0558	0.0480	0.0492	0.0477	0.0470	0.0464	0.0472
2	0.1038	0.1151	0.1344	0.1369	0.1416	0.1305	0.1254	0.1064	0.1202	0.1269	0.1169	0.1200	0.1227
3	0.0963	0.1146	0.1377	0.1625	0.1734	0.1644	0.1544	0.1137	0.1309	0.1341	0.1320	0.1296	0.1322
4	0.1491	0.1558	0.1621	0.1677	0.1734	0.1714	0.1687	0.1434	0.1654	0.1755	0.1784	0.1762	0.1789
5	0.1433	0.1448	0.1475	0.1513	0.1567	0.1559	0.1503	0.1280	0.1430	0.1485	0.1431	0.1352	0.1357
6	0.1566	0.1896	0.2088	0.2024	0.2053	0.2020	0.2043	0.1495	0.1670	0.1686	0.1589	0.1568	0.1571
7	0.1918	0.2122	0.2385	0.2523	0.2655	0.2639	0.2552	0.1928	0.2208	0.2233	0.2047	0.2005	0.2054
8	0.0467	0.0609	0.0708	0.0733	0.0911	0.0988	0.0895	0.0826	0.0857	0.0731	0.0638	0.0591	0.0579
9	0.1926	0.2117	0.2392	0.2691	0.2866	0.2832	0.2534	0.1972	0.2203	0.2206	0.2151	0.2125	0.2120
10	0.0890	0.0936	0.1031	0.1104	0.1080	0.0982	0.0970	0.0715	0.0873	0.0892	0.0929	0.0946	0.0917
11	0.1607	0.1811	0.2230	0.2122	0.2332	0.2243	0.2128	0.1420	0.1617	0.1662	0.1564	0.1564	0.1627
12	0.1670	0.1988	0.2287	0.2635	0.2728	0.2742	0.2548	0.1812	0.1998	0.2000	0.1820	0.1820	0.1832
13	0.2128	0.2465	0.2477	0.2537	0.2764	0.2623	0.2636	0.2597	0.2773	0.2658	0.2482	0.2688	0.2704
14	0.1647	0.1736	0.1898	0.1973	0.2122	0.2090	0.1934	0.1639	0.1775	0.1756	0.1747	0.1780	0.1848
15	0.0837	0.0973	0.1093	0.1208	0.1375	0.1552	0.1481	0.1090	0.1304	0.1381	0.1274	0.1268	0.1313
16	0.0782	0.0892	0.1103	0.1136	0.1264	0.1209	0.1292	0.1183	0.1215	0.1322	0.1389	0.1402	0.1590

资料来源：由 GVC 系统和 WIOD（2016）数据库计算得出。

表 10 - 3　有关行业的后向参与度

行业序号	2002 年	2003 年	2004 年	2005 年	2006 年	2007 年	2008 年	2009 年	2010 年	2011 年	2012 年	2013 年	2014 年
1	0.0755	0.0904	0.1037	0.1045	0.1056	0.1058	0.1028	0.0811	0.0929	0.0959	0.0876	0.0829	0.0743
2	0.1755	0.1853	0.1964	0.1871	0.1777	0.1660	0.1496	0.1166	0.1326	0.1316	0.1159	0.1125	0.1012
3	0.1258	0.1432	0.1545	0.1675	0.1669	0.1689	0.1533	0.1214	0.1476	0.1534	0.1340	0.1357	0.1325
4	0.1385	0.1599	0.1841	0.1928	0.1881	0.1928	0.1841	0.1528	0.1785	0.1876	0.1689	0.1633	0.1558
5	0.1208	0.1404	0.1636	0.1774	0.1724	0.1714	0.1614	0.1339	0.1546	0.1584	0.1429	0.1397	0.1301
6	0.1575	0.1936	0.2454	0.2486	0.2559	0.2587	0.2704	0.2292	0.2678	0.2981	0.2870	0.2680	0.2386
7	0.1789	0.2083	0.2441	0.2490	0.2487	0.2448	0.2351	0.1949	0.2213	0.2291	0.2143	0.2040	0.1836
8	0.0974	0.1108	0.1283	0.1366	0.1347	0.1364	0.1259	0.1015	0.1136	0.1187	0.1061	0.1013	0.0924
9	0.1804	0.2104	0.2436	0.2530	0.2534	0.2504	0.2287	0.1889	0.2137	0.2149	0.1917	0.1831	0.1671
10	0.1197	0.1429	0.1712	0.1818	0.1795	0.1765	0.1795	0.1460	0.1715	0.1775	0.1674	0.1617	0.1452
11	0.1435	0.1774	0.2098	0.2158	0.2152	0.2186	0.2232	0.1929	0.2249	0.2377	0.2345	0.2368	0.2088
12	0.1502	0.1792	0.1993	0.2004	0.1960	0.1962	0.1918	0.1656	0.1904	0.1993	0.1893	0.1925	0.1677
13	0.3231	0.3658	0.3861	0.3865	0.3922	0.4102	0.3820	0.3202	0.3355	0.3265	0.3110	0.3060	0.2787
14	0.1766	0.2145	0.2409	0.2396	0.2429	0.2503	0.2340	0.2011	0.2251	0.2292	0.2151	0.2156	0.1902
15	0.1540	0.1875	0.2124	0.2165	0.2147	0.2187	0.2083	0.1784	0.2021	0.2036	0.1918	0.1903	0.1687
16	0.1135	0.1264	0.1368	0.1333	0.1324	0.1361	0.1282	0.1049	0.1232	0.1271	0.1144	0.1187	0.1110

资料来源：由 GVC 系统和 WIOD（2016）数据库计算得出。

由上文可知，2002～2007 年，中国抓住入世机遇，积极融入全球价值链生产体系，前、后向价值链参与指数均有不同程度的上升。此后，在国际金融危机的冲击下，2008～2011 年的前、后向参与度出现暂时性下降，但在危机冲击逐渐消退后开始缓慢回升。2012～2014 年，受世界经济形势低迷等不利因素的影响，中国的进出口贸易受到较大冲击，前、后向参与度均有所下降。总体而言，中国的全球价值链参与度呈现出较为平稳的上升趋势，表明中国通过数十年的努力，以技术升级、资本积累等手段完善了出口结构，成功提升了本国在全球价值链中的地位。

综上所述，从努力加入 WTO 到提出"一带一路"倡议，随着诸多发展中国家参与全球价值链的程度日渐加深，新的发展机遇不断涌现，中国也将持续寻求更有效的贸易手段。目前，"一带一路"已覆盖全球逾 2/3 的国家。中国在自身努力融入全球价值链的同时，也为世界经济的长久繁荣稳定提出了中国方案、贡献了中国力量。如今，"一带一路"倡议所倡导的崭新世界观、价值观和发展观获得了越来越多沿线国家的认可，也正对世界经济格局产生着重大影响。

三 全球价值链重构将引领全球化新格局

在全球合作趋势愈加明显的今天，全球价值链重构正通过强化竞争优势、促进国际竞争等多种方式深刻影响着全球化和国际贸易的发展格局。发达国家的技术创新和发展中国家的学习效应，都使得全球价值链在长期内存在动态不稳定性和重构可能性。为此，中国提出了以"互学互鉴、互利共赢"为核心的"一带一路"倡议，旨在抓住时代机遇和自身发展的有利条件，重构全球价值链以突破低端锁定困境。同时，美国等发达国家所倡导的"再全球化"战略，则在此基础上对全球价值链重构的目的和方向提出了挑战。

（一）全球价值链重构的含义及影响

广义的全球价值链重构，是指原先形成全球价值链的比较优势逐渐发生变化，导致产品生产的不同环节出现收缩或异地迁移的现象。具体来看，则表现为部分国家或企业通过某些动态能力构建、整合并重新配置内外部资源，使之不仅改变自身在全球价值链中的位置，也深刻影响着全球价值链的整体发展趋势。以上两种意义上的全球价值链重构均以打破现有分工体系为特征，并对全球经济形势产生了多方面影响。

第一，全球价值链重构有助于强化既有竞争优势。居于价值链高端的国家应把握全球价值链重构这一重要时机，集中发展既有的比较优势，并将低效率、高成本的国内劳动密集型生产部门转移至成本较低的国家；① 而处于价值链低端的国家则可依托自身要素禀赋优势，通过承接来自价值链高端国家的产业转移来强化自身劳动力密集型产业优势。如我国在改革开放初期实施的"出口导向型"战略，就是立足于中国的劳动力要素优势，通过加工贸易在短期内融入全球生产网络，成功实现了产业国际竞争力的快速提升。

第二，全球价值链重构有助于构建新的竞争优势。离岸外包和外商直接投资是推动全球价值链重构的两大主要方式。一方面，离岸外包要求处于价值链低端的国家进口高质量中间品和先进设备，并按照国外的较高生产标准进行生产，从而倒逼企业主动学习先进的管理技能、组织能力和生产体系，② 以此为自身技术的优化升级奠定基础；另一方面，外商资本的进入有利于本土企业与跨国公司建立双向经济联系，这种联系将促进跨国公司先进技术的主动转移，同时又可通过市场竞争效应推动相关技术在东道国的被动扩散，从而帮助东道国企业在现有基础上派生出新的竞争优势，并向价值链的中高端攀升。

---

① 谭人友：《全球价值链的概念性理论框架：一个国际分工的视角》，《现代管理科学》2017年第5期。

② 王玉燕、林汉川、吕臣：《全球价值链嵌入的技术进步效应——来自中国工业面板数据的经验研究》，《中国工业经济》2014年第9期。

第三，全球价值链重构有助于促进国际竞争。全球价值链重构过程中将对现有的分工程序进行重新组合和调整，国际竞争形式也相应地从"最终品竞争"转为"价值链环节竞争"。在此背景下，一国只要在特定环节具备比较优势即可参与全球生产网络，从而极大地增加国际竞争的直接参与者。此外，处于价值链相近位置的国家由于彼此间差异较小、可替换性较大而成为潜在的激烈竞争对手；位于价值链高端的国家则通过"技术锁定"战略阻止价值链低端国家的技术进步，以抑制对方向价值链的高端环节攀升，并维持自身的垄断地位。① 因此，全球价值链重构还将影响国家间的贸易竞争行为，且主要表现为加剧参与者之间的竞争。

（二）中国推动全球价值链重构的机遇与挑战

基于全球价值链重构对一国自身发展和全球经济格局的重要影响，多数国家都希望借此谋取利益、表达自身诉求。而在全球金融危机尚未完全平息、许多国家总体经济尚未复苏的今天，一些原本附加值较低的国家或地区有可能借机改善自身在全球价值链中的分工地位，这一现状使得全球价值链具有明显的重构可能性和动态不稳定性。

基于以上背景，中国总结自身 40 年成功改革开放的宝贵经验，紧跟时代机遇提出了"一带一路"倡议，以沿线国家在基础设施建设、城镇化以及市场规模方面的巨大发展空间为基础，首先以技术基础设施建设加快多样化发展，以教育基础设施建设提高人力资本水平，为本国工业化和融入全球价值链创造良好的环境和人才储备；继而通过产业的阶梯化转移带动居民收入的提升，进一步扩大市场规模并创造新的市场需求，最终实现持久的经济发展和分工深化。在"一带一路"倡议的影响下，中国通过分工链条的延长促进了全球价值链各环节的持续增值，以此推动了创新型全球价值链重构和世界经贸发展的良性循环。与"一带一路"相对应，以美国为首的部分

---

① 刘志彪、郑江淮等：《价值链上的中国：长三角选择性开放新战略》，中国人民大学出版社，2012。

发达国家基于经济全球化的双重属性和自身执政理念提出了"去全球化"战略。该战略本质上寻求的是一种由美国主导的"再全球化"新型全球价值链重构模式，主要特征包括：①全球化的主体是以美国为中心，并与美国有共同价值理念和利益的国家；②全球化的理念由"自由贸易"转变为"公平贸易"，并强调美国有权对"不公平贸易"进行单方面制裁，即事实上的"保护主义"；③全球化的实现途径从多边机制转向双边机制，以实现单边主义贸易政策目标；④全球化的目标从促进贸易投资和经济发展变为维护美国及其盟友的领先优势。由此可见，美国所倡导的这种"再全球化"体现的是单边主义和少数国家的利益诉求，而这种利益的攫取显然建立在挑战多数全球价值链参与方利益的前提下。

近年来中美双方的贸易纷争不断，这种争端的根源在于两种全球价值链重构模式的冲突。目前，世界正处于经济全球化的十字路口，以上两种模式的博弈结果将决定全球化格局的未来走向。中国"一带一路"倡议所推动的全球价值链重构充分考虑了发展中国家的权益，使全球价值链的治理体系从单极化向多极化转变；而特朗普政府奉行的"再全球化"政策则会使经济全球化进入一个周期性低谷。出于对自身发展的考量和整个人类命运共同体利益的驱动，中国应采取多种措施有效应对西方国家的封堵，一方面加快自主创新步伐，另一方面加强与其他国家的开放合作，而以上两点又将长期依赖于"一带一路"倡议的持续推进。

综上所述，在目前世界经济的复杂背景下，中国应继续将"一带一路"倡议作为重构全球价值链、开创全球经济新格局的重要机遇和途径加以发展完善，并从产业安全和国家战略角度努力提升自身产业实力，以应对国际上纷繁复杂的挑战。

本章主要参考文献

陈琛：《国际贸易理论的发展综述》，《企业改革与管理》2017 年第 13 期。

金成晓、李傲：《"一带一路"倡议下包容性全球化与东北亚经贸合作的路径选择》，《学术交流》2019 年第 5 期。

李芳芳、张倩、程宝栋、熊立春、侯方森：《"一带一路"倡议背景下的全球价值链重构》，《国际贸易》2019 年第 2 期。

李诺：《逆经济全球化与中国"一带一路"倡议研究》，外交学院硕士论文，2017。

李清如：《从中国倡议到世界共识——"一带一路"建设近 6 年来取得丰硕成果》，《中国金融家》2019 年第 5 期。

李向阳：《特朗普政府需要什么样的全球化》，《世界经济与政治》2019 年第 3 期。

梁碧波：《技术进步、制度变迁与国际贸易模式演进：一个分析框架》，《国际经贸探索》2013 年第 12 期。

毛蕴诗、郑奇志：《论国际分工市场失效与重构全球价值链——新兴经济体的企业升级理论构建》，《中山大学学报》（社会科学版）2016 年第 2 期。

秦升：《"一带一路"：重构全球价值链的中国方案》，《国际经济合作》2017 年第 9 期。

谭人友：《全球价值链的概念性理论框架：一个国际分工的视角》，《现代管理科学》2017 年第 5 期。

佟家栋、谢丹阳、包群、黄群慧、李向阳、刘志彪、金碚、余淼杰、王孝松：《"逆全球化"与实体经济转型升级笔谈》，《中国工业经济》2017 年第 6 期。

余振、周冰惠、谢旭斌、王梓楠：《参与全球价值链重构与中美贸易摩擦》，《中国工业经济》2018 年第 7 期。

张建华、赵英：《全球价值链视角下的中国制造业产品内国际分工研究——基于世界投入产出数据的测度与分析》，《工业技术经济》2015 年第 11 期。

赵明亮：《分工理论：从古希腊思想到新国际体系的研究述评》，《产经评论》2010 年第 3 期。

赵明亮、臧旭恒：《国际贸易新动能塑造与全球价值链重构》，《改革》2018 年第 7 期。

第十一章　"一带一路"倡议下的
全球价值链重构

　　全球化推动了传统的最终品贸易向中间品贸易的转变,产品生产的各个环节被细分到具有不同禀赋优势的国家或地区,形成了全球价值链,经济全球化的过程也是全球价值链不断深化和拓展的过程。在世界经济发展的历史长河中,尽管各个国家以不同的路径和目标融入全球价值链,并在不断博弈过程中获得的收益不尽相同,经济全球化的进程也不断遭遇挫折,但总体来看,全球化的进程势不可挡,全球价值链也呈现不断向纵深发展的态势,并最终形成了由发达国家企业主导的国际分工体系。

　　然而,从当前的历史节点来看,全球经济格局深度调整,各国都处于"爬坡过坎"的关键时期,世界经贸格局表现出了巨大的不确定性,与此同时,逆全球化浪潮不断掀起,并严重割裂了全球价值链和产业链,在这样的背景下,全球价值链形成的动力机制、基础条件、利益分配模式等都存在变革的空间和可能性;而就目前已形成的国际分工结构而言,其本身也是不稳定、不可持续的,并在很大程度上存在全球市场失效问题。① 以发达国家为主导的全球价值链,成为制约诸多发展中国家实施经济赶超、实现产业升级的枷锁,使它们陷入了"全球价值链低端锁定"的困境。这些发展中国家的制造业不能再走所谓的"被动嵌入由发达国家主导的全球价值链而实现自动升级"的老路,打破现有分工体系、向价值链高端演进存在内在需求和发展的必然性,而全球价值链重构则是一种重要途径

---

　　① 毛蕴诗、郑奇志:《论国际分工市场失效与重构全球价值链——新兴经济体的企业升级理论构建》,《中山大学学报》(社会科学版)2016 年第 2 期。

和方式。① 因此，越来越多的学者开始反思，未来全球价值链将如何发展？是否需要重构？重构的机制又是什么？"一带一路"平台又会给全球价值链重构带来什么样的机遇和挑战？

一 全球价值链重构的条件：一个三维协同框架

从广义上来讲，全球价值链重构是指原先形成全球价值链的比较优势逐渐发生变化，进而导致产品生产的不同环节出现收缩或异地迁移的现象。而本文所立足的侧重点则是中国等一些后发国家在新的形势下如何更好地借助比较优势的变化，从被动嵌入全球价值链分工到积极主动参与全球贸易投资规则制定，进而整合全球要素资源的过程。研究表明，这些国家也往往拥有着这样的主观能动性。②

全球价值链涉及横向和纵向两个维度。其中，纵向是指企业生产产品的整个价值创造过程，包括从原材料获取到不同投入品的制造和最终产品的生产，再到将产品从生产地转往全球消费市场的营销、分销及最终消费者支持；而横向则指在全球范围所形成的企业网络内的跨国家、跨区域的分工协作。因此，由全球价值链低端节点向高端移动的过程，便是国家或企业在纵向上不断向附加值高的价值创造阶段攀升，同时在横向上更深地融入全球生产网络的过程。而在这个过程中，国家或企业需要具备某些动态能力，这些动态能力能够整合、构建与重新配置内外部资源，使其不仅影响着国家或企业在全球价值链中的位置，而且影响着全球价值链的纵向和横向发展趋势，即全球价值链的重构。

（一）禀赋变动：分散化国际生产下的垂直分工演变

从本质上来讲，全球价值链分工是随着以产品内分工为基础的中间品贸

---

① Frederick S., Gereffi G., "Upgrading and Restructuring in the Global Apparel Value Chain: Why China and Asia are Outperforming Mexico and Central America," *International Journal of Technological Learning, Innovation and Development*, 2011, 4 (1 – 3).

② Azmeh S., Nadvi K., "Asian Firms and the Restructuring of Global Value Chains," *International Business Review*, 2014, 23 (4).

易的发展而形成的分工格局，是产品生产环节的跨境分布、生产任务的跨境分配。可以说，全球价值链和产品内国际分工是"分散化国际生产"现象在不同领域的映射。① 跨国公司作为参与全球价值链活动的主体，以其为主导的产品内国际分工仍以垂直型为主，在层层分级的垂直专业化分工体系构建过程中，一些跨国公司不断将生产环节细化，将完整的生产链条切割分离，形成各种生产片段，并根据国别要素禀赋的差异来组织国际生产，而与此同时，一些跨国公司又不断整合生产资源，将零散的生产片段重新融合，最终形成垂直专业化分工的动态交织和演变，② 而这种动态演变也直接影响着全球价值链的结构和形态，形成全球价值链重构的禀赋基础。比较优势决定了各个国家或地区在生产片段分割、再融合的过程中所能把握住的特定环节或工序，以及在特定环节或工序上组织要素投入和生产的能力、交易效率等，也正是由于参与各方在经贸关系上的互补性、对等性，才形成了生产片段再融合的基础，及其向价值链中高端环节的持续性爬升机会。③

（二）技术变革：从形式到内容的价值重整

事实上，"价值链重构"的概念最初是随着互联网经济的发展而被逐渐提出来的，④ 足见技术变革对全球价值链重构的作用。技术变革直接影响着制造业企业，尤其是跨国企业的商业模式和生产组织方式，进而影响着这些跨国公司已形成的生产网络和价值链分工格局。从微观层面来讲，技术包含于企业的每一价值活动中，而技术变革实际上对价值活动都会

---

① 张纪：《产品内国际分工的内在动因——理论模型与基于中国省际面板数据的实证研究》，《数量经济技术经济研究》2007 年第 12 期。
② 丁宋涛、刘厚俊：《垂直分工演变、价值链重构与"低端锁定"突破——基于全球价值链治理的视角》，《审计与经济研究》2013 年第 5 期。
③ Humphrey J., Schmitz H., "How does Insertion in Global Value Chains Affect Upgrading in Industrial Clusters?" *Regional Studies*, 2002, 369.
④ Beck M., Costa L., Hardman D., Jackson B., Winkler C. & Wiseman J., *Getting Past the Hype: Value Chain Restructuring in the E-Economy*, New York: Booz-Allen and Hamilton, 2001.

产生影响。① 在技术变革的冲击下，产品价值链结构会出现不同程度的断层并重组，主要表现在：技术变革可能促进分工更加细化，致使价值链的某些环节进一步分化独立，呈现新的专业化、模块化状态，产品价值链的中间环节增加，或产品价值链由原来的一个分解为多个；技术变革也可能会使生产工序边界更加模糊，进而中间环节缩短，原生产环节上的诸多企业进入价值链的其他环节，价值链实现重新组合；技术变革也有可能在较低的试错成本下创新出新的价值链环节，使价值链延长，企业重新对自身定位；同时，创新渗透于价值链各环节，技术变革还可能使各环节的附加值发生根本变化。在传统的国际贸易理论中，我们一般以"微笑曲线"来衡量价值链中各环节的附加值，但随着以新一代信息技术的广泛应用为基础的新型商业模式的发展，消费者由原来的需求方角色越来越多地转变为参与者角色，产品生产的附加值在生产流程中的分布态势也发生变化，在很大程度上更加符合"彩虹曲线"的特征。② 而从宏观层面来讲，全球范围内的技术变革对国际政治、经济格局都会产生深刻影响，由此改变国家力量对比，致使谁拥有了创新，谁就能占据全球价值链的主导地位。

（三）制度重构：多边贸易体制下的国际经贸规则重塑

全球价值链的纵深发展，使价值链中的企业之间形成了错综复杂的生产网络，并涉及劳动力、资本、技术、知识产权等多种生产要素。在产品生产片段切割再融合的跨境资源配置进程中，企业不可避免地会受到非本国管制措施的约束，并且由于跨越国界的生产网络被组织起来的方式不同，所产生的交易费用也不尽相同。这些都需要一定的制度性安排来作为基础和保障，尤其是产品价值链的高端环节，高"进入壁垒"

---

① Michael E. Porter, *Competitive Advantage*：*Creating and Sustaining Superior Performance*, New York：Simon and Schuster, 1985.

② 肖新艳：《全球价值链呈现"双曲线"特征——"微笑曲线"和"彩虹曲线"》，《国际贸易》2015 年第 8 期。

和"退出壁垒"的特性，使其对相关的制度性安排更为敏感。传统的以发达国家为主导的全球价值链分工格局的形成，无不时刻伴随着多边贸易体制内的博弈，全球价值链和区域经贸安排也因此经历了多次大的浪潮。在多边贸易体制下的国际经贸规则制定中，发达国家和新兴经济体既相互借重，又相互竞争。发达国家往往通过各种区域贸易协定谈判的推进，试图将其作为经贸规则制定的平台，不断抢占国际经贸规则制定的先机，一方面竭力"墨守成规"，巩固其既得利益，另一方面发掘经贸新规则，以实现主导全球价值链重构的目的；处于价值链低端的新兴经济体，则一方面享受着各种经贸规则所带来的贸易便利，维护其价值链低端地位，另一方面不甘承受后发优势被抹杀、价值链低端锁定、价值链低端的附加值增加缓慢而难以完成足够的资本积累以实现本国产业升级换代的现状，并努力对国际经贸规则"推陈出新"，伺机向价值链中高端攀升。可以说，制度性安排本身也是不稳定的，而全球价值链的重构往往伴随着国际经贸规则的重塑。

全球价值链所呈现出的自下而上的链条式决定了它必然存在低端和高端之分。附加值较低的国家或地区渴望通过改变自身在价值链中的位置来提高福利，这便使全球价值链具有明显的动态不稳定性。全球价值链重构是一项动态、复杂的系统工程，而禀赋变动、技术变革和制度重构是三个相互作用的基本子系统。比较优势变化所引发的垂直分工演变促使产品生产片段不断分割再融合，链主选择接包对象；技术变革决定着价值链重组、融合或创新的最终形态，也决定着价值链各环节所包含的附加值，为企业承接发包国发包任务引导方向，并进一步推动着价值链"碎片化"和"分散化"发展，同时技术变革还影响着各国比较优势和竞争实力的变化；而制度重构则为垂直分工下的跨境资源重新配置提供微观保障机制，其"上层建筑"的性质又直接影响着一国重构和升级全球价值链的能力。三者构成一个完整的逻辑关系体系，全球价值链重构就是在三种力量协同作用下向横纵延伸的动态过程（见图11-1）。

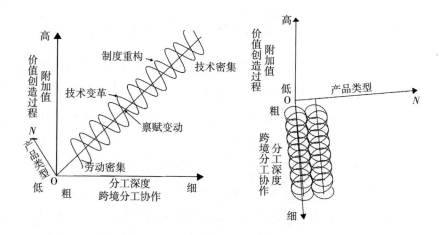

图 11 - 1　全球价值链重构的三维协同框架

　　注：左、右两图分别从不同的视觉角度展示全球价值链在禀赋变动、技术变革和制度重构三种力量协同作用下向横纵发展的态势。三种力量交互呈螺旋状，其中处于螺旋中轴位置的是禀赋变动，其变动趋势符合由劳动密集型向技术密集型的转变。右图则列示了两种产品的全球价值链重构过程，由于针对不同的产品，一些技术和制度是同样适用的，因此，右图中两种产品的全球价值链重构过程在技术变革和制度重构力量上有所交叉。

二　中国借力"一带一路"平台进行全球价值链重构的可能性

　　"一带一路"倡议是新时期中国对外关系的中长期战略，其所倡导的崭新世界观、价值观和发展观正获得越来越多沿线国家的认可，也正对世界经济格局产生着重大影响。倡议提出的意义不仅是发展对外经贸深层次合作、开拓新市场，还力求相关国家对接彼此政策和战略，在全球更大范围内整合经济要素和发展资源，各国在此基础上不断拓展产业链、融入全球化甚至参与全球治理，而这或许是全球价值链重构的突破口，也是中国等发展中国家突破"价值链低端锁定"局面的关键所在。对中国而言，"一带一路"倡议是中国提出的，中国需要有大国担当，并发挥大国优势，从上述全球价值链重构的三维条件来看，存在以下情况。

（一）中国与"一带一路"沿线国家存在经贸互补性

完整的价值链要求参与各方都能够在各个环节上找到合适的位置。总体来看，"一带一路"沿线直接涉及的国家约有65个，人口和经济总量分别占全球的63%和29%，其中有发达国家，也有发展中国家，各国在资源禀赋、经济发展水平、产业基础等方面存在巨大差异，并处于不同的工业化发展阶段，这些因素决定着"一带一路"沿线国家分布于全球价值链的不同位置，并具备着传统价值链分解、要素重新配置和组合的可能性。

在国际分工演变中，随着中国制造业技术实力的增强，部分产业已具备了成熟的生产能力和一定的研发能力，正在向着全球价值链高端转移，[①] 这使中国拥有主导全球价值链重构的机会。而与此同时，"一带一路"沿线一些新兴国家逐渐把握生产要素国际流动的机会，改善经贸环境，不仅劳动力素质有较高提升，劳动力成本相较于中国也有着明显的优势，越来越多的跨国公司开始将代工环节转移到这些国家，中国的一些劳动和资本密集行业也同样存在这样的转移趋势。而与传统的以发达国家为主导的全球价值链相比，中国借力"一带一路"平台进行全球价值链重构具有明显的优势，首先就表现为中国与"一带一路"沿线国家之间的经贸互补性（前文已得出此结论），这构成了新型价值链形成的禀赋基础。据商务部统计，2014~2016年，中国同"一带一路"沿线国家的贸易总额超过3万亿美元，对沿线国家投资累计超过500亿美元，涉猎行业广泛，且"中国制造""中国建设""中国服务"受到了沿线国家的高度认可。"一带一路"倡议所带来的要素流动明显增强、要素成本降低等效应，会使中国与"一带一路"沿线国家的贸易潜力进一步释放。同时，《全球价值链发展报告2017》表明，地理位置对于全球价值链构建是一个十分重要的因素，而"一带一路"沿线国家大都与中国地理位置接近，这具备了进一步加强经贸互补、全球价值链

[①] Kaplinsky R. , Farooki M. , "What are the Implications for Global Value Chains When the Market Shifts from the North to the South?" *International Journal of Technological Learning, Innovation and Development*, 2011, 4 (1-3).

重构的地理优势；最为关键的是，中国与"一带一路"沿线国家所形成的经贸互补关系，并不是通过引进外资、技术和管理经验来发展自己，而是输出资金、技术和管理经验，推动周边国家的发展和繁荣，从而带动中国自身的经济转型和区域发展再平衡，[①] 是一种基于互补共赢来开拓全球价值链的局面，这与很多发展中国家因参与以发达国家主导的全球价值链而陷入"价值链低端锁定"困境存在本质的区别。

（二）"一带一路"倡议助推全球新一轮科技革命

工业革命总是与科技革命相伴而生的。近几年来，以互联网、云计算、大数据、人工智能等新一代信息技术为代表的颠覆性科学技术加速迭代演进，并不断向工业领域渗透，引发制造业的数字化、智能化和网络化，进而推动着整个工业系统的变革。比如，人工智能等技术大大降低了制造业对劳动要素的依赖，不仅大大改变了生产成本构成，要求人们对生产要素进行重新定义，还颠覆了原有的产品生产流程（价值创造过程）。新一轮科技革命不断催生出新的产业模式和组织结构，使原价值链结构出现不同程度的断层，又以各种各样的形式进行重组，价值链原有格局被一次又一次地突破。

制造业成为全球产业竞争的制高点，也成为金融危机之后各国应对经济复苏乏力、促进新旧动能转换的重要力量。如果说新一轮科技革命为全球价值链重构提供了技术基础，那么发达国家纷纷提出的"再工业化"战略则从政策角度助推了全球价值链的重构。从各国再工业化战略的措施来看，"再工业化"战略的目标并非像制造业回流那么简单，而是发达国家试图借助新一轮科技革命的浪潮，实现制造业技术的突破，形成发展先进制造业或战略性新兴产业的市场、要素环境，以此巩固其在全球价值链中的主导地位。可以说，再工业化战略本质上是发达国家对全球价值链进行动态治理的选择。"一带一路"倡议的提出，正好处于这一重大时代背景之下，也是对

---

① 贾国庆：《大胆设想需要认真落实"一带一路"亟待弄清和论证的几大问题》，《人民论坛》2015 年第 9 期。

发达国家治理全球价值链的回应。"一带一路"倡议推动中国制造业"走出去"，借助新一轮科技革命，与沿线各国经验互鉴、交流合作。这不仅可使自身制造业由大变强，还可使沿线国家早日迈入全球价值链的"门槛"，双方在互利共赢中构建更加公平合理的全球价值链利益分配体系。同时，"一带一路"倡议的各项措施，又为中国与沿线国家之间创新资源、要素流动提供了便利。可以说，"一带一路"倡议与新一轮科技革命相互借重，又相互促进，两者的交汇共同形成了中国借力"一带一路"平台进行全球价值链重构的历史机遇。举例来说，在新科技革命的影响下，数字基础设施建设作为"一带一路"互联互通的重要一环，对全球价值链重构产生着革命性的影响。

（三）"一带一路"倡议有助于国际经贸规则创新

多年来，中国等新兴经济体享受了全球价值链深化所带来的经贸福利，但在价值链中获利微薄，且话语权不足。因此，有的学者将"一带一路"倡议定位为发展中国家秉持"共同与可持续发展"原则更新国际经济立法、追求国际经济新秩序的努力。事实上，为了切实推进"一带一路"建设，在短短几年时间里，中国与沿线国家在遵循世贸组织规则的基础上实施了一系列新的制度性安排，比如，随着基础设施建设和融资领域的先行先试，中国先后建立亚洲基础设施投资银行、金砖国家开发银行、丝路基金、上海合作组织开发银行等新的经济制度；并加强了现有跨区域、区域或次区域各种合作机制的配合，如G20峰会、金砖国家峰会、上海合作组织、中国—东盟"10＋1"、亚太经合组织、亚欧会议、中国—中东欧国家合作机制（16＋1）等；同时还提出了"创新、协调、绿色、开放、共享"五大制度理念。这些构成了未来"一带一路"制度建设的基础，也说明了"一带一路"倡议所包含的对国际制度的合理诉求。

可以看出，"一带一路"相关制度建设首先由经贸领域起步，是在原有制度体系不足的情况下实现的重大突破和升级。以往的WTO、FTA等作为自由贸易的主要载体，解决的是建立在比较优势基础上的经济存量和生产能力的中短期释放问题，而"一带一路"倡议所实施的新的制度安排则解决的是从区域到全球的经济长期发展问题，这毫无疑问将形成现有国际经贸规则的创新。未来，在制度理念的引导下，"一带一路"倡议背景下经贸规则的架构将促进国际经济新旧制度的更替，而这种制度变革就构成了全球价值链重构的制度保障。

本章主要参考文献

丁宋涛、刘厚俊：《垂直分工演变、价值链重构与"低端锁定"突破——基于全球价值链治理的视角》，《审计与经济研究》2013 年第 5 期。

贾国庆：《大胆设想需要认真落实"一带一路"亟待弄清和论证的几大问题》，《人民论坛》2015 年第 9 期。

毛蕴诗、郑奇志：《论国际分工市场失效与重构全球价值链——新兴经济体的企业升级理论构建》，《中山大学学报》（社会科学版）2016 年第 2 期。

肖新艳：《全球价值链呈现"双曲线"特征——"微笑曲线"和"彩虹曲线"》，《国际贸易》2015 年第 8 期。

余东华、水冰：《信息技术驱动下的价值链嵌入与制造业转型升级研究》，《财贸研究》2017 年第 8 期。

张纪：《产品内国际分工的内在动因——理论模型与基于中国省际面板数据的实证研究》，《数量经济技术经济研究》2007 年第 12 期。

Azmeh S., Nadvi K., "Asian Firms and the Restructuring of Global Value Chains," *International Business Review*, 2014, 23 (4).

Beck M., Costa L., Hardman D., Jackson B., Winkler C. & Wiseman J., *Getting Past the Hype: Value Chain Restructuring in the E-Economy*, New York: Booz-Allen and Hamilton, 2001.

Frederick S., Gereffi G., "Upgrading and Restructuring in the Global Apparel Value Chain: Why China and Asia are Outperforming Mexico and Central America," *International Journal of Technological Learning, Innovation and Development*, 2011, 4 (1 – 3).

Humphrey J., Schmitz H., "How does Insertion in Global Value Chains Affect Upgrading in Industrial Clusters?" *Regional Studies*, 2002, 369.

Kaplinsky R., Farooki M., "What are the Implications for Global Value Chains When the Market Shifts from the North to the South?" *International Journal of Technological Learning, Innovation and Development*, 2011, 4 (1 – 3).

Michael E. Porter, *Competitive Advantage: Creating and Sustaining Superior Performance*, New York: Simon and Schuster, 1985.

Pananond P., "Where do We Go from Here? Globalizing Subsidiaries Moving up the Value Chain," *Journal of International Management*, 2013 (19).

第十二章　全球化新格局下的中国方案

　　世界各国实现互通有无与合作共赢离不开经济全球化。然而，当前全球化的发展处于关键的历史当口，无论在内容和形式上，还是在趋势和性质上，都面临着十分巨大的转变。① 一直以来，经济全球化由发达国家主导，不公平不合理的情况时有发生。这种非公平全球化的存在，以及宗教和民族冲突的发生，使得全球的政治结构不稳定，一些国家政府逐渐产生了反全球化的思潮。英国脱欧公投和特朗普当选美国总统则是"逆全球化"思潮的标志性事件。从全球经济的角度来说，一方面，美国在全球贸易和投资中过度强调"美国优先"的原则，并从 TPP 和《巴黎气候协定》中退出，使得全球贸易保护主义情绪不断攀升，阻碍了贸易全球化的健康发展。另一方面，数字化经济和智能制造范式所带来的影响越来越大，它改变了全球投资模式，并正在改变全球价值链取向，从而造成全球的贸易结构、贸易投资以及产业链进行加速改革。不平衡的全球化发展模式已不能适应新阶段需求，传统的全球化动力出现逐步衰退。最新的全球统计数据显示，2009 年以来，尽管全球经济不断恢复，但是截至目前，经济增长速度仅达到金融危机爆发前的一半。在全球经济增长的过程中，我们需要尽快找到全球化新机制和新动力。

　　中国是全球化进程的受益者，始终坚持全球化理念，走全球化道路。作为现阶段世界第二大经济体，同时作为一个有责任有担当的东方大国，我们理应在全球化新格局下融入"中国智慧"，提出有效的"中国方案"解决现有困局。中国希望可以构建公平合理的国际经济秩序，从而为推进全球化做准备。因此，中国提出了"一带一路"倡议，希望借此促进全球经济的繁荣发展，让更多国家分享中国发展红利，为全球化转型打开新局面。经过六

---

① 杨守明：《为推动全球化发展贡献中国智慧》，《中国社会科学报》2019 年 6 月 13 日。

年的实践检验，"一带一路"倡议逐渐成为引领全球化趋势的核心力量，为全球经济复苏和新一轮全球化注入强劲活力。

一 "一带一路"倡议推进的中国智慧和大国责任

（一）"一带一路"倡议推进的中国智慧

早在 2012 年，习近平总书记就在党的十八大上明确提出要倡导"人类命运共同体"意识，在追求本国利益时兼顾他国合理关切，在谋求本国发展中促进各国共同发展。"人类命运共同体"不仅是中国基于自身发展，深化改革、扩大开放的智慧结晶，更是我国对全球多种文明共存、共进、共发展给出的"中国答案"。其实施路径多种多样，"一带一路"倡议的实施正是构建人类命运共同体的伟大实践。正如习近平总书记所说，"共建'一带一路'顺应了全球治理体系变革的内在要求，彰显了同舟共济、权责共担的命运共同体意识，为完善全球治理体系变革提供了新思路新方案"。可以看出，"一带一路"是极具前瞻性的全球倡议。

1. 通过区域一体化带动经济全球化

区域经济一体化是实现全球化的路径之一，世界各国的合作发展通常也是由双边合作、多边合作以及区域合作等方式作为切入点的。但是在全球化过程中，一些西方发达国家为了满足自身扭曲利益，限制新兴经济体的发展，将区域一体化作为其控制手段之一，从而使区域一体化偏离原有的发展方向，背离发展初衷。比如，TTP 与 TTIP，作为区域经济合作项目，门槛高，并且具有明显的排他性，美国意图与其他西方大国通过这种高标准的贸易体系来"孤立"中国。在这种带有目的性的区域经济合作中，只有区域内的国家可以分享既得利益，区域外的国家则被边缘化，从长期来看，这不利于世界经济的可持续发展，世界经济的风险和危机会由此而进一步加大。因此，要进行全球的结构治理，必须先从区域治理开始。

与这种排他性的区域经济联盟不同的是，"一带一路"倡议向所有国家以及国际和区域组织开放。面对各国经济水平不同、发展不一的状况，"一带一路"倡议将各国视为平等的合作伙伴，倡议的落实中能满足各国不同的利益诉求，提出"共商、共建、共享"的原则，这有利于营建优质的合作伙伴关系，同时激发各国的参与积极性，而不是被动卷入国际事务、被迫接受全球规则。中国在和具有不同文化背景、政治生态、意识理念的国家外交过程中，一直在探索各国都能满意、合作共赢的有效机制，不断和各个国家在政策、规则以及战略方向上寻求对接。作为推动全球贸易自由化的新途径，"一带一路"倡议坚持探索，打通贸易渠道，通过跨国投资来实现中国与沿线各国的互利共赢。数据显示，中国对"一带一路"国家贸易和投资总体保持增长态势，2013～2018 年，中国与沿线国家进出口总额超 6 万亿美元，中国对外直接投资超过 800 亿美元。这表明"一带一路"倡议的经济带动作用已取得初步效果。

亚洲在世界经济中所占据的位置也随着"一带一路"倡议的不断推进而愈发重要。根据国际货币基金组织 IMF 发布的数据，2018 年全球 GDP 为 84.74 万亿美元，其中亚洲是全球七大洲中经济总量最高的，2017 年亚洲 GDP 为 31.413 万亿美元，约占全球经济比重的 37%。而中国作为亚洲最大的经济体，为亚洲的经济规模做出了巨大贡献。"一带一路"倡议提出后，亚洲市场逐渐联通，亚洲各国之间的经贸合作也逐渐增加，经贸规则整合发展，亚洲经济合作已逐渐形成一个复杂的 FTA 网络。中国—东盟自由贸易区升级、上海合作组织扩员、RCEP（区域全面经济伙伴关系）加快谈判等都推动了亚洲区域经济一体化进程，促进了亚洲区域统一大市场的形成，使得在当前全球化退潮、区域化受挫的国际新形势下，亚洲区域经济一体化进程依然能不断在逆势中前进，独树一帜。在多边贸易自由化进程中，区域经济一体化充分发挥了"试验场"作用，为多边贸易体制提供了大有裨益的经验。种种实践证明，"一带一路"倡议推进了亚洲区域经济一体化，而亚洲的区域经济一体化成果将为世界经济合作机制提供新的模范，为世界经济全球化做出突出贡献。

2. 通过推进基础设施互联互通，促进各国深层次合作

"一带一路"倡议是对古代丝绸之路的继承与发展，也是领先时代发展的一种合作共建的模式。其他双边或多边协定，多数仅以单纯的经贸合作为主要目的，而"一带一路"倡议则超越时代发展的桎梏，提出了更为全面的发展目标。我国提出"一带一路"倡议，积极推进"五通"发展，即政策沟通、设施联通、贸易畅通、资金融通、民心相通。也就是说，"一带一路"倡议在以往"贸易通"的发展基础上力争实现不同国家在政策措施、科教文化以及基础设施等全方位的沟通，推动各国在政治、经济、文化等各方面的发展，共同构建各国在发展上互相尊重互相信赖、经济上互利共赢、文化上求同存异的共演关系，以打造价值相融、利益相通、发展共同的统一和谐体。在"一带一路"的推进过程中，基础设施的互联互通是五大合作重点之一，更是重点合作项目中的优先发展领域。基础设施建设带来的巨大需求，将为全球贸易增长创造巨大潜力，并以此促进世界经济的增长。因此，"一带一路"建设的推进可谓"一子落而满盘活"。

从需求端来看，无论是从各国需求还是从未来区域经济合作的角度分析，"一带一路"沿线国家对于基础设施建设的需求都十分迫切，市场潜力巨大。"一带一路"沿线国家普遍具有刚性的财政约束，部分国家基建投资支出不足，基础设施发展滞后——人均 GDP、人均公路里程、人均铁路里程等指标均远低于中国。① 同时，从我国来看，对接"一带一路"倡议的西北部各省份，公路、高速公路及铁路密度在全国范围内排名均比较靠后，新疆、青海、甘肃等省份排名倒数几位，宁夏、陕西等省份则位居中后段水平。因此，为实现"一带一路"各国间的基建对接，同时拉动中国西北部地区的基建投资，"一带一路"倡议以基础设施建设为抓手十分必要。

从供给端来看，比起一些"产业空心化"的西方国家，以基础设施建设为核心和切入点，中国在重大项目上的资金、装备、技术以及人力资源能

---

① 曾赛星、林翰：《"一带一路"基础设施建设的中国担当》，《光明日报》2017 年 4 月 25日。

力方面都有着较为强大的优势。这一系列的因素使得我国在"一带一路"建设中成为沿线各国能够依靠的大国。我国在基础设施建设所需要的钢筋、水泥等原材料生产方面优势明显，目前世界上这些原材料总数的一半以上都由我国生产；我国培养的基础设施建设队伍在全球具备较强竞争力；我国在制造业方面更是居于前列，具有成本低、质量高的优势；我国拥有世界最多的外汇储备，外汇储备是一个国家经济实力的重要组成部分，据统计数据显示，截至 2019 年 9 月末，中国外汇储备规模为 30924.31 亿美元，可以作为基础设施投资的种子基金。北京大学林毅夫教授认为"中国未来可借此撬动其他主权基金或商业性贷款，对'一带一路'基础设施建设提供支持"。除此之外，伴随着固定资产投资增速下降，我国建筑业与制造业产能过剩问题日趋突出，"基建输出"能够很好地缓解我国在产业结构转型调整的窗口期所遇到的问题，而这些基建项目正好被"一带一路"沿线国家所承接。"一带一路"倡议坚持"亲诚惠容"的原则，将沿线国家的发展情况充分考虑进去，以开放的态度欢迎各国搭乘"一带一路"建设的便车。由此看来，主观意愿与客观条件形成合力，基础设施互联互通势在必行。

近年来，随着"一带一路"倡议和国际产能合作的深入实施，以中巴、中俄经济走廊建设为标志，一大批项目顺利推进，基础设施领域取得一批早期收获。蒙内铁路建成开通、中欧班列贯通亚欧、中国—东盟信息港进展顺利、瓜达尔港正式开航……而当前，中国企业也已经从单一的工程项目承包商向投资商、运营商和开发商、综合服务商的多重角色转变；项目模式也从传统的承接施工分包、施工总承包、EPC 工程逐步向投资带动的业务模式转变。这样的转变使得项目在推进过程中，能够坚持国际基础设施高质量可持续的发展方向，在基础设施建设过程中同样贯彻经济、社会、环境协调发展的新理念，统筹经济增长、社会进步与环境保护之间的平衡，并促进各国优势互补，实现互利共赢。

"道路通则百业兴"，基础设施投资计划作为我国"一带一路"建设中的"血脉经络"，不断推进亚欧地区油气管道、输电线路、海陆空交通建设，连点成线、织线成网，形成综合性立体互交网络，为沿线国家政治、文化交流奠定了坚实的物质基础。

3. 通过亚投行建设，完善世界金融秩序

近年来，中国经济蓬勃发展，在短短几十年内便成为世界第二大经济体，如今的 GDP 年增长率仍在 6% 以上。经济发展的突飞猛进，国际贸易与投资的不断加深，使我国拥有了巨额外汇储备，但优质产能过剩、资本过剩等问题也日渐凸显。与此同时，部分"一带一路"沿线国家的投资开发存在金融瓶颈，基础设施建设水平落后，经济增长十分缓慢。因此，亚投行的成立势在必行。亚投行被认为是"一带一路"倡议的资金保障计划，是向亚洲国家或地区的基础设施建设提供资金支持的、政府间性质的亚洲区域多边开发机构。自 2016 年 1 月正式运营至今，亚投行各项工作取得良好进展，运用一系列方式为亚洲各国的基础设施项目提供融资支持，包括贷款、股权投资以及提供担保等。目前，亚投行成员已达到 93 个，已经批准了 15 个国家的 39 个贷款或投资项目，总额达到 79.4 亿美元。

亚投行的成立，一方面为"一带一路"建设提供金融支持，有利于扩大对外贸易投资合作。亚洲基础设施的投资建设除了给中国基建发展带来新的重大机遇外，亚投行对亚洲国家进行投资，推动基础设施建设和互联互通，进一步挖掘了亚洲经济发展潜力，推动了区内国家经济发展，而这反过来又会带动和提升中国商品的海外市场需求，推动中国与亚洲其他国家的经贸合作，助推中国制造业标准走向国际，并且为中国制造业带来巨额海外订单，消化优势产业过剩产能。根据亚投行官网介绍，项目的主要资金支持内容涉及贫民窟改造、防洪、天然气基础设施建设、高速公路、乡村道路、宽带、电力系统、地铁建设等，这给项目开展国家带去了巨大的民生效益和经济效益。以菲律宾首都马尼拉防洪项目为例，其建成将能确保几百万居民免遭洪涝之害，而为孟加拉国改善以农村地区配电系统为主的项目，可使该国 1250 多万农村人口受益。另一方面，亚投行的成立对于推动人民币国际化进程、加速人民币成为国际储备货币具有重要意义。随着"一带一路"倡议的推进，中国已成为周边大部分国家的第一大贸易伙伴国，人民币作为国际贸易的计价单位，在其他国家外汇储备中的占比越来越高。并且亚投行以信贷为先导，在加强基础设施建设的同时，促进直接投资，以此带动人民币"走出去"，具体包括发行区域内人民币债券、为直接投资和基础设施建设提供配套融资工具等方式，在增加结算、投资基础上，促使区域经济体增加人民币储备需求。这些都加速了人民币成为国际储备货币的进程，而人民币成为国际储备货币对于维持我国货币汇率的稳定、弥补国际收支逆差、保证对外经济交往和国际结算的顺利进行、调节国际收支失衡，从而实现经济稳定等发展目标都有积极作用。同时能够保持我国货币的坚挺，并维护本国货币在国际金融市场的信誉，以此作为国家对外借债和偿还的基础与保证。

继金砖国家开发银行、上合组织开发银行和丝路基金之后，亚投行被视为中国完善世界金融秩序的又一举措，这也体现出中国尝试在外交战略中发挥资本在国际金融中的力量。目前，亚投行在国际金融体系中的地位已不亚于由美、日主导的亚开行，无论是西方发达国家抑或是非洲贫穷国家纷纷加入亚投行，都想从中分一杯羹，获得融资推动本国的基础设施建设，以实现自身发展，这也大幅度提升了中国在国际经济秩序中的话语权。从长远来看，亚投行的成功将向世界证明中国有意愿担负起大国责任，有善意向世界提供公共产品，为"一带一路"建设以及国际经济发展提供更好的环境。

4. 通过合作共赢来应对外部环境的压力和影响

"一带一路"倡议使得中国在亚太地区的影响力持续增强，并且该倡议将欧亚大陆连成一片，对美国原本主导的 TPP、TTIP 以及目前特朗普推行的"印太战略"产生了极大制衡。

中国经济实力的不断增强，使得以美国为代表的西方大国倍感危机，从政治、军事、经济等方面开始遏制中国。2015 年，美国在 APEC 之外另起炉灶，与日本和其他 10 个泛太平洋国家就泛太平洋战略经济伙伴关系协定（TPP）达成一致。美国将 TPP 视为亚太战略中的经济支柱以及完成"重返亚洲"的一个重要步骤。此外，美国也在主导 TTIP 谈判，即跨大西洋贸易与投资伙伴关系协定。美国主导 TPP 与 TTIP 的意图和动因无疑在于取得东亚乃至整个亚太地区的支配及霸权地位，试图架空 WTO，从而最大限度地实现美国的自身利益。从美国主导的 TPP 与 TTIP 的高标准和范围来看，有明显的制衡中国的意图，中国被这种高标准的贸易体系边缘化，并且对中国经济产生了一定影响。2017 年美国特朗普政府退出 TPP，但美国的退出并未使得该协议废除，美国以外的成员国谋求签署了"全面与进步跨太平洋伙伴关系协定"（CPTPP）。研究发现，从实际 GDP 和居民福利来看，无论美国是否退出 TPP，中国都是该战略的重要受害国。近年来，美国、日本、印度和澳大利亚等一些西方国家联合推出针对中国的具有军事联盟性质的"自由开放的印度洋—太平洋"战略（简称"印太战略"）。之前还只是愿景，但 2018 年初，美国正式将"印太"从官方话语提升为国家战略，其明显是要削弱中国的国际影响力。中国的快速发展使得西方一些备受较强冲突倾向秩序理论影响的国家危机感倍增，这些战略无一例外都充斥着强烈的遏制中国的意图。

而"一带一路"倡议正是应对 TPP、TTIP 与"印太战略"的妙棋。"一带一路"是中国政府对外关系的顶层设计，旨在推进中国的崛起进程、体现大国责任，同时也能让其他国家从中获益。面对外界压力与挑战，我们基于"一带一路"倡议探索构建新型多边合作机制。六年来，全球 100 多个国家和国际组织积极支持和参与"一带一路"建设，"一带一路"也重新定义了资本和各个国家在全球化中的角色和地位，推动现有全球权力系统和全球市场系统实现"再平衡"。① 通过多角度的合作，也为我国与沿线国家构筑了良好的外交关系，有效防止了美国对我国的政策孤立。此外，我国与"一带一路"沿线国家贸易往来持续深化，双向投资潜力进一步释放，重大项目带动效应更加凸显，高标准自贸区网络加速形成。在保证了国内产业原料来源的同时，也给我国开辟了新的稳定的进出口市场，保证了我们的贸易畅通和互通有无，能有效防止美方采取贸易的制裁给我国外贸带来的冲击。经贸投资进一步合作、政治互信不断增强、文化沟通不断加深，"一带一路"推进释放的巨大能量，使中国能够从容应对来自外界的压力和影响。而要进

---

① 王文：《"一带一路"与中国智慧》，《北京日报》2019 年 4 月 22 日。

一步应对目前"印太战略"的影响，大体而言，我们应该坚持既定国策，继续推进"一带一路"建设，探索构建"丝路伙伴协定"，同时要展现更多弹性，采取"主动接触"政策，积极探索能够消弭对抗性的合作机制。

（二）"一带一路"推进，尽显大国责任

"一带一路"贯穿亚欧大陆，东边连接亚太经济圈，西边进入欧洲经济圈，无论是提升政治、发展经济、改善民生，还是加快调整、应对危机，我国都走在世界各国的前列，为沿线各国谋求共同利益，推进人类命运共同体发展进步。"一带一路"倡议提出六年来，参与各国越来越清醒地认识到，"一带一路"是在"共商、共建、共享"基础上的多边经济合作，是开放包容、面向全球的合作倡议；是彰显中国自信、提升文化软实力、重振全球信心的全新理念。"一带一路"凸显了中国正在履行作为大国的国际责任，也从根本上改变着人们对于全球化的认识。该倡议通过有效的实际行动赢得了世界各国的认同，为全球化提供了良好的民意基础，为后金融危机时代的世界提供"全球公共平台"下的对话合作新模式。与此同时，能够培养各国"同舟共济，命运相连"的共识，借助于倡导"互利共赢、开放包容、和平合作、互学互鉴"的丝路精神，完成对人类命运的终极关怀。

1. 拓展外交发展机遇，推动全球政治格局良性发展

随着中国国际地位被广泛认可，中国试图在国际社会中取得更多的话语权，但快速的发展也使中国不可避免地成为某些受"零和博弈"思想影响的西方大国诟病与抨击的对象。对此，我国明确表明政治立场，坚决抵制冷战措施和强权政治，坚持"对话而不对抗，结伴而不结盟"的国与国交往新路。"一带一路"倡议从经济入手，在助力中国政治影响力、构建新型外交关系、实现中国的和平崛起、使中国成为一个真正有能力的责任大国的同时，也是中国改变国际政治力量对比的一次努力，在为加强国与国之间的和平发展与文化交流互鉴提供良好发展平台、推动构建国与国之间友好往来的新型政治关系方面发挥了不可替代的作用。

从大国关系和地缘政治着眼，自20世纪90年代苏联解体之后，美国成

为世界唯一超级大国，"一超多强"的政治格局逐渐形成。由中国主导的"一带一路"倡议不仅给世界经济带来了巨大的推动作用，也对当下美国等发达资本主义国家主导的世界政治经济格局产生了巨大的影响。首先，中国通过"一带一路"进一步加深了与中亚、南亚以及东南亚国家的政治互信，并且使沿线落后国家在经济上对中国的依赖性进一步加强，消减欧美在亚太地区的霸权影响，进而使得世界政治力量对比在潜移默化中发生改变。其次，中国力图构建新型大国关系，努力打破"修昔底德陷阱"。在旧的国际外交关系中存在诸多弊端，西方大国奉行霸权主义和强权政治，恃强凌弱、以大欺小，通过牺牲小国的合理利益来满足自身的发展需要，而新型大国关系的核心理念是相互尊重、互利共赢。"一带一路"倡议自提出以来，便通过经济合作和文化交流来增进政治互信，以此来加强同"一带一路"沿线国家的利益关系，共同构建人类命运共同体。我们可以肯定地说，中国的"一带一路"倡议并不是一场披着共赢"羊皮"的零和博弈游戏，中国的崛起是和平的崛起，是同所有国家合作共赢基础上的崛起，中国不仅仅对"一带一路"沿线国家、对第三世界国家采取积极友好的态度，对西方大国也始终保持开放包容的姿态。

此外，"一带一路"倡议将"中国梦"与"亚洲梦""欧洲梦"进行对接，对沿线国家的就业和民生进行扶持，提供沿线地区国际化的公共产品，努力使沿线国家和人民逐渐进入全球化的主流地带，摆脱贫困，实现经济增长，稳定政治局势，更好地参与国际事务。截至 2019 年 7 月底，中国政府已与 136 个国家和 30 个国际组织签署了 195 份政府间合作协议，商签范围由亚欧地区延伸至非洲、拉美、南太、西欧等相关国家，政策沟通不断加强，国际共识持续增强。同时推动与合作基础坚实、合作体量较大、合作意愿强烈的国家联合制定合作规划。现阶段，我国对"一带一路"沿线国家扶贫效果显著，并且"一带一路"倡议已与印尼全球海洋支点、蒙古国发展之路、菲律宾大建特建计划、匈牙利向东开放、俄罗斯欧亚经济联盟、哈萨克斯坦光明之路等规划顺利对接。

当前，国际关系仍在不断变化，全球治理改革、国际格局转换和世界秩序调整的步伐也在不断加快。国际形势发展变化中的不确定性、不稳定性和不可测性也比以往任何时候都更加突出。在这种形势下，中国特色大国外交的动向与走势对国际政治格局的影响和牵动作用也更加突出。而"一带一路"倡议是中国在百年来首次提出以中国为主导的洲际开发合作框架，对于推动国际格局有序变革的意义和作用十分显著，充分显示了我国推动全球政治格局良性发展、构建新型国际政治关系的大国责任与担当。

2. 促进资源优化配置，推动周边地区与沿线国家经济发展

由于具备不同的资源和制度禀赋，"一带一路"沿线国家的经济模式和发展阶段各不相同。"一带一路"倡议的互联互通使得沿线各个国家优势互补，促进了各种资源的优化配置。随着中国在全球影响力的提升，中国的经济辐射圈也进一步扩大。首先，中国对周边国家或地区的进出口贸易愈发频繁，成为这些国家最重要的贸易伙伴；其次，不管是通过绿地投资还是通过跨国并购，中国对"一带一路"沿线国家的直接投资都与日俱增；最后，周边国家进一步增加与中国的金融合作，包括构建区域货币互换机制以及宏观审慎管理框架以共同抵御潜在金融危机等。这些都不同程度地反映出"一线一路"倡议成为沿线国家与周边地区经济增长的"驱动器"。

"一带一路"倡议作为国际公共产品的价值得到了越来越多发达国家与国际组织的认可和赞同，同时也为沿线国家和周边地区提供了共享发展的大好机会，从"落地开花"到"根深叶茂"，"一带一路"建设成效举世瞩目。首先，"一带一路"积极促进设施联通，基础设施建设不断推进。我们聚焦"六廊六路多港多国"主骨架，一批标志性项目取得实质性进展，一大批互联互通项目成功落地。其中，以中泰、中老、雅万铁路为标志的基础设施建设最具代表性和示范性，中欧班列开行数量不断增加，经济走廊建设成果重大。其次，经贸投资合作不断增加，贸易往来不断扩大。贸易方式创新加快，"丝路电商"正在成为各国经贸合作的新渠道，为贸易畅通提供了新动力。再次，中国与"一带一路"沿线国家之间的国际产能合作有效开展，投资合作持续深化，在为这些国家创造大量就业岗位的同时，发展中国家的产业基础薄弱问题也得到了有效缓解。最后，我国与"一带一路"沿

线各国资金融通不断推进，投融资体系建设更加多元化。为此，我国的金融机构不断调整升级，进一步推动构建长期、稳定、可持续、风险可控的多元化融资体系，为"一带一路"建设项目提供了充足、安全的资金支持。

在当前"一带一路"的建设过程中，中国与各沿线国家展开了形式多样的合作，合作领域不断加深，为各国发展带来了新的契机。沿线各国已经成为"一带一路"建设中的"获利者"，均呈现出了健康稳定的发展态势。这在深化了各洲之间联系的同时，也开辟了互利共赢的发展前景，并将进一步推动亚洲、非洲、欧洲、大洋洲以及拉丁美洲之间的网状结构的形成，从而更多体现推进沿线国家与周边地区经济共同发展的实际功效。

3. 开展人文交流合作，形成开放包容、民心相通的良好局面

"一带一路"倡议是有着浪漫名称和丰富的历史文化内涵的倡议，早在两千多年前我们就与欧洲、非洲等诸多国家从丝绸之路出发进行文化交流与贸易往来。国之交在于民相亲，民相亲在于心相通，民心相通是共建"一带一路"行稳致远的社情民意基础，人文交流则是民心相通最可依赖的桥梁纽带。"一带一路"倡议提出六年来，中国传承和弘扬丝路精神，同"一带一路"沿线国家在科学、教育、文化、卫生、民间交往等各领域开展合作，推动各国民众之间的交往交流交融，为"一带一路"建设夯实了民意基础。推进"一带一路"建设，不仅为中外文化合作与交流提供了新的机遇，也进一步促进了中华文化繁荣兴盛。

为促进民心相通工作开展，做好合作机制顶层设计，建立多层次人文合作机制，我国出台了许多相关政策文件。2015年3月，国家发改委、外交部、商务部三部门联合发布了《推动共建丝绸之路经济带和21世纪海上丝绸之路的愿景与行动》，明确了"民心相通"在"一带一路"建设中的定位、责任、重点领域和主要工作渠道；2016年12月底，《"一带一路"文化发展行动计划（2016~2020年）》发布，这为"一带一路"沿线国家文化交流与合作的开展绘制了明确的路线图；2017年5月，"一带一路"国际合作高峰论坛圆桌峰会联合公报通过，此公报对于加强人文交流和民间纽带等合作举措、鼓励不同文明间对话和文化交流有重大意义。此外，沿线各国的

人文交流共识逐渐增多，渠道更为畅通，形式与内容更为多样化，一个多边参与、多元开放、多主体共建共享型的"一带一路"人文交流合作平台正逐步形成。目前，我国已与全部"一带一路"沿线国家签订了政府间文化交流合作协定，同53个沿线国家建立了734对友好城市关系，并同24个沿线国家签订学历学位互认协议，在43个沿线国家内实现空中直航，每周约4500个航班，在24个沿线国家内实现公民免签或落地签。同时实施丝绸之路专项奖学金计划。在该计划中，中国政府每年向相关国家提供1万个政府奖学金名额，地方政府也设立了丝绸之路专项奖学金，以此来鼓励国际人文交流。不仅如此，现代数字技术也为各国人文交流添砖加瓦，众多网络交流平台为机制化交流提供了良好的媒介，国际艺术节、电影节、音乐节、文物展、图书展等活动的举办都使得我国与沿线各国人文交流与合作不断深入，这些都进一步推动了中国与"一带一路"沿线国家的民心相通。

"一带一路"沿线国家虽然存在或多或少民族文明与文化形态的差异，但是中国作为东方文明大国，首先对世界文明的多样性给予了尊重，以文明交流超越文明隔阂，以文明互鉴超越文明冲突，推动各个国家相互理解、相互尊重、相互信任。事实证明，人文交流是推动"一带一路"建设不可或缺的重要支点。我们始终坚定文化自信，坚持平等、互鉴、对话、包容的文明观，推动"一带一路"建设进一步走深走实，为世界文化发展繁荣、为世界文明做出应有的贡献。

二　全球价值链重构下应对全球化新格局的路径选择

"一带一路"倡议的不断推进也带动了全球价值链的重组，不仅能够充分考虑发展中国家的权益，同时也能形成中国和沿线国家共命运的局面。然而，"一带一路"倡议不是一朝一夕能完成的，是一种长期的发展模式，"一带一路"背景之下的全球价值链重构也是一项复杂的长期工程。因此，中国要发挥"领头羊"作用，借力"一带一路"平台进行全球价值链重构也需要循序渐进。未来，要打开中国的大门，用发展的眼光看待全球化问题，树立国际分工主导者的意识，不断积淀全球价值链重构所需的禀赋、技术和制度基础。

（一）顺应比较优势的变化趋势，与沿线国家进行差异化产业合作

将中间品生产据点最大限度地纳入"一带一路"平台，组织高效率的全球生产链。从目前沿线国家比较优势的变化趋势来看，基本可以形成以中国为核心的垂直产业链，沿线国家的优势产业包括技术、资源、资本以及劳动密集型产业等。中国需要充分挖掘与其他沿线国家之间的互补性，不断释放贸易和投资潜力，根据不同国家的特点对其进行重点合作领域的定位以实现产业有效对接。

根据赫克歇尔—俄林模型（1968），如果一个国家劳动力资源相对丰裕，该国的比较优势就在劳动密集型产业。如果这个国家遵循比较优势，发展轻工业即以劳动密集型产业为主，其产品相对来说成本较低，因而具有竞争力，从而利润可以作为资本累计的量就比较大。过去，我国的劳动力资源相对丰裕，比较优势就在劳动密集型产业，中国也曾被称为"世界工厂"，这种劳动密集型的传统制造业成就了中国，然而却不再适合现在的中国，中国"世界工厂"的特征正在淡化。根据世界银行的数据，制造业对中国经济的贡献已出现拐点且呈下行趋势，中国的经济结构正从传统的生产型经济模式向发达市场的消费型经济模式转变。中国劳动力成本的提高是其中的重要原因之一，有数据显示，中国制造业的人工成本基本以每五年翻一倍的速度增长，中国用工成本全面提升，这对于依靠人口红利与成本红利的劳动密集型产业而言，成本上升压缩了它们的利润空间。而与中国人工成本节节攀升所不同的是，以东南亚部分国家为代表的工业化初期国家则存在明显的成本洼地。根据越南劳动部的数据，一个越南工人的平均月工资在 1500 元人民币左右，而缅甸和柬埔寨则是 600 元人民币左右，相当于中国的 1/8 ~ 1/3。因此，我们便可以将纺织品、服装加工、玩具等劳动密集型产业转移到东南亚这些国家，降低成本，提高收益。同时，中国产业转型升级向着高新技术产业迈进，而"一带一路"沿线国家多数仍处于吸收外商直接投资

的阶段，急需借助国际社会资本与技术推进本国经济发展，同时兼具廉价而又丰富的劳动力与巨大的市场容量。① 这就使得我们很好地借力"一带一路"倡议，将本国的劳动密集型等丧失比较优势的产业较好地转移到其他国家，这对于沿线欠发达国家或地区来说，是一个加速发展工业化、获得劳动力机会、进入世界价值链的机遇。

同样地，资源密集型产业可以向以中亚部分国家为代表的能源资源丰裕国家转移，而中国可以逐渐扩大对该类国家在技术、资本以及产品方面的出口。积极推进我国与中亚国家能源合作由单纯的能源供应走向全产业链合作，这对缓解国内能源供应紧张、转移优势产业过剩产能、降低生产成本、调整能源产业结构等都有重要意义。而中国对中亚能源大国的投资领域应将重点放在高污染、高能耗行业，主要有钢铁行业、有色金属行业、水泥行业等，这些行业通过消耗大量的自然能源而产生高额的回报，而这些行业所需的必要条件东道国恰好具备。对于中亚能源大国具有丰富的能源储备但相应技术匮乏的情况，中国可以扩大对该类国家技术和资本的出口，从而有效解决当地的贫困问题以及由贫困问题引起的一系列纷争。这对于中亚等能源大国的意义是显而易见的，在解决当地的就业问题的同时也充分利用了当地自然资源，以此来推动经济增长。此外，部分技术密集和高附加值产业则有望与以中东欧部分国家为代表的工业化后期国家合作，实现技术的互通有无，如机电产品、部分装备制造产品等。如此一来，第一产业梯度国家的产业升级会带动第二产业梯度国家的相应升级，第二产业梯度国家的产业升级也势必会带动第三产业梯度国家的相应升级，进而实现"一带一路"沿线国家产业链的有效转移和分工明确的生产网络的构建。"一带一路"建设就是让每个国家都较好地利用比较优势，把中国市场与国际市场联结在一起，把中国的优势资源与国际优势资源结合在一起。当然，这就需要"一带一路"沿线各经济体的相关单位进行通力合作，共同探讨合作能力和相关政策协调

---

① 张晓涛、刘亿、杨翠：《我国劳动密集型产业向"一带一路"沿线国家转移的区位选择》，《吉林大学社会科学学报》2019 年第 1 期。

机制，为各自对接新型全球价值链找准点位。

中国作为"一带一路"的发起者、价值链重构的主导者，需要提供中国方案，积极探索跨区域合作新形式，进一步扩大开放领域，并在部分企业已经具备价值链治理能力的基础上进一步增强跨国公司的实力，将"走出去"和"引进来"相结合。同时还要分散风险，在各国比较优势、全球经贸格局不断变化的情况下，对国内不同产业的国际竞争力进行动态评估，将在传统全球价值链中的增值、攀升路径与构建以自我为主导的新型全球价值链路径相结合，明确产业分类，并寻找共振方案。

（二）牢牢把握新一轮科技革命机遇，推动沿线国家创新资源共享

毋庸置疑，在全球价值链中的地位和竞争力，不仅仅体现在贸易量上，更多地体现在对全球价值的创造和获取上，这就需要进行创新驱动。当前，中国传统竞争优势逐渐弱化，但新的竞争优势还未真正形成，只有牢牢把握住新一轮科技革命的机遇，才有可能成为全球价值链重构的赢家。

在传统以发达国家为主导的全球价值链中，发达国家为了占据绝对领导地位，往往会为后发国家设置各种障碍以封锁技术，而若想摆脱对发达国家的技术依赖，唯有在新一轮科技革命来临之际，推动自主创新。对于中国而言，需要以供给侧改革为指导，不断改善国内创新环境，充分利用现有的制造业优势，正确把握战略性新兴产业的发展方向和技术路线，实现技术进步和功能性升级，使其成为中国借力"一带一路"平台进行全球价值链重构的支点；同时，要借助服务业逐渐成为新一轮国际产业转移和要素重组核心的趋势，加强制造业服务化，加大生产性服务业中间投入，使生产性服务业和制造业进一步融合，在全球价值链上表现出更强的纵向和横向升级的能力；而除了技术进步之外，作为供给侧动力的"三驾马车"之二，人力资本和企业家精神是创新活动的主体和价值创造的力量，在中国进行全球价值链重构进程中同样发挥着异常重要的作用。因此，中国需要加强对高技术人才的培养，并不断激发企业家精神，使企业不因短暂的眼前利益和严峻的生存压力而放弃转型升级的机会，打造全球价值链领军企业。值得关注的是，

随着全球竞争的日益激烈，任何技术力量雄厚的国家或企业都无法从其内部创造出技术创新需要的所有知识，也难以拥有创新所需要的全部资源，创新越来越网络化，这就是"一带一路"平台在新一轮科技革命浪潮下所特有的优势。"一带一路"相关国家的科技创新水平并不均衡，普遍都面临着这样或那样的问题，而在推动"一带一路"倡议框架内国家创新驱动发展道路上，中国做出了许多努力，包括科技人文交流、共建联合实验室、科技园区合作、技术转移等。

近年来，由"一带一路"引领的科技创新合作在促进沿线国家创新要素流动集聚的同时，也加速了科技创新的深度融合，中国在世界科技创新中的地位与日俱增，"一带一路"创新之路建设的局面已经形成。首先，我国与"一带一路"沿线各国的科技文化交流日益密切，广泛开展教育、文化、科学、卫生等领域的务实合作，受益人群不断扩大，后续延伸效果日益显现。教育部统计数据显示，2017 年共有 48.92 万名外国留学生在我国高等院校学习，其规模增速连续两年保持在 10% 以上。2013 年中国科学院启动了"发展中国家科教拓展工程"，截至 2019 年已为"一带一路"沿线国家培养各类专业技术型人才 5000 余名。许多来华交流过的科研技术人员，不仅为母国带回了技术和经验，而且增进了与华友谊和互信，并在此基础上积极促进相关机构间建立合作关系，为进一步深化科技创新合作提供了保障。其次，为解决经济社会发展中面临的技术难题，共同应对挑战，我国与"一带一路"沿线国家开展了联合研究，建立联合研究中心和联合实验室，这作为"一带一路"科技合作中的重要模式之一，进一步为达成互利共赢的目标提供了支持。一方面，在合作规模上，联合实验室和联合研究中心数量不断增加，由点成线，连线成面，目前正朝着更加密集的网络化分布发展。另一方面，在合作重点上，与各国的联合研究在注重解决当下问题，针对卫生健康、生态环境、粮食安全、自然灾害等全球性问题开展联合研究的同时也着眼长远，加强对引领未来的重点领域的前瞻性合作研究，如人工智能、新一代信息通信技术、互联网大数据、智能制造、数字经济、生物医药等。不仅如此，我国与"一带一路"沿线国家的创新创业合作以及国际技术转移转化的载体也日益多样化。目前，中国已建成了700多个国家国际科技合作基地，以及大批省市级国际科技合作基地。科技园区合作也受到"一带一路"沿线国家普遍欢迎，我国已经启动或准备探索与菲律宾、印尼等8个国家建立科技园区合作关系，这将进一步促进科技文化深层次交流互鉴。我们还分别与东盟、南亚、阿拉伯国家、中亚、中东欧构建了5个区域性技术转移平台，以此促进我国与这些国家或地区双向技术的转移转化，在带动我国企业、技术和标准"走出去"的同时也对国际产能合作起到了积极推动作用。可以看出，"一带一路"创新之路建设蓬勃开展，这不仅夯实了民意基础，也为各国民众之间的交往交流交融提供了很好的平台。总之，在"一带一路"建设中，科技创新合作的纽带作用将进一步显现，其巨大潜力也将会不断释放。

如此，要想更好地助力产业链的升级以及全球价值链的重构，中国与沿线国家借助"一带一路"平台加强技术创新、开放合作责无旁贷，在此基础上，构建国际产业技术联盟和区域创新网络，并加强创新人才资源的交流合作，不断实现沿线国家间的创新资源共享和创新优势互补，牢牢把握新一轮科技革命机遇，成为价值链重构的赢家。

（三）先行先试，创新、整合与沿线国家的经贸规则

"一带一路"的相关制度建设已在经贸领域有所突破。我国把自由贸易区建设上升为国家战略，提出了建设立足周边、辐射"一带一路"、面向全球的高标准自由贸易区网络，自由贸易区建设不断加速发展，布局逐步完善。截至2019年5月，我国已与25个经济体达成了17个自贸协定，未来也将继续积极推进实施自由贸易区战略，不断提升对外开放水平。同时，我国不断降低贸易投资中的制度壁垒，努力打造更高水平的合作平台，聚焦产业投资，做优做精重大经贸合作项目，帮助发展中国家夯实经济发展基础，更好地参与全球分工，从全球价值链中获取收益。随着"一带一路"建设的全面推进，各个领域的制度建设都会跟进。而这也为以中国为主的发展中国家在全球范围内参与制度创新尤其是经贸规则创新奠定了基础。因此，中国

借力"一带一路"平台进行全球价值链重构过程中的制度重构可以作为发展中国家在国际上从规则的被动接受者向规则的主动制定者转变的"先行先试"。

　　具体而言，中国首先要看清全球价值链重构的未来趋势，提出既符合国内现实又着眼于未来制高点的战略和行动方案，以此作为在"一带一路"平台内进行经贸规则制定的依据。有统计显示，未来全球价值链的增长将停滞不前，全球贸易和投资活动趋缓。同时全球价值链日益"东渐"，在过去十年中，全球价值链参与度增长最快的区域是东亚、东南亚和南亚，年均增速超过4%。根据全球价值链的变化特点，在产业链重塑过程中，我国应积极加快推进"一带一路"建设，在全球范围内做出新的战略布局；加快推动新技术革命的兴起，开启新的经济增长引擎；不断调整产业结构，使我国在新的全球分工体系中具有更强的竞争力。其次，"一带一路"平台经贸规则的创新，要以维护多边贸易体制为前提，在WTO、FTA等基础上，基于平等、公正、包容等理念，在中国引导下，沿线国家互通制度和法律，根据利益相关度和条件成熟度通过双边或多边磋商来实现共建。中国未来需理性设定全球经济治理制度性话语权提升的目标，向国际社会提供代表中国"共同发展观"的制度公共产品，并通过对既有多边制度的维系及创新话语机制的方式逐步取得全球经济治理下制度性权力的突破。最后，除了在国际层面上实现"一带一路"国际经贸规则创新之外，还应该推动沿线国家"国内法"的完善，使各国"国内法"能够顺利对接新经贸规则，并实现良性互动。推进"一带一路"建设离不开制度和标准的对接，为了避免对"一带一路"一些项目的正常开展造成掣肘，同时克服巨大的国别差异，提高交往效率，其中一个重要环节就是推动重点领域或流程的规范及标准对接，最大限度降低因制度和标准不同而造成的无谓损失，促进各国在科技、经贸、教育、旅游、文化、卫生等各领域的交流。总之，中国应在对"一线一路"沿线进行全方位的投资开发过程中，尽最大努力促进沿线国家制度质量提升的正向效应。

　　以"一带一路"平台为基础的全球价值链重构，仍然处于深度全球化的大背景之下，是以中国为主导的新型全球价值链与以发达国家为主导的传统价值链之间的平衡和较量。因此，中国需要在解构原有价值链的基础上，整合"一带一路"平台的经贸规则，与国际规则对接，促进市场和资源的再次配置，对原有价值链在"一带一路"平台内和全球范围内进行重新布局，推动全球价值链整体的融合和创新。而在这个过程中，中国需要以积极主动的姿态参与和引领全球经济议程，增强发展中国家尤其是自身在国际事务中的代表性和发言权，更好地贡献基于"一带一路"平台的全球价值链治理理念和治理规则，同时以身作则，防止国际经贸规则在创新过程中碎片化，避免让区域贸易协定变成贸易壁垒。

在这个全球化转型的新时代，我国将"和平合作、开放包容、互学互鉴、互利共赢"的丝路精神转化为"一带一路"建设的实际行动，用行动向世界证明了我们的态度与决心，全球100多个国家和国际组织的积极响应和热情参与也使我国收获颇丰。自从"一带一路"被写入联合国2030可持续发展目标起，到2017年召开高峰论坛，再到党的十九大报告五次提及，其影响力与重要性愈发凸显，这是改革开放经验的总结，是中国智慧的分享，是为世界经济转型提供的中国方案。时间和实践告诉我们，不论国际风云如何变幻，中国积极争取人类社会发展进步的使命感和意志永远不会改变，并将在新时代为人类社会做出新的更大的历史性贡献。

本章主要参考文献

车万留：《"一带一路"主要国家间的比较优势与贸易互补性》，《外资经贸》2019年第8期。

陈月红、李会杰：《构建人类命运共同体　贡献"中国智慧"》，《经济研究导刊》2019年第4期。

杜传忠、杜新建：《第四次工业革命背景下全球价值链重构对我国的影响及对策》，《经济纵横》2017年第4期。

郭锐、王彩霞：《推动构建人类命运共同体的中国担当》，《中国特色社会主义研究》2017年第5期。

何星亮：《"一带一路"建设与人类命运共同体》，《中南民族大学学报》2018年第

4 期。

贺勇、韩晓明、徐伟、苑基荣：《亚洲基础设施投资银行成立两周年，成绩卓著——构建人类命运共同体的生动实践》，《人民日报》2018 年 1 月 18 日。

李维安、齐鲁骏、丁振松：《兼听则明，偏信则暗——基金网络对公司投资效率的信息效应》，《经济管理》2017 年第 10 期。

聂名华：《中国制造业在全球价值链中的地位与升级方略》，《东南学术》2017 年第 2 期。

欧阳康：《全球治理变局中的"一带一路"》，《中国社会科学》2018 年第 8 期。

唐青、叶申奥：《"一带一路"及"人类命运共同体"话语体系构建的现状问题与对策》，《北京科技大学学报》2018 年第 2 期。

王刚：《大力推进与"一带一路"沿线国家的科技合作》，人民政协网，2019 年 3 月 11 日。

王辉耀：《破解逆全球化的中国方案》，《前线论坛》2019 年第 5 期。

王照明：《"一带一路"马克思主义世界历史理论的最新发展》，《中共南昌市委党校学报》2017 年第 4 期。

吴自聪、张莉：《"一带一路"：新时代人类命运共同体的中国方案》，《中共南京市委党校学报》2018 年第 6 期。

习近平：《决胜全面建成小康社会，夺取新时代中国特色社会主义伟大胜利：在中国共产党第十九次全国代表大会上的报告》，《人民日报》2017 年 10 月 18 日。

薛秀娟、赵振杰：《人类命运共同体中的中国智慧——以"一带一路"为例》，《山西高等学校社会科学学报》2019 年第 4 期。

张晓涛、刘亿、杨翠：《我国劳动密集型产业向"一带一路"沿线国家转移的区位选择》，《吉林大学社会科学学报》2019 年第 1 期。

Koopman R. W., Powers, Z. Wang, Wei. S. J., "Tracing Value-added and Double Counting in Gross Exports," *American Economic Review*, 2014, 104 (2).

Peter J. Buckley, Niron Hashai, "The Role of Technological Catch up and Domestic Market Growth in the Genesis of Emerging Country Based Multinationals," *Research Policy*, 2014 (43).

专题篇

中国与"一带一路"沿线国家经贸合作系列研究成果

"一带一路"、贸易便利化
与出口增长三元边际

——以中国林产品为例

随着传统关税和非关税贸易壁垒的减少，提高和改善口岸效率和海关环境等贸易便利化措施对于林产品贸易的影响逐渐增强。本文构建了完整的贸易便利化测评体系，运用主成分分析法测算了2007～2016年"一带一路"沿线与中国林产品贸易流量较大的13个国家的贸易便利化水平，并将中国对这13个国家的林产品出口增长分解为三元边际，即扩展边际、数量边际和价格边际，然后利用跨国面板数据研究了沿线国家贸易便利化水平对中国林产品出口增长三元边际的影响。研究结果表明，"一带一路"沿线国家的贸易便利化水平存在较大差异。在"一带一路"建设中，目标国贸易便利化水平的提高对数量边际和价格边际具有显著的正向影响，对扩展边际的影响不显著。中国要实现林产品贸易的转型升级，就必须以贸易便利化为突破口，不断释放出产品质量提升和产业结构优化升级的正向聚合效应。

一 "一带一路"背景下的贸易便利化与我国林产品出口

党的十九大报告指出，中国特色社会主义进入了新时代。这一新时代不仅意味着社会主要矛盾转变为人民日益增长的美好生活需要和不平衡、不充分的发展之间的矛盾，也意味着各领域都进入了攻坚克难的现代化建设快速推进时期。林业产业建设是事关经济社会可持续发展的根本性问题，为美好生活的创造和美丽中国的建设提供了生态条件，并在中国成为全球生态文明建设重要参与者、贡献者和引领者角色中发挥着巨大作用，因此在新时代下被赋予了提速自身现代化建设和助力其他领域现代化建设的双重使命。

2017年，中国林产品进出口贸易额达1500亿美元，继续保持世界林产品生产和贸易第一大国地位。但从结构来讲，中国林产品贸易整体处于全球价值链的低端，属于"两头在外"的加工贸易，以贴牌生产和代工生产为主，缺乏技术创新与品牌引领，高端环节牢牢地被发达国家所把控，这种情形使中国林产品贸易面临"价值链低端锁定"风险。可以说，林业产业发展仍是现代化建设中的短板。目前，各国经济都仍处于金融危机之后的深度调整之中，全球经济格局正发生着巨大转变，"一带一路"建设的推进又为全球经济格局的重塑增添了更多可能性，并且"一带一路"沿线许多国家林业资源丰富，如俄罗斯、印度尼西亚、波兰等，新的林产品贸易渠道的挖掘、林产品贸易格局的变动都给中国林产品贸易转型升级提供机遇。如何进一步通过林业对外贸易来促进林业改革和发展，借力"一带一路"平台，促使林产品"走出去"，为林业发展注入新活力，在新时代下具有更为重大的价值和意义。

随着自由贸易的发展，传统关税和非关税等贸易壁垒对贸易的影响大幅下降，口岸效率、海关环境等贸易程序的合理化问题成为对外贸易关注的重点，贸易双方通常会选择采用提高两国贸易便利化水平的方法来促进双方的贸易增长，"一带一路"建设也不例外。从理论上来讲，贸易便利化水平的提高有利于降低交易成本、简化贸易程序、提高通关效率。2017年2月22日，WTO的《贸易便利化协定》正式生效，这是WTO成立以来的首个多边贸易协定。据世贸组织估算，《贸易便利化协定》的实施将使全球贸易成本减少约14.3%，到2030年将使全球出口额外增加2.7%，推动全球经济额外增长0.5%。发展中国家和最不发达国家的出口商品数量将分别增加20%和35%，海外市场规模将分别扩大30%和60%，这将有助于减少这些经济体在面对外部经济动荡时的脆弱性。就中国而言，林产品贸易面临着劳动力成本快速上涨、贸易成本增加的趋势，烦琐的贸易程序等隐性的贸易壁垒成为中国与"一带一路"沿线国家林产品贸易的障碍。因此，中国要想借力与"一带一路"沿线国家的合作来挖掘新的贸易潜力，进而改善林产品出口增长结构，突破口首先是与这些国家的贸易便利化问题。鉴于此，本文将构建完整的贸易便利化测评体系，对"一带一路"沿线与中国林产品贸易流量较大的国家进行贸易便利化水平测度，同时分析这种贸易便利化水平对中国林产品出口增长的影响，在这个过程中探索中国更好地利用对外贸易提升林产品竞争力的途径。

二 研究贸易便利化问题的方法对比

国内外学者对于贸易便利化的研究主要集中在两个方面：一方面是贸易便利化指标体系的构建；另一方面是贸易便利化带来的福利效益研究。在贸易便利化指标体系构建方面，John Raven 认为贸易便利化的指标包括海关环境指数、商务诚信指数和支付系统效率指数等。[1] Wilson 等用港口效率、海关环境、监管环境和电子商务 4 个指标来建立贸易便利化评价体系，并得出了世界平均贸易便利化水平提高 50%，将会使全球贸易额增加 3770 亿美元的结论。[2] Portugal-Perez 等进一步将贸易便利化指标分为硬件基础设施和软件基础设施，相关研究表明运输效率和商业环境对出口的影响呈边际收益递减，而基础设施建设和通信技术等的影响随一国收入增长而增长。[3] 李斌等将口岸效率、海关环境、制度环境、商业环境、电子商务、市场准入 6 个指标纳入贸易便利化评价体系，并用熵值法测算了全球 109 个国家的贸易便利

① John Raven, "Trade and Transport Facilitation: A Toolkit for Audit, Analysis and Remedial Action," Washington, DC: World Bank, 2001.
② John S. Wilson, Catherine L. Mann, Tsunehiro Otsuki, "Assessing the Benefits of Trade Facilitation: A Global Perspective," *World Economy*, 2004, 28 (6).
③ Alberto Portugal-Perez, John S. Wilson, "Export Performance and Trade Facilitation Reform: Hard and Soft Infrastructure," *World Development*, 2012, 40 (7).

化得分。[1] 孔庆峰等选取口岸与物流效率、海关与边境管理、规制环境和金融与电子商务作为贸易便利化一级指标，并将贸易便利化的衡量细化到物流竞争力、装运负担能力、金融服务的便利性与成本等二级指标，在此基础上利用主成分分析法得到了一级指标的权重。[2] 朱剑冰等则从口岸效率、关税环境、基础设施及服务、信息和通信技术、商务环境五个方面选取贸易便利化指标，运用德尔菲法和层次分析法确定了各指标的权重。[3]

在评估贸易便利化的福利效益方面，国内外学者普遍采用引力模型或一般均衡模型来估计贸易便利化对贸易流量或贸易潜力的影响。例如，Francois 等利用一般均衡分析法测算了农业、制造业和服务业的贸易便利化水平，认为发展中国家积极参与市场准入让步对于贸易发展至关重要，如果各国的海关费用下降，全球国内生产总值将会增加。[4] Shepherd 等用引力模型论证了基础设施是国际贸易的决定性因素的观点，研究结果还表明公路质量升级可以使贸易流量增加50%，超过了关税削减带来的效益。[5] Felipe 等的研究显示，贸易便利化水平的提升使阿塞拜疆和塔吉克斯坦的贸易收益分别增加了28%和63%，[6] E. Moïsé 等则提出改善贸易便利化综合指标比实施单一贸易便利化措施对发展中国家的进出口贸易影响更显著的观点。[7] 佟家栋等基于可计算一般均衡模型探讨在 APEC 内减少腐败、提高透明度等贸易

[1] 李斌、段娅妮：《贸易便利化的测评及其对我国服务贸易出口的影响——基于跨国面板数据的实证研究》，《国际商务》（对外经济贸易大学学报）2014年第1期。

[2] 孔庆峰、董虹蔚：《"一带一路"国家的贸易便利化水平测算与贸易潜力研究》，《国际贸易问题》2015年第12期。

[3] 朱剑冰、吕静：《贸易便利化评价指标体系研究及其应用》，《湖南大学学报》（社会科学版）2015年第6期。

[4] Joseph Francois, H. V. Meijl, F. V. Tongeren, "Trade Liberalization in the Doha Development Round," *Economic Policy*, 2005, 20 (42).

[5] Ben Shepherd, John S. Wilson, "Trade, Infrastructure, and Roadways in Europe and Central Asia: New Empirical Evidence," *Journal of Economic Integration*, 2007, 22 (4).

[6] Jesus Felipe, Utsav Kumar, "The Role of Trade Facilitation in Central Asia," Economics Working Paper Archive, 2010, 50 (4).

[7] E. Moïsé, S. Sorescu, "Trade Facilitation Indicators: The Potential Impact of Trade Facilitation on Developing Countries' Trade," OECD Trade Policy Papers, 2013.

便利化措施对于降低贸易成本、提高经济收益的作用。而有关贸易便利化细分行业的研究主要集中在农产品、制造业和服务业等方面。[①] 孙林等运用泊松伪极大似然估计法，分析了东盟贸易便利化措施对国际农产品出口的影响，研究表明提高东盟海关效率等对国际农产品出口有显著的促进作用。[②] 还有学者提出提升进口国贸易便利化水平对中国制造业产品出口有显著的积极影响。[③] 郭晓合等认为出口国的贸易限制政策严重阻碍了金融服务出口，而中国自贸试验区的贸易便利化改革有利于挖掘金融服务贸易的潜力。[④]

目前，针对"一带一路"沿线国家贸易便利化问题的研究，国内学者普遍认为提升贸易便利化水平能显著增加"一带一路"沿线国家的双边贸易流量，但不同的贸易便利化指标对贸易流量的影响存在差异。张晓静等认为改善商业环境对提高中国出口贸易起着至关重要的作用，且"一带一路"沿线国家不同区域的贸易便利化水平对中国出口影响不同。[⑤] 张亚斌等基于拓展贸易引力模型发现，丝绸之路经济带贸易便利化水平呈现出"欧洲最高，东亚较高，中间最低"的 U 形空间特征，且贸易便利化各指标对不同区域的影响呈现出显著的异质性。还有学者测算了"21 世纪海上丝绸之路"沿线各国贸易便利化水平，得出贸易便利化能显著增加出口额，且超过了 GDP 对沿线国家出口的影响的结论。[⑥]

综上所述，以往学者的研究大多关注贸易便利化对于整体进出口贸易流量

① 佟家栋、李连庆：《贸易政策透明度与贸易便利化影响——基于可计算一般均衡模型的分析》，《南开经济研究》2014 年第 4 期。

② 孙林、倪卡卡：《东盟贸易便利化对中国农产品出口影响及国际比较——基于面板数据模型的实证分析》，《国际贸易问题》2013 年第 4 期。

③ 孙林、徐旭霏：《东盟贸易便利化对中国制造业产品出口影响的实证分析》，《国际贸易问题》2011 年第 8 期；董银果、吴秀云：《贸易便利化对中国出口的影响——以丝绸之路经济带为例》，《国际商务》（对外经济贸易大学学报）2017 年第 2 期。

④ 郭晓合、戴萍萍：《基于引力模型的中国金融服务贸易便利化研究——以中国自贸试验区为视角》，《国际商务》（对外经济贸易大学学报）2017 年第 6 期。

⑤ 张晓静、李梁：《"一带一路"与中国出口贸易：基于贸易便利化视角》，《亚太经济》2015 年第 3 期。

⑥ 汪洁、全毅：《21 世纪海上丝绸之路贸易便利化研究》，《国际商务》（对外经济贸易大学学报）2015 年第 6 期。

的影响，而针对贸易便利化与细分行业尤其是林产品贸易方面的实证研究很少涉及，这与当前解决中国劳动力红利逐渐消失、林产品贸易成本上升等问题的迫切需求不相符。另外，现有研究大多分析贸易便利化对双边贸易流量的影响，研究其对于出口增长结构影响的文献尚不多见。并且大多数实证研究认为贸易便利化指标和扰动项无关，但这很可能会忽略贸易便利化指标的内生性问题，从而产生估计偏差，这些都是本文的创新之处。同时，随着"一带一路"建设的推进，该领域的研究也逐渐由理论层面发展到可操作层面，以贸易便利化为基础，分析林业产业借力"一带一路"实现产业升级，本身也是对"一带一路"实践研究的进一步推进。因此，本文拟将中国对"一带一路"沿线国家的林产品出口增长分解为扩展边际、数量边际和价格边际，选取贸易便利化指标的一阶滞后项作为工具变量进行面板数据回归，以克服模型的内生性问题，从而研究贸易便利化水平对于中国对"一带一路"沿线国家林产品出口增长结构的影响。

三 贸易便利化与出口增长的三元边际测度

（一）贸易便利化指标体系构建

目前国内外学者对于贸易便利化指标体系尚未有统一的界定，但随着电子商务和金融服务的发展，贸易便利化的范围有逐渐扩大的趋势。根据WTO《贸易便利化协定》的内容，贸易便利化评价指标应该包括贸易法规透明度、进出口规费和手续、货物的放行与清关、进出口手续、过境自由和海关合作等。本文依据《贸易便利化协定》中的相关规定，并结合 Wilson 等[1]、孔庆峰等[2]、李好[3]贸易便利化指标体系的构建思想，选取口岸效率、

---

[1] John S. Wilson, Catherine L. Mann, Tsunehiro Otsuki, "Assessing the Benefits of Trade Facilitation: A Global Perspective," *World Economy*, 2004, 28 (6).

[2] 孔庆峰、董虹蔚：《"一带一路"国家的贸易便利化水平测算与贸易潜力研究》，《国际贸易问题》2015 年第 12 期。

[3] 李好：《中国—东盟（柬、老、缅、越）贸易便利化研究：基于企业视角》，《广西大学学报》（哲学社会科学版）2017 年第 5 期。

海关环境、规制环境、金融与电子商务4个一级指标，并细化为17个二级指标来对"一带一路"沿线国家的贸易便利化水平进行测度。由于"一带一路"沿线所涉及的国家众多，考虑到篇幅问题，根据所要研究的具体问题，本文选择具有代表性的"一带一路"沿线国家，即与中国林产品贸易流量较大的13个国家，包括：哈萨克斯坦（中亚）；越南、菲律宾、马来西亚、印度尼西亚、新加坡（东南亚）；印度、巴基斯坦（南亚）；波兰、罗马尼亚（中东欧）；沙特阿拉伯、阿联酋（西亚）；俄罗斯（独联体）。相应时间跨度为2007~2016年，相关数据全部来自世界经济论坛发布的《全球竞争力报告》（GCR）和透明国际组织发布的《全球清廉指数报告》（CPI），具体的贸易便利化指标体系构建如表1所示。

1. 口岸效率

该指标反映交通设施建设程度和运输效率，包括公路基础设施质量、铁路基础设施质量、港口基础设施质量和空运基础设施质量4个指标，得分范围均为1~7分，得分越高代表基础设施越完善，口岸运输效率越高，越有利于林产品贸易的开展。

2. 海关环境

该指标衡量通关成本、海关程序和过境管理透明度，包括贸易壁垒盛行度和海关程序负担2个指标，得分范围均为1~7分，得分越高代表该国通关成本越低，海关程序越便捷，越有利于促进贸易和外商直接投资。

3. 规制环境

该指标反映政策透明度和司法效率等影响贸易的制度环境，包括清廉指数、公众对政府行为的信任程度、司法独立性等6个指标。除清廉指数得分范围为0~100分外，其余指标均为1~7分，得分越高代表该国的政策环境越透明，治理效率越高，越有利于为国际贸易提供良好的政策激励机制。

4. 金融与电子商务

该指标衡量金融服务的便利性和电子商务的发展程度，包括金融服务的便利性、金融服务的负担能力、新技术的可获得性等5个指标。除互联网用户比例得分范围为0~100分外，其他指标得分范围均为1~7

分，得分越高代表该国的金融市场越成熟，新技术和电子商务应用越广泛。

表 1　贸易便利化测评指标体系

一级指标	二级指标	得分范围	指标来源
口岸效率	公路基础设施质量	1~7 分	GCR
	铁路基础设施质量	1~7 分	GCR
	港口基础设施质量	1~7 分	GCR
	空运基础设施质量	1~7 分	GCR
海关环境	贸易壁垒盛行度	1~7 分	GCR
	海关程序负担	1~7 分	GCR
规制环境	清廉指数	0~100 分	《全球清廉指数报告》
	公众对政府行为的信任程度	1~7 分	GCR
	司法独立性	1~7 分	GCR
	政府管制的负担	1~7 分	GCR
	法律法规解决争端的效率	1~7 分	GCR
	政府制定政策的透明度	1~7 分	GCR
金融与电子商务	金融服务的便利性	1~7 分	GCR
	金融服务的负担能力	1~7 分	GCR
	新技术的可获得性	1~7 分	GCR
	企业对技术的吸收	1~7 分	GCR
	互联网用户比例	0~100 分	GCR

（二）贸易便利化水平测算

本文首先用贸易便利化二级指标除以其可能取得的最大值的线性变换方法，即

$$X_j = y_j / y_j^{\max}$$

其中，X_j 为将所有二级指标转化为取值范围在 0~1 的标准化指标，y_j 为 j 指标的原始数值，$y_j^{\max}$ 为 j 指标可以取得的最大值，然后利用主成分分析法对各指标的权重进行赋值，应用 stata 13.0 软件提取三个主成分 Comp1、

Comp2、Comp3，涵盖 17 个贸易便利化二级指标 85% 以上的信息，分别用每个主成分各指标对应的系数乘以该主成分的贡献率再除以三个主成分的累积贡献率，最后相加求和并进行归一化处理，① 从而确定各年份贸易便利化指标综合评价体系，根据主成分分析法得到综合评价模型，进而得到了如表 2 所示 2007~2016 年"一带一路"沿线 13 个国家的贸易便利化水平得分。如表 2 所示，2007~2016 年"一带一路"沿线 13 个国家的贸易便利化水平整体呈逐渐上升趋势，贸易便利化水平最高的是新加坡，连续十年贸易便利化水平得分处于 0.8 分以上；其次为阿联酋，2007~2013 年贸易便利化得分为 0.7~0.8 分，2014 年以来贸易便利化得分在 0.8 分以上；马来西亚位居第三，贸易便利化得分为 0.6~0.8 分，贸易较为便利。② 而哈萨克斯坦、越南、菲律宾、印度、巴基斯坦等国的贸易便利化得分均处于 0.6 分及以下，贸易便利化水平较低。从总体上看，大部分国家的贸易便利化还处于较低的水平，贸易便利化有较大的提升空间，整体的贸易环境仍需不断改善。

表 2　贸易便利化测评结果

国家	2007 年	2008 年	2009 年	2010 年	2011 年	2012 年	2013 年	2014 年	2015 年	2016 年
哈萨克斯坦	0.43	0.46	0.45	0.49	0.49	0.55	0.55	0.54	0.56	0.55
越南	0.44	0.47	0.51	0.51	0.49	0.49	0.50	0.51	0.51	0.51
菲律宾	0.43	0.45	0.43	0.45	0.46	0.51	0.52	0.53	0.52	0.48
马来西亚	0.71	0.71	0.67	0.69	0.71	0.73	0.71	0.74	0.74	0.72
印度尼西亚	0.44	0.49	0.52	0.54	0.52	0.54	0.56	0.57	0.56	0.57
新加坡	0.86	0.88	0.88	0.88	0.88	0.88	0.86	0.85	0.86	0.85
印度	0.55	0.55	0.55	0.57	0.54	0.56	0.56	0.54	0.56	0.60

---

① 李豫新、郭颖慧：《中国新疆与周边国家边境贸易便利化水平研究》，《国际商务研究》2014 年第 1 期。

② 国内部分学者将贸易便利化水平得分划分成四个等级，其中，0.6 分以下为贸易非常不便利，0.6~0.7 分为贸易一般便利，0.7~0.8 分为贸易比较便利，0.8 分以上为贸易非常便利。

续表

国家	2007 年	2008 年	2009 年	2010 年	2011 年	2012 年	2013 年	2014 年	2015 年	2016 年
巴基斯坦	0.46	0.47	0.47	0.49	0.49	0.50	0.50	0.49	0.49	0.48
波兰	0.46	0.47	0.49	0.52	0.53	0.54	0.53	0.54	0.57	0.56
罗马尼亚	0.44	0.48	0.47	0.46	0.44	0.44	0.46	0.50	0.52	0.48
沙特阿拉伯	0.56	0.62	0.63	0.69	0.71	0.71	0.68	0.67	0.67	0.66
阿联酋	0.71	0.74	0.78	0.76	0.76	0.78	0.79	0.81	0.81	0.81
俄罗斯	0.42	0.44	0.43	0.46	0.45	0.46	0.49	0.52	0.52	0.52

（三）中国对"一带一路"沿线国家林产品出口增长的三元边际分解

出口增长的扩展边际反映了出口产品多样性以及出口企业数量的变化，而价格边际和数量边际则分别体现了出口产品质量和数量的变化。本文采取施炳展的计算方法，[①] 将中国对"一带一路"沿线 13 个国家林产品出口增长分解为扩展边际和集约边际（包括价格边际和数量边际），具体计算过程如下。

首先，定义扩展边际 *EM* 和集约边际 *IM*：

$$EM_{jm} = \frac{\sum_{i \in I_{jm}} (Q_{rmi} \times P_{rmi})}{\sum_{i \in I_{rm}} (Q_{rmi} \times P_{rmi})}$$

$$IM_{jm} = \frac{\sum_{i \in I_{jm}} (Q_{jmi} \times P_{jmi})}{\sum_{i \in I_{jm}} (Q_{rmi} \times P_{rmi})}$$

其中，*j* 代表出口国（中国）；*m* 代表进口国（"一带一路"沿线 13 国）；*r* 代表参照国（世界），选择参照国的条件是中国出口到进口国的林产品数量与种类小于等于中国出口到参照国林产品的数量与种类，通常将世界作为参照国；*i* 表示某类林产品；*P* 表示林产品的单位价格；*Q* 表示林产品的出口数量；I_{rm} 和

---

① 施炳展：《中国出口增长的三元边际》，《经济学》（季刊）2010 年第 7 期。

I_{jm} 分别代表世界和中国出口到"一带一路"沿线 13 国的林产品种类集合。扩展边际表示分别在中国和世界对进口国林产品出口种类条件下,世界对进口国林产品出口额的比值,反映了中国和世界出口到"一带一路"沿线 13 国林产品种类的重合程度;集约边际表示同一林产品出口市场上,在中国和世界重合的林产品出口种类中,中国出口额占世界出口额的比重,反映了在相同林产品种类下中国的出口额。

其次,将集约边际进一步分解为数量边际和价格边际,则:

$$IM_{jm} = P_{jm} \times Q_{jm}$$

价格边际(或数量边际)代表中国林产品出口的价格(或数量)与世界林产品出口的价格(或数量)比值的加权乘积,价格边际和数量边际分别为:

$$Q_{jm} = \prod_{i \in I_{jm}} \left(\frac{Q_{jmi}}{Q_{rmi}} \right)^{w_{jmi}}$$

$$P_{jm} = \prod_{i \in I_{jm}} \left(\frac{P_{jmi}}{P_{rmi}} \right)^{w_{jmi}}$$

$$w_{jmi} = \frac{s_{jmi} - s_{rmi}}{\ln s_{jmi} - \ln s_{rmi}} \Big/ \sum_{i \in I_{jm}} \frac{s_{jmi} - s_{rmi}}{\ln s_{jmi} - \ln s_{rmi}} \ , \ s_{jmi} = \frac{Q_{jmi} \times P_{jmi}}{\sum_{i \in I_{jm}} Q_{jmi} \times P_{jmi}} \ , \ s_{rmi} = \frac{Q_{rmi} \times P_{rmi}}{\sum_{i \in I_{jm}} Q_{rmi} \times P_{rmi}}$$

其中,w_{jmi} 代表权重,s_{jmi} 和 s_{rmi} 分别代表 i 种林产品中国和世界在目标市场上所占的份额。数量边际越大说明出口产品数量越多,价格边际越大说明出口产品的技术含量和附加值越高。通常将世界平均价格定为 1,当价格边际大于 1 说明出口这类产品的技术含量高于世界平均水平,处于该行业发展的前端;价格边际小于 1 说明技术含量低于世界平均水平,存在产业升级的可能。至此将 2007～2016 年中国对"一带一路"沿线 13 国的林产品出口增长分解为扩展边际、价格边际和数量边际。需要说明的是,本文选取的林产品研究对象包括原木(4403)、锯材(4406、4407、4409)、其他原材(4401、4402、4404、4405)、单板(4408)、刨花板(4410)、纤维板(4411)、胶合板(4412、4413)、木浆(4701～4706)、纸及纸制品(4707、4801～4911)、木制品(4414～

4421)、木家具（940330、940340、940350、940360）。数据来源于法国国际研究中心 CEPII-BACI 数据库 HS6 分位编码，该数据库提供了通过标准化测算后的贸易价格及贸易数量相关数据。

（四）出口增长三元边际测算结果

从三元边际分解结果来看，2007～2016 年中国对"一带一路"沿线 13 国林产品出口集约边际的增速大于扩展边际的增速，可见中国林产品贸易增长主要是深度增长的贡献。除印度尼西亚外，中国对其他各国林产品出口的扩展边际较为平稳，集约边际总体上呈波动上升趋势，2008～2009 年受金融危机的影响，中国对大部分国家林产品出口的集约边际有不同程度的下滑，2011 年开始逐渐上升（见图 1、图 2）。进一步将集约边际分解为价格

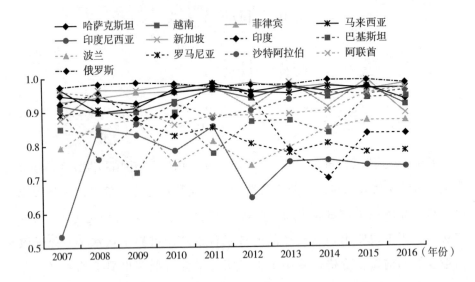

图 1 中国对"一带一路"沿线 13 国林产品出口扩展边际

边际和数量边际，数量边际的增速大于价格边际的增速，数量边际与集约边际的波动趋势较为一致，而价格边际较为稳定，呈现小幅度波动上升趋势，说明中国林产品出口的产品竞争优势有所增加，但仍然保持"低价格、高数量"的出口增长模式，并且除波兰和新加坡等少数几国外，中国

对大部分国家出口的价格边际小于 1（见图 3、图 4），这表明中国目前林产品出口以加工贸易和货物贸易为主，林产品出口附加值较低，产业升级空间较大。

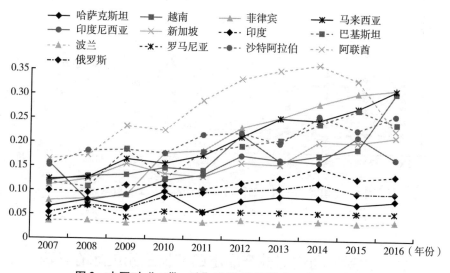

图 2　中国对"一带一路"沿线 13 国林产品出口集约边际

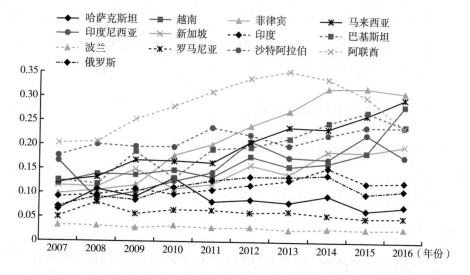

图 3　中国对"一带一路"沿线 13 国林产品出口数量边际

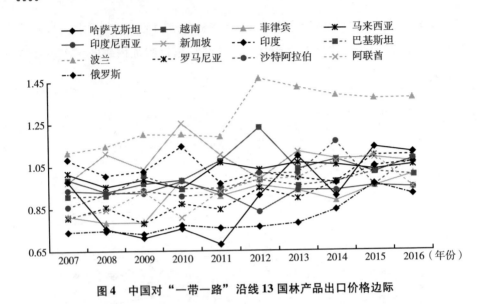

图 4　中国对"一带一路"沿线 13 国林产品出口价格边际

四　贸易便利化对林产品出口增长三元边际的影响

本部分旨在利用上一部分所测算出的"一带一路"沿线 13 个国家的贸易便利化水平及中国对这些国家林产品出口增长的扩展边际、价格边际和数量边际，实证检验贸易便利化对林产品出口增长三元边际的影响。

（一）模型设定与数据来源

将贸易便利化指标引入扩展的引力模型，并考虑"一带一路"沿线 13 国经济发展的特点，选取上海合作组织（SCO）、中国—东盟自由贸易区（CAFTA）和亚太经济合作组织（APEC）作为模型的政策虚拟变量，将模型设定为：

$$
\begin{aligned}
\ln EXP_{ijt} = {} & \beta_0 + \beta_1 \ln TFI_{jt} + \beta_2 \ln GDP_{jt} + \beta_3 \ln POP_{jt} + \beta_4 \ln DIS_{ij} + \beta_5 \ln OPEN_{jt} \\
& + \beta_6 \ln ER_{jt} + \beta_7 BORDER + \beta_8 FTA + \beta_9 SCO + \beta_{10} CAFTA + \beta_{11} APEC + \varepsilon_{ijt}
\end{aligned}
$$

其中，EXP_{ijt} 表示中国对 j 国出口增长的扩展边际、集约边际、数量边际和价格边际,TFI_{jt} 表示 j 国的贸易便利化水平,GDP_{jt} 表示 j 国的国内生产总值,POP_{jt} 表示 j 国的总人口数量,DIS_{ij} 和 $BORDER$ 分别表示中国和 j 国之间的地理距离和两国是否接壤的虚拟变量,$OPEN_{jt}$ 代表 j 国的经济开放度,ER_{jt} 代表 j 国市场汇率和人民币汇率的兑换比率,FTA 表示中国和 j 国是否签订了自由贸易协定,SCO、$CAFTA$ 和 $APEC$ 分别代表 j 国是否加入了上海合作组织、中国—东盟自由贸易区和亚太经济合作组织。β_0 为常数项,β_1、β_2 等为弹性系数,ε_{ijt} 是随机误差项。解释变量数据来源及理论说明见表 3。

表 3 解释变量含义、理论说明及数据来源

解释变量	变量含义	理论说明	数据来源
$\ln TFI_{jt}$	j 国 t 时期贸易便利化水平得分的对数	贸易便利化水平越高,贸易量越大	作者计算
$\ln GDP_{jt}$	j 国 t 时期国内生产总值的对数	一国经济规模与出口供给能力、进口需求能力成正比	世界银行数据库
$\ln POP_{jt}$	j 国 t 时期总人口数量的对数	人口越多,市场规模越大,但同时也可能因国内分工的深化而减少国际贸易	世界银行数据库
$\ln DIS_{ij}$	i 国和 j 国之间首都距离的对数	距离越远,两国间贸易成本越大,会对贸易造成阻碍	in-do 距离计算器
$\ln OPEN_{jt}$	j 国 t 时期的经济开放度	经济自由度越高,越有利于促进国际贸易	根据进出口总额/GDP 计算得出
$\ln ER_{jt}$	j 国 t 时期市场汇率与人民币汇率的兑换比率	货币贬值有利于增加出口数量,但可能会降低出口价格	世界银行数据库
$BORDER$	两国是否有共同边界。是 =1,否 =0	接壤国家之间的贸易运输成本较低,有利于两国贸易开展	CEPII 数据库
FTA	两国是否签订双边自由贸易协定。是 =1,否 =0	两国签订自由贸易协定更加有利于双边贸易	中国自由贸易区服务网
$SCO/CAFTA/APEC$	两国是否加入上海合作组织、中国—东盟自由贸易区、亚太经济合作组织。是 =1,否 =0	区域经济一体化组织通过消除区域内商品以及要素流动的限制促进区域内贸易	WTO 官方网站

（二）实证结果分析

我们对2007~2016年贸易便利化对中国与"一带一路"沿线13国的林产品出口扩展边际、集约边际、数量边际和价格边际的影响进行面板数据回归，考虑到贸易便利化和出口增长结构可能相互影响而导致模型的内生性问题，本文采用工具变量法，选取贸易便利化指标的滞后一期作为工具变量进行回归。对于面板数据固定效应和随机效应模型的选择，根据 Hausman 检验结果（$P = 0.9899$）及具体研究问题选择随机效应模型，回归结果如表4所示。

表 4　面板数据回归结果

变量	扩展边际	集约边际	数量边际	价格边际
$\ln TFI_{jt}$	0.104	2.192 ***	3.056 ***	1.065 ***
	(0.114)	(0.467)	(0.546)	(0.197)
$\ln GDP_{jt}$	0.007	0.387 **	0.284	-0.071
	(0.039)	(0.166)	(0.199)	(0.058)
$\ln POP_{jt}$	-0.043	-0.606 ***	-0.830 ***	0.098
	(0.034)	(0.138)	(0.159)	(0.069)
$\ln DIS_{ij}$	-0.214 ***	-1.348 ***	-1.670 ***	0.116
	(0.078)	(0.283)	(0.303)	(0.224)
$\ln OPEN_{jt}$	-0.078 *	-1.218 ***	-1.965 ***	0.014
	(0.047)	(0.195)	(0.231)	(0.074)
$\ln ER_{jt}$	0.017 ***	-0.022	0.027	-0.033
	(0.006)	(0.021)	(0.020)	(0.020)
$BORDER$	0.081	0.738 ***	1.069 ***	-0.079
	(0.063)	(0.215)	(0.222)	(0.193)
FTA	-0.126 *	-0.479 *	-1.174 ***	-0.043
	(0.072)	(0.269)	(0.298)	(0.197)
SCO	-0.067	-1.765 ***	-2.499 ***	0.080
	(0.098)	(0.362)	(0.394)	(0.254)
$CAFTA$	-0.006	0.162	0.007	0.045
	(0.024)	(0.109)	(0.147)	(0.034)

变量	扩展边际	集约边际	数量边际	价格边际
APEC	0.169 **	0.793 ***	1.666 ***	− 0.137
	(0.070)	(0.262)	(0.290)	(0.177)
cons	2.325 ***	10.575 ***	20.357 ***	− 0.231
	(0.819)	(3.123)	(3.503)	(2.087)
R − squared	0.601	0.717	0.650	0.124

注：括号内为 *p* 值。"***"表示系数在 1% 水平下显著，"**"表示系数在 5% 水平下显著，"*"表示系数在 10% 水平下显著。

如表 4 所示，贸易便利化水平每提高 1%，集约边际提高 2.192%，这说明便利化措施能有效提升企业在既定出口产品种类下的贸易额。进一步将集约边际分解为价格边际和数量边际，可以看出贸易便利化水平的提高对数量边际和价格边际的影响均在 1% 的水平下显著。其中对数量边际的影响最大，即贸易便利化水平每提高 1%，出口增长的数量边际提高 3.056%，价格边际提高 1.065%。这说明贸易便利化水平的提升不仅能显著增加出口产品的数量，还能持续推动以数量拉动的粗放型经济增长模式的转变，以出口产品质量的提升来拉动林产品贸易的升级。然而，相比之下，贸易便利化水平的提高对扩展边际的影响却没有那么大。

具体来讲，贸易便利化措施主要包括口岸效率、通关效率的提高，海关环境、规制环境的优化，金融与电子商务的发展等。其中口岸、通关效率的提高主要表现为公路、铁路、航空和港口等基础设施的完善。对中国而言，沿线国家基础设施完善所带来的通关效率的提高、运输费用的减少、产品运输范围的扩大，可以极大调动林产品出口企业的积极性，提高出口增长的数量边际，还可以使出口企业更加快速便捷地获取贸易和 FDI 带来的技术溢出效应，实现出口产品的技术创新，从而提高林产品出口增长的价格边际。而对沿线国家来说，国内运输条件的改善，可以节约进口企业的储藏成本，这有利于林产品进口数量的增长。海关环境的改善主要体现在贸易壁垒的减少及海关程序的简化，对中国而言，沿线国家海关环境的优化可以降低通关成本、减轻海关程序负担、节约时间成本，进而促进出口量的增加。从沿线国家的角度分析，海关效率水平的提升也可以减少仓储费用，降低贸易壁垒，增加进口量。规制环境则主要涉及政策的透明度和司法效率等问题，可以通过营造良好的营商环境，减少信息的不对称，降低因合约执行的不确定性而带来的无形交易成本。若沿线国家的规制环境改善，出口企业可以更加快捷地了解进口国的贸易政策法规，由此降低因林产品的市场准入和技术准入等差异而造成的间接交易成本。金融与电子商务的发展能在极大程度上减少地域限制。对中国而言，信息技术的应用能够节约报关时间和人力成本，增加林产品出口的数量，互联网金融的发展可为出口提供便捷的金融服务平台，激励企业创新商业模式，提高出口产品的质量。而对沿线国家来说，国内金融和电子商务的发展则将增加林产品的多样化需求，促进林产品进口数量和种类的增加。但中国对"一带一路"沿线国家林产品出口种类较为丰富，基本涵盖了所有的林产品种类，就目前中国所处的林产品加工业发展阶段来看，中国林产品出口种类进一步增加的空间有限，表现为贸易便利化水平的提升对扩展边际的较弱影响。

同时，我们还可以看到，除了贸易便利化水平之外，国内生产总值对扩展边际和数量边际的影响为正，对价格边际影响为负，这主要是：通常来说国内生产总值越高的国家对于高附加值的产品需求量越大，而当前中国出口的林产品的附加值较低，其在经济发达的目标国市场价格水平相应会较低；人口越多的国家市场需求越旺盛，但同时也可能因国内分工的深化而减少国际贸易，从而减少林产品进口的数量和种类；地理距离对于扩展边际和数量边际的影响为负且显著，对于价格边际的影响为正，即距离越近运输成本越低，有利于林产品出口数量和种类的增加；经济开放度对扩展边际和数量边际的影响为负且显著，而对价格边际的影响为正，经济开放度越高的国家，进口渠道越多元化，进口替代国的增加使得其从中国进口的林产品比重相对降低；人民币贬值有利于提高林产品出口企业的积极性，增加林产品出口的数量和种类，但也有可能导致林产品出口价格下降，从而对价格边际的影响为负；双边自由贸易协定对于扩展边际、数量边际和价格边际的影响均为负，即虽然两国签署自贸协定能减少贸易壁垒，降低交易成本，但这若与目标国的需求差异较大反而会减少其进口的数量和种类；区域经济一体化组织对于扩展边际、数量边际和价格边际的影响具有不确定性，一方面，组织内部通过统一协调的经济政策等方式来促进区域内林产品贸易的转型升级，有利于增加中国林产品出口的数量和种类，提高林产品出口质量，但另一方面，形成了统一开放的市场，会极大地增加区域组织成员国之间的林产品需求量，这可能会减少成员国原本对中国林产品的进口需求，从而降低了中国林产品的出口价格。

五　结论与启示

"一带一路"倡议的提出对于推动中国林产品贸易的发展有着至关重要的作用，然而"一带一路"沿线国家经济发展水平、地域和文化环境存在较大差异，贸易环境和便利化程度也不尽相同，实现各国基于林产品的合作共赢需要加强经贸往来和体制机制创新。本文通过测算"一带一路"沿线与中国林产品贸易流量较大的 13 个国家的贸易便利化水平，研究这些国家的贸易便利化对于中国对这些国家的林产品出口增长三元边际的影响，得到了如下结论与启示。

"一带一路"沿线国家的贸易便利化水平存在较大差异，各国在贸易便利化方面都存在提升空间。因此，在"一带一路"建设中，沿线国家要实现林产品贸易的互利共赢，必须要以贸易便利化水平的提升为突破口，使其不断释放出林产品质量提升和林产品结构优化升级的正向聚合效应。具体来讲，中国应加大对落后国家或地区港口、航空等基础设施的投资力度，借助丝路基金、亚洲基础设施投资银行、金砖国家开发银行等投融资平台，加快推进基础设施的互联互通；鼓励各国通过减少贸易单证数量、推进无纸化通关等方式简化通关手续，建立林产品贸易数据库，提高海关贸易数据收集的效率和质量，不断优化海关环境；与沿线国家共建良好的规制环境，提高贸易政策的透明度和法律执行力，尝试搭建林产品贸易政策、法规和措施等数字信息共享平台，实现沿线国家林业信息互通共享；借助互联网平台构建林产品贸易的物流、信息流与技术流畅通的网络体系，促进中国林产品出口企业采用跨境电子商务等新型贸易模式，对出口产品进行不断改进创新；积极参与国际组织关于贸易便利化的议题，主动学习和借鉴其他国家在提升贸易便利化水平方面的成功经验和方法，与沿线国家共同将其应用于"一带一路"建设。

值得关注的是，中国林产品出口的价格边际低于世界平均水平，产业布局还处于全球价值链的中低端。因此，要改变林产品贸易"价值链低端锁定"的格局，实现"木质林产品出口大国"向"木质林产品出口强国"的转变，在努力推进沿线各国贸易便利化的同时，中国必须始终坚持林产企业的供给侧结构性改革，根据市场对林产品需求结构的变化，主动调整林业生产结构，提高林业资源配置效率和林产品贸易的附加值，将林产品价格优势转化为竞争优势，加强与沿线各国林产品贸易投资合作和技术交流，助力中国林产品出口企业向全球价值链的高端环节攀升。

本章主要参考文献

董银果、吴秀云：《贸易便利化对中国出口的影响——以丝绸之路经济带为例》，《国际商务》（对外经济贸易大学学报）2017 年第 2 期。

郭晓合、戴萍萍：《基于引力模型的中国金融服务贸易便利化研究——以中国自贸试验区为视角》，《国际商务》（对外经济贸易大学学报）2017 年第 6 期。

孔庆峰、董虹蔚：《"一带一路"国家的贸易便利化水平测算与贸易潜力研究》，《国际贸易问题》2015 年第 12 期。

李斌、段娅妮：《贸易便利化的测评及其对我国服务贸易出口的影响——基于跨国面板数据的实证研究》，《国际商务》（对外经济贸易大学学报）2014 年第 1 期。

施炳展：《中国出口增长的三元边际》，《经济学》（季刊）2010 年第 7 期。

孙林、倪卡卡：《东盟贸易便利化对中国农产品出口影响及国际比较——基于面板数据模型的实证分析》，《国际贸易问题》2013 年第 4 期。

孙林、徐旭霏：《东盟贸易便利化对中国制造业产品出口影响的实证分析》，《国际贸易问题》2011 年第 8 期。

佟家栋、李连庆：《贸易政策透明度与贸易便利化影响——基于可计算一般均衡模型的分析》，《南开经济研究》2014 年第 4 期。

汪洁、全毅：《21 世纪海上丝绸之路贸易便利化研究》，《国际商务》（对外经济贸易大学学报）2015 年第 6 期。

汪戎、李波：《贸易便利化与出口多样化：微观机理与跨国证据》，《国际贸易问题》2015 年第 3 期。

王铁山、贾莹：《我国推动"丝绸之路经济带"贸易便利化的对策》，《经济纵横》2015 年第 8 期。

朱剑冰、吕静：《贸易便利化评价指标体系研究及其应用》，《湖南大学学报》（社会科学版）2015 年第 6 期。

Alberto Portugal-Perez, John S. Wilson, "Export Performance and Trade Facilitation Reform: Hard and Soft Infrastructure," *World Development*, 2012, 40 (7).

Ben Shepherd, John S. Wilson, "Trade, Infrastructure, and Roadways in Europe and Central Asia: New Empirical Evidence," *Journal of Economic Integration*, 2007, 22 (4).

Dennis A., Shepherd B., "Trade Facilitation and Export Diversification," *World Economy*, 2011, 34 (1).

E. Moïsé, S. Sorescu, "Trade Facilitation Indicators: The Potential Impact of Trade Facilitation on Developing Countries' Trade," OECD Trade Policy Papers, 2013.

Hummels D., Klenow P. L., "The Variety and Quality of a Nation's Exports," *American Economic Review*, 2005, 95 (3).

Jesus Felipe, Utsav Kumar, "The Role of Trade Facilitation in Central Asia," Economics Working Paper Archive, 2010, 50 (4).

John Raven, "Trade and Transport Facilitation: A Toolkit for Audit, Analysis and Remedial Action," Washington, DC: World Bank, 2001.

John S. Wilson, Catherine L. Mann, Tsunehiro Otsuki, "Assessing the Benefits of Trade Facilitation: A Global Perspective," *World Economy*, 2004, 28 (6).

Joseph Francois, H. V. Meijl, F. V. Tongeren, "Trade Liberalization in the Doha Development Round," *Economic Policy*, 2005, 20 (42).

Melitz M. J., "The Impact of Trade on Intra-industry Reallocations and Aggregate Industry Productivity," *Econometrica*, 2003, 71 (6).

中国与"一带一路"沿线国家
贸易切入点探索

——基于制成品出口技术结构的比较分析

当前中国经济发展已进入新常态阶段,在调结构和稳增长的过程中经济结构深层次的矛盾逐渐凸显。国内制造业供需不平衡,劳动力成本优势下降,人口红利逐渐衰减,中国直面"中等收入陷阱"挑战;自金融危机之后,全球经济复苏进程缓慢,中国一向的出口主力欧美市场需求显著减弱,而新兴经济体发展后劲仍有待提高,中国出口的外部动力放缓。2013年底,"一带一路"倡议的提出恰逢其时,不仅明确了中国对外开放的新路径,同时也提供了中国经济新的增长点。积极主动地发展与"一带一路"沿线国家的贸易伙伴关系已成为中国对外贸易的必然选择。在这种趋势下,厘清中国与"一带一路"沿线国家的贸易竞合关系,对于调整和制定有效的贸易策略具有重要意义。

2015年,国家发展改革委、外交部、商务部联合发布《推动共建丝绸之路和21世纪海上丝绸之路的愿景与行动》,提出根据"一带一路"走向,共同打造新亚欧大陆桥、中蒙俄、中国—中亚—西亚、中国—中南半岛等国际经济合作走廊。在"一带一路"沿线各大区域中,东南亚一直是中国最大的贸易伙伴,中国与其贸易额占中国与"一带一路"所有区域贸易总额的约40%。其中,东盟于2011年首次成为中国第三大贸易伙伴,中南半岛国家与中国也有着频繁的贸易往来。这些国家绝大多数是处于社会和经济结构转型时期的新兴经济体和发展中国家,它们与中国有着几千年的历史渊源,具有很强的地缘、人缘和文缘关系,同时在经济结构、产业结构和资源禀赋方面与中国具有很大相似性。在此基础上,研究这些"老朋友"与中国的贸易潜力,探索新的贸易突破口有助于"一带一路"倡议的顺利实施和推进；而与东南亚相比，中东欧与中国的贸易往来规模并不大，双方贸易额占各自对外贸易总额的比重较小，但近年来两者双边贸易增长速度很快，未来贸易合作空间广泛、潜力巨大。目前，在中东欧国家中，与中国双边贸易量较大的国家有波兰、匈牙利、捷克、罗马尼亚等国，且中国一直是北马其顿除欧洲以外的第一大贸易伙伴。通过分析中国与这些国家的出口商品结构，以此来挖掘两者未来的贸易潜力，对于"一带一路"倡议的实施同样具有重要的意义。基于此，本文将从出口技术结构角度，分析中国与"一带一路"沿线国家的制成品出口结构、出口技术水平以及各自在国际贸易中的分工地位，进而找到双边贸易的竞争与互补关系，探索不同国家贸易潜力释放的切入点。

一　中国与"一带一路"沿线国家的贸易潜力相关研究

自"一带一路"倡议提出以来，中国与"一带一路"沿线国家的贸易潜力受到了密切关注，学者们分别从不同的角度进行阐释和论证。张晓静、李梁测算了"一带一路"沿线国家的贸易便利化水平；[1] 赵东麒、桑百川从产业国际竞争力视角分析了"一带一路"各大区域在不同类型产品上的国际竞争优势；[2] 孙瑾、杨英俊计算了"一带一路"沿线主要国家与中国的双边贸易成本，试图探索如何通过贸易成本的降低来释放沿线国家的贸易潜力；[3] 王金波采用实证测度指标发现，中国与"一带一路"经济走廊国家仍以产业间贸易为主，且互补性大于竞争性；[4] 张剑光、张鹏从贸易效率角度阐释了中国对"一带一路"沿线国家的出口发展空间，并认为中国对"一

① 张晓静、李梁：《"一带一路"与中国出口贸易：基于贸易便利化视角》，《亚太经济》2015年第3期。
② 赵东麒、桑百川：《"一带一路"倡议下的国际产能合作——基于产业国际竞争力的实证分析》，《国际贸易问题》2016年第10期。
③ 孙瑾、杨英俊：《中国与"一带一路"主要国家贸易成本的测度与影响因素研究》，《国际贸易问题》2016年第5期。
④ 王金波：《"一带一路"经济走廊贸易潜力研究——基于贸易互补性、竞争性和产业国际竞争力的实证分析》，《亚太经济》2017年第4期。

带一路"沿线国家的出口效率远高于"一带一路"沿线国家对中国的出口效率；① 张雨佳、张晓平、龚则周对中国与"一带一路"沿线国家的贸易依赖程度进行了综合分析，结果表明中国与东亚、东南亚、中东各国的贸易依赖程度高，对中东欧的贸易依赖程度低；② 种照辉、覃成林则对比了"一带一路"倡议提出前后沿线国家的贸易网络格局，发现中国在贸易网络中处于中心位置，这对贸易网络的发展具有引领性作用；③ 除此之外，还有诸多学者运用引力模型来测算中国与"一带一路"沿线国家的贸易潜力。④ 综合上述文献，无论基于哪个视角，中国与"一带一路"沿线国家之间存在明显的贸易互补性这一结论都得到了基本认同，但研究视角仍较为宏观，基于产业层面或按一定标准对产品进行细分进而有针对性地探索贸易潜力释放途径的文献相对较少。

一国的出口技术结构是指一国在不同技术类型产品的出口份额，同样可以表征一国在贸易过程中产品的供给和需求。因此，从出口技术结构视角来挖掘中国与"一带一路"沿线国家的贸易潜力，是一种按照出口产品内含技术的分类标准从产品细分层面深入研究的方法。目前，学者们关于出口技术结构的研究主要集中在两个角度：一是研究一国整体或某些行业的出口技术结构变迁，⑤ 二是不同国家间的横向比较，⑥ 较少有学者能够挖掘出口技术结构差异背后

① 张剑光、张鹏：《中国与"一带一路"国家的贸易效率与影响因素研究》，《国际经贸探索》2017 年第 8 期。

② 张雨佳、张晓平、龚则周：《中国与"一带一路"沿线国家贸易依赖度分析》，《经济地理》2017 年第 4 期。

③ 种照辉、覃成林：《"一带一路"贸易网络结构及其影响因素——基于网络分析方法的研究》，《国际经贸探索》2017 年第 5 期。

④ 陈继勇、陈大波：《中国对"一带一路"沿线国家出口商品贸易潜力的实证研究》，《湖北大学学报》（哲学社会科学版）2018 年第 1 期。

⑤ 段小梅：《中国制造业出口技术复杂度的变迁及其影响因素研究——以纺织服装业和机电运输设备业为例》，《财贸研究》2017 年 10 期。邓琳琳、侯敏：《基于相对值分割法的中国工业制成品出口技术结构变化的测算》，《国际贸易问题》2017 年第 10 期。

⑥ Schott P. , "The Relative Sophistication of Chinese Exports," *Economic Policy*, 2008, 23. Zhi Wang, Shang-Jin Wei, "What Accounts for the Rising Sophistication of China's Exports?" Nber Chapters, 2010.

所隐藏的贸易潜力。本文则将贸易潜力与出口技术结构相结合，用于分析中国与"一带一路"沿线国家在不同技术类型产品的竞争与合作关系，据此探索中国与"一带一路"沿线国家贸易潜力释放的切入点；同时，出口技术结构的构建涉及产品出口技术复杂度测算和产品归类两个主要环节，针对不同环节学者们也给予了不同的方法，例如在产品出口技术复杂度方面，主要有出口技术复杂度指标 TSI[①]、以显示性比较优势（RCA）作为权重的产品技术水平[②]、出口显示技术附加值指数 RTV[③] 以及有限赶超指数 LCI、[④] 出口非相似性指数 EDI[⑤] 等。在按出口技术复杂度进行产品归类方面，主要有杜修立、王维国提出的产品归类法[⑥]，魏浩创建的有序样本聚类分类的最优分割法[⑦]以及邓琳琳、侯敏在最优分割法的基础上创立了相对值分割法等[⑧]。选取与研究对象和研究问题相适应的方法是结论准确、严谨的关键，本文采用出口显示技术附加值指数来测算产品的出口技术复杂度，该指数考虑了小国的出口，更加符合在"一带一路"沿线国家中小国居多的特点，因此科学性和可信度更高，并借鉴了杜修立、王维国对出口技术结构的归类方法。[⑨]

① Michaely M. Trade, "Income Levels, and Dependence," *Journal of Development Economics*, 1986, 21 (2).

② Hausmann R., J. Hwang, D. Rodrik, "What You Export Matters," *Journal of Economic Growth*, 2007, 12 (1).

③ 樊纲、关志雄、姚枝仲：《国际贸易结构分析：贸易品的技术分布》，《经济研究》2006 年第 8 期。

④ 杨汝岱、姚洋：《有限赶超与经济增长》，《经济研究》2006 年第 8 期。

⑤ Zhi Wang, Shang-Jin Wei, "What Accounts for the Rising Sophistication of China's Exports?" Nber Chapters, 2010.

⑥ 杜修立、王维国：《中国出口贸易的技术结构及其变迁：1980～2003》，《经济研究》2007 年第 7 期。

⑦ 魏浩：《中国出口商品结构变化的重新测算》，《国际贸易问题》2015 年第 4 期。

⑧ 邓琳琳、侯敏：《基于相对值分割法的中国工业制成品出口技术结构变化的测算》，《国际贸易问题》2017 年第 10 期。

⑨ 杜修立、王维国：《中国出口贸易的技术结构及其变迁：1980～2003》，《经济研究》2007 年第 7 期。

二　指标选取与数据说明

（一）指标选取

樊纲、关志雄和姚枝仲在萨缪尔森的要素均价定理和赫克歇尔—俄林的要素禀赋理论基础上提出了显示技术附加值赋值原理。[①] 该原理考虑了各国出口规模不同带来的影响，同时也消除了由各国出口产品技术分布的非正态特性带来的计算过程中的误差，较符合现实世界贸易发展的态势，也符合本文的数据可获得性与数据处理的可操作性。显示技术附加值（RTV_j）具体的测量公式为：

$$RTV_j = \sum_{i=1}^{n}(w_{ij}\ln Y_i) = \sum_{i=1}^{n}\left(\frac{RCA_{ij}}{\sum_{i=1}^{n}RCA_{ij}}\ln Y_i\right) \tag{1}$$

其中，w_{ij} 代表 i 国 j 产品的显示性比较优势指数占所有被选定国家在 j 产品的显示性比较优势指数之和的比例；RCA_{ij} 代表 i 国在 j 产品上的显示比较优势指数，具体为一国某产品出口额与世界某产品出口额之比，具体见公式（2），取值范围为 [0，∞)；Y_i 代表 i 国的人均 GDP。该公式表明，一种产品的技术附加值越高，对应的显示技术附加值指数越大。

$$RCA_{ij} = \frac{x_{ij}/\sum_j x_{ij}}{\sum_i x_{ij}/\sum_i \sum_j x_{ij}} \tag{2}$$

进一步借鉴洪世勤等修正的出口整体技术水平（EXRTV）和出口技术结构高度（EXRTVI）指标来描述一国出口技术水平的绝对值和相对值。[②] 其中，出口整体技术水平（EXRTV）是以一国各种产品的出口份额为权重

---

① 樊纲、关志雄、姚枝仲：《国际贸易结构分析：贸易品的技术分布》，《经济研究》2006 年第 8 期。

② 洪世勤、刘厚俊、叶玲、程永文：《拓展中国与主要新兴经济体国家的贸易关系——基于制成品出口技术结构的比较分析》，《财贸经济》2012 年第 10 期。

对该国出口的不同产品的显示性技术附加值进行加权,衡量的是一国出口篮子技术水平的绝对值,具体公式为:

$$EXRTV_i = \sum_{j=1}^{m} \left(\frac{x_{ij}}{X_i} RTV_j \right) \tag{3}$$

出口技术结构高度与出口整体技术水平采用相同权重,被加权的对象则为(一国某种产品技术附加值 – 产品技术附加值的最小值)/(产品技术附加值的最大值 – 产品技术附加值的最小值),以上指数都省略了时间 t,出口技术结构高度衡量的是一国技术水平的相对值,具体公式为:

$$EXRTVI_i = \sum_{j=1}^{m} \left(\frac{x_{ij}}{x_i} \cdot \frac{RTV_j - RTV_{\min}}{RTV_{\max} - RTV_{\min}} \right) \tag{4}$$

在对产品归类方面,本文借鉴了杜修立、王维国提出的方法,[1] 首先对 RTV_j 进行从大到小的排序,对每种产品重新编号为 h,编号越小,该产品的技术水平越高。第 p 类($p = 1, 2, \ldots, k$)包含的产品序号属于(h_{p-1}, h_p],令世界第 p 类产品的出口份额为 $1/k$,则:

$$\sum_{h_{p-1}}^{h_p} es_{wh} = \frac{1}{k} \tag{5}$$

其中,es_{wh} 代表第 h 种产品的世界出口份额。本文将所有产品按技术水平高低分为五类,即 $k = 5$,分别是低技术、中偏低技术、中等技术、中偏高技术和高技术产品。这样,假定世界每类的出口份额为 20%,如果一国的高技术产品出口份额高、低技术产品出口份额低,我们就说该国的出口技术水平高于世界平均水平;同时也可以就一国的出口产品的技术结构进行纵向比较。这种分类方法既避免了将每一种产品作为一种技术水平类型的繁杂和无用,也为多国间或一国内多维度比较提供了渠道。

(二)数据说明

在产品显示技术附加值计算过程中,考虑到样本的代表性,本文选取

---

[1] 杜修立、王维国:《中国出口贸易的技术结构及其变迁:1980 ~ 2003》,《经济研究》2007 年第 7 期。

了工业制成品出口额排名前 80 位的国家。这 80 个国家在样本期内工业制成品出口总额占世界工业制成品出口额的比例高达 99% 以上。但考虑到文章后续要进行跨时间比较和横向比较，需要数据的连续性和一致性，所以将样本期内数据缺失的国家剔除，保留数据完整的国家共 53 个。这 53 个国家的工业制成品出口总额占世界工业制成品出口总额的比重最小的也在 93% 以上，同样可以确保样本具有极高的代表性；同时，所选取的产品范围是 SITC Rev. 3 至三位码下共 169 种工业制成品。所有相关数据均来源于 UN Comtrade 数据库和世界银行 WDI 数据库，样本时间跨度为 2001~2016 年。

同时，在中国对"一带一路"沿线国家贸易切入点探索过程中，本文选取东南亚、中东欧区域的"一带一路"沿线 11 个国家作为研究对象，其中在东南亚选取了 6 个国家，分别是东盟五国（包括马来西亚、印度尼西亚、泰国、菲律宾和新加坡）和越南；在中东欧选取了 5 个国家，包括与中国双边贸易额排名靠前的四国——波兰、捷克、匈牙利、罗马尼亚，还包括北马其顿。在此基础上，对比分析这些国家的整体出口技术水平、出口贸易技术高度和出口贸易技术结构。

三 中国与"一带一路"沿线国家出口技术结构比较分析

（一）中国与东南亚"一带一路"沿线国家出口技术结构比较分析

1. 出口整体技术水平比较

如图 1 所示，世界制成品出口整体技术水平除了在 2007 年前后有所波动之外，大体呈缓慢上升趋势。从具体国家来看，新加坡出口整体技术水平变动趋势基本与世界相同，且是唯一在样本期内所有年份出口技术水平都超过世界平均水平的国家，表明新加坡高技术产品出口的优势要明显强于中国和其他东南亚"一带一路"沿线国家。自 2005 年来，马来西亚的出口技术水平降到世界平均水平之下，这可能是受到了全球金融危机潜伏与爆发带来的冲击，但近几年其出口技术水平向世界水平靠拢的趋势明显，并在2016年超过了世界水平。中国与马来西亚的出口技术水平一直有差距但是在逐年缩小。泰国与中国的出口整体技术水平相近，两国都有向世界水平收敛的趋势。菲律宾则低于中国，与世界水平的差距一直较大，且并未改善迹象，这与菲律宾在20世纪70年代开始踏上去工业化进程有很大关系，其制造业发展受到了严重阻碍，在中高技术产品的生产和出口方面几乎不具优势。印尼和越南的出口整体技术水平始终低于中国。其中，越南出口技术水平从2004年开始进入上升渠道，但向世界靠近的速度相对较慢。印尼的出口整体水平表现波动较大，甚至在近几年出现短暂下降趋势。总体看来，中国的出口技术水平高于大部分东南亚国家，并逐渐迈进优化阶段，向世界水平靠拢。

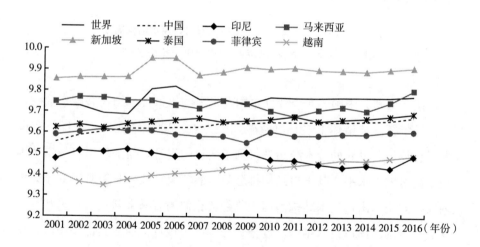

图1 东南亚"一带一路"沿线国家出口整体技术水平

资料来源：根据 UN Comtrade 数据与世界银行 WDI 数据计算整理而得。

2. 出口技术结构高度比较

随着科技进步和经济发展，一种产品的技术含量也会发生变化，之前属于高技术的产品可能在科技飞速发展的如今已不再具有和之前一样的技术水平。所以测度一国的出口技术结构高度更能准确地反映一国出口技术水平随时代进步而变化的规律，能够反映出一国的出口结构是否真正优化。

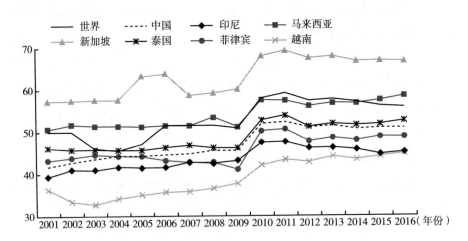

图2　东南亚"一带一路"沿线国家出口技术结构高度

资料来源：根据 UN Comtrade 数据与世界银行 WDI 数据计算整理而得。

由图2可知，中国、东南亚样本国及世界的出口技术结构高度指数变化呈阶段性特征。从整体上看，以金融危机为界，2009年之后，中国、东南亚贸易伙伴国与世界的技术结构都得到了明显的提升。新加坡出口技术结构高度仍超过世界水平，其出口结构排名第一的状况在技术日新月异的今天仍然属实。与中国出口技术结构高度变化趋势相似的有马来西亚、泰国和菲律宾。其中泰国的出口技术结构高度指数与中国很接近，菲律宾低于中国，马来西亚则超过中国，与世界水平紧紧相随；我们仍以金融危机为阶段划分点，可以看出，2009年前后四国的出口技术结构高度指数变化很小，而相比之下，中国的出口技术结构高度指数上升最快；到2010年金融危机过后各国的经济纷纷得到调整恢复，四国的出口技术结构高度指数迅速攀升，均向世界出口技术结构高度收敛。概括起来，各国在2009年之后出口技术结构升级加快。中国的出口技术结构高度指数比印尼、越南、菲律宾高，与泰国相近,但都低于世界水平;马来西亚的出口技术结构高度指数与世界相近,新加坡则高于世界水平。从以上出口技术结构高度指数差异来看,中国与泰国、菲律宾的竞争性最大,其次是越南和印尼,而中新和中马的互补性要强于竞争性。

3. 出口技术结构比较

如表1所示,总体来看,与东南亚六国相比,中国的出口技术结构始终劣于新加坡和马来西亚。2001年,中国的中等以下技术制成品出口比例高于泰国,低于印尼、菲律宾和越南;到2010年,中国中等以下技术制成品的出口比例有所下降,但仍高于泰国,说明中国制成品出口技术结构并没有发生质的变化;到2016年,中国的出口技术结构得到了一定程度的优化,中等及以上技术制成品的出口比例与新加坡、马来西亚该部分比例的差距缩小。同时我们还发现,在样本期内,除菲律宾在中等以下技术制成品出口比例有所上升之外,其他六国的低技术和中偏低技术制成品出口比例都呈现不同程度的下降趋势,菲律宾出口技术结构略有恶化。

表1　中国与"一带一路"东南亚沿线国家各技术类型制成品出口比例

单位:%

年份	技术类型	中国	新加坡	马来西亚	泰国	印尼	菲律宾	越南
2001	低	37.58	5.73	13.46	25.28	44.07	53.86	64.62
	中偏低	24.74	12.80	22.52	22.87	25.74	14.52	18.80
	中等	17.38	23.08	19.44	19.75	13.30	10.91	6.00
	中偏高	13.86	42.97	39.45	23.92	14.00	18.01	7.96
	高	6.44	26.54	5.14	8.18	2.88	2.69	2.63
2010	低	25.98	4.98	16.79	19.04	39.49	49.84	58.90
	中偏低	26.18	11.28	19.34	23.65	21.74	11.75	23.04
	中等	22.87	12.14	17.61	31.87	17.04	16.88	6.88
	中偏高	18.54	48.96	37.77	21.29	17.53	18.87	7.39
	高	6.43	22.63	8.48	4.15	4.20	2.66	3.80

续表

年份	技术类型	中国	新加坡	马来西亚	泰国	印尼	菲律宾	越南
2016	低	25.17	5.19	13.97	21.27	47.80	55.58	51.68
	中偏低	34.25	12.64	20.35	24.08	17.76	18.32	29.75
	中等	18.70	11.86	14.70	30.18	16.00	13.47	8.08
	中偏高	13.94	46.34	39.54	19.80	13.82	10.66	9.06
	高	7.94	23.97	11.44	4.67	4.62	1.97	2.43

资料来源：根据 UN Comtrade 数据与世界银行 WDI 数据计算而得。

从各类制成品的出口比例动态变化来看：①中国高技术制成品的出口比例由 2001 年的 6.44% 上升为 2016 年的 7.94%。在绝对水平上，新加坡的高技术制成品出口份额一直保持最高（23.97%），其次是马来西亚（11.44%），这与两国的经济发展水平和对外开放程度相适应。②从中偏高技术制成品来看，新加坡、马来西亚的出口比例蝉联冠亚军，越南、菲律宾和印尼排名靠后，中国与泰国居中，且两国出口份额接近。这表明在以高智力、高资本投入为特征的中偏高技术制成品贸易中，富裕的国家仍然占据主导地位，而人均收入相对较低的国家因资本、技术和其他条件的制约而处于劣势地位。③在中等技术制成品出口上，泰国开始占据了一定优势。泰国 2016 年的出口份额为 30.18%，中国为 18.70%；2001～2016 年，泰国该类产品的出口比例涨幅为 52%，而中国的涨幅仅有 7%。可见，泰国以技术和规模密集型的资本品或中间品为主要产品的中等技术制成品行业发展快速，这得益于东南亚国家近几年来熟练的技术和日益提高的生产力。④在中偏低技术制成品方面，除新加坡、马来西亚和印尼的出口比例呈下降趋势外，其他四国的出口比例都有所提高。纵向观察样本期内中国的出口技术结构，可以看出中偏低技术制成品出口份额一直呈上升趋势，越南、泰国呈现类似趋势。可见，中国出口的主要是中偏低技术制成品，并面临着来自越南、泰国的激烈竞争。⑤菲律宾、越南和印尼 2016 年的低技术制成品出口比例均为 50% 左右。中国为 25.17%。由此可以得出，中国的低技术制成品出口比较优势正在逐渐消失，劳动力优势和人口红利衰减,接替中国的是收入水平更低、劳动力更充足的越南、印尼和菲律宾。

综上所述,新加坡、马来西亚在中偏高和高技术制成品上占据明显优势,中国与其互补性要大于竞争性。与泰国相比,中国中等技术以下制成品的出口比例更高,但中等技术制成品的出口比例却远低于泰国,说明中泰在中偏低和中等制成品上存在激烈的竞争。越南、印尼、菲律宾在低技术制成品上对中国具有明显的竞争优势,中国在其他四种技术类型制成品上有比较优势。近几年来,在国家的政策导向和资金扶持下,中国的资本、技术密集型的高技术制成品出口份额逐年增加,相对于泰国、越南等国有比较优势,但与新加坡这样的发达国家相比还有一定差距。同时,中国在中偏低技术制成品的出口上较具比较优势,保持了增长势头;而以低技术为代表的劳动密集型产品的比较优势一直在减弱且趋势明显。像印尼、越南这样的新兴市场经济体拥有高比例的青壮年人口和具有竞争性的劳动力价格,中国将低技术制成品生产环节和基础设施建设相关产业向其转移不失为一种实现互惠共赢的贸易方式(见图3)。

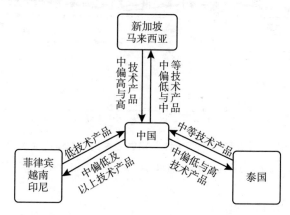

图3 中国与东南亚"一带一路"沿线国家的贸易切入点探索

注:笔者按照经济发展速度和国家富裕程度的不同把东南亚样本国分为三类:①经济发展速度快、富裕的国家:新加坡和马来西亚;②经济发展速度中等的国家:泰国;③经济水平较低、不富裕的国家:越南、印尼、菲律宾。

（二）中国与中东欧"一带一路"沿线国家出口技术结构比较分析

1. 出口整体技术水平比较

由图4可知，中东欧各国的出口整体技术水平呈上升趋势，但从2011年开始，上升幅度有所减缓。具体来看，出口技术水平排名靠前的国家有捷克、匈牙利和波兰，罗马尼亚、马其顿排名靠后，中国处于中间位置。在2009年之前匈牙利、罗马尼亚和马其顿的出口技术水平上升速度较快，中国、捷克次之，波兰则在波动中上升。2011年开始各国出口技术水平进入稳定上升阶段，向世界整体技术水平趋近的潜力加大，除马其顿在2016年与世界整体技术水平的距离有所拉大外，其他国家都表现为向世界水平收敛的态势。

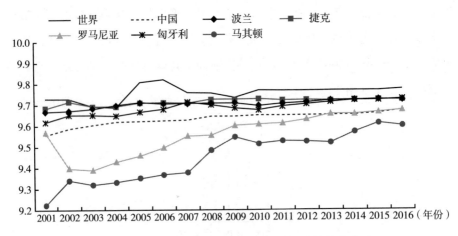

图4　中东欧"一带一路"沿线国家出口整体技术水平

资料来源：根据 UN Comtrade 数据与世界银行 WDI 数据计算整理而得。

2. 出口技术结构高度比较

由图5可知，各国出口技术结构高度在2010年出现了一个大的飞跃，说明在金融危机之后，世界科技发展迅速，更加强劲地推动了社会经济的发展。2004年世界出口技术结构高度指数骤降，匈牙利、波兰和捷克的出口技术结构高度超过了世界水平，在其他样本期间内，除匈牙利外其他国家的

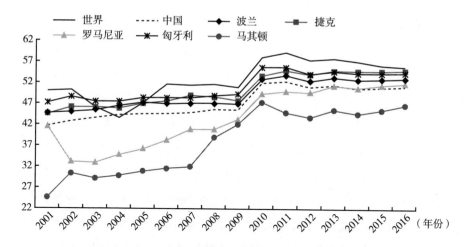

图5　中东欧"一带一路"沿线国家出口技术结构高度

资料来源：根据 UN Comtrade 数据与世界银行 WDI 数据计算整理而得。

出口技术高度都处在世界水平之下。值得注意的一点是，匈牙利出口结构高度排名与出口整体技术水平排名相比发生了变化，出口结构高度排名要靠前于捷克和波兰，表明匈牙利的出口技术实现了更高程度的优化。罗马尼亚的出口技术结构高度在 2009 年之前与中国差距很大，从 2010 年开始差距锐减，尤其在近几年罗马尼亚的出口技术高度与中国并驾齐驱，说明该国高度重视科技发展、积极引进国外技术和自主研发创新并取得了成效。所以，中国面临着来自罗马尼亚的强势追赶竞争。马其顿的出口技术高度在金融危机之前一直上升，受到危机的冲击后出现下降，但很快在 2014 年又表现出增长势头，但与世界水平差距仍较大。

3. 出口技术结构比较

从竞争性和互补性来看，如图6所示：有如下特征：①在低技术制成品上，2001 年马其顿出口比例最大，高达 80% 以上，中国与罗马尼亚相近，为 40%。2016 年低技术制成品出口比例排前三的分别是马其顿（40%）、罗马尼亚（26%）、中国（25%），表明中国与罗马尼亚在低技术制成品出口方面很相似，竞争性要大于互补性。马其顿在低技术制成品上占有绝对优势，中马双方在初级产品领域互补性很高，未来贸易潜力巨大。②波兰、罗马尼亚和中国的中偏低技术制成品出口比例较高，这三个国家之间存在一定的竞争关系，其中波兰的优势更大些。波兰的矿产资源储量在欧洲位于前列，以资源密集型为代表的中偏低技术制成品出口占有优势。像捷克、匈牙利等国，属于"一带一路"沿线 64 个国家中经济发展很快的国家，低、中偏低技术制成品的出口份额明显小于中国。③在中等、中偏高技术制成品上，捷克和匈牙利的优势最明显，波兰的中等、中偏高技术制成品出口逊于捷克和匈牙利，但是要强于中国，马其顿则表现为明显劣势。可见，在技术含量较高的制成品出口上，中国与经济发展较快的中东欧国家间的互补性很大。④在高技术制成品方面，各国的出口比例均小于世界平均水平的20%，相比之下，捷克最具优势，体现了如捷克这样的发达国家所拥有的资本、技术、教育、科技和人力资源是贸易往来中占据优势地位的必备因素。总体而言，在高技术制成品上各国都具有巨大的进步空间。

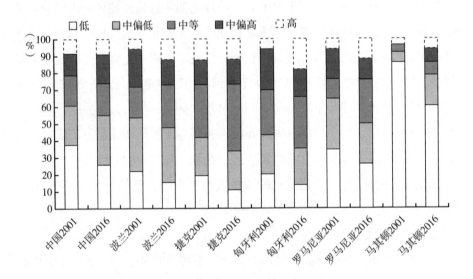

图 6　中国与中东欧"一带一路"沿线国家各技术类型制成品出口比例

资料来源：根据 UN Comtrade 数据与世界银行 WDI 数据计算而得。

总体来看，中国与罗马尼亚的出口结构非常相似，在各类技术制成品上都形成了一定的竞争，但由于中东欧国家对欧盟依赖度高，中国从中东欧国家的

进口与中东欧国家向欧盟的出口相比简直微不足道，也正是如此，中国与中东
欧国家的很多贸易领域亟待开发，贸易形式需要拓展，所以在各种技术制成品
类型上中国与中东欧国家都具备更强的互补性，不仅限于罗马尼亚一国。根据
中国的资源禀赋状况变化来看，中国在低技术制成品上出口优势的衰退在中东
欧国家中也得到了验证，马其顿在低技术制成品上占据了绝对优势，其实像马
其顿这样属于经济发展较慢的中东欧国家，其初级产品有很强的竞争力，中国
应该利用好中东欧国家的资源优势，在初级产品和低技术产品上扩大进口；同
时，中国可以向马其顿出口中国具有竞争力优势的中偏低及以上技术制成品。
波兰、捷克和匈牙利中等及以上技术制成品的出口比例最大，同时具有很强的
竞争力，所以在中等及以上技术制成品方面中国与其具有很强的互补性，双方
可以通过贸易来更好地促进技术溢出效应的发挥（见图7）。①

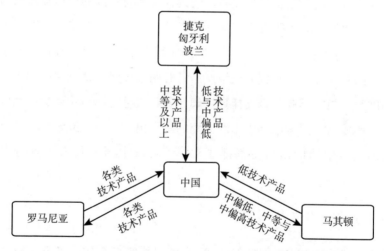

图7　中国与中东欧"一带一路"国家的贸易切入点探索

---

① 在现实世界中，中国与中东欧国家贸易时，双方在对方市场中的份额主要源于产品的竞争力
而非出口结构的优势（尚宇红、高运胜：《中国与中东欧 10 国出口产品竞争力及结构效应研
究：2002～2011 年——基于 CMSA 模型的实证分析》，《世界经济研究》2014 年第 4 期。）。本
部分对中国与中东欧国家贸易潜力的挖掘加入了出口产品所含的技术要素，是从出口技术结
构视角对贸易竞争力的一种探索，因此是一种挖掘双方贸易潜力的新方法，为将来中国出口
"正确商品"提供了新的参考方向。

四　结论与启示

（一）主要结论

"一带一路"倡议是当代一个重要的议题，深入挖掘中国与"一带一路"贸易伙伴国的贸易潜力对于推进"一带一路"建设具有重要意义。基于此，本文利用2001~2016年的工业制成品数据测算了"一带一路"沿线国家的出口整体技术水平和出口技术结构高度，并进一步分析了各国的出口技术结构，得出以下结论：第一，中国在低技术制成品上的竞争优势逐渐衰退，让位于越南、印尼和菲律宾，在中偏高、高技术产品上中国与新加坡和马来西亚还有一定差距，双方互补性较大，泰国与中国的出口技术结构很相似，两国在中偏低和中等技术产品上的竞争较大，总体看来，中泰两国在贸易中竞争与互补性并存；第二，中国与中东欧国家的贸易互补性要大于与东南亚国家的互补性，马其顿的初级产品具有明显优势，罗马尼亚的出口技术结构高度与中国并驾齐驱，而捷克、匈牙利和波兰的出口主要集中为中等及以上技术制成品，但考虑到中东欧国家的主要出口对象是欧盟，在各类技术类型产品上对中国的出口份额都非常小，所以中国与其未来贸易空间仍较大。

（二）政策建议

大力推进中国与"一带一路"沿线国家的贸易合作，具有无限的可能性，也存在诸多障碍。中国需要在坚持互利共赢的理念下，因地制宜，并结合当前国际形势，统筹协调贸易竞争和互补关系，与沿线国家做好策略互动。例如，东南亚国家已是中国对外贸易关系中的"老朋友"。其中新加坡和马来西亚出口整体技术水平和技术高度都优于中国，经济发展水平也明显高于中国，但由于当地自然资源相对匮乏，国家对最低工资、劳动税等有严格规定，劳动力价格相对较高，中国可以向新加坡和马来西亚输出劳动密集型产品，主要包括低及中偏低技术制成品来满足其外贸需求。同时，中国快速推进的工业化与现代化，对外资和技术有着极大的需求，因此还可以吸引新加坡的高端制造业企业前来投资办厂，通过更高水平的合作，实现国内高级要素的培养和升级，但在这个过程中，中国需要通过出口产品差异化、引资条件改善等措施来弱化与越南、印尼等国的竞争关系。与越南、印尼和菲律宾等国相比，中国的劳动密集型产品的比较优势逐渐呈现减弱趋势，而越南、印尼、菲律宾等国的青壮年人口比例高，可以继续享受"人口红利"，因此通过区域一体化进程的推进，中国的低端制造业可以逐渐向这些国家转移，同时中国可以在找准产业后加大对当地的对外投资力度，将中国制造业垂直产业链条上较为基础的生产环节外包到这些国家，实现错位竞争。这样既节约了中国的贸易成本，又为当地提供了大量就业岗位，实现互利共赢。除此之外，还可以帮助这些国家加快铁路等基础设施建设，为"一带一路"倡议实施中贸易运输成本的减少提供便利条件。

对于中东欧国家而言，我们既要接受中东欧国家对欧盟高度依赖的现状，也要看到中东欧国家过分依赖欧盟的脆弱性，抓住机会，充分开拓中东欧市场。与东南亚国家相比，中国与中东欧国家贸易互补性更强。因此，从理论上讲，对于一些资源丰富但发展速度较慢的中东欧国家，中国可通过输出资本或技术密集型产品来换取这些国家的资源密集型产品；在与经济发展水平较高的中东欧国家的贸易往来中，双方可以就资本与技术类产品进行产业内合作，促进双方贸易结构多元化，同时积极鼓励中国优秀企业到中东欧国家进行对外投资。但与东南亚国家相比，中国与中东欧国家的经贸往来面临着地理距离较远、文化价值观差异较大、战略需求不对称等问题，因此，如何在巩固与捷克、匈牙利、波兰等老伙伴贸易份额的前提下，进一步开拓新的中东欧市场，维系和发展与中东欧国家的关系，中国需要予以认真思考。中国应重视中东欧国家的多样性，在了解各国差异性和复杂性的基础上，以"16+1合作"模式为突破口，通过开展双边务实会谈等方式，寻找到双方真正的利益诉求，并基于出口产品的技术水平和技术结构来实现精准合作。中国政府部门可通过积极创办商品展销会，向中东欧国家推销中国商品，实现产品"走出去"。另外，中国要充分发挥不同技术类型的细分到具体产品的竞争优势，这有利于双方的技术溢出和学习效应的发挥，只有充分挖掘中东欧国家的巨大贸易潜力，才能实现双方贸易的高质量增长。

本章主要参考文献

陈继勇、陈大波：《中国对"一带一路"沿线国家出口商品贸易潜力的实证研究》，《湖北大学学报》（哲学社会科学版）2018 年第 1 期。

邓琳琳、侯敏：《基于相对值分割法的中国工业制成品出口技术结构变化的测算》，《国际贸易问题》2017 年第 10 期。

杜修立、王维国：《中国出口贸易的技术结构及其变迁：1980 ~ 2003》，《经济研究》2007 年第 7 期。

段小梅：《中国制造业出口技术复杂度的变迁及其影响因素研究——以纺织服装业和机电运输设备业为例》，《财贸研究》2017 年 10 期。

樊纲、关志雄、姚枝仲：《国际贸易结构分析：贸易品的技术分布》，《经济研究》2006 年第 8 期。

洪世勤、刘厚俊、叶玲、程永文：《拓展中国与主要新兴经济体国家的贸易关系——基于制成品出口技术结构的比较分析》，《财贸经济》2012 年第 10 期。

尚宇红、高运胜：《中国与中东欧 10 国出口产品竞争力及结构效应研究：2002 ~ 2011年——基于 CMSA 模型的实证分析》，《世界经济研究》2014 年第 4 期。

孙瑾、杨英俊：《中国与"一带一路"主要国家贸易成本的测度与影响因素研究》，《国际贸易问题》2016 年第 5 期。

王金波：《"一带一路"经济走廊贸易潜力研究——基于贸易互补性、竞争性和产业国际竞争力的实证分析》，《亚太经济》2017 年第 4 期。

魏浩：《中国出口商品结构变化的重新测算》，《国际贸易问题》2015 年第 4 期。

杨汝岱、姚洋：《有限赶超与经济增长》，《经济研究》2006 年第 8 期。

张剑光、张鹏：《中国与"一带一路"国家的贸易效率与影响因素研究》，《国际经贸探索》2017 年第 8 期。

张晓静、李梁：《"一带一路"与中国出口贸易：基于贸易便利化视角》，《亚太经济》2015 年第 3 期。

张雨佳、张晓平、龚则周：《中国与"一带一路"沿线国家贸易依赖度分析》，《经济地理》2017 年第 4 期。

赵东麒、桑百川:《"一带一路"倡议下的国际产能合作——基于产业国际竞争力的实证分析》,《国际贸易问题》2016 年第 10 期。

种照辉、覃成林:《"一带一路"贸易网络结构及其影响因素——基于网络分析方法的研究》,《国际经贸探索》2017 年第 5 期。

Hausmann R. , J. Hwang, D. Rodrik, "What You Export Matters," *Journal of Economic Growth*, 2007, 12 (1).

Michaely M. Trade, "Income Levels, and Dependence," *Journal of Development Economics*, 1986, 21 (2).

Schott P. , "The Relative Sophistication of Chinese Exports," *Economic Policy*, 2008, 23.

Zhi Wang, Shang-Jin Wei, "What Accounts for the Rising Sophistication of China's Exports?" Nber Chapters, 2010.

中国对"一带一路"沿线国家 OFDI 区位布局

——基于利用 FDI 业绩和潜力指数的再思考

"一带一路"倡议的提出,是中国新一轮对外开放的重要标志。自 2013 年 9 月提出至今,经历了四年多的耕耘,"一带一路"平台建设如火如荼。在党的十九大报告中,"一带一路"被五次提及,未来其将进一步助力中国全面开放新格局的形成。通过 FDI 来实现沿线国家间资源跨境配置是全面开放新格局形成的重要途径,"一带一路"建设的快速推进,使中国 OFDI 格局不断产生着新变化。但"一带一路"沿线涉及 60 多个国家,各国在资源禀赋、发展水平、产业基础等方面存在巨大差异,中国向沿线国家的 OFDI 是需要顶层设计并逐步有序推进的。因此,深入了解沿线国家利用外资的业绩和潜力,对于中国借力"一带一路"平台更有效地进行投资布局有着重要意义。

一 "一带一路"背景下中国 OFDI 新格局

"一带一路"是一个开放、包容的国际区域合作网络,有意愿的国家均可参与,因此其所涵盖的范围并不能精确。但为了研究方便,本文将"一带一路"沿线主要国家界定为 65 个(如本书第一章所述)。

如图 1 所示,2016 年在国际市场需求疲软、投资不足局面未明显改善的背景之下,中国 OFDI 流量同比增长 34.7%,创历史新高。"一带一路"倡议的提出,在很大程度上助力了金融危机之后中国 OFDI 流量增速的恢复。2010~2012 年中国对"一带一路"沿线国家的 OFDI 流量增速分别

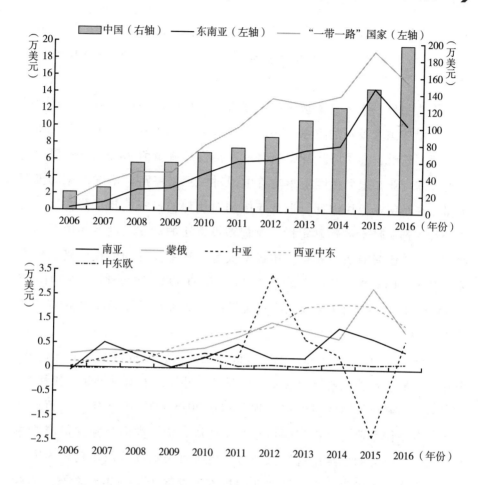

图1　2006~2016年中国对"一带一路"各板块对外直接投资流量

资料来源：根据《中国对外直接投资统计公报》计算而得。

为70.8%、28.2%和34.1%，经过了"一带一路"建设的初期酝酿阶段，2015年中国对"一带一路"沿线国家的OFDI流量增速达到38.7%，投资行业格局逐渐由基础设施建设、能源资源先导转变为向制造业、金融业、批发零售、租赁和商务服务业等多领域拓展。但经历了"一带一路"投资热之后，随着国内针对FDI的相关政策和制度的制定或完善，国外很多国家对流入本国的投资审核力度加大，中国企业开始冷静思考FDI的行业和区位选择，加之"基础设施""能源资源"类前期投入基数大、投资周期都较长，以及国家风险依然高企等因素，2016 年中国对"一带一路"沿线国家的 FDI 流量有所下降，但仍高于 2014 年的流量水平。

从"一带一路"具体板块和国家来看，东南亚一直是中国对"一带一路"沿线国家投资的重点，2016 年东南亚的新加坡、马来西亚、印度尼西亚、越南、泰国均跻身中国对外直接投资流量前 20 位的国家行列，因此，东南亚在很大程度上影响着中国对"一带一路"沿线国家的投资流量。在东南亚板块内部，近几年中国对缅甸的投资逐年下降，这主要与缅甸大选所带来的不确定性、缅甸新投资法的颁布、世界多国对缅甸投资博弈等因素有关。相反，中国对文莱、东帝汶等国的投资则逐年提升，其中中国对文莱的投资流量由 2015 年的 392 万美元增长到 2016 年的 14210 万美元，对东帝汶的投资流量也从无到有，到 2016 年投资流量为 5533 万美元。西亚中东板块也是中国对"一带一路"沿线国家投资的重点区域，除 2016 年之外，中国对该板块的投资流量基本呈上升趋势。其中黎巴嫩、亚美尼亚等国家还有待开发。另外，中国对伊朗、叙利亚、伊拉克、阿联酋等国的投资流量均分别在 2015 年或 2016 年转为负，这一方面与中国企业对外投资领域重心由能源、资源类向高附加值产业调整有关，另一方面也跟这些国家经常发生投资失败或政局动荡较为突出等因素有关。中国对蒙古、俄罗斯的投资流量除了个别年份之外，基本呈现逐年递增的态势，值得一提的是，蒙古是典型的外资依赖型国家，且中国是其重要的外资来源国，但 2015 年中国对蒙古的投资流量由 2014 年的 50261 万美元下降到 −2319 万美元，这主要是由于近几年蒙古经济萧条、法律政策修订频繁等。中国对中亚板块的投资流量变化基本与别的板块走势相反，从中亚板块内部来看，中国对以石油、天然气合作为主的哈萨克斯坦、土库曼斯坦的投资流量近两年有所下降，但对中亚其他三国的投资有所提升，这说明中国对中亚五国的投资已经打开了新局面，有望实现"多点开花"。从南亚板块内部看，印度和巴基斯坦一直是中国企业投资的热点区域，"一带一路"的实施使中国对马尔代夫的投资有明显增加，但不丹、阿富汗等地仍有待开发。中东欧板块距中国地理位置较远，但"一带一路"的实施同样使中国对该板块的投资有明显的提升，其中以对白俄罗斯、匈牙利等国的提升最为明显，对斯洛伐克、爱沙尼亚等国的投资仍为空白。

综上，从长期来看，"一带一路"沿线国家蕴含着巨大的投资潜力，但投资热之后的虚假投资、投资收益低、投资非主业等问题的暴露，中国投资领域重心的调整，国外投资审查力度的加大，国际经济新格局形成过程中的各种风险和不确定性等原因，使得近期中国企业 FDI 的步伐明显放缓。而在这样的背景下，中国企业 FDI 的区位选择显得尤其重要，如何更好地利用"一带一路"建设布局全球投资格局、提升投资收益、构建丝路经济共同体仍是亟待解决的问题。

二 利用 FDI 业绩和潜力指数计算方法的再思考

（一）业绩指数

利用外资业绩指数和潜力指数是由联合国贸易与发展会议（UNCTAD）于 2002 年提出来的，用以表征不同国家吸引 FDI 的现实状况和未来前景，这 2 个指标对于中国企业在对"一带一路"沿线国家投资时进行区位选择具有重要的借鉴意义。其中，业绩指数的表达式为：

$$业绩指数 = \frac{一国\ FDI\ 流入量/全球\ FDI\ 流入量}{该国\ GDP/全球\ GDP}$$

起初的潜力指数是利用可以表示经济、社会、政治等发展程度的 8 个指标的平均值来计算的，包括人均 GDP、近 10 年实际 GDP 平均增长率、出口额占 GDP 比例、每千人拥有电话数、人均商业能源使用情况、R&D 支出占国民总收入比例、接受高等教育人数占总人口比例和国家风险。2004 年联合国贸发会在这 8 个指标的基础上增加了 5 个，即每千人移动电话数、自然资源的出口、电器和轿车配件的进口、服务出口、流入 FDI 存量。自联合国贸发会提出以来，业绩和潜力指数得到了广泛的应用，如葛顺奇对中国整体①、陈泽星对中国各个地区②、杜思霖等专门针对山东省 17 个地市③、黄驰等对中亚五国的研究④等，但基本沿用联合国贸发会所给出的系列指标。

事实上，由业绩指数的表达式可以看出，它是衡量一个国家引进 FDI 相对全球规模与该国家 GDP 相对全球规模两者大小的数量指标，而非利用外资质量指标，这一点徐春骐等作出了充分阐释。⑤ 但本文需要说明的有：①从业绩指数与潜力指数的关系出发，虽然业绩指数表示利用外资的现状，潜力指数表示利用外资的未来潜力，但潜力指数的构建是根据相应指标当前的数据来计算的，且所使用的指标在一定程度上与一国利用外资的质量相关，我们完全可以将业绩指数简单地认定为利用外资的数量问题。②从利用外资的历程出发，一国通常都需要经历由规模向质量转变的过程。随着引资规模的不断增大，规模经济得以形成，外资所承载的技术、管理水平也越来越高，在经营过程中产生技术外溢的概率也较高，进而实现利用外资质量的提升。可以说，在引资起步阶段，利用外资质量与外资规模有着明显的正相关性。③处于不同阶段的国家对利用外资的"量"和"质"的需求是不同的，对于中国来讲，吸引外资的规模已足够大，目前正处于由利用外资规模目标向质量目标转变的过程中，因此单纯以量取胜的数量型模式反而会加重低水平重复建设现象，利用联合国贸发会的业绩指标衡量中国利用外资的真实"业绩"，也就更加不合时宜。而"一带一路"沿线国家中既有发达国家也有发展中国家，各国的发展水平

---

① 葛顺奇：《中国利用外资的业绩与潜力评析》，《世界经济》2003 年第 6 期。
② 陈泽星：《衡量标杆——中国各地区吸收 FDI 的潜力和业绩分析》，《国际贸易》2004 年第 11 期。
③ 杜思霖、周升起：《山东省 17 地市利用 FDI 的业绩与潜力比较研究》，《国际贸易问题》2007 年第 5 期。
④ 黄驰、陈瑛：《新形势下中亚五国利用 FDI 业绩和潜力比较研究》，《地域研究与开发》2016 年第 2 期。
⑤ 徐春骐、李建平：《对外资业绩指数和潜力指数的再思考与利用外资绩效评价》，《金融研究》2006 年第 8 期。

存在巨大差异，很多国家仍处于需要利用外资规模的扩大来促进本国经济增长的阶段，因此，从这个角度来讲，这些国家的利用外资业绩指数对于中国进行对外投资区位选择同样具有重要的参考价值。因此，从这几点考虑，利用业绩指标来分析"一带一路"沿线各国的引资状况是必要的。

（二）潜力指数

东道国存在诸多可以影响跨国公司投资选择的因素，这些因素构成了对一个国家利用外资潜力的测度体系，包括社会、经济、政治、制度等各个方面，例如 Little 发现低廉的劳动力成本是吸引外资的一个重要因素。[1] Jun 和 Singh 对 31 个发展中国家吸引外资的情况进行分析，认为政治风险是决定外资流向的重要因素等。[2] 随着研究的不断拓展，所涉及的因素则更加丰富。但想要穷尽所有的影响因素并将其量化是不可能的，我们能做到的是在已有研究的基础上（包括联合国贸发会的潜力指数），综合考量当前发展阶段、研究对象自身的发展特点及数据的可能性等，尽可能筛选贴近并能反映一国利用外资潜力真实状况的相关指标。

本文基于鲁明泓[3]和李计广、李彦莉[4]的研究，并在其基础上进行拓展，加入基础设施等硬条件、是否为伊斯兰教国家等因素，考察"一带一路"沿线国家利用外资的潜力。笔者认为，东道国利用外资潜力指数一般应考虑：经济因素、制度因素和硬环境因素。其中，经济因素用来表征东道国的经济总体发展水平，主要包括经济总量、产业结构、城市化水平、非农就业人口、劳动力成本、通货膨胀、技术水平、贸易依存度等；制度因素主要包

---

① Little, J. S., "Location Decisions of Foreign Direct Investors in the United States," *New England Economic Review*, 1978.

② Jun, K. W. and H. Singh, "The Determinants of Foreign Direct Investment: New Empirical Evidence," *Transnational Corporations*, 1996, 5 (3).

③ 鲁明泓：《制度因素与国际直接投资区位分布：一项实证研究》，《经济研究》1999 年第 7 期。鲁明泓：《外国直接投资区域分布与中国投资环境评估》，《经济研究》1997 年第 12 期。

④ 李计广、李彦莉：《中国对欧盟直接投资潜力及其影响因素——基于随机前沿模型的估计》，《国际商务》（对外经济贸易大学学报）2015 年第 5 期。

括经济制度、法律制度、税收制度、企业运行便利性、宗教制度及政治稳定性等；硬环境因素则主要包括资源状况、区位便利性、基础设施建设及人口密度等。相关因素的衡量指标如表 1 所示，该测度体系由 3 个一级指标、18个二级指标构成。如前所述，这 3 个一级指标、18 个二级指标不可能完全影响一国利用外资潜力的各个因素，我们能够做到的只是尽可能地反映其真实内容。指标得分的计算方法同樊纲等，[①] 即每个指标对各个国家的评分表

表 1　"一带一路"沿线国家利用外资潜力测度指标

一级指标	二级指标	权重	主要衡量指标	相关数据来源
经济 (0.4)	经济总量	0.413	人均 GDP	WB
	产业结构	0.166	服务业增加值占 GDP 比重	WB
	城市化水平	0.138	城市化率	WB
	非农就业人口	0.109	非农人口就业比重	WB
	劳动力成本	0.069	最低工资标准	国际劳工部(ILO)
	通货膨胀	0.063	CPI	WB
	技术水平	0.025	R&D 投入量	WB
	贸易依存度	0.017	进出口总额占 GDP 的比重	WB
制度 (0.4)	经济制度	0.648	经济自由度	Index of Economic Freedom
	法律制度	0.181	法律规则	WGI
	税收制度	0.100	税率	WB
	企业运行便利性	0.059	政府清廉程度(腐败控制)	WGI
	政治稳定性	0.012	政权稳定性	WGI
	宗教制度	—	是否为伊斯兰教国家	伊斯兰会议组织成员
硬环境 (0.2)	资源状况	0.309	石油已探明储量	美国能源信息署(EIA)
	人口密度	0.265	人口密度	WB
	区位便利性	0.222	两国之间的地理距离	法国社会展望与国际信息研究中心数据库
	基础设施建设	0.205	货运总量(主要为航空和铁路)	WB

[①] 樊纲、王小鲁、张立文、朱恒鹏：《中国各地区市场化相对进程报告》，《经济研究》2003年第 3 期。

达各个国家在该领域利用外资潜力的相对位置,具体形成方法:先就单个指标设定基年年份(本文为 2004 年),指标得分的最大值和最小值分别为 1 和 0(利用外资潜力最大的国家得分为 1,最小为 0),并根据每个国家的指标值确定它在 0～1 之间的得分,形成与该指标对应的单项指数,再由属于同一个一级指标的几个指数按照一定的权重合成一级指标指数,最后由 3 个一级指标指数按照一定权重合成总指数。

计算指标得分的具体方法如下。

(1)当指标数值与利用潜力正相关时,则这些指标的得分采用公式(1)来计算,即原始数据越高,指标得分就越高。

$$第\ i\ 个指标得分 = \frac{A_i - A_{min}}{A_{max} - A_{min}} \tag{1}$$

其中,A_i 表示某个国家第 i 个指标的原始数据,A_{max} 表示在所有的国家基年中第 i 个指标数值最大的一个,A_{min} 则表示数值最小的一个。

(2)当指标数值与利用潜力负相关时,则这些指标的得分采用公式(2)来计算,即原始数据越高,指标得分就越低。

$$第\ i\ 个指标得分 = \frac{A_{max} - A_i}{A_{max} - A_{min}} \tag{2}$$

为了使各个国家的指数评分可以同以前年份相比,从而反映利用外资潜力的进步情况,基期以后的年份最高分和最低分允许大于 1 或小于 0。

三 "一带一路"沿线国家利用 FDI 业绩和
潜力指数测度

(一)指数的进一步解释

在经济一级指标中,经济总量在一定程度上反映市场容量,该指标用人均 GDP 来衡量,利用外资潜力与其呈正相关关系。产业结构指标利用服务业增加值占 GDP 比重来衡量，主要反映金融、信息、交通等行业的发展，利用外资潜力与其呈正相关关系。由于外资主要集中在城市，城市化水平指标与利用外资潜力正相关。非农就业人口也与利用外资潜力呈正相关关系。劳动力成本指标利用最低工资标准来衡量，对于那些没有强制施行最低工资标准的国家，采用该国家的首都或主要城市的最低工资数值来替代。国际劳工部的数据单位为本币，为了比较方便，我们按照每年各国货币与中国的汇率将其换算为人民币。另外，新加坡、文莱没有明确的工资标准，由劳资双方协商决定。从理论上来讲，劳动力成本与利用外资潜力呈负相关关系。①根据岳咬兴、范涛②和胡翠平③的研究，东道国通货膨胀会造成宏观经济的波动而增加投资风险，中国企业尤其注重这种风险，因此东道国通货膨胀率与利用外资潜力有着负相关的关系。在全球范围内寻找高端技术、先进的管理经验，已经成为许多新兴市场国家跨国公司投资战略的重要组成部分，④Deng⑤的研究也发现中国跨国公司在发达国家投资的主要目的是获取技术和各种能力，因此东道国的技术水平一般与利用外资潜力正相关，本文中的技术水平用东道国 R&D 投入量来衡量。贸易依存度在外资流入中的影响也是学者研究的热点，理论上讲，越高程度的贸易依存度意味着与世界市场更紧密的联系，跨国公司更倾向于直接投资于此类国家，以便获得贸易自由方面的优势。这便意味着利用外资潜力与贸易依存度正相关。

在制度一级指标中，经济自由度指数（Index of Economic Freedom）是由《华尔街日报》和美国传统基金会发布的，该指标广泛选取了世界 183 个国家来衡量经济方面的自由度，代表了一个国家经济的 10 个维度：商

---

① Cheung, Y. W., Qian, X. W., "The Empirics of China's Outward Direct Investment," *Pacific Economic Review*, 2009, 14 (3).

② 岳咬兴、范涛：《制度环境与中国对亚洲直接投资区位分布》，《财贸经济》2014 年第 6 期。

③ 胡翠平：《中国企业顺向与逆向 OFDI 的动因及影响因素对比分析》，《国际经贸探索》2015 年第 5 期。

④ 陈松、刘海云：《东道国治理水平对中国对外直接投资区位选择的影响——基于面板数据模型的实证研究》，《经济与管理研究》2012 年第 6 期。

⑤ Ping Deng, "Investing for Strategic Resource and Its Rationale: the Case of Outward FDI from Chinese Companies," *Business Horizons*, 2007, 50 (1).

业自由度、贸易自由度、金融自由度、政府支出、货币、投资、财政、腐败、劳动力、贫穷（对私人财产的保护程度）。因此，它是一个非常好的经济环境的代表性变量，指标范围为 0～100，越接近 100 意味着经济方面的自由度越高，文中所用到的是总体均值得分，也就是上述 10 个经济自由维度指数的均值，全面代表了各国经济的自由度，经济制度与利用外资潜力正相关。法律制度为 WGI 中的 Rule of Law 值，代表着人们的行为对社会规则的遵守程度，尤其是契约执行的质量、私人财产的权利、警察和法庭的权威等，该值符合标准正态分布，取值区间为 [-2.5，2.5]。国际直接投资倾向于流入法律制度环境完善的国家，因此法律制度与利用外资潜力正相关。税收制度用东道国的税率来衡量，国际直接投资倾向于流入税率较低的国家，因此该指标与利用外资潜力负相关。企业运行便利性利用 WGI 中的腐败控制值来衡量，取值区间为 [-2.5，2.5]，并与利用外资潜力呈正相关关系。政治稳定性用 WGI 中的政权稳定和恐怖、暴力等行为的规避衡量，取值区间为 [-2.5，2.5]，与利用外资潜力正相关。在"一带一路"进程中，"伊斯兰风险"同样是最大的政治性风险之一，甚至可能更加突出，在投资潜力指数的构造中，我们同样考虑了东道国是否为伊斯兰教国家。虽然在伊斯兰教国家投资会面临更高的风险，但其真正对投资的影响已经通过其他指标表现出来，我们不用对其进行过多赋值，因此笔者将该项指标定位为 0 和 5 分，即若东道国是伊斯兰教国家，则该项指标得分为 0，若不是，则该项指标得分为 5，并将其最后加入，不占制度指标的权重。

在硬环境一级指标中，能源安全关系着国家经济安全，东道国资源禀赋状况往往也是对外直接投资需要考虑的重要因素，并与对外直接投资呈正相关关系，本文利用原油已探明储量来衡量资源状况。人口密度在一定程度上也反映了市场容量，因此其与利用外资潜力正相关。母国与东道国的地理距离会影响交通成本、关税等因素，在一定程度上可以反映跨国交易成本，通常认为地理距离与利用特定国家外资潜力负相关。两国之间的地理距离数据来源于 CEPII 数据库。Mayer 和 Zignago 用四种不同的方法测度了 225 个国家两两之间的贸易距离，在四组不同的距离测定方法中，前两组表示两国主要经济聚集地和两国首都之间的地理距离，后两组则根据主要人口或经济聚集地进行加权计算得到，不同之处在于对贸易的距离弹性取值不同。四组距离数据相关系数达到 0.99 以上，属高度相关。根据研究对象的特性，本文选择第一组数据，即两国主要经济聚集地的地理距离。另外，还需要指出的是，由于本文测度的主要是中国与"一带一路"沿线各国的地理距离，最终得出的"一带一路"沿线国家利用 FDI 潜力指数在很大程度上是从中国 OFDI 的角度来看的。另外，塞尔维亚和黑山的数据缺失，但由于塞尔维亚、黑山与匈牙利或保加利亚与中国的地理距离最为接近，两者的数据采用匈牙利、保加利亚与中国地理距离的折中值。对外直接投资倾向于流入基础设施完善的国家，[①] 本文利用东道国的货运总量（主要为航空和铁路）来衡量基础设施建设指标，其与利用外资潜力正相关。

在多因素分析中，权重的选取是难点。其中，定性的方法与定量的方法都得到了广泛的应用。利用外资潜力指数是一个抽象概念，各组成要素的重要程度很难从经济理论或定性的方面加以判断。为避免主观随机因素的干扰，本研究采用主成分分析法（Principal Components Analysis）确定权重。主成分分析法的目的是建立一种从高维空间到低维空间的映射，这种映射能保持样本在高维空间的某种"结构"。其最大的特点和优势在于客观性，即权重不是根据人的主观判断，而是由数据自身的特征所确定的。各指标相应的权重如表 2 所示。由于乌兹别克斯坦、土库曼斯坦、缅甸、东帝汶、阿富汗、不丹、马尔代夫、波黑、叙利亚、伊拉克、阿联酋、黎巴嫩、也门、巴勒斯坦这 14 国一些指标的数据缺失。本部分将这 14 个国家剔除，选取其他 50 个国家 2004 年和 2015 年的数据进行利用外资潜力指数的测度（见表 2）。

---

① Kumar, N., "Infrastructure Availability, Foreign Direct Investment Inflows and Their Export-orientation: a Cross-country Exploration," *Indian Economic Journal*, 2001.

（二）指数测度结果分析

利用上述方法，我们可以得到"一带一路"沿线 50 个国家利用外资业绩和潜力指数，如表 2 所示。

表 2　"一带一路"沿线国家利用外资业绩指数和潜力指数

国家	2004 年				2015 年			
	业绩	排名	潜力	排名	业绩	排名	潜力	排名
哈萨克斯坦	5.84	4	0.271	36	1.10	16	0.392	27
吉尔吉斯斯坦	3.56	9	0.263	38	5.61	3	0.309	39
塔吉克斯坦	5.88	3	0.176	50	1.78	11	0.218	50
蒙古	2.09	18	0.371	23	0.26	39	0.396	26
俄罗斯	1.17	30	0.356	26	0.17	42	0.389	29
越南	1.59	23	0.258	42	2.01	10	0.301	41
老挝	0.32	40	0.19	49	3.25	5	0.273	45
柬埔寨	1.11	31	0.317	23	3.10	6	0.31	38
泰国	1.52	26	0.356	26	0.74	26	0.359	34
马来西亚	1.58	24	0.372	22	1.09	18	0.451	19
新加坡	9.59	2	0.837	1	7.82	1	0.905	1
印度尼西亚	0.31	42	0.233	46	0.76	25	0.295	43
文莱	0.65	36	0.483	10	0.44	34	0.488	13
菲律宾	0.29	45	0.361	25	0.63	30	0.391	28
印度	0.35	39	0.319	32	0.69	27	0.35	35
巴基斯坦	0.51	37	0.259	41	0.20	41	0.268	47
孟加拉国	0.31	43	0.236	45	0.48	33	0.277	44
尼泊尔	0.00	49	0.266	37	0.08	46	0.27	46
斯里兰卡	0.51	38	0.371	23	0.28	37	0.367	32
波兰	2.44	14	0.419	16	1.04	19	0.49	11
捷克	2.42	16	0.496	8	0.30	36	0.546	6
斯洛伐克	3.19	10	0.455	13	0.57	31	0.492	10
匈牙利	1.96	19	0.461	12	-1.42	50	0.489	12
斯洛文尼亚	0.99	32	0.472	11	1.32	13	0.511	8
克罗地亚	1.40	28	0.389	19	0.11	44	0.445	21
罗马尼亚	3.80	8	0.31	34	0.80	23	0.435	23
保加利亚	5.29	5	0.402	18	1.77	12	0.465	17
塞尔维亚	1.73	21	0.258	42	2.08	9	0.383	31
黑山	1.42	27	0.321	31	5.68	2	0.466	16

续表

国家	2004 年				2015 年			
	业绩	排名	潜力	排名	业绩	排名	潜力	排名
北马其顿	2.44	15	0.38	21	0.97	21	0.465	17
阿尔巴尼亚	2.10	17	0.261	40	2.88	7	0.342	36
爱沙尼亚	4.05	7	0.575	2	−1.05	49	0.601	3
立陶宛	1.58	25	0.507	7	0.77	24	0.55	5
拉脱维亚	1.85	20	0.492	9	1.02	20	0.524	7
乌克兰	1.19	29	0.328	30	1.10	15	0.315	37
白俄罗斯	0.32	41	0.218	48	0.96	22	0.306	40
摩尔多瓦	2.61	13	0.33	29	1.09	17	0.361	33
土耳其	0.31	44	0.296	35	0.67	29	0.388	30
伊朗	0.72	34	0.239	44	0.17	43	0.234	49
沙特阿拉伯	−0.06	50	0.415	17	0.41	35	0.447	20
卡塔尔	1.70	22	0.555	3	0.21	40	0.631	2
巴林	2.96	12	0.517	5	−0.84	47	0.507	9
科威特	0.02	48	0.524	4	0.08	45	0.469	15
阿曼	0.20	47	0.431	14	−1.02	48	0.41	25
约旦	0.21	46	0.427	15	0.27	38	0.444	22
以色列	0.98	33	0.515	6	1.25	14	0.581	4
亚美尼亚	3.10	11	0.388	20	0.56	32	0.424	24
格鲁吉亚	4.32	6	0.336	28	3.72	4	0.481	14
阿塞拜疆	24.41	1	0.226	47	2.51	8	0.301	41
埃及	0.71	35	0.262	39	0.68	28	0.24	48

　　单从业绩指数来看，2004 年和 2015 年中亚三国利用外资业绩指数排名比较靠前。蒙俄两国业绩指数不如中亚三国，且相较于 2004 年，2015年排名明显下降。东南亚各国 2015 年的业绩指数排名均较 2004 年有所提高，尤其是老挝（排名由第 40 位上升至第 5 位）、柬埔寨（排名由第 31位上升至第 6 位）、菲律宾（排名由第 45 位上升至第 30 位）。另外，新加坡业绩指数 2004 年和 2015 年排名分别为第 2 位和第 1 位。南亚各国除了

印度排名有所提升之外,其他国家在 2004 年和 2015 年排名变化不大,业绩指数基本在 0.3~0.5,另外,尼泊尔业绩指数一直处于末几位。中东欧国家业绩指数参差不齐,其中塞尔维亚、黑山等国 2015 年业绩指数有明显提升,跻身前十位。捷克、斯洛伐克、匈牙利等国业绩指数有明显下降。西亚、中东各国中除了格鲁吉亚和阿塞拜疆之外,其他国家利用外资业绩指数均不是很高,其中伊朗、巴林、卡塔尔、亚美尼亚等国业绩指数明显下降。

单从潜力指数来看,新加坡以电子、化学和化工、生物医药、精密仪器、金融、航运等为主要产业,技术含量较高的产品所占比例很高,并以经济、制度及其硬条件的优越吸引众多国家对其进行投资,2004 年和 2015 年利用外资潜力指数均居第 1 位。2004 年和 2015 年中亚三国利用外资潜力指数排名比较靠后,尤其是塔吉克斯坦,作为 1991 年苏联解体后形成的国家,直到 1997 年塔吉克斯坦政局才趋于稳定,经济基础十分薄弱,又受到山多地少、能源匮乏、交通闭塞、资金和人才短缺、产业结构单一等因素的制约,是最贫穷的独联体国家之一,这也影响了其他国家对其的投资意愿,利用外资潜力较低。相对于业绩指数,蒙俄潜力指数排名相对较好,处于所有国家中游的位置。东南亚各国中除了新加坡和文莱之外,其他国家潜力指数都不高,其中越南、老挝等国虽然业绩指数排名都较靠前,但潜力指数排名都在第 40 位之后。这些国家都为农业大国,全国 80% 以上的人口从事农业活动,作为经济较为落后的国家,其对投资者来不利于投资的因素也十分明显,特别是基础设施薄弱,铁路、公路等均不太发达,政府无法提供大型的工业用水电基建类设施,加之这些国家普通民众的教育水平较低,劳动力虽然充足且工资低,但无法满足较精密的工业生产作业的需要,另外,司法和制度环境等也不成熟。因此,这些国家的投资潜力预期较低。同样,南亚各国的利用外资潜力指数也不高。

相比之下,中东欧部分国家,如波兰、爱沙尼亚、立陶宛、拉脱维亚等,经济发展水平高,各种制度体系较为健全,交通设施完备,对华态度友好,因此投资环境相对较好。需要特别指出的是,立陶宛的生物技术和激光产业较为发达，在生物技术领域是中东欧国家中的佼佼者，在激光产业的某些领域处于国际领先地位，有些产品市场占有率甚至超过了 50%，这给中国企业提供了无限的学习机会。这些国家利用外资潜力指数排名都比较靠前，其中爱沙尼亚、立陶宛、拉脱维亚等国潜力指数排名一直在前 10 位以内，波兰潜力指数排名由 2004 年的第 16 位上升为 2015 年的第 11 位。对中国来说，中东欧市场与西欧市场一体化程度高，是中国进入欧盟市场的"试点区"。在"一带一路"的大背景下，中东欧国家是中国向西贸易开发的重要组成部分，虽然双方路途遥远，但随着"一带一路"互联互通理念的实施，双方贸易和投资往来会逐步加强，需要中国企业不断探索新的贸易点和投资点。同时，中东地区的一些国家，如沙特阿拉伯、卡塔尔等，资源丰富，基础设施完备，积极推行以油气和石化产业带动非石油产业发展，并在此基础上不断改善投资环境，中国对这些国家表现出了较好的投资预期和投资势头。尤其是卡塔尔，虽然业绩指数排名较靠后，但积极响应并参与"一带一路"建设，为中国与中东地区小国共建"一带一路"打造范本提供了机会和可能。

从交叉分析来看，我们可以根据 50 个国家的业绩和潜力指数，将其分为四大类：利用外资高业绩和高潜力（即领先国家，业绩指数大于 1，且潜力指数排名在所有国家的中点以上，以下依次类推）、高业绩和低潜力（即超潜力发挥国家）、低业绩和高潜力（未发挥潜力国家）、低业绩和低潜力（即落后国家），具体如图 2 所示。

由交叉矩阵可以看出，"一带一路"沿线国家大部分处于横轴以下，即业绩指数小于 1，因此从目前来看，这些国家引进 FDI 相对全球规模要小于这些国家 GDP 相对全球规模，这在一定程度上表明了"一带一路"沿线很多国家正处于需要利用外资来促进经济增长的阶段；业绩指数与潜力指数排序一致的比例总体较高，说明利用 FDI 业绩与潜力密切相关；同时，业绩指数与潜力指数也存在背离的现象，这说明利用 FDI 的业绩与潜力具有动态性，两者有时会存在一定的时间差。具体来看，"一带一路"沿线各国中，"领先国家"的阵容规模并不大，只有新加坡、黑山、格鲁吉亚等 9 个国

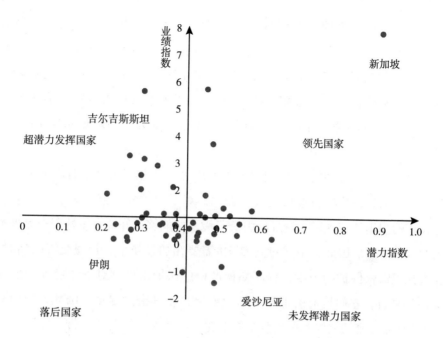

图2 "一带一路"沿线国家利用 FDI 业绩和潜力指数矩阵（2015 年）

家，"超潜力发挥国家"有11个（包括中亚三国、越南、老挝、柬埔寨、塞尔维亚等），与"领先国家"的规模相差不大。大部分国家处于"未发挥潜力国家"（包括匈牙利、爱沙尼亚等中东欧国家及卡塔尔等）和"落后国家"（包括蒙俄、菲律宾、尼泊尔及伊朗、埃及等）范畴，两者均有15个国家。

四 结论与启示

任何一个国家不可能对所有行业和项目的投资具有完全相同的吸引力，中国对"一带一路"沿线国家的 OFDI 需要进行区位选择。本文在"一带一路"倡议背景下，重新思考了联合国贸发会所提出的利用外资业绩和潜力指数的内涵及其对"一带一路"沿线国家的适用性，基于此构建了尽可能反映"真实"利用外资状况的潜力指数。笔者认为，"一带一路"沿线诸多国家利用外资业绩指数小于 1，利用外资规模有待开发；从中国视角来看，"一带一路"沿线国家在利用外资方面属于"领先国家"的数量较少，包括新加坡等 9 个国家，中亚三国及东南亚的越南、老挝等国都属于"超潜力发挥国家"，"未发挥潜力国家"有 15 个，其中有很多中东欧和西亚中东的国家，蒙俄、菲律宾、尼泊尔等 15 国则属于利用外资"落后国家"。

中国对"一带一路"沿线国家的 OFDI 可以根据以上结论有序推进，分阶段、分国家、分项目进行突破。其中，对于"领先国家"来讲，它们具有较高的利用外资规模、较好的引资环境，并能够很好地利用外资来促进本国的经济发展。因此，中国对其 OFDI 需要在加强技术、管理交流的同时，加大知识产权保护的力度，提高知识产权的保护水平。对于"超潜力发挥国家"来讲，它们目前引进外资的规模要大于其潜力保证。因此，中国对其 OFDI 需要密切关注其引资政策的变化，需要大力借助"一带一路"平台与之沟通，使其尽可能地为中国企业创造良好的投资环境，通过投资合作机制设计来实现互利共赢，同时需要进行项目识别，周期较长的项目可能面临较大的风险。对于"未发挥潜力国家"来讲，尽管它们目前利用外资的业绩较低，但其具有良好的投资环境，吸引外资的后劲较足，利用外资潜力的释放需要一定时间。因此，中国企业需要培养长远的视野和投资意识，借助"一带一路"平台进一步挖掘与之投资合作的潜力，利用经济互补性，推进产业协作，尤其通过向技术水平较高的中东欧国家投资，学习先进的生产和管理技术，并可将这些技术资源转移到中国，助力中国某些产业向全球价值链高端攀升。而对于"落后国家"来讲，中国企业应该更多地关注投资风险，在投资合作中，可以根据投资潜力的分项指标状况，明确目标国的优势和劣势，根据现有的投资环境和投资门槛进行优势项目识别，扬长避短，随着"一带一路"建设的推进，寻找既能使中国有效规避风险又有利于东道国利用外资潜力培养的合作方式、机制。

本章主要参考文献

陈松、刘海云：《东道国治理水平对中国对外直接投资区位选择的影响——基于面板数据模型的实证研究》，《经济与管理研究》2012 年第 6 期。

陈泽星：《衡量标杆——中国各地区吸收 FDI 的潜力和业绩分析》，《国际贸易》2004 年第 11 期。

樊纲、王小鲁、张立文、朱恒鹏：《中国各地区市场化相对进程报告》，《经济研究》2003 年第 3 期。

葛顺奇：《中国利用外资的业绩与潜力评析》，《世界经济》2003 年第 6 期。

胡翠平：《中国企业顺向与逆向 OFDI 的动因及影响因素对比分析》，《国际经贸探索》2015 年第 5 期。

黄群慧、韵江、李芳芳：《"一带一路"沿线国家工业化进程报告》，社会科学文献出版社，2015。

李计广、李彦莉：《中国对欧盟直接投资潜力及其影响因素——基于随机前沿模型的估计》，《国际商务》（对外经济贸易大学学报）2015 年第 5 期。

鲁明泓：《外国直接投资区域分布与中国投资环境评估》，《经济研究》1997 年第 12 期。

鲁明泓：《制度因素与国际直接投资区位分布：一项实证研究》，《经济研究》1999 年第 7 期。

宋桂杰、田小娟：《基于主成分分析法的房地产投资环境分析》，《扬州大学学报》（自然科学版）2006 年第 4 期。

岳咬兴、范涛：《制度环境与中国对亚洲直接投资区位分布》，《财贸经济》2014 年第 6 期。

Cheung, Y. W., Qian, X. W., "The Empirics of China's Outward Direct Investment," *Pacific Economic Review*, 2009, 14 (3).

Jun, K. W. and H. Singh, "The Determinants of Foreign Direct Investment: New Empirical Evidence," *Transnational Corporations*, 1996, 5 (3).

Kumar, N., "Infrastructure Availability, Foreign Direct Investment Inflows and Their Export-orientation: a Cross-country Exploration," *Indian Economic Journal*, 2001 (1).

Little, J. S., "Locational Decisions of Foreign Direct Investors in the United States," *New England Economic Review*, 1978 (1).

Ping Deng, "Investing for Strategic Resource and Its Rationale: the Case of Outward FDI from Chinese Companies," *Business Horizons*, 2007, 50 (1).

双边政治关系、东道国制度环境
与中国 OFDI 区位选择

  自"一带一路"倡议提出以来,中国与沿线国家的经贸往来逐步深化。2014~2017 年,中国对"一带一路"沿线国家的直接投资由 136.6 亿美元增至 167.1 亿美元,年均增长 7.0%,高于同期中国对外直接投资的年均增速 2.4%。依据新制度经济学派的观点,组织内嵌于国家特有的制度安排中,国家的制度环境会对组织产生重要作用,对于对外直接投资活动而言,东道国不完善的制度环境往往会极大地增加母国跨国组织的投资风险和不确定性成本,不利于投资活动的开展。[①]

一　问题的提出

  "一带一路"沿线地区是发展中国家集聚地,整体制度环境欠佳,但中国对这些地区的投资并没有因此而大幅度削减,反而连年攀升、投资规模持续扩大,这一现象与新制度经济学的主张背道而驰,引起了学者们的广泛讨论。为此,有些学者认为,作为联系母国与东道国之间特殊的制度性安排,双边政治关系也是影响母国对外直接投资的重要因素。中国作为最大的发展中国家,与"一带一路"沿线诸多国家均有着良好的政治关系。"一带一路"倡议的提出,旨在中国与"一带一路"沿线国家合力共建命运共同体,这进一步形成了政治互信的强大推动力。从理论上来讲,良好的双边政治关系可促使双方在政治上达成合作共识,在经济上谋求合作,一定程度上可能

---

① 蒋冠宏:《制度差异、文化距离与中国企业对外直接投资风险》,《世界经济研究》2015 年
  第 8 期。

会缓解制度环境对投资的制约作用。那么在中国对"一带一路"沿线地区的投资活动中，是否存在双边政治关系与东道国制度环境的交互影响？是否双边政治关系起到决定性作用，进而调节东道国制度环境对投资的不利影响？这是未来进一步释放中国对"一带一路"沿线国家投资潜力值得深入思考的问题。

在制度经济学框架下研究对外直接投资问题，已有文献主要集中于制度质量、制度差异对 OFDI 区位选择的影响。较为重要的工作，例如，Wei 指出东道国政府的腐败程度越高，对母国投资的抑制作用更为明显，[1] Habib 和 Zurawicki 也得出了相同的结论。[2] Bénassy Quéré 等认为，东道国的制度质量越高，表示东道国的政治相对稳定、政府部门的工作效率较高，这将有利于吸引外资[3]。针对制度差异对投资影响的研究，学者们一方面认为制度差异阻碍了母国的投资，东道国即使拥有丰富的禀赋资源，也会因与母国较大的制度距离而失去竞争力，[4] 而另一方面，制度距离的增加实际上能够为跨国公司提供一种相对优势，尤其是在制度质量较高的东道国中，制度距离的增加将会促进母国进行投资。[5] 可以看出，制度质量、制度差异均是影响母国对外直接投资的关键因素，但除了这些传统意义上的制度环境能够决定对外直接投资活动外，双方的制度联系，即双边政治关系，也正对 OFDI 发挥着日益凸显的作用。

现有研究将双边政治关系划分为伙伴关系、双边投资协定、高层互访、政治冲突等，赵春明等将与我国的政治关系作为进口产品来源国的重要特

[1] Wei S. J., "How Taxing is Corruption on International Investors?" *Review of Economics & Statistics*, 2000, 82 (1).

[2] Habib M., Zurawicki L., "Corruption and Foreign Direct Investment," *Journal of International Business Studies*, 2002, 33 (2).

[3] Bénassy Quéré A., Coupet M., Mayer T., "Institutional Determinants of Foreign Direct Investment," *World Economy*, 2010, 30 (5).

[4] Siegel J. I., Licht A. N., Schwartz S. H., *Egalitarianism, Cultural Distance, and FDI: A New Approach*, Social Science Electronic Publishing, 2012.

[5] 蒋冠宏、蒋殿春：《中国对发展中国家的投资——东道国制度重要吗?》，《管理世界》2012年第11期。

征，得出伙伴关系、双边投资协定这种中长期的制度安排能够为母国投资提供政治保障的结论；[1] 杨连星等则认为高层互访这种短期的外交活动更可以直接带动母国企业的投资，尤其是国家元首间的互访；[2] 而政治冲突的爆发将阻碍母国投资活动的顺利进行，[3] 但沉没成本的存在，使其并不能迅速对投资产生影响，[4] 因而政治冲突对投资的影响取决于上述两者的作用强度。另外，一些学者开始探讨双边政治关系和东道国制度环境对 OFDI 区位选择的交互影响，他们认为双边政治关系不仅对母国的对外直接投资有直接影响，而且能通过调节东道国制度环境对投资的作用发挥其间接影响。例如，宗芳宇等基于上市公司投资数据，得出双边投资协定能够替补东道国制度缺位的结论；[5] 刘晓光、杨连星则通过双边政治关系、东道国制度环境差异等指标的构建，[6] 得出双边政治关系对东道国制度环境具有优化互补作用的结论，并指出这种优化互补效应在制度质量较差的东道国更为显著。

综合上述文献，在对制度质量、制度差异的研究中，用以衡量东道国制度环境的指标老旧，如文化制度的代表性指标已由四个维度拓展到包含长期导向等六个维度，实证研究应采用更新的指标才能得到更为可靠的研究结果；针对双边政治关系与东道国制度环境对 OFDI 的交互影响的研究相对匮乏，存在较大的改进空间，如现有研究并没有详细阐述双边政治关系中各种制度性安排对制度调节效应的差异以及具体的作用机

---

① 赵春明、文磊、李宏兵：《进口产品质量、来源国特征与性别工资差距》，《数量经济技术经济研究》2017 年第 5 期。

② 杨连星、刘晓光、张杰：《双边政治关系如何影响对外直接投资——基于二元边际和投资成败视角》，《中国工业经济》2016 年第 11 期。

③ Makino S., Tsang E. W. K., "Historicalties and Foreign Direct Investment: An Exploratory Study," *Journal of International Business Studies*, 2011, 42（4）.

④ Davis C. L., Meunier S., "Business as Usual? Economic Responses to Political Tensions," *American Journal of Political Science*, 2011, 55（3）.

⑤ 宗芳宇、路江涌、武常岐：《双边投资协定、制度环境和企业对外直接投资区位选择》，《经济研究》2012 年第 5 期。

⑥ 刘晓光、杨连星：《双边政治关系、东道国制度环境与对外直接投资》，《金融研究》2016 年第 12 期。

制，且现有研究也主要考虑中国 OFDI 总体情况，并没有具体分析东道国地区差异。鉴于诸多"一带一路"沿线国家制度环境及其与中国双边政治关系所形成的较大反差性，本文将研究对象聚焦于中国对"一带一路"沿线地区的投资，集中探讨双边政治关系与制度环境的交互影响效应，并从东道国制度质量、制度差异两个维度讨论在双边政治关系中各种政策工具的作用机制，实证研究将采取更新的指标，以确保研究结果的可靠性。

二 PCSE 模型构建与变量选择

本文选取"一带一路"沿线 45 个国家作为研究样本，利用 2005～2015 年中国对外直接投资数据构建面板矫正误差模型（PCSE）来检验双边政治关系、东道国制度环境对中国在"一带一路"沿线国家投资的影响，并在模型中引入双边政治关系与东道国制度环境的交叉项，重点考察两者的交互作用机制。其中双边政治关系、东道国制度环境是模型的关键解释变量，双边政治关系包括高层互访、双边投资协定、伙伴关系、政治冲突等，东道国制度环境涵盖制度质量、制度距离等方面。

（一）模型构建

本文借鉴张建红等①、刘晓光等②模型构建方法，并在其基础上进行改进，将高层互访、双边投资协定、伙伴关系、政治冲突与东道国制度环境的交互项分别引入模型，并依据每国不同的投资动机控制东道国国家特征因素，包括市场寻求、资源寻求、效率寻求、技术寻求等动机，设定计量模型形式为：

---

① 张建红、姜建刚：《双边政治关系对中国对外直接投资的影响研究》，《世界经济与政治》2012 年第 12 期。
② 刘晓光、杨连星：《双边政治关系、东道国制度环境与对外直接投资》，《金融研究》2016 年第 12 期。

$$fdi_{ijt} = \beta_0 + \beta_1\, pol_{ijt} \times rul_{jt} + \beta_2\, pol_{ijt} + \beta_3\, rul_{jt} + \beta_4\, U_{jt} + \varepsilon_{it}$$

其中，i、j、t 分别表示母国、东道国、年份；fdi_{ijt} 表示第 t 年母国对东道国的投资存量；pol_{ijt} 为双边政治关系，包括高层互访（$hmeet$）、双边投资协定（bit）、伙伴关系（pnr）以及政治冲突（$conflict$）等衡量指标；rul_{jt} 为东道国制度环境变量；$pol_{ijt} \times rul_{jt}$ 为双边政治关系与东道国制度环境的交互项，包括高层互访（$hmeet \times rul$）、双边投资协定（$bit \times rul$）、伙伴关系（$pnr \times rul$）以及政治冲突（$conflict \times rul$）与东道国制度环境的交叉项；U_{jt} 则为国家层面的控制变量；ε_{it} 为模型的随机误差项。

（二）变量选择和数据说明

模型变量的选取如表 1 所示，其中 $hmeet$、bit、pnr、$conflict$ 为双边政治关系变量（pol），而 wgi、$drul$、cd 为东道国制度环境变量（$rule$），其他变量均为模型的控制变量（U）。双边政治关系变量中的高层互访（$hmeet$）以高层领导人互访、在第三国会晤的次数加权之和表示，其中元首级别的互访（含在第三国会晤）权重为 2，其他国家领导人互访或在第三国会晤权重为 1；对于双边投资协定（bit），本文设置双边投资协定生效期限变量，以中国与东道国双边投资协定生效的年份期限来衡量；伙伴关系（pnr）借鉴潘镇和金中坤的研究方法，[①] 用伙伴关系的等级加权重表示，其中全面战略合作伙伴关系和全面战略伙伴关系权重为 3，战略合作伙伴关系或战略伙伴关系权重为 2，全面合作伙伴关系或伙伴关系的权重则赋予 1，其他关系权重为 0；而政治冲突（$conflict$）依照杨连星等的做法，[②] 以特定年份内两国双边政治冲突次数加权重来表示，其中严重冲突权重为 2，一般冲突权重为 1。另外，东道国制度环境变量中制度质量（wgi）是借鉴宗芳宇

---

① 潘镇、金中坤：《双边政治关系、东道国制度风险与中国对外直接投资》，《财贸经济》2015 年第 6 期。

② 杨连星、刘晓光、张杰：《双边政治关系如何影响对外直接投资——基于二元边际和投资成败视角》，《中国工业经济》2016 年第 11 期。

用世界银行公布的全球治理指标来衡量制度环境的方法,① 通过对世界治理指标的六项专项指标包括政治稳定性、政府工作效率、规制质量以及法治程度、腐败控制等进行加总以表示东道国的制度质量,并借鉴刘晓光等②对制度距离的分类和表示方法将两国的制度距离（*diff*）进一步区分为正式制度距离（*drul*）和非正式制度距离（*cd*）,并根据两国全球治理指标的差值表示两国在正式制度方面的绝对距离,即正式制度距离变量,而非正式制度距离则参照根据 Hofstede 数据库最新提供的六个文化维度得分,计算两国之间的文化距离,以文化距离考察与东道国非正式制度环境的差异。

有关国家层面的控制变量（*U*）,已有研究认为东道国的经济发展水平、要素禀赋程度、科学技术水平等也是影响母国投资的重要因素,为此本文控制了上述国家层面的特征变量,具体包括:母国与东道国的 GDP 增长率（*crgdp*、*rgdp*）,用以衡量东道国与母国市场规模的发展潜力,东道国的 *res*、*hdi*、*hightech* 则分别表示东道国的资源禀赋特征、劳动力成本以及科技水平。

综合上述指标的可获得性,本文选取了"一带一路"沿线 45 个国家作为研究对象,并搜集整理了 2005～2015 中国对这些国家的投资数据、高层互访及政治冲突发生次数、伙伴关系等级、双边投资协定生效年限等,数据来源如表 1 所示。本文样本数据共有 495 个截面、11 个时间点,其中高层互访变量为 0 的观测值所占比重约为 11.1%,双边投资协定变量为 0 的观测值仅占 4.8%,并且只有 11 个国家没有与中国结成伙伴关系,因而有利于本文分别探究高层互访、双边投资协定、伙伴关系等双边政治关系对东道国制度环境的调节作用及其对投资产生的影响。另外,中国与"一带一路"沿线国家整体关系比较友好,冲突爆发的概率较小,

① 宗芳宇、路江涌、武常岐:《双边投资协定、制度环境和企业对外直接投资区位选择》,《经济研究》2012 年第 5 期。
② 刘晓光、杨连星:《双边政治关系、东道国制度环境与对外直接投资》,《金融研究》2016 年第 12 期。

但考虑到政治冲突是衡量双边政治关系的重要指标，因而模型也将此指标
涵盖在内，以期获得更可靠的研究结果，具体指标的描述性统计如表2
所示。

表1　变量的选取及数据来源

所属变量	变量名称	变量含义	数据来源
OFDI	fdi_{ijt}	直接投资存量	中国对外直接投资统计公报
双边政治关系	$hmeet_{ijt}$	高层领导人互访情况	外交部网站—外交动态及新闻统计
	bit_{ijt}	双边投资协定生效期限	联合国贸发会BIT数据库
	pnr_{ij}	伙伴关系	外交部网站—双边关系及重要文件
	$conflict_{ijt}$	双边政治冲突	外交部网站—答记者问和发言人表态
制度环境	wgi_{jt}	制度质量	世界银行
	$drul_{ijt}$	正式制度距离	笔者计算得出
	cd_{ijt}	非正式制度距离	Hofstede数据库
控制变量	$crgdp_{it}$	i 国GDP增长率	世界银行
	$rgdp_{jt}$	j 国GDP增长率	世界银行
	res_{jt}	矿产及燃料出口所占比重	世界银行
	hdi_{jt}	人类发展指数	联合国开发计划署
	$hightech_{jt}$	高科技出口占制造业总出口比重	世界银行

表2　指标描述性统计

变量名称	样本量	均值	标准差	最小值	最大值
fdi	495	91835.430	238531.600	0.000	3198491.000
$hmeet$	495	5.707	6.211	0.000	52.000
bit	495	16.691	6.597	0.000	31.000
pnr	495	1.032	1.132	0.000	3.000
$conflict$	495	0.236	0.939	0.000	9.000
wgi	495	235.689	126.340	16.417	542.661
$drul$	495	107.311	69.550	0.106	332.143
cd	495	80.593	87.398	4.000	307.000

变量名称	样本量	均值	标准差	最小值	最大值
hdi	495	0.709	0.109	0.474	0.925
rgdp	495	4.987	4.893	-28.097	34.500
crgdp	495	9.762	2.223	6.900	14.231
res	495	33.288	33.671	0.000	99.970
hightech	495	8.344	13.584	0.000	70.785

三 实证分析与检验

为了深入探究双边政治关系对东道国制度环境的调节作用，本部分从东道国制度质量、制度距离两个维度出发，检验双边政治关系中不同的政策工具与东道国制度环境对母国投资的作用机理，并研究两者的交互作用对母国对外直接投资的影响，进而区分正式制度距离和非正式制度距离，比较分析不同政策工具在调节正式与非正式制度距离时对母国投资影响的差异。

（一）基准模型回归估计

基准模型采用面板矫正误差模型（PCSE）。该模型能较好地解决异方差、序列相关等问题，并且 Wald 检验结果表明原模型存在异方差，因而采用面板 PCSE 模型符合本文研究需要，能得到稳健的标准误差。实证回归之前，首先对样本数据进行标准化处理，并对自变量进行多重共线性检验，其中方差膨胀因子（*vif*）在 1.02 ~ 1.66 浮动，说明模型不存在严重的多重共线性，可进行回归估计，回归结果如表 3 所示。

我们将双边政治关系与东道国制度质量的交互项分别引入模型，如模型（1）~（5）所示，结果发现只有双边投资协定与制度质量的交互项系数显著为正，而其他包括高层互访、伙伴关系等与制度质量交叉项的系数均为负，并且模型（6）交互项系数的符号和大小与前述模型较为一致，这表明

表3　双边政治关系与东道国制度质量的交互作用（PCSE 模型）

自变量	（1）不含交互项	（2）hmeet 交互	（3）bit 交互	（4）pnr 交互	（5）conflict 交互	（6）所有交互项
$hmeet \times wgi$	-0.0726				-0.0303	
		(-0.94)				(-0.40)
$bit \times wgi$			0.261***			0.312***
			(3.45)			(3.76)
$pnr \times wgi$				-0.127***		-0.205***
				(-2.64)		(-3.61)
$conflict \times wgi$					-0.0752*	-0.0402
					(-1.82)	(-1.29)
$hmeet$	0.286***	0.258***	0.278***	0.270***	0.287***	0.239***
	(5.37)	(4.29)	(4.99)	(5.23)	(5.38)	(3.95)
bit	0.140***	0.141***	0.174***	0.134***	0.135***	0.169***
	(3.94)	(3.92)	(3.99)	(3.89)	(3.92)	(3.91)
pnr	0.00472	0.0126	0.0606	0.00824	0.00618	0.0812**
	(0.08)	(0.23)	(1.41)	(0.15)	(0.11)	(2.09)
$conflict$	-0.0331	-0.0325	-0.0107	-0.0322	-0.0482	-0.0126
	(-0.84)	(-0.83)	(-0.34)	(-0.83)	(-1.07)	(-0.39)
wgi	0.186***	0.179***	0.161***	0.130**	0.176***	0.0581
	(2.96)	(2.86)	(2.84)	(2.33)	(2.92)	(1.17)
res	0.136***	0.134***	0.0873***	0.147***	0.130***	0.0919***
	(5.93)	(5.90)	(2.94)	(6.14)	(5.58)	(3.07)
hdi	-0.194***	-0.196***	-0.136***	-0.175***	-0.192***	-0.0939**
	(-4.36)	(-4.41)	(-3.14)	(-4.14)	(-4.35)	(-2.12)
$hightech$	0.305***	0.299***	0.216***	0.298***	0.312***	0.188***
	(3.28)	(3.25)	(3.20)	(3.28)	(3.30)	(3.13)
$rgdp$	0.0690*	0.0631	0.0724**	0.0547	0.0701*	0.0481
	(1.79)	(1.62)	(2.01)	(1.46)	(1.82)	(1.40)
$crgdp$	-0.204***	-0.205***	-0.160***	-0.202***	-0.204***	-0.147***
	(-4.82)	(-4.87)	(-4.16)	(-4.78)	(-4.83)	(-3.88)
$\_cons$	-4.32e-12	-0.0135	-0.0746***	-0.00734	-0.00315	-0.108***
	(-0.00)	(-0.37)	(-2.59)	(-0.20)	(-0.08)	(-3.79)
N	495	495	495	495	495	495

注："*""**""***"分别表示在10%、5%和1%的统计水平上显著。括号内为 t 值。

双边政治关系中各种政策安排对东道国制度环境的调节作用互不影响，具有稳定性。具体来看，双边投资协定与东道国制度质量之间表现出一种优化互补的关系，这表明随着"一带一路"沿线东道国制度质量的提高，与母国投资活动的有关履约成本将会下降，双边投资协定得以顺利实施，从而降低了东道国制度质量较差引致的投资风险，为母国投资提供制度保障。而高层互访、伙伴关系与东道国制度质量则更倾向于相互替代关系，即高层互访、伙伴关系一定程度上能够弥补东道国制度质量的缺陷，替代东道国制度环境以促进母国的对外直接投资。此外，双边政治冲突的爆发将恶化东道国制度质量，这会严重挫伤母国投资者的积极性，进一步阻碍母国对外投资；相反，东道国的制度质量越高，政治经济体系就相对健全，营商环境较公平和开放，可能会削弱政治冲突对母国投资的抑制作用。

模型的其他变量也对投资产生了重要影响，如高层互访的频率每增加1个百分点，母国对沿线东道国的投资相应增加 0.26 个百分点，而与高层互访相比，双边投资协定、伙伴关系对投资的促进作用则相对较弱，分别给投资带来 0.17、0.01 单位的增长幅度。另外，"一带一路"沿线东道国制度质量每提高1个百分点，母国对东道国的投资吸引力将增加 0.06 ~ 0.19 个百分点。然而，政治冲突一定程度上会抑制母国对沿线国家的投资，但这种阻碍作用并不显著。

（二）关于东道国制度差异的分析

当母国和东道国之间存在明显的制度差异时，母国企业由于不熟悉当地的投资政策、市场运行规律等，需要承担额外的适应成本和风险才能开展投资，并且"制度接近论"也认为两国的制度差异将制约投资活动。那么，双边政治关系是否能够调节制度距离对投资造成的负面影响，为此本文进行了双边政治关系与制度差异的交互作用检验，实证结果如表4所示。

观察表4可知，在中国对"一带一路"沿线地区投资中，双边政治关系对制度距离发挥着重要的调节作用，各种政策工具对制度差异的作用效应均存在差异，并且正式制度距离与非正式制度距离也将决定着交互作用的发挥。具体来看，高层互访与正式制度差异的交叉项为正，表明高层互访能够正向调节正式制度距离对投资的作用效应，但这种调节作用并不显著，而与非正式制度距离的交互项系数显著为负，两者之间存在明显的相互替代关系，即两国的非正式制度差距越小，高层互访越有利于促进投资，从而降低非正式制度距离给投资带来的门槛效应。然而，当非正式制度距离逐步扩大时，伙伴关系则成为一种替代性制度安排，有效缓解制度距离对投资的负面影响，具体表现为伙伴关系与非正式制度差异的交叉项为正，因而伙伴关系的等级越高，越有利于调节非正式制度差异对投资的不利影响进而正确引导母国企业进行投资。另外，当东道国与母国存在较大的正式制度差异时，双边投资协定则是母国对东道国进行投资的国际投资制度保障，签订协定的双方违约成本高昂，这将合理规范东道国应对母国投资的行为，使母国投资者顺利开展投资。相反，政治冲突与非正式制度差异的交互项系数显著为正，这表明冲突的爆发将进一步放大非正式制度的门槛效应，使母国跨国企业更难进入东道国市场，阻碍母国的进一步投资。

表 4　双边政治关系与东道国制度差异检验（PCSE 模型）

自变量	(1)	(2)
	正式制度差异($drul$)	非正式制度差异(cd)
$hmeet \times diff$	0.0192	-0.117***
	(0.25)	(-2.59)
$bit \times diff$	0.372***	-0.0378
	(4.26)	(-1.23)
$pnr \times diff$	-0.273***	0.0517
	(-4.34)	(1.52)
$conflict \times diff$	-0.00229	0.129*
	(-0.08)	(1.79)
$hmeet$	0.271***	0.234***
	(4.68)	(4.90)

续表

自变量	(1)	(2)
	正式制度差异(drul)	非正式制度差异(cd)
bit	0.140***	0.122***
	(4.13)	(3.29)
pnr	0.100***	0.0211
	(2.94)	(0.40)
conflict	0.00652	0.0268
	(0.22)	(0.78)
cd	—	−0.0198
	—	(−0.66)
drul	0.105**	—
	(1.98)	—
res	0.197***	0.105***
	(6.42)	(3.73)
hdi	−0.102***	−0.0610*
	(−3.70)	(−1.96)
hightech	0.130***	0.346***
	(2.81)	(3.46)
rgdp	0.0599*	0.0817**
	(1.81)	(2.00)
crgdp	−0.164***	−0.205***
	(−4.38)	(−4.69)
_cons	−0.108***	0.0290
	(−4.10)	(0.68)
N	495	495

注:"*""**""***"分别表示在10%、5%和1%的统计水平上显著。括号内为 t 值。

(三)稳健性检验

考虑到双边政治关系调节作用的发挥可能受到东道国制度质量的影响,本部分进行了制度偏向性检验,将研究样本分为制度质量低于和高于母国制度质量的两组,利用似不相关回归模型检验双边政治关系与东道国制度环境的交互作用对两组样本国家投资影响的差异。另外,双边政治关系可能与对外直接投资之间存在反向因果联系，导致模型出现内生性问题，因而本部分将双边政治关系的滞后项引入模型，采用系统 GMM 进行回归估计，以检验上文实证研究结果的可靠性。

1. 制度偏向性检验

上文实证结果表明，双边政治关系与东道国制度环境的交互项对中国在"一带一路"沿线地区的投资具有显著影响，但这种交互影响效应是否与东道国的制度质量水平有关，东道国的制度质量越差，双边政治关系对制度的调节作用是否越显著，需要实证进行检验。为此，本文借鉴蒋冠宏等的研究方法，① 将研究样本分为两组：一组制度质量水平低于母国，另一组制度质量水平则高于母国，通过构建似不相关回归模型检验东道国制度质量水平是否对双边政治关系与制度质量的交互作用产生差异化影响，回归结果如表 5 所示。

由模型（1）、（2）可知，在"一带一路"沿线国家制度质量水平比母国高的东道国中，高层互访、双边投资协定与东道国的制度质量之间更多地表现为优化促进关系，制度质量越高的东道国，经济政策和相关投资管理条例就越完备，此时高层领导互动的增加将更容易刺激母国资本进入东道国。相反，当东道国制度质量低于母国制度质量时，东道国无法为母国的跨国公司提供适宜投资的制度环境，制度质量就成为制约投资的关键因素，而双边投资协定的签订可为母国投资提供一定的制度保障，弥补东道国制度质量的缺陷，从而促进母国对沿线东道国的投资。另外，伙伴关系与东道国制度质量则更趋于相互替代关系，与表 3 结果类似，并且两者的交互作用在两组样本中无显著的差别。此外，政治冲突则对制度质量低于本国的东道国投资影响较大，但这种影响并不显著。以上研究结论进一步支撑了前文的研究结果，并且验证了双边政治关系能够弥补东道国制度质量缺陷的猜想，因而保持良好的双边政治关系能够加快中国对"一带一路"沿线制度质量较差国家的投资，也有利于实现对该地区投资总规模的扩大。

① 蒋冠宏、蒋殿春：《中国对发展中国家的投资——东道国制度重要吗?》，《管理世界》2012年第 11 期。

表 5　制度偏向性检验

自变量	(1)制度质量 东道国＜中国	(2)制度质量 东道国≥中国
$hmeet \times wgi$	− 0.0812 ***	0.152 ***
	(− 3.06)	(3.03)
$bit \times wgi$	− 0.0873 ***	0.519 ***
	(− 3.93)	(9.23)
$pnr \times wgi$	− 0.0768 ***	− 0.0826 *
	(− 3.28)	(− 1.75)
$conflict \times wgi$	− 0.0137	0.0251
	(− 0.68)	(0.70)
$hmeet$	0.173 ***	0.107 **
	(7.18)	(2.16)
bit	0.0303	0.161 *
	(1.00)	(1.82)
pnr	0.0710 ***	0.0215
	(3.01)	(0.44)
$conflict$	0.00483	0.0255
	(0.28)	(0.80)
$rgdp$	− 0.0257	0.0289
	(− 1.51)	(0.91)
$crgdp$	− 0.0676 ***	− 0.0316
	(− 3.52)	(− 0.77)
res	0.0926 ***	− 0.0998
	(3.57)	(− 1.40)
hdi	− 0.0556	0.196
	(− 1.25)	(1.47)
$hightech$	0.0677 **	0.0445
	(2.47)	(0.58)
wgi	0.0373	− 0.0715
	(0.88)	(− 0.61)
N	495	495

注:" * "" ** "" *** "分别表示在 10%、5% 和 1% 的统计水平上显著。括号内为 t 值。

2. 关于内生性问题的讨论

考虑到双边政治关系、东道国制度环境和对外直接投资之间往往存在内生性问题,① 如双边投资协定、高层互访与对外直接投资可能有反向因果联系,一方面,双边投资协定的签订、高层互访的增加会促进母国对东道国的投资,另一方面,投资规模的逐步扩大会促使母国和东道国签订双边投资协定,进而推动两国高层领导人的政治来往,引发内生性问题。另外,伙伴关系在促进对外直接投资的同时,有利于促进两国的经贸合作,但从长期来看,经贸合作的日益密切也将促使伙伴关系的升级或演变,因而本文将高层互访、双边投资协定、伙伴关系视为模型的内生变量,以其滞后两期的变量作为工具变量引入模型,由政治冲突所引发的内生性问题并不突出,将其同原模型的其他变量一样归为外生变量,构建面板 GMM 模型进行稳健性检验。

由于研究样本集中为"一带一路"沿线地区,数量有限,采用一阶段系统 GMM 更能获得准确估计,模型通过 AR（2）检验,即 AR（2）的 p 值均大于 0.1,表明原模型存在自相关问题,并且 Hansen 检验结果接受原假设,因而本文所选择的工具变量均是外生的。综上所述,利用 GMM 估计进行稳健性检验符合本文的研究需要,模型估计结果如表 6 所示。模型（1）～（3）分别为双边政治关系与东道国制度质量、制度距离交互项的检验结果,结果发现,高层互访、双边投资协定、伙伴关系与东道国制度环境的交互项系数的方向与上文表 3 和表 4 回归结果基本一致,其系数的大小发生了改变,但变化的幅度相对不明显,另外政治冲突与东道国制度环境的交互项系数符号发生了改变,但均不显著。综上所述,本文的实证结果通过了稳健性检验,进一步验证了研究结论的可靠性。

表 6　GMM 回归估计结果

变量	(1)	(2)	(3)
	制度质量	非正式制度距离	正式制度距离
hmeet × (wgi/diff)	−0.139	−0.0125	0.110
	(−1.34)	(−0.11)	(1.52)

① 杨连星、刘晓光、张杰:《双边政治关系如何影响对外直接投资——基于二元边际和投资成败视角》,《中国工业经济》2016 年第 11 期。

变量	(1) 制度质量	(2) 非正式制度距离	(3) 正式制度距离
$bit \times (wgi/diff)$	0.311***	−0.325	0.148***
	(3.97)	(−1.35)	(2.96)
$pnr \times (wgi/diff)$	−0.0739	0.315**	−0.404***
	(−1.03)	(2.57)	(−5.49)
$conflict \times (wgi/diff)$	0.166	0.702***	0.0829
	(1.63)	(3.80)	(1.17)
$hmeet$	0.434***	0.351***	0.361***
	(6.42)	(5.48)	(6.35)
bit	0.357***	0.139	0.0778**
	(4.35)	(1.48)	(2.24)
pnr	0.0217	0.130**	0.0904**
	(0.44)	(2.18)	(2.16)
$conflict$	0.0478	0.330***	0.000947
	(1.60)	(3.66)	(0.03)
$rgdp$	0.0107	0.0736***	0.0226
	(0.52)	(2.86)	(1.20)
$crgdp$	−0.0642*	−0.152***	−0.189***
	(−1.75)	(−4.35)	(−5.13)
res	0.136***	0.0987***	0.125***
	(5.76)	(2.92)	(5.03)
hdi	−0.300***	−0.136***	−0.0572*
	(−5.21)	(−3.16)	(−1.67)
$hightech$	0.135***	0.302***	0.149*
	(3.34)	(9.11)	(1.91)
wgi	0.261***	—	—
	(4.46)	—	—
cd	—	0.161***	—
	—	(2.85)	—
$drul$	—	—	0.133***
	—	—	(5.65)

续表

变量	(1) 制度质量	(2) 非正式制度距离	(3) 正式制度距离
_cons	− 0.0530	0.143 ***	− 0.0448
	(− 0.80)	(3.93)	(− 1.11)
Arellano − Bond AR(1)	0.633	0.855	0.409
Arellano-Bond AR(2)	0.209	0.231	0.149
Hansen test	0.475	0.851	0.990
Ftest	37.42	45.24	32.1
N	495	495	495

注："*""**""***"分别表示在10%、5%和1%的统计水平上显著。括号内为 t 值。

四 结论与启示

本文通过 PCSE 模型的构建，实证检验双边政治关系与东道国制度环境的交互作用对 OFDI 的影响，进一步验证制度差异对两者交互效应作用的区别，研究结果表明：东道国的制度环境越完善，即东道国的制度质量越高，双边投资协定对投资的促进作用就越强；而高层互访和伙伴关系在一定程度上能够弥补东道国制度环境的缺陷，促使投资合约及各项优惠政策的达成，从而增强投资者信心，有利于进一步开展投资；而政治冲突的爆发将加剧母国对制度环境较差的东道国投资的负面影响，阻碍母国投资活动的顺利进行。至于制度差异的讨论，本文发现不同类型的制度差异对上述交互作用的影响也存在区别，其中当正式制度距离差异较大时，双边投资协定能够为母国跨国公司的海外投资提供制度保障，合理维护母国公司权益以推动投资规模的进一步扩大；而当两国存在非正式制度差异时，高层互访和伙伴关系对投资的作用尤为凸显，并且非正式制度距离越大，伙伴关系的正向调节作用越明显，并且伙伴关系的等级越高，越有利于缓解制度距离对投资造成的阻碍作用；而政治冲突则进一步放大非正式制度距离的门槛效应，抑制母国投资规模的增长。

基于前述分析，本文得到以下政策启示：首先，为了进一步释放我国对"一带一路"沿线国家的投资潜力，应继续推进与"一带一路"沿线国家双边投资协定的谈判。一方面，不断和尼泊尔、伊拉克等国进行磋商，加快双边投资协定谈判的进度，以双边投资协定合理约束两国投资行为，为母国跨国公司提供制度保障；另一方面，对于制度质量不完善但自然资源禀赋充足的国家，如伊拉克、蒙古、乌兹别克斯坦、伊朗等，需要严格监督投资协定在这些国家的实施情况，及时补充相关违约条款以有效约束这些国家对待母国资本行为，同时合理利用双边投资协定调节制度差异对母国投资的抑制作用，在谈判中要进一步细化投资协定有关准入条件、投资待遇、收益汇出等内容，有必要依据东道国自身特点制定具体详细的条例，尽可能规避制度距离的负面影响，真正发挥双边投资协定对投资的直接或间接作用。其次，充分利用高层互访这种短期的外交活动。通过政治外交促进经济合作，积极为中外企业家提供交流和合作的平台，进一步提升母国的政治影响力，不断增强与母国制度差异较大的东道国的政治互信，继续保持和俄罗斯、巴基斯坦等国的政治交往活动，以高层互访形式推动有关战略意义上的资源投资。再次，要格外注重与沿线伙伴关系国家的政治、经济往来，尤其是全面战略合作伙伴关系和全面战略协作伙伴关系国家等，并应当依据近年与伙伴关系国家合作的情况适时调整伙伴关系所处的等级，促使"一带一路"沿线更多国家与中国结成更高层次的伙伴关系，并充分利用母国资本带动母国企业对这些国家进行投资，帮助伙伴国家的基础设施建设，切实发挥"大国"优势，增强双方的经济、文化交流，凭借亲密的伙伴关系替代东道国制度环境发挥对母国投资的促进作用。最后，完善海外投资风险预警机制，并根据风险的严重程度和不同类型，包括东道国系统性风险、特定风险，制定有关跨国企业风险防范以及风险补偿的白皮书，切实保障母国跨国公司的投资效益，尤其针对与中国存在地缘性冲突的国家，必须提前防范政治冲突等特定风险对投资可能造成的干扰，合理保障投资者权益，实现中国对"一带一路"沿线地区投资的可持续发展。

本章主要参考文献

蒋冠宏、蒋殿春：《中国对发展中国家的投资——东道国制度重要吗?》，《管理世界》2012 年第 11 期。

蒋冠宏：《制度差异、文化距离与中国企业对外直接投资风险》，《世界经济研究》2015 年第 8 期。

刘晓光、杨连星：《双边政治关系、东道国制度环境与对外直接投资》，《金融研究》2016 年第 12 期。

潘镇、金中坤：《双边政治关系、东道国制度风险与中国对外直接投资》，《财贸经济》2015 年第 6 期。

田野：《国际制度对国内政治的影响机制——来自理性选择制度主义的解释》，《世界经济与政治》2011 年第 1 期。

杨连星、刘晓光、张杰：《双边政治关系如何影响对外直接投资——基于二元边际和投资成败视角》，《中国工业经济》2016 年第 11 期。

张建红、姜建刚：《双边政治关系对中国对外直接投资的影响研究》，《世界经济与政治》2012 年第 12 期。

赵春明、文磊、李宏兵：《进口产品质量、来源国特征与性别工资差距》，《数量经济技术经济研究》2017 年第 5 期。

宗芳宇、路江涌、武常岐：《双边投资协定、制度环境和企业对外直接投资区位选择》，《经济研究》2012 年第 5 期。

Bénassy Quéré A. , Coupet M. , Mayer T. , "Institutional Determinants of Foreign Direct Investment," *World Economy*, 2010, 30 (5).

Davis C. L. , Meunier S. , "Business as Usual? Economic Responses to Political Tensions," *American Journal of Political Science*, 2011, 55 (3).

Habib M. , Zurawicki L. , "Corruption and Foreign Direct Investment," *Journal of International Business Studies*, 2002, 33 (2).

Makino S. , Tsang E. W. K. , "Historicalties and Foreign Direct Investment: An Exploratory Study," *Journal of International Business Studies*, 2011, 42 (4).

Siegel J. I. , Licht A. N. , Schwartz S. H. , *Egalitarianism, Cultural Distance, and FDI: A New Approach*, Social Science Electronic Publishing, 2012.

Wei S. J. , "How Taxing Is Corruption on International Investors?" *Review of Economics & Statistics*, 2000, 82 (1).

文化距离对中国与"一带一路"沿线国家贸易影响的实证检验

改革开放至今已有 40 多年，中国在国际贸易领域不断打开新的局面，不断创造新的历史性飞跃。2013 年底，为了进一步扩大开放，"一带一路"倡议被首次提出。"一带一路"倡议被认为是中国对外贸易深层次发展的新契机。事实证明也是如此，倡议提出的六年来，引起越来越多国家的热烈响应，不断取得丰硕成果，越来越多的国家和地区从中受益。无论是民生问题、经济问题，还是危机应对问题等，"一带一路"的许多国家都同中国一样，有着共同的利益。"一带一路"倡议提出了"五通"理念，同时提出了要把"一带一路"建设成为和平之路、繁荣之路、开放之路、绿色之路、创新之路、文明之路的发展目标，从这个角度可以看出，"一带一路"倡议特别关注文化的力量。

如今的国际贸易已不单单是一种国与国之间的经济行为，更与地理因素、政治因素和文化因素等密不可分。尤其是在经济全球化的今天，文化作为一个国家或社会的重要体现因素，对人们的心理和思维、价值观和行为准则都起着决定性的作用，并进一步作用于经济表现，[1] 在这样的背景下，文化与国际贸易的相互影响愈发明显，并呈现融合趋势。国内外的众多研究也表明，文化因素对国际贸易的影响变得越来越重要，[2] 并以多种方式影响着跨国界的市场活动和企业国际化生产。[3]

"一带一路"沿线这些贸易伙伴地域、种族不同，文化背景多样。从表

---

[1] 巩军全：《文化距离与中国货物贸易的关系——基于面板数据的实证研究》，《天水示范学院学报》2014 年第 6 期。

[2] Zukin S., Dimaggio P. J., "Structures of Capital," The Social Organization of the Economy, 1990.

[3] Elsass P. M., Veiga J. F., "Acculturation in Acquired Organizations: A Force – field Perspective," *Human Relations*, 1994, 47 (4).

象来看，这既有可能会提高贸易成本，进而对贸易产生不利影响，也有可能会通过外来者优势，使得进口国消费者多样性的需求得到满足，从而进一步作用于国际贸易的发展。可以说，文化对贸易的影响尚无明确定论。基于此，本文进一步提出如下问题：如何有效测度中国与其他国家之间的文化距离？中国与不同国家或地区的贸易伙伴之间的文化融合对商品的双边贸易往来有何影响？"一带一路"经济带横跨亚洲、非洲和欧洲三大洲，沿途有佛教、伊斯兰教和基督教三种不同教派，不同的民族和信仰创造了不同的文化特征，且差异巨大，那么中国与"一带一路"国家的贸易又会如何受到来自文化的推助或冲击？"一带一路"倡议及"民心相通"，是否会使文化距离对中国与沿线国家的影响减弱，有利于进出口贸易？中国与不同文化背景国家的文化融合还有进一步改善的空间吗？下文将对以上问题进行探讨。

一 中国与"一带一路"沿线国家的贸易现状

与前文分析不同的是，根据《"一带一路"贸易合作大数据报告（2018）》，本文将"一带一路"沿线国家研究对象分为六大板块（见表1）。

表1 本文"一带一路"主要研究对象

板块	主要国别
中亚5国	哈萨克斯坦、吉尔吉斯斯坦、塔吉克斯坦、乌兹别克斯坦、土库曼斯坦
亚洲及大洋洲	韩国、新西兰、蒙古、越南、老挝、柬埔寨、泰国、马来西亚、新加坡、印度尼西亚、文莱、菲律宾、缅甸、东帝汶
南亚	印度、巴基斯坦、孟加拉国、阿富汗、尼泊尔、不丹、斯里兰卡、马尔代夫
东欧	俄罗斯、波兰、捷克、斯洛伐克、匈牙利、斯洛文尼亚、克罗地亚、罗马尼亚、保加利亚、塞尔维亚、黑山、北马其顿、波黑、阿尔巴尼亚、爱沙尼亚、立陶宛、拉脱维亚、乌克兰、白俄罗斯、摩尔多瓦
西亚	土耳其、伊朗、叙利亚、伊拉克、阿联酋、沙特阿拉伯、卡塔尔、巴林、科威特、黎巴嫩、阿曼、也门、约旦、以色列、巴勒斯坦、亚美尼亚、格鲁吉亚、阿塞拜疆、埃及
非洲、拉丁美洲	埃塞俄比亚、摩洛哥、南非、马达加斯加、巴拿马

包括中国在内的"一带一路"国家，2017年的GDP之和为26.8万亿美元，占全球的34%；人口总数为48.4亿人，占全球的67%；对外贸易总额为13.4万

亿美元，占全球的40%，在全球贸易中发挥着重要的作用（见图1~图3）。这些贸易伙伴地域不同、种族不同、文化背景多样，经济发展水平差异大，贸易格局非常复杂。

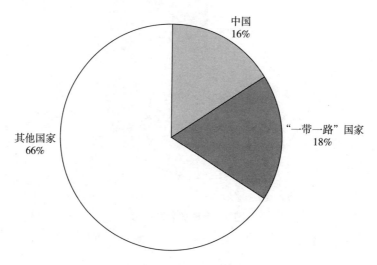

图1 全球 GDP 占比

资料来源：《"一带一路"贸易合作大数据报告（2018）》。

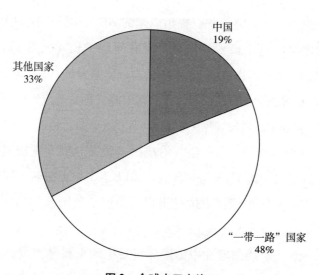

图2 全球人口占比

资料来源：《"一带一路"贸易合作大数据报告（2018）》。

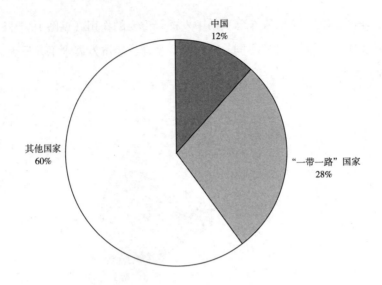

图3　全球贸易额占比

资料来源：《"一带一路"贸易合作大数据报告（2018）》。

（一）贸易总量

重点关注"一带一路"倡议提出以来的 2013～2017 年，中国与"一带一路"沿线国家的进出口贸易流量一直在波动增长（见图4）。2013～2014年，出口增速 10.85%，进口增速 5.43%，总额增速为 6.55%；2015 年，世界整体范围内贸易形势恶化，贸易额出现了小幅下降，贸易增速为负；但是 2017 年又再度向好，实现了高增长（见图5）。

2017 年，中国与"一带一路"沿线国家贸易总额实现快速增长，进口增速首次超过出口增速 11.3 个百分点。2017 年，中国扭转了连续两年的颓势，与"一带一路"沿线国家的进出口总额连续负增长的局面不再，达到了 14403.2 亿美元，同比增长 13.4%。

"一带一路"沿线国家在中国国际贸易中的重要性愈发凸显。2013～2017 年，中国对"一带一路"沿线国家的出口份额持续增加，而中国自"一带一路"沿线国家的进口份额，在经历了 2015～2016 年的下滑之后，

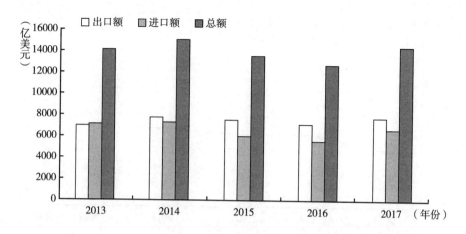

图4　中国与"一带一路"沿线国家的进出口贸易流量

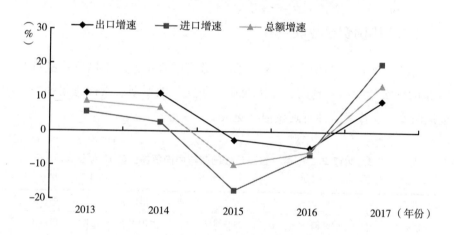

图5　中国与"一带一路"沿线国家的进出口增速

在2017年又回到了高点。2017年，中国与"一带一路"沿线国家的进出口总额增速与中国整体对外贸易增速相比，前者明显高于后者5.9个百分点。其中，2017年中国对"一带一路"沿线国家的出口额为7742.6亿美元，同比增长8.5%，占中国出口总额的34.1%；中国自"一带一路"沿线国家的进口额为6660.5亿美元，同比增长19.8%，占中国进口总额的39.0%。

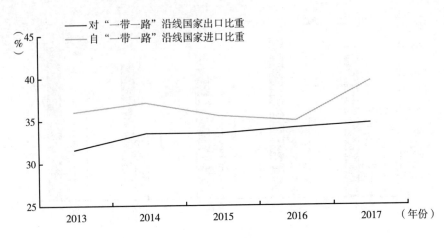

图 6 中国对"一带一路"沿线国家的出口、进口比重

（二）中国贸易地位

同样以 2017 年为例，"一带一路"沿线国家中，与中国贸易额排名前 10 位的依次是韩国、越南、马来西亚、印度、俄罗斯、泰国、新加坡、印度尼西亚、菲律宾、沙特阿拉伯（见表 2）。

表 2 2017 年"一带一路"沿线国家与中国贸易额前 10 位国家

单位：亿美元

排名	国家	贸易额	出口额	进口额
1	韩国	2803.8	1029.8	1774.0
2	越南	1218.7	714.1	504.7
3	马来西亚	962.4	420.2	542.2
4	印度	847.2	683.8	163.4
5	俄罗斯	841.9	430.2	411.7
6	泰国	806.0	388.1	417.0
7	新加坡	797.1	454.5	342.6
8	印度尼西亚	633.8	348.6	285.2
9	菲律宾	5133.0	321.3	192.0
10	沙特阿拉伯	500.4	183.0	317.4

出口方面，在"一带一路"与中国贸易额排名前 10 的国家中，中国是韩国、新加坡、俄罗斯和泰国的最大贸易出口国，是马来西亚的第二大贸易出口国，是印度的第三大贸易出口国。从与中国贸易额占本国贸易总额的比重来看，2017 年，韩国对中国的出口额占出口总额的比重超过 20%；新加坡、俄罗斯、泰国、马来西亚等国对中国的出口额占出口总额的比重均超过 10%。

就进口而言，在进出口贸易总额排名前 10 位的国家中，除波兰以外，中国是其余 9 个国家的最大进口来源国。

（三）区域分布结构

亚洲及大洋洲地区是中国与"一带一路"沿线国家中主要的贸易合作区域，特别是中亚地区。

将区域贸易占总贸易的比重对比发现（见图7），亚洲及大洋洲地区是 2017 年中国在"一带一路"六大板块中的第一大贸易合作板块。"一带一路"中亚洲及大洋洲地区的国家，2017 年与中国的贸易总额为 8178.6 亿美元，占中国与"一带一路"沿线国家进出口总额的 56.8%。西亚地区排名

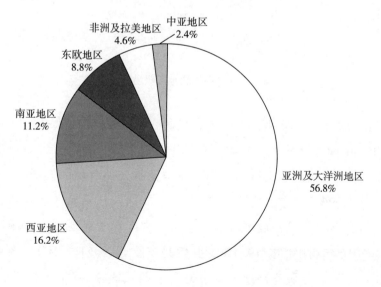

图7 2017 年中国与"一带一路"各区域贸易额占比

第二，与中国的进出口总量为2332.4亿美元，占中国与"一带一路"沿线国家贸易总额的16.2%。南亚地区与中国的贸易总量为1611.7亿美元，占进出口总额的比重为11.2%。东欧地区与中国的贸易总量为1271.8亿美元，占进出口总额的比重为8.8%。非洲及拉美地区与中国的贸易总量为648.7亿美元，占进出口总额的比重为4.6%。中亚地区与中国的贸易总量为360.0亿美元，占进出口总额的比重为2.4%。从2017年的区域贸易量增长率来看（见图8），中亚地区与中国贸易额增速最快，同比增长19.8%。

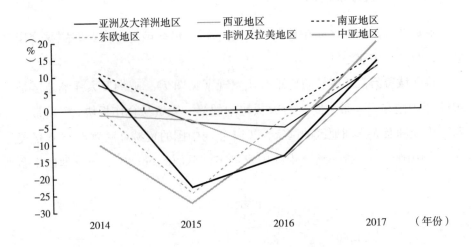

图8　中国与各板块地区贸易额增速

从出口看，中国对亚洲及大洋洲地区的出口额占比重最大（见图9）。2017年，中国对亚洲及大洋洲地区的出口额为3900.6亿美元，占中国对"一带一路"沿线国家出口额的50.4%，其次是西亚地区（15.3%）、南亚地区（13.9%）、东欧地区（12.7%）、非洲及拉美地区（4.9%）、中亚地区（2.8%）。从区域出口额增速看，中国对中亚地区出口额增速最快，与2016年相比增长19.4%，其次是东欧地区（13.7%）、南亚地区（11.5%）、亚洲及大洋洲地区（8.5%）、西亚地区（2.6%）、非洲及拉美地区（2.0%）。

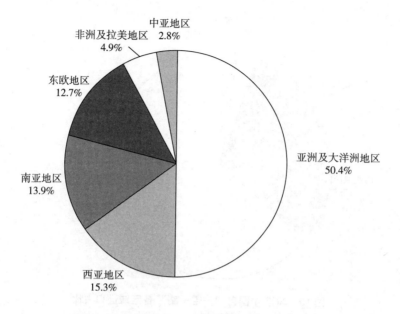

图9 2017 中国对"一带一路"各区域出口占比

从进口看，中国从亚洲及大洋洲地区的进口额最大（见图10）。2017年，中国从亚洲及大洋洲地区的进口额为4278.8亿美元，占中国从"一带一路"沿线国家进口额的64.2%，其次是西亚地区（17.2%）、南亚地区（9.5%）、东欧地区（4.0%）、非洲及拉美地区（2.9%）和中亚地区（2.2%）。从区域进口增速看，中国从南亚地区的进口增长速度最快，比2016年增长30.6%，其次是西亚地区（29.4%）、东欧地区（25%）、中亚地区（20.4%）、亚洲及大洋洲地区（16.8%）、非洲及拉美地区（10.9%）。

从上述中国与"一带一路"沿线国家贸易现状分析来看，"一带一路"国家在全球贸易中的作用不可忽视且日益重要，在一定程度上能够影响全球经济的走势。同样，"一带一路"沿线国家在中国国际贸易中的重要性愈发凸显，无论是进口贸易还是出口贸易，都占到了中国贸易总额的1/3以上。但是从不同的"一带一路"区域板块来看，各国与中国的贸易量与贸易增速还存在较大的差距，这既是问题也是潜力，其中必然存在文化距离的影响。因此，弄清文化距离对中国与"一带一路"沿

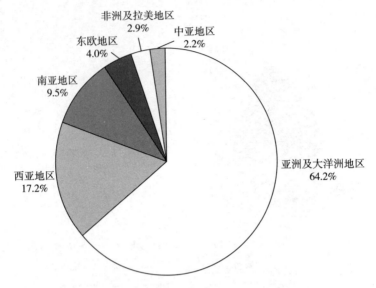

图 10　2017 中国自"一带一路"各区域进口占比

线国家贸易的影响有助于问题的解决和贸易潜力的挖掘，对"一带一路"
的发展具有意义。

二　文化距离的测度

（一）Kogut 和 Singh 指数（KSI)

目前，全球最有影响力且最被人们所接受并广泛运用的理论是霍夫斯泰德
提出的六个文化维度理论。权力距离（Power Distance）指某一社会中地位低的
人对于权力在社会或组织中不平等分配的接受程度；个人与集体主义
（Individualism & Collectivism）是衡量某一社会总体是关注个人利益还是关注集
体利益；长期方向（Long-term Orientation）指的是某一文化中的成员对延迟其
物质、情感、社会需求的满足所能接受的程度；规避的不确定性（Uncertainty
Avoidance）是指一个社会受到不确定的事件和非常规的环境威胁时是否通过正
式的渠道来避免和控制不确定性；刚柔性（Masculinity & Femininity）主要看某
一社会代表男性的品质，如竞争性、独断性更多，还是代表女性的品质，如谦

虚、关爱他人更多，以及对男性和女性职能的界定；自身放纵与约束（Indulgence & Restraint）维度指的是某一社会对人基本需求与享受生活的允许程度。

Kogut 和 Singh 在此基础上提出了文化距离测算指数 KSI。[①] 但是此指标有一个不足，那就是它不能体现国家建交年限对文化距离的影响。[②] 因此，本文使用文化距离指数的修正做法来表示建交时间越长则文化距离越小这一变化，[③] 由此构造出如下反映两国间文化距离的指数：

$$KSI_j = \sum_{i=1}^{6} \left[(C_{ij} - C_{ic})^2 / V_i \right] / 6 + 1/T_j \tag{1}$$

其中，i 代表 6 个文化维度，j 代表东道国。T_j 代表第 j 个国家与中国的建交年限，C_{ij} 是东道国第 i 个文化维度数值，C_{ic} 是中国第 i 个文化维度数值，V_i 是第 i 个文化维度数值的方差，KSI_j 是指标修正的文化距离测算指数。

（二）欧氏空间距离估计方法（EDI）

指数 EDI 与 KSI 相似，均基于世界上最具价值与影响力的霍夫斯泰德的六个文化维度理论来度量文化距离。但是两者也存在区别，即 EDI 认为霍夫斯泰德的每一个文化维度影响文化距离的程度不尽相同，计算公式如下。

$$EDI_j = \sqrt{\sum_{i=1}^{6} \left[(C_{ij} - C_{ic})^2 / V_i \right] + 1/T_j} \tag{2}$$

该公式也依照 KSI 的方法进行了时间上的修正。

（三）世界价值观调查（WVS）

世界价值观调查方法将全世界 70% 以上的文化多样性因素包含其中，

---

① Kogut B., Singh H., "The Effect of National Culture on the Choice of Entry Mode," *Journal of International Business Studies*, 1988, 19 (3).

② 綦建红、杨丽：《中国 OFDI 的区位决定因素——基于地理距离与文化距离的检验》，《经济地理》2012 年第 12 期。

③ 刘洪铎、李文宇、陈和：《文化交融如何影响中国与"一带一路"沿线国家的双边贸易往来——基于 1995~2013 年微观贸易数据的实证检验》，《国际贸易问题》2016 年第 2 期。

同时涵盖了经济、政治、宗教、伦理道德、性别角色、家庭价值观、公共身份、公民参与、科技进步、环境保护等多个方面。Inglehart 等利用因子分析法将世界价值观调查的所有文化因素分为两个维度：一个是传统态度与世俗理性态度维度（TSR），另一个是生存价值观与自我表现价值观维度（SSE）（见表3）。①

表3　世界价值观调查维度

维度	含义	维度一	维度二
传统态度与世俗理性态度维度（TSR）	重视宗教、国家、家庭的传统价值观与重视个人的世俗理性价值观之间的差异	传统价值观强调宗教、父子、尊重权威、家庭价值的重要性，有强烈的民族自豪感，认为离婚、安乐死等是负面现象	世俗理性价值观与传统价值观持相反态度，社会成员认为规范是社会的保障，强调个人的积累和成就
生存价值观与自我表现价值观维度（SSE）	重视个人基本需求的生存价值观与重视生活品质的自我表现价值观之间的差异	生存价值观强调个体经济和人身安全高于人身自由，社会成员排外，将文化变迁视为威胁，信奉传统性别角色和专制统治	自我表现价值观重视环保，对待外来文化宽容，认为性别平等，社会成员积极参与社会、政治、经济决策

WVS 根据上述文化维度计算得来，以中国为例，测算公式如下：

$$WVS_J = \sqrt{(TSR_J - TSR_{CH})^2 + (SSE_J - SSE_{CH})^2} \qquad (3)$$

其中，TSR_{CH} 和 SSE_{CH} 代表中国的两个维度，TSR_J 和 SSE_J 代表其他国家的两个维度。

由此，对于文化距离的测度，本文采用的方法有三种，分别是 KSI、EDI、WVS。KSI 和 EDI 都是在霍夫斯泰德的理论上被提出来的，两者的区别类似于几何平均数与算术平均数的区别。与 WVS 相比，这两种指数研究的维度较少，调查主要针对企业文化展开。而 WVS 包含了世界上近70%的文化多样性，包括从宏观政治、经济到个人家庭、性别等多个维度的分类方法。

---

① Inglehart R., Basáñez M., Díez-Medrano J., et al., "Human Beliefs and Values: A Cross-Cultural Sourcebook Based on the 1999 – 2002 Value Surveys," 2004.

三 文化距离对中国与"一带一路"沿线
国家贸易影响的实证检验

（一）模型设定

由文化距离对国际贸易影响的理论分析发现，从不同的角度，文化距离的存在可能促进国际贸易，也可能阻碍国际贸易，结果无法确定，因此，有必要进一步通过实证来验证文化距离是如何影响中国和"一带一路"沿线国家的双边贸易的。本文采用的是引力模型的拓展模型。引力模型来自牛顿的万有引力定律，最早是 Tinbergen 和 Poyhonen 将它应用于对国际贸易影响因素的研究。贸易引力模型的基本形式如下：

$$T_{ij} = AY_iY_j / D_{ij} \tag{4}$$

其中，T_{ij} 是进出口贸易流量，A 是常数项，Y_i 和 Y_j 分别是 i 国和 j 国的 GDP，贸易流量与 GDP 成正比，D_{ij} 是两国的地理距离，贸易流量与两国的地理距离成反比。式（4）中，进出口贸易流量与变量间是非线性关系，为了将其转换为线性关系且消除异方差，对原模型两边取对数，引力模型即可表示为：

$$\ln T_{ij} = \beta_0 + \beta_1 \ln Y_i + \beta_2 \ln Y_j - \beta_3 \ln D_{ij} + \varepsilon_{ij} \tag{5}$$

其中，ε_{ij} 为随机扰动项。

本文在上述模型的基础上，继续加入多个解释变量，以中国和某"一带一路"沿线国家贸易总量为被解释变量，模型如下：

$$\begin{aligned} \ln trade_{it} = {} & \beta_0 + \beta_1 cd_{it} + \beta_2 \ln TGDP_{it} + \beta_3 \ln GDP_{it} + \beta_4 \ln TPGDP_{it} \\ & + \beta_5 \ln PGDP_{it} + \sum \beta\, CV_{it} + \varepsilon_{it} \end{aligned} \tag{6}$$

其中，i 代表第 i 个"一带一路"贸易国家，t 代表时间年份，cd 代表中国与"一带一路"沿线国家的文化距离，$TGDP$ 代表"一带一路"沿线国家的 GDP，GDP 代表中国与"一带一路"沿线国家的 GDP 差额，$TPGDP$ 代表"一带一路"沿线国家的人均 GDP，$PGDP$ 代表中国与"一带一路"沿线国家的人均 GDP 差额，β_0 代表常数项，ε_{it} 代表随机扰动项，$\beta_1 \sim \beta_5$ 代表解释变量的回归系数，CV 代表多个变量，包括政治距离 PD、地理距离 $dist$、两国建交年数 dp、"一带一路"国家的对外开放程度 $open$、两国是否接壤 CB、是否签订区域贸易协定 RTA。

同时，本文也将对中国与"一带一路"沿线国家的进口额和出口额分别进行回归，从而得到以下两个模型，并用最小二乘法进行回归，则：

$$\ln import_{it} = \beta_0 + \beta_1 cd_{it} + \beta_2 \ln TGDP_{it} + \beta_3 \ln GDP_{it} + \beta_4 \ln TPGDP_{it} + \beta_5 \ln PGDP_{it} + \sum \beta\, CV_{it} + \varepsilon_{it} \tag{7}$$

$$\ln export_{it} = \beta_0 + \beta_1 cd_{it} + \beta_2 \ln TGDP_{it} + \beta_3 \ln GDP_{it} + \beta_4 \ln TPGDP_{it} + \beta_5 \ln PGDP_{it} + \sum \beta\, CV_{it} + \varepsilon_{it} \tag{8}$$

（二）变量选取与数据来源

1. 选取变量

本文选取的被解释变量是中国与"一带一路"26 个国家 2007~2017 年的贸易流量，包括：总量 $trade$、进口额 $import$、出口额 $export$；cd 代表中国与"一带一路"国家的文化距离，包括三种方法 KSI、EDI、WVS；$TGDP$ 代表各国的 GDP；GDP 代表中国与"一带一路"沿线国家的 GDP 差额；$TPGDP$ 代表各国的人均 GDP；$PGDP$ 代表中国与"一带一路"沿线国家的人均 GDP 差额；政治距离 PD、地理距离 $dist$、两国建交年数 dp、"一带一路"国家的对外开放程度 $open$、两国是否接壤 CB、是否签订区域贸易协定 RTA。

2. 变量数据来源

表 4 变量数据来源

变量	含义	来源
$trade$	中国与"一带一路"沿线国家的双边贸易总量	UN Comtrade 数据库
$import$	中国与"一带一路"沿线国家进口贸易总量	UN Comtrade 数据库
$export$	中国与"一带一路"沿线国家出口贸易总量	UN Comtrade 数据库

续表

变量	含义	来源
cd	文化距离指数（KSI、EDI）	Hofstede 数据库
	文化距离指数（WVS）	世界价值观调查数据
TGDP	"一带一路"沿线国家 GDP	世界银行数据库
GDP	中国与"一带一路"沿线国家的 GDP 差额	世界银行数据库
TPGDP	"一带一路"沿线国家的人均 GDP	世界银行数据库
PGDP	中国与"一带一路"沿线国家的人均 GDP 差额	世界银行数据库
open	进出口贸易额占 GDP 的比例：对外开放程度	世界银行数据库
PD	与贸易国的制度距离，由制度距离计算公式测得	世界银行"全球治理指数"
dist	中国与贸易国首都之间的直线距离	Gravity 数据库（CEPII）
dp	两国建交年数	Gravity 数据库（CEPII）
CB	两国是否接壤	Gravity 数据库（CEPII）
RTA	两国是否签订区域贸易协定	Gravity 数据库（CEPII）

3. 描述性统计

在表 5 中，除虚拟变量外，通过对其他变量的均值、标准差、最小值与最大值的描述性统计，可以看出各变量离散与波动程度较小，处于比较平稳的态势。

表5 变量的描述性统计

变量	平均值	标准差	最大值	最小值
lntrade	8.878846	1.603078	5.848893	11.57198
lnimport	7.244631	2.308921	2.308921	11.03709
lnexport	8.497355	1.448591	5.294699	10.97503
KSI	2.315291	0.9064283	0.7249348	4.53137
EDI	3.660467	0.7338427	2.075102	5.236494
WVS	1.496731	0.8035211	0.130384	2.934212
lnTGDP	11.73248	1.45648	8.475195	14.64717
lnGDP	15.97739	0.2250932	15.30707	16.23076
lnTPGDP	9.657132	0.6199049	7.913422	10.45591
lnPGDP	8.771449	0.9731252	3.950802	9.863633
dp	43.58242	17.83972	18	68
PD	− 3.297858	4.073332	− 10.17406	6.254903
dist	6037.962	1593.205	2850.319	7722.639
open	0.8679683	0.4132236	0.2423333	1.705707

（三）实证检验

1. 平稳性检验

为了确保回归的平稳性，本文采用 IPS 方法和 LLC 方法对除去虚拟变量、地理距离、两国建交年数以外的其他变量进行检验，结果如表6所示。

表6 的结果显示，模型中的主要被解释变量和解释变量基本在 1% 和 10% 的水平下拒绝了原假设，即通过了平稳性检验。

表6 IPS、LLC 平稳性检验结果

变量	LLC	IPS	变量	LLC	IPS
ln*trade*	− 5. 4145 *** (0. 0000)	− 3. 6330 *** (0. 0000)	ln*GDP*	− 4. 5215 *** (0. 0000)	− 7. 1931 *** (0. 0000)
ln*import*	− 7. 5259 *** (0. 0000)	− 1. 3590 * (0. 0871)	ln*TPGDP*	− 3. 6267 *** (0. 0000)	2. 3375 *** (0. 0990)
ln*export*	− 6. 5218 *** (0. 0000)	− 3. 1610 *** (0. 0008)	ln*PGDP*	− 12. 1967 *** (0. 0000)	− 1. 0491 ** (0. 0147)
KSI	− 21. 2187 *** (0. 0000)	− 7. 4641 *** (0. 0000)	*PD*	− 8. 0741 *** (0. 0000)	4. 0685 * (0. 1000)
EDI	− 21. 2187 *** (0. 0000)	− 7. 4641 *** (0. 0000)	*open*	− 1. 1563 (0. 1238)	1. 4936 * (0. 0932)
ln*TGDP*	− 7. 9382 *** (0. 0000)	− 3. 1346 *** (0. 0000)			

注："*""**""***"分别表示在 10%、5% 和 1% 的统计水平上显著。括号内为 t 值。

2. 回归分析

首先对面板数据进行 F 检验，p 值为 0，拒绝了混合回归的原假设，再对各模型进行 Hausman 检验，检验结果如表7所示，模型（4）、模型（5）和模型（6）的 p 值均小于 0.01，拒绝原假设非随机效应，应采用固定效应进行回归。在明确了固定效应后，考虑到面板模型对样本数据的方差极为敏感，面板自相关问题也不容忽视，为此用最小二乘法进行回归。

表 7　Hausman 检验

变量	模型(4)	模型(5)	模型(6)
Chi^2	15.43	14.97	14.93
$prob$	0.0029	0.0059	0.0065

（1）文化距离对进口贸易额的回归分析

首先分析文化距离对进口贸易的影响，采用 KSI、EDI、WVS 方法分别回归，得到的估计结果见表8。文化距离用 KSI 方法进行测度时，文化距离对中国从"一带一路"沿线国家的进口贸易，在1%的统计水平上显著，且为负向影响，系数为 -0.282。这表示，文化距离与中国从"一带一路"沿线国家进口贸易额成反比，文化距离越大，进口贸易额越小。这一情况在文化距离用 EDI 方法进行测度时则更为明显。文化距离用 EDI 方法进行度量时，对中国从"一带一路"沿线国家的进口贸易，在1%的统计水平上显著，且为负向影响，系数为 -0.402。这表明缩小中国和贸易国之间的文化距离，有利于中国从贸易国进口商品。这可以解释为在贸易初期，国家可能会更倾向于选择文化距离近、相类似的国家来降低成本与风险。这一情况与现状相吻合，中国与亚洲贸易往来最为密切。

与 KSI、EDI 情况不同的是，当文化距离用 WVS 方法来度量时，文化距离在1%的统计水平上显著，且系数为正。这表明文化距离越大，越有助于中国从一些国家进口，这有利于解释中国与沿线欧洲、大洋洲国家间的贸易。

表 8　文化距离对进口贸易的回归结果

变量	ln$import$	ln$import$	ln$import$
KSI	-0.282 *** (3.56)		
EDI		-0.402 *** (-4.05)	
WVS			0.215 ** (2.21)
ln$TGDP$	1.096 *** (14.9)	1.086 *** (14.94)	1.063 *** (13.91)
lnGDP	-0.357(-1.24)	-0.373(-1.31)	-0.397(-1.35)
ln$TPGDP$	0.909 *** (4.69)	0.962 *** (4.98)	0.929 *** (4.63)
ln$PGDP$	-0.0479(-0.58)	-0.0376(-0.46)	-0.101(-1.20)
dp	0.0175 *** (3.68)	0.0170 *** (3.61)	0.0200 *** (4.18)

续表

变量	ln*import*	ln*import*	ln*import*
PD	0.130 *** (4.93)	0.138 *** (5.26)	0.116 *** (4.24)
dist	0.000689 *** (7.14)	0.000695 *** (−7.26)	0.000661 *** (−6.72)
open	1.857 *** (7.36)	1.898 *** (7.57)	1.711 *** (6.77)
cb	−0.323(−1.30)	−0.331(−1.34)	−0.0998(−0.39)
rta	0.0472(0.15)	0.0338(0.11)	0.163(0.51)
cons	−5.338(−1.20)	−4.714(−1.07)	−5.282(−1.16)

注:"*""**""***"分别表示在10%、5%和1%的统计水平上显著。括号内为 t 值。

WVS 分为两个维度，进一步进行分维度的研究，即传统态度与世俗理性态度维度（TSR）和生存价值观与自我表现价值观维度（SSE）。根据 WVS 方法测度的文化距离可以细分为水平文化距离与垂直文化距离，其中，水平文化距离是贸易国与中国传统态度与世俗理性态度维度（TSR）的差异，即 $dTSR = TSR_J - TSR_{CH}$，垂直文化距离是贸易国与中国生存价值观与自我表现价值观维度（SSE）的差异，即 $dSSE = SSE_J - SSE_{CH}$。这两个维度的文化距离与整体的 WVS 文化距离有一定的差距，因此其对中国与"一带一路"沿线国家的出口贸易的影响将会存在差异，有利于进一步细化研究 WVS 文化距离对中国与"一带一路"沿线国家的出口贸易的影响，回归结果如表9所示。水平文化距离对中国与"一带一路"沿线国家进口贸易的影响，在1%的统计水平上显著，且系数为正；垂直文化距离对中国与"一带一路"沿线国家进口贸易没有显著影响，系数为负。第五次世界价值观调查显示，中国现处于世俗理性态度与生存价值观区间内，所以强调传统态度和生存价值观的东道国将吸引中国的进口；反之，与中国世俗理性态度相差较小、强调自我表现价值观的国家在吸引中国的进口方面处于劣势。

表9 水平、垂直文化距离对进口贸易的回归结果

变量	ln*import*	ln*import*
dTSR	0.255 ** (2.42)	
dSSE		−0.171(−1.10)
ln*TGDP*	1.081 *** (14.41)	1.123 *** (14.21)

变量	ln*import*	ln*import*
ln*GDP*	−0.388(−1.33)	−0.363(−1.23)
ln*TPGDP*	0.919 *** (4.62)	0.823 *** (4.12)
ln*PGDP*	−0.104(−1.25)	−0.0760(−0.90)
dp	0.0197 *** (4.13)	0.0214 *** (4.43)
PD	0.107 *** (3.83)	0.118 *** (4.20)
dist	0.000641 *** (−6.49)	0.000666 *** (−6.70)
open	1.787 *** (6.99)	1.707 *** (6.66)
cb	−0.0176(−0.07)	−0.166(−0.64)
rta	0.198(0.62)	0.292(0.89)
cons	−5.740(−1.26)	−5.321(−1.16)

注:" * "" ** "" *** "分别表示在10%、5%和1%的统计水平上显著。括号内为 *t* 值。

（2）文化距离对出口贸易额的回归分析

文化距离对出口贸易的影响，采用 *KSI*、*EDI*、*WVS* 方法分别进行回归，得到的估计结果如表10所示。文化距离用 *KSI* 方法进行测度时，文化距离对中国向"一带一路"沿线国家的出口贸易产生正向影响，但不显著。这表示，在 *KSI* 方法测度下，文化距离对中国向"一带一路"沿线国家出口的贸易额的影响不明显。当文化距离用 *EDI* 方法进行测度时，对中国向"一带一路"沿线国家的出口贸易的影响，在10%的统计水平上显著，且为正向影响，系数为0.0863。这一情况在文化距离用 *WVS* 方法进行测度时则更为明显。其对中国向"一带一路"沿线国家的出口贸易，在1%的统计水平上显著，且为正向影响，系数为0.313。因此，在这两种方法测度下，文化距离越大，越能促进中国对贸易国的商品出口。这说明文化距离对国际贸易并非只存在不利影响，国家文化之间不同维度上的距离对国际贸易会产生不同的影响，有些文化距离可以形成两国产品的差异性和互补性，最终促进两国贸易的发展。

表10　文化距离对出口贸易的回归结果

变量	ln*export*	ln*export*	ln*export*
KSI	0.0639(1.61)		
EDI		0.0863 * (1.72)	
WVS			0.313 *** (7.43)
ln*TGDP*	0.949 *** (25.84)	0.951 *** (25.90)	0.899 *** (27.18)
ln*GDP*	0.685 *** (4.77)	0.689 *** (4.80)	0.649 *** (5.12)
ln*TPGDP*	- 0.712 *** (-7.34)	- 0.723 *** (-7.41)	- 0.572 *** (-6.60)
ln*PGDP*	0.133 *** (3.23)	0.132 *** (3.19)	0.113 *** (3.11)
dp	- 0.0112 *** (-4.69)	- 0.0111 *** (-4.67)	- 0.0132 *** (-6.40)
PD	0.0491 *** (3.73)	0.0475 *** (3.59)	0.0343 *** (2.90)
dist	0.000247 *** (-5.12)	0.000246 *** (-5.11)	0.000240 *** (-5.64)
open	1.116 *** (8.84)	1.110 *** (8.76)	1.201 *** (10.98)
cb	- 0.169(-1.36)	- 0.169(-1.36)	- 0.0243(-0.22)
rta	- 0.279 * (-1.77)	- 0.278 * (-1.77)	- 0.397 *** (-2.88)
cons	- 6.767 *** (-3.04)	- 6.905 *** (-3.10)	- 7.179 *** (-3.65)

注："*""**""***"分别表示在10%、5%和1%的统计水平上显著。括号内为 *t* 值。

进一步将 *WVS* 分为两个文化距离维度，水平文化距离（*dTSR*）与垂直文化距离（*dSSE*）。水平文化距离对中国向 "一带一路" 沿线国家出口贸易的影响，在1%的统计水平上显著为正；垂直文化距离对自中国向 "一带一路" 沿线国家的出口额，在1%水平上同样显著为正（见表11）。这说明，中国更愿意向强调传统态度和自我表现价值观的国家出口商品。

表11　水平、垂直文化距离对出口贸易的回归结果

变量	ln*export*	ln*export*
dTSR	0.338 *** (7.35)	
dSSE		0.226 *** (3.05)
ln*TGDP*	0.926 *** (28.40)	0.915 *** (24.28)
ln*GDP*	0.666 *** (5.23)	0.679 *** (4.80)
ln*TPGDP*	0.597 *** (-6.91)	- 0.670 *** (-7.03)
ln*PGDP*	0.111 *** (3.05)	0.133 *** (3.31)
dp	0.0134 *** (-6.48)	- 0.0126 *** (-5.48)

变量	lnexport	lnexport
PD	0.0241 ** (1.99)	0.0609 *** (4.53)
dist	0.000215 *** (−5.00)	−0.000256 *** (−5.40)
open	1.298 *** (11.67)	1.122 *** (9.18)
cb	0.0687(0.60)	−0.260 ** (−2.10)
rta	−0.343 ** (−2.49)	−0.417 *** (−2.67)
cons	7.753 *** (−3.93)	−6.471 *** (−2.95)

注:"*""**""***"分别表示在10%、5%和1%的统计水平上显著。括号内为 t 值。

（3）文化距离对贸易总量的回归分析

文化距离对商品贸易总额的影响，采用 KSI、EDI、WVS 各个方法进行回归，得到的估计结果如表12所示。文化距离用 KSI 方法进行测度时，文化距离对中国与"一带一路"沿线国家的商品贸易总额产生负向影响，但不显著。同样，文化距离用 EDI 方法进行测度时，文化距离对中国与"一带一路"沿线国家的商品贸易额为负向影响，也不显著。这可以用上文中对进口贸易和出口贸易的回归结果来综合解释。文化距离对中国对"一带一路"沿线国家进口和出口贸易的影响不同，当这两个结果相叠加的时候，会造成文化距离对贸易总额影响不显著的结果。但是当文化距离用 WVS 方法进行测度时，其对中国与"一带一路"沿线国家的商品贸易总额，在1%的统计水平上显著，且为正向影响，系数为0.325。因此，在 WVS 方法测度下，文化距离越大，越会促进中国与"一带一路"沿线国家进行贸易。这也与上文 WVS 结果相对应。

表12　文化距离对总贸易的回归结果

变量	lntrade	lntrade	lntrade
KSI	−0.0319(−0.80)		
EDI		−0.0450(−0.90)	
WVS			0.325 *** (7.85)
lnTGDP	0.969 *** (26.38)	0.968 *** (26.34)	0.918 *** (28.27)
lnGDP	0.337 ** (2.34)	0.335 ** (2.33)	0.295 ** (2.36)

续表

变量	ln*trade*	ln*trade*	ln*trade*
ln*TPGDP*	−0.309 *** (−3.18)	−0.303 *** (−3.10)	−0.187 ** (−2.19)
ln*PGDP*	0.0987 ** (2.39)	0.0998 ** (2.42)	0.0657 * (1.84)
dp	−0.00638 *** (−2.68)	−0.00643 *** (−2.70)	0.00734 *** (3.6)
PD	0.106 *** (8.08)	0.107 *** (8.11)	0.0898 *** (7.75)
dist	−0.000390 *** (−8.07)	0.000391 *** (−8.08)	0.000376 *** (−8.98)
open	1.497 *** (11.84)	1.501 *** (11.84)	1.523 *** (14.17)
cb	−0.355 *** (−2.85)	−0.356 *** (−2.86)	−0.167 (−1.53)
rta	−0.355 ** (−2.25)	−0.356 ** (−2.27)	−0.418 *** (−3.09)
cons	−3.863 * (−1.73)	−3.793 * (−1.70)	−4.188 ** (−2.17)

注："*""**""***"分别表示在10%、5%和1%的统计水平上显著。括号内为 *t* 值。

依然，进一步将 WVS 分为两个文化维度，即水平文化距离（*dTSR*）维度与垂直文化距离（*dSSE*）维度来进行回归。水平文化距离对中国与"一带一路"沿线国家商品贸易总额的影响，在1%的统计水平上显著为正；垂直文化距离对中国向"一带一路"沿线国家的出口额的影响，在1%水平上显著为正（见表13）。中国既愿意与强调传统态度和自我表现价值的国家进行商品贸易，又愿意与世俗理性态度和生存价值观差异小的国家进行商品贸易。

表13　水平、垂直文化距离对总贸易的回归结果

变量	ln*trade*	ln*trade*
dTSR	0.349 *** (7.72)	
dSSE		0.220 *** (2.99)
ln*TGDP*	0.947 *** (29.51)	0.937 *** (24.95)
ln*GDP*	0.312 ** (2.49)	0.326 ** (2.31)
ln*TPGDP*	−0.213 ** (−2.50)	0.289 *** (−3.05)
ln*PGDP*	0.0640 * (1.78)	0.0874 ** (2.18)
dp	−0.00756 *** (−3.70)	0.00667 *** (−2.91)
PD	0.0794 *** (6.64)	0.117 *** (8.73)
dist	0.000349 *** (−8.26)	0.000392 *** (−8.30)
open	1.623 *** (−8.30)	1.443 *** (11.86)

变量	lntrade	lntrade
cb	− 0. 0717(− 0. 63)	0. 407 *** (− 3. 31)
rta	− 0. 362 *** (− 2. 67)	0. 432 *** (− 2. 78)
cons	− 4. 780 ** (− 2. 46)	− 3. 476(− 1. 59)

注："* ""** ""*** "分别表示在10%、5%和1%的统计水平上显著。括号内为 t 值。

本文通过 *KSI*、*EDI* 和 *WVS* 方法分别对文化距离进行了测算,研究了文化距离对中国与"一带一路"沿线国家贸易的影响,结果发现,三种文化距离的测度方法的估计结果存在一定差异,除了方法的定义、方法的内含指标不同之外,更说明,文化距离对中国与"一带一路"沿线国家国际贸易的影响不是单纯的线性的正向或者负向影响,很可能是复杂的相关关系,存在拐点,即门限值,需要进行进一步的回归检验和分析。

四 文化距离对中国与"一带一路"国家贸易影响的门限检验

(一)门限检验模型设定

传统门限分析方法多采用线性分割,也就是说,样本分离点的选择是任意的,并且门限值是任意外生给定的,而不是由经济机制内生决定的。在这样的情况下,所得到的参数的估计值的有效性是存在争议并值得商榷的。

为了解决这一问题,Hansen 的面板门限回归(Threshold Regression)方法应运而生。[①] 该方法有以下优点:①不需要给出非线性方程的分离点和形式,方程的门限值及门限数量完全由样本数据内生决定;②Hansen 的面板门限回归提供了一个渐进分布理论去建立待估参数的置信区间;③该方法还

---

① Hansen B. E. ," Threshold Effects in Non-dynamic Panels: Estimation, Testing, and Inference," *Journal of Econometrics*, 1999, 93 (2) .

可以运用“自举法”（Bootstrap）来估计门限值的显著性。该方法的单门限面板回归模型为：

$$y_i = x_i \beta_1 + e_i, q_i \leq \gamma \tag{9}$$

$$y_i = x_i \beta_2 + e_i, q_i \geq \gamma \tag{10}$$

其中，y_i 是被解释变量，x_i 是解释变量的集合，q_i 为门限变量，γ 为门限值，β_1、β_2 分别为门限值两侧不同解释变量的系数。

Wang Qunyong[①] 的面板门限程序（xtreg 语句）是在 Hansen[②] 的基础上开发的，用于估计面板门限模型中固定效应类模型，由此，本文建立的非线性门限面板模型如下：

$$
\begin{aligned}
\ln trade_{it} = {}& \beta_0 + \alpha_1 cd_{it}(cd_{it} < \gamma_1) + \alpha_2 cd_{it}(\gamma_1 \leq cd_{it} < \gamma_2) \\
& + \cdots + \alpha_n cd_{it}(cd_{it} \geq \gamma_n) + \beta_2 \ln TGDP_{it} + \beta_3 \ln GDP_{it} \\
& + \beta_4 \ln TPGDP_{it} + \beta_5 \ln PGDP_{it} + \sum \beta CV_{it} + \varepsilon_{it}
\end{aligned} \tag{11}
$$

$$
\begin{aligned}
\ln import_{it} = {}& \beta_0 + \alpha_1 cd_{it}(cd_{it} < \gamma_1) + \alpha_2 cd_{it}(\gamma_1 \leq cd_{it} < \gamma_2) \\
& + \cdots + \alpha_n cd_{it}(cd_{it} \geq \gamma_n) + \beta_2 \ln TGDP_{it} + \beta_3 \ln GDP_{it} \\
& + \beta_4 \ln TPGDP_{it} + \beta_5 \ln PGDP_{it} + \sum \beta CV_{it} + \varepsilon_{it}
\end{aligned} \tag{12}
$$

$$
\begin{aligned}
\ln export_{it} = {}& \beta_0 + \alpha_1 cd_{it}(cd_{it} < \gamma_1) + \alpha_2 cd_{it}(\gamma_1 \leq cd_{it} < \gamma_2) \\
& + \cdots + \alpha_n cd_{it}(cd_{it} \geq \gamma_n) + \beta_2 \ln TGDP_{it} + \beta_3 \ln GDP_{it} \\
& + \beta_4 \ln TPGDP_{it} + \beta_5 \ln PGDP_{it} + \sum \beta CV_{it} + \varepsilon_{it}
\end{aligned} \tag{13}
$$

通过运用 stata 15.0 统计软件和设置网格搜寻点并进行 n 次的“自举法”重复之后，检测文化距离在对国际贸易的影响中存在几个门限值、各个门限值的数值、各个门限值区间对应的各个变量的回归系数，以及相应的显著性水平等。

（二）门限检验结果及分析

根据上文的回归检验，*KSI*、*EDI*、*WVS* 三种方法的回归结果并不相同，

---

① Wang, Qunyong, "Fixed-effect Panel Threshold Model Using Stata," *The Stata Journal*, 2015, 15（1）.
② Hansen B. E., "Threshold Effects in Non-dynamic Panels: Estimation, Testing, and Inference," *Journal of Econometrics*, 1999, 93（2）.

因此，在本部分我们对这三种方法测度的文化距离对中国与"一带一路"沿线国家贸易总额、进口额、出口额的影响进行门限效应的再检验，并进行对比分析。门限效应检验结果及分析如下。

1. 文化距离对进口贸易的门限检验分析

首先对文化距离对进口贸易的影响进行门限检验，从表14中的LM统计的显著性水平可以看出，对于同一被解释变量，三种方法下的文化距离有不同的门限值，且门限值的个数略有不同。在表14中，我们针对得出的门限值的位置，分析门限值分割区间解释变量的系数、影响方向、影响大小和显著性水平。

表14　文化距离对进口贸易的门限效应估计与检验结果

被解释变量	解释变量	门限变量	假设检验	Bootstrap LM 值	临界值 99%	95%	90%
lnimport	KSI	KSI	H0:没有门限 H1:有1个门限	61.282***	6.948	3.600	2.689
			H0:有1个门限 H1:有2个门限	2.001**	7.515	1.101	-1.248
			H0:有2个门限 H1:有3个门限	15.585***	5.797	3.809	3.032
	EDI	EDI	H0:没有门限 H1:有1个门限	54.225***	7.938	4.813	3.199
			H0:有1个门限 H1:有2个门限	33.000***	7.043	4.231	3.177
			H0:有2个门限 H1:有3个门限	12.243***	8.795	5.640	4.047
	WVS	WVS	H0:没有门限 H1:有1个门限	3.296	10.31	6.412	4.147
			H0:有1个门限 H1:有2个门限	62.038***	9.255	4.879	3.853
			H0:有2个门限 H1:有3个门限	19.106***	9.585	5.025	3.796

注："*""**""***"分别表示在10%、5%和1%的统计水平上显著。括号内为 t 值。

从 *KSI* 方法测度的文化距离来看，中国从"一带一路"沿线国家的进口贸易与文化距离呈现负相关，这种负相关程度随着两国文化距离的增大，先递增后递减。当中国和贸易国的文化距离小于 2.088 时，文化距离与中国的进口额呈负相关；当文化距离大于等于 2.088 小于 2.182 时，文化距离与中国从"一带一路"沿线国家的进口额呈显著的负相关，且影响程度增大；当文化距离大于等于 2.182 时，仍然为负相关，但是影响程度减弱（见表 15）。这说明，文化距离越大，越不利于中国对贸易国的进口。在 *KSI* 方法测度下的文化距离，对中国从"一带一路"沿线国家的进口的负向影响大于正向影响。但在文化距离较大阶段，正向影响逐渐增大，致使综合的负向影响越来越小（见图 11）。

表 15　文化距离对进口贸易的门限检验参数估计与检验结果

被解释变量	解释变量	门限变量	门限值	回归系数	*T* 统计量
ln*import*	*KSI*	*KSI*	*KSI* < 2.088	−1.165 ***	(−6.17)
			2.088 ≤ *KSI* < 2.182	−1.611 ***	(−9.54)
			2.182 ≤ *KSI* < 4.441	−0.768 ***	(−6.73)
			KSI ≥ 4.441	−0.534 ***	(−6.20)
	EDI	*EDI*	*EDI* < 3.421	−0.664 ***	(−3.68)
			3.421 ≤ *EDI* < 3.543	−0.847 ***	(−5.39)
			3.543 ≤ *EDI* < 3.614	−1.180 ***	(−7.63)
			EDI ≥ 3.614	−0.556 ***	(−4.58)
	WVS	*WVS*	*WVS* < 1.175	2.040 ***	(6.09)
			1.175 ≤ *WVS* < 1.424	1.011 ***	(6.09)
			1.424 ≤ *WVS* < 2.197	−0.0981	(−0.41)
			WVS ≥ 2.197	0.621 ***	(5.82)

注："*""**""***"分别表示在 10%、5% 和 1% 的统计水平上显著。括号内为 *t* 值。

从 *EDI* 方法测度的文化距离来看，中国从"一带一路"沿线国家的进口贸易与文化距离呈现负相关，但是这种负相关程度随着两国文化距离的增大，先变大后变小。当中国和贸易国的文化距离小于 3.421 时，文化距离与

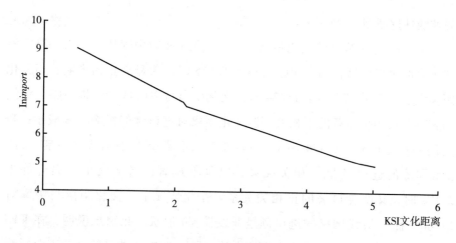

图 11　*KSI* 与进口贸易关系

中国的进口额负相关；当文化距离大于等于 3.421 小于 3.614 时，文化距离与中国从“一带一路”沿线国家的进口额呈显著的负相关，但影响程度增大；当文化距离大于等于 3.614 时，负相关关系开始减弱。可见，文化距离的影响情况变动，基本与 *KSI* 方法测度下一致（见图 12）。

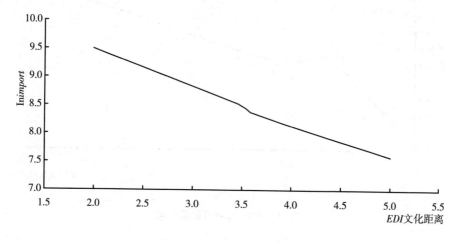

图 12　*EDI* 与进口贸易关系

　　对比 *KSI* 和 *EDI* 测度下的文化距离对进口额的影响，各个门限值都是相对应的，虽然数值不同，但是不同区间包含的国家是相同的。总体来说，都是非线性递减型。

从 *WVS* 方法测度的文化距离来看，文化距离对中国从"一带一路"沿线国家的进口贸易，当文化距离小于 1. 175 时，为显著正向影响；当文化距离大于等于 1. 175 小于 1. 424 时，文化距离与中国从"一带一路"沿线国家的进口额呈显著的正相关，但文化距离对进口额的影响程度减小；当文化距离大于等于 1. 424 小于 2. 197 时，文化距离与中国从"一带一路"沿线国家的进口额呈负相关关系，但是不显著；当文化距离大于等于 2. 197 时，又恢复显著的正相关关系。在此情况下，文化距离与中国对"一带一路"沿线国家的进口额呈非线性 sin 形状。此结果说明，在 *WVS* 测度下的文化距离，在文化距离较小的阶段，文化对进口贸易的正向影响始终大于负向影响；文化距离中等阶段，文化距离对进口贸易的负向影响大于正向影响；文化距离较大的阶段，文化距离对进口贸易的正向影响又超越负向影响（见图 13）。

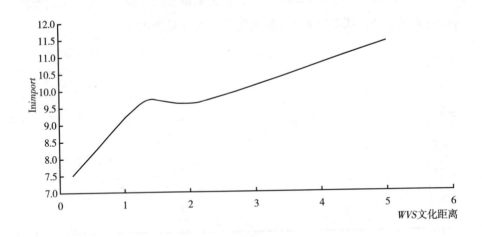

图 13　WVS 与进口贸易关系

2. 文化距离对出口贸易的门限检验分析

首先对文化距离对出口贸易的影响进行门限检验，从表 16、表 17 的门限估计与检验结果来对不同的文化距离测度对出口贸易的影响进行分析。

表 16　文化距离对进口贸易的门限效应估计与检验结果

被解释变量	解释变量	门限变量	假设检验	Bootstrap LM 值	临界值		
					99%	95%	90%
lnexport	KSI	KSI	H0:没有门限 H1:有 1 个门限	122. 21 ***	6. 840	4. 286	3. 597
			H0:有 1 个门限 H1:有 2 个门限	28. 941 ***	6. 721	4. 688	3. 369
			H0:有 2 个门限 H1:有 3 个门限	18. 253 ***	7. 697	4. 716	3. 285
	EDI	EDI	H0:没有门限 H1:有 1 个门限	134. 45 ***	8. 485	4. 179	2. 854
			H0:有 1 个门限 H1:有 2 个门限	23. 223 ***	8. 618	4. 714	3. 197
			H0:有 2 个门限 H1:有 3 个门限	8. 550 ***	7. 979	4. 820	3. 436
	WVS	WVS	H0:没有门限 H1:有 1 个门限	23. 025 ***	9. 209	4. 986	3. 733
			H0:有 1 个门限 H1:有 2 个门限	40. 394 ***	8. 251	5. 801	3. 734
			H0:有 2 个门限 H1:有 3 个门限	0. 723	10. 26	5. 064	3. 610

注:"*""**""***"分别表示在 10%、5% 和 1% 的统计水平上显著。括号内为 t 值。

表 17　文化距离对出口贸易的门限检验参数估计与检验结果

被解释 变量	解释 变量	门限 变量	门限值	回归 系数	T 统计量
lnexport	KSI	KSI	$KSI < 2. 035$	− 0. 223 ***	(− 2. 93)
			$2. 035 \leqslant KSI < 2. 410$	0. 0253	(4. 58)
			$2. 410 \leqslant KSI < 2. 718$	0. 147 **	(2. 57)
			$KSI \geqslant 2. 718$	0. 308 ***	(0. 70)
	EDI	EDI	$EDI < 3. 421$	− 0. 116	(− 1. 35)
			$3. 421 \leqslant EDI < 3. 496$	− 0. 196 ***	(− 2. 68)
			$3. 496 \leqslant EDI < 4. 046$	0. 134 *	(1. 89)
			$EDI \geqslant 4. 046$	0. 00499	(0. 09)

续表

被解释 变量	解释 变量	门限 变量	门限值	回归 系数	T 统计量
lnexport	WVS	WVS	WVS < 1.424	0.981 ***	(9.68)
			1.424 ≤ WVS < 2.791	0.474 ***	(11.09)
			WVS ≥ 2.791	0.151 ***	(2.64)

注："*""**""***"分别表示在 10%、5% 和 1% 的统计水平上显著。括号内为 t 值。

　　从 KSI 方法测度的文化距离来看，中国向"一带一路"沿线国家的出口额与文化距离呈现 U 形关系。当中国和贸易国的文化距离小于 2.035 时，文化距离与中国的出口额呈显著负相关，系数为 -0.233。当文化距离大于等于 2.035 时，文化距离与中国对"一带一路"国家的出口额呈显著的正向相关，并且这种正相关程度随着两国文化距离增大而增长，存在两个文化距离的门限值，分别是 2.410 和 2.718。在 KSI 测度下的文化距离在较小的阶段，贸易总额的需求相对论等负面效应大于比较优势和贸易互补等正面效应，因此呈现负向影响，在文化距离较大阶段，正面效应大于负面效应，且文化距离越远，正面效应的优势越明显（见图 14）。

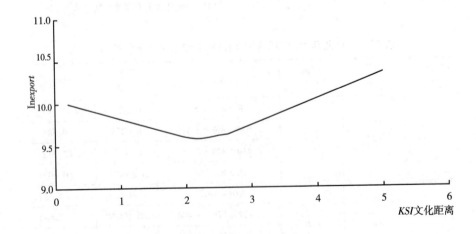

图 14　KSI 与出口贸易关系

　　从 *EDI* 方法测度的文化距离来看，中国向"一带一路"沿线国家的出口额与文化距离也呈现 U 形关系。当中国和贸易国的文化距离小于 3.412时，文化距离对中国的出口额的负向影响不显著。当文化距离大于等于3.412 小于 3.496 时，文化距离与中国的出口额呈显著负相关。当文化距离大于等于 3.496 时，文化距离与中国对"一带一路"沿线国家的出口额呈正向相关，并且这种文化距离对出口额的正向影响随着文化距离的增大而增大，基本与 KSI 测度下的文化距离影响情况类似（见图 15）。

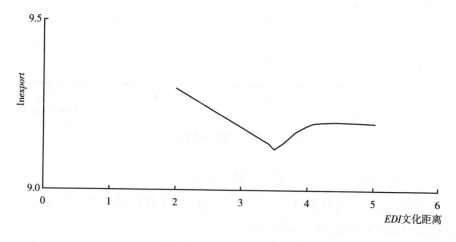

图 15　*EDI* 与出口贸易关系

　　再次对比 *KSI* 和 *EDI* 测度下的文化距离对出口额的影响，*KSI* 与 *EDI* 测度下负向影响和正向影响的门限值一个是 2.035，另一个是 3.496，但是左右两边分列的国家相同，其他各门限值也都是相对应的，虽然数值不同，但是不同区间包含的国家相同。在递减区间包含的国家是印度尼西亚、阿尔巴尼亚、印度、保加利亚、克罗地亚、斯洛伐克、菲律宾、塞尔维亚、罗马尼亚、巴基斯坦、捷克，在递增区间包含的国家是马来西亚、黎巴嫩、哈萨克斯坦、吉尔吉斯斯坦、俄罗斯、泰国、伊拉克、土耳其、约旦、爱沙尼亚、斯洛文尼亚、波兰、立陶宛、匈牙利、拉脱维亚。

　　从 *WVS* 方法测度的文化距离来看，文化距离对中国向"一带一路"沿线国家的出口额为正向影响，且这种正相关程度随着两国文化距离的增大而减小，其中文化距离门限值分别是 1.424、2.791。这种文化距离与出口额的正向递减趋势说明，在 *WVS* 测度下的文化距离，对出口贸易的正向影响始终大于负向影响，但差距缩小（见图16）。

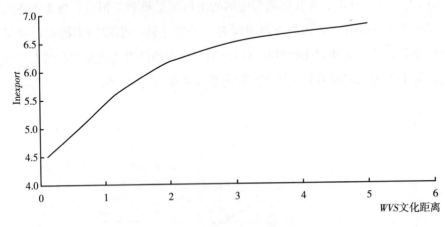

图16　WVS 与出口贸易关系

3. 文化距离对进出口总贸易的门限检验分析

对比上述进口贸易和出口贸易的门限检验，文化距离对进出口总贸易额的门限检验结果如表18、表19所示。

表18　文化距离对总贸易的门限效应估计与检验结果

被解释变量	解释变量	门限变量	假设检验	Bootstrap LM 值	临界值 99%	95%	90%
lntrade	KSI	KSI	H0：没有门限 H1：有 1 个门限	81.262 ***	7.957	4.601	2.974
			H0：有 1 个门限 H1：有 2 个门限	19.011 ***	9.560	5.261	3.438
			H0：有 2 个门限 H1：有 3 个门限	33.505 ***	7.549	5.173	3.605
	EDI	EDI	H0：没有门限 H1：有 1 个门限	79.754 ***	7.634	4.927	3.661
			H0：有 1 个门限 H1：有 2 个门限	12.930 ***	5.678	0.811	− 1.203
			H0：有 2 个门限 H1：有 3 个门限	19.624 ***	9.583	5.196	3.814

被解释变量	解释变量	门限变量	假设检验	Bootstrap	临界值		
				LM 值	99%	95%	90%
lntrade	WVS	WVS	H0:没有门限 H1:有 1 个门限	20.580 ***	8.649	5.003	3.780
			H0:有 1 个门限 H1:有 2 个门限	-14.593	4.000	-2.195	-5.463
			H0:有 2 个门限 H1:有 3 个门限	42.039 ***	9.415	4.580	3.199

注:" * "" ** "" *** "分别表示在 10%、5% 和 1% 的统计水平上显著。括号内为 t 值。

表 19　文化距离对总贸易的门限检验参数估计与检验结果

被解释变量	解释变量	门限变量	门限值	回归系数	T 统计量
lntrade	KSI	KSI	KSI < 1.760	-0.0350	(-0.36)
			1.760 ≤ KSI < 2.035	-0.356 ***	(-4.68)
			2.035 ≤ KSI < 2.959	0.211 ***	(3.16)
			KSI ≥ 2.959	-0.000173	(-0.00)
	EDI	EDI	EDI < 3.336	-0.0275	(-0.29)
			3.336 ≤ EDI < 3.496	-0.210 ***	(-2.64)
			3.496 ≤ EDI < 4.225	0.0996	(1.31)
			EDI ≥ 4.225	-0.00763	(-0.13)
	WVS	WVS	WVS < 0.886	0.526 **	(2.32)
			0.886 ≤ WVS < 1.175	1.059 ***	(6.82)
			1.175 ≤ WVS < 2.134	0.422 ***	(4.48)
			WVS ≥ 2.134	0.863 ***	(6.65)

注:" * "" ** "" *** "分别表示在 10%、5% 和 1% 的统计水平上显著。括号内为 t 值。

从 KSI 方法测度的文化距离来看,中国与文化距离小于 1.76 的国家的贸易总额,受文化距离的影响不明显。当文化距离大于等于 1.76 小于 2.035 时,文化距离对中国与"一带一路"沿线国家的贸易总额呈显著的负相关,即文化距离越大,越不利于中国与贸易国的进出口贸易,处在这一阶段的国家有巴基斯坦、捷克、罗马尼亚、塞尔维亚。当文化距离大于等于 2.035 小于 2.959 时,文化距离与中国对"一带一路"沿线国家的贸易总额呈显著的正相关,即文化距离越大,越有利于中国的进出口贸易，处在这一阶段的国家有伊拉克、约旦、哈萨克斯坦、吉尔吉斯斯坦、黎巴嫩、马来西亚、俄罗斯、泰国、土耳其。当文化距离大于等于 2.959 时，相关性不显著。由此可见，当文化距离由 *KSI* 方法测度时，文化距离对中国与"一带一路"沿线国家的贸易总额呈现"U"形关系。这根据文化对国家间经贸活动的影响理论可以解释为：在 *KSI* 测度下的文化距离在较小的阶段，需求相对论等负面效应大于比较优势和贸易互补等正面效应，在文化距离较大阶段，正面效应大于负面效应，因此出现了 U 形关系。

从 *EDI* 方法测度的文化距离来看，中国与文化距离小于 3.336 的国家的贸易总额，受文化距离的负向影响，但不显著。当文化距离大于等于 3.336 小于 3.496 时，文化距离与中国与"一带一路"沿线国家的贸易总额呈显著的负相关，即文化距离越大，越不利于中国与贸易国的进出口贸易。当文化距离大于等于 3.496 小于 4.225 时，文化距离与中国对"一带一路"沿线国家的贸易总额呈正相关，但不显著。当文化距离大于等于 4.225 时，为负相关性，但也不显著。用 *EDI* 表示的文化距离，对中国和"一带一路"沿线国家的贸易总额的影响几乎不显著，仅在文化距离大于等于 3.336 小于 3.496 时存在 1% 显著水平下的负向影响。

从 *WVS* 方法测度的文化距离来看，文化距离对中国与"一带一路"沿线国家的贸易总额一直为正向影响，但是这种正相关程度随着两国文化距离的增大，先增大后减小再增大。此结果与上文线性回归结果相对应，这说明，在 *WVS* 方法下的文化距离与中国对"一带一路"沿线国家的进口额影响为正。又因为 *WVS* 方法下的文化距离测度表明，中国更愿意从强调传统态度和生存价值观的国家进口商品，进一步说明，"一带一路"沿线国家大部分为强调传统态度和生存价值观的国家。同时此相关关系也确实与进口贸易的影响和负向贸易的影响的加总相吻合。

文化距离与中国对"一带一路"沿线国家进口贸易的影响，通过三种文化距离测度方法的检验得出不同的结论。在 *KSI*、*EDI* 两种方法下，整体呈现负相关关系，且存在三个门限值。由此可得，要促进中国与"一带一路"沿线国家进口贸易，就要尽量缩短霍夫斯泰德各个维度的文化差距。*WVS* 方法下，中国从“一带一路”沿线国家进口商品时，除文化距离大于等于 1.424 小于 2.197 的国家，其余整体呈现正相关关系。因此，中国应当着重缩小与此区间内印度尼西亚、印度、克罗地亚、斯洛伐克、罗马尼亚、哈萨克斯坦、吉尔吉斯斯坦、伊拉克、波兰等国家之间的文化距离，以促进中国从这些国家的进口贸易。

文化距离对中国向“一带一路”沿线国家出口贸易的影响方面，在 *KSI*、*EDI* 两种方法下，整体呈现 U 形关系。*KSI* 的门限值是 2.035，*EDI* 的门限值是 3.496，且门限值左边呈负向影响的递减区间和右边呈正向影响的递增区间包含的国家相同。在递减区间包含的国家是印度尼西亚、阿尔巴尼亚、印度、保加利亚、克罗地亚、斯洛伐克、菲律宾、塞尔维亚、罗马尼亚、巴基斯坦、捷克，应当进一步缩短霍夫斯泰德提出的文化维度差距；在递增区间包含的国家是马来西亚、黎巴嫩、哈萨克斯坦、吉尔吉斯斯坦、俄罗斯、泰国、伊拉克、土耳其、约旦、爱沙尼亚、斯洛文尼亚、波兰、立陶宛、匈牙利、拉脱维亚，应进一步发挥文化距离的比较优势和互补需求。在 *WVS* 方法下，中国向“一带一路”沿线国家出口商品时，整体呈现递减的正向相关，有多个门限值。

文化距离对中国与“一带一路”沿线国家总贸易的影响，是进口贸易和出口贸易的叠加。在 *KSI* 方法下，整体呈现 U 形关系，门限值是 2.035；在 *EDI* 方法下，只有 [3.336，3.496），这一段呈现显著负相关；在 *WVS* 方法下，存在多个门限值，整体呈正相关。

五 结论与启示

本文选取 2007~2017 年中国与“一带一路”26 个国家的进出口贸易数据，将用 *KSI*、*EDI*、*WVS* 三种方法测度的文化距离引入引力模型，分别对中国与“一带一路”沿线国家的进口贸易额、出口贸易额、贸易总额进行面板回归，并且检验了文化距离对以上三种贸易额的门限效应。上述分析表明，文化距离对中国与"一带一路"沿线国家的进出口贸易额不是线性的正相关关系或负相关关系，存在 U 形、sin 形以及多门限的正负相关关系。其中，不同的文化距离的测度方法对应的检验结果不同，不同的贸易额对应的检验结果也不同。

（一）基本结论

1. 中国与"一带一路"国家文化距离差异大

本文所研究的中国与"一带一路"26 个国家，运用 *KSI*、*EDI*、*WVS* 三种方法测度的文化距离跨度大。*KSI* 测度的中国与"一带一路"26 个国家的文化距离从 0.7 到 4.48 不尽相同。*EDI* 测度的中国与"一带一路"26 个国家的文化距离从 2.05 到 5.18。但是由于 *KSI* 和 *EDI* 这两种方法都是根据霍夫斯泰德的文化距离理论计算得来，同一国家的文化距离数值是一一对应的，国家的文化距离排序也是相同的。*WVS* 测度下的文化距离，从 0.13 到 2.93 不等。由于文化距离不尽相同且差别巨大，对中国与"一带一路"国家的国际贸易的影响必然也会存在差异，而这种差异会造成贸易发展的不均衡，同时也伴随着巨大的贸易潜力和机遇。

2. 文化距离对贸易影响方向不同

本文运用 *KSI*、*EDI*、*WVS* 三种方法，对中国 2007～2017 年与"一带一路"沿线国家的进口、出口、进出口贸易总额进行回归检验，得到的影响方向和显著性各不相同，其中，贸易总额的影响是进口和出口贸易效果的叠加。由此可以得出三种方法回归结果的不同，一方面是方法的不同，另一方面是文化距离与贸易的关系为非线性（见表 20）。

表 20　文化距离对贸易的影响方向

KSI 方法		*EDI* 方法		*WVS* 方法	
进口	负向	显著	负向	显著	正向	显著
出口	正向	不显著	正向	显著	正向	显著
总贸易	负向	不显著	负向	不显著	正向	显著

3. 文化距离存在门限值

中国与"一带一路"沿线国家的进口贸易和文化距离的关系,在 *KSI* 方法和 *EDI* 方法测度下,整体呈现负相关,但是这种负相关也存在门限值,影响程度随着两国文化距离的增大,先变大后变小;而在 *WVS* 方法测度下,先是正相关,后变为负相关,最后又变为正相关,两个变向的门限值分别是 1.424 和 2.197,这个区间内的国家包括印度尼西亚、印度、克罗地亚、斯洛伐克、罗马尼亚、吉尔吉斯斯坦、泰国、伊拉克,应进一步缩短和这些国家的文化距离(见表 21)。

表 21 门限检验结果总结

项目	*KSI*	*EDI*	*WVS*
进口	存在多个门限值,分界不明显,整体呈负相关	存在多个门限值,分界不明显,整体呈负相关	sin 形,拐点门限值为 1.424 和 2.197
出口	U 形,拐点门限值为 2.035	U 形,拐点门限值为 3.496	存在多个门限值,整体呈递减正相关
总贸易	U 形,拐点门限值为 2.035	只有 3.336 ≤ EDI < 3.496 显著负相关	存在多个门限值,整体呈正相关

中国对"一带一路"沿线国家的出口额与文化距离的关系,从 *KSI* 方法、*EDI* 方法测度下的文化距离来看,呈现 U 形关系,变向门限分别是 2.035 和 3.421,应进一步缩短递减区间国家的文化距离,剩下的递增区间的国家应当发挥文化的比较优势和互补需求;在 *WVS* 方法测度下,为正向影响,但这种正相关程度随着两国文化距离的增大而减小。

文化距离对进口额的影响与文化距离对出口额的影响相叠加,形成了中国与"一带一路"沿线国家的进出口贸易总额与文化距离的关系,其中,*KSI*、*EDI* 方法测度下的文化距离的影响与文化距离对出口额的门限检验一致,而从 *WVS* 方法测度的文化距离来看,文化距离对中国与"一带一路"沿线国家的贸易总额有正向影响,但是这种正相关程度随着两国文化距离的增大,先增大后减小再增大。

（二）政策建议

1. 不同贸易方向的建议

通过前文的分析可知，文化距离对进口贸易、出口贸易和总贸易的影响不同，不可一概而论，因此，针对中国与"一带一路"沿线国家的不同贸易方向提出不同的政策建议。

针对进口贸易，着重缩短文化距离。文化距离对中国与"一带一路"沿线国家进口贸易的影响多呈现负向影响，即文化距离越小，越有利于两国进口贸易。因此，缩短文化距离对发展进口贸易具有重要意义。借鉴和吸收别国文化有利于缩短文化距离。尊重文化多样性，既要认同本民族文化，又要尊重其他民族文化，在遵循各民族文化一律平等的原则上缩短文化距离。"一带一路"倡议本身就为缩短文化距离提供了简便且有效的途径。

针对出口贸易，着重发扬文化优势。文化距离对中国与"一带一路"沿线国家出口贸易的影响呈现明显的门限值，类似于 U 形关系。在这种关系下，应当进一步缩小门限前方的国家与中国的文化距离，涉及巴基斯坦、菲律宾、罗马尼亚、塞尔维亚等。对于其他国家，在加强文化交流的同时，应当进一步发挥我国的文化优势，增大文化距离对贸易的正向影响。中华上下五千年，具有传统多样性，中国国土辽阔，具有自然地理多样性，中国少数民族众多，具有风俗多样性，这都是我国的文化优势，都应当进一步发扬。

2. 发展文化产业的建议

无论是缩短文化距离还是发扬文化优势，重中之重都是文化产业。大力推进文化产业发展，是调节文化距离、实现"一带一路"国家"民心相通"的重要途径。

充分了解文化市场规律。从源头上抓文化产业发展，保证资本、政策、人才、法规、科研等协同配合，增强文化产业的驱动力、生产力、影响力。同时，政府加强对文化产业链的支持，不仅要确保文化创意产业环境，还必须提供满足人民需求的文化消费产品，使产业可持续发展。同时，可实施差异化的区域文化产业发展战略。中国国土面积辽阔，文化具有很强的地域性，根据不同的地域文化特色发展不同特色的文化产业，着力培养独具地方特色的主导产业，争取做到全面发展、多点开花。

加强产业人才培养。应当增加人力培养的投入成本，实施好文化产业的人才战略。我国有强大的基础设施建设能力，有源远流长的文化遗产，但是文化传播力度、文化影响力和文化认同度远不及日本、韩国的动漫、娱乐产业，这是人才缺乏的一种体现。应该大力培养这个产业相关的具备创新能力、商务谈判能力以及经营能力的人才等。例如，《功夫熊猫》《花木兰》等电影 IP 都是来源于中国的传统文化，但是我们却没有真正地把它变成文化信号传递出去，而是被其他国家拍成电影再传回中国。因此，人才培养工作刻不容缓。

促进文化与金融相融合。一方面，作为投资者，政府应当通过多渠道、多方式制定相应的激励政策，如税收优惠政策、财政补贴政策、文化产业基金等；另一方面，作为文化产业的组织者和管理制，政府应鼓励有实力的企业投资文化产业，为资本进入文化产业消除后顾之忧。首先要健全法制环境，加强知识产权保护，打击盗版；其次要创新文化产业的融资机制，提升金融服务水平，拓宽金融服务范围。参照美国的成功案例，知识产权证券化已经运用到文化产业的各个领域，包括电子游戏、音乐、电影、休闲娱乐、主题公园等。总之，应当打造规范、有序的金融环境，为文化产业融资创造便利条件。

采取差异化与创新策略。文化产业的主要手段是创作、创造、创新。因此，政府相关部门应为文化产业技术创新提供系统制度保障。特别地，还要加大对知识产权的保护和扶持力度，完善知识产权保护体系，这对于鼓励自主研发具有十分重要的意义。针对欧洲地区，我们对其文化应该取其精华、去其糟粕，寻找突破口。而针对亚洲相关地区，我们应该加强相互之间有关联的文化交流，寻找共同点。同时，要关注文化与其他产业的关系，它们是不可分割的，要融合发展，还要关注文化与其他产业的互补和竞争关系，开辟一条求同存异的发展道路。

本章主要参考文献

阙大学、罗良文：《文化差异与中国对外贸易流量的实证研究——基于贸易引力模型》，《中央财经大学学报》2011 年第 7 期。

刘洪铎、李文宇、陈和：《文化交融如何影响中国与"一带一路"沿线国家的双边贸易往来——基于 1995～2013 年微观贸易数据的实证检验》，《国际贸易问题》2016 年第 2 期。

秦可德、秦月、徐长乐等：《文化距离与出口贸易地理方向变化实证研究——基于中国数据的分析》，《地域研究与开发》2014 年第 1 期。

曲如晓、韩丽丽：《中国文化商品贸易影响因素的实证研究》，《中国软科学》2010 年第 11 期。

Elsass P. M., Veiga J. F., "Acculturation in Acquired Organizations: A Force – field Perspective," *Human Relations*, 1994, 47（4）.

Hansen B. E., "Threshold Effects in Non-dynamic Panels: Estimation, Testing, and Inference," *Journal of Econometrics*, 1999, 93（2）.

Inglehart R., Basáñez M., Díez-Medrano J., et al., "Human Beliefs and Values: A Cross-Cultural Sourcebook Based on the 1999 – 2002 Value Surveys," 2004.

Kogut B., Singh H., "The Effect of National Culture on the Choice of Entry Mode," *Journal of International Business Studies*, 1988, 19（3）.

Zukin S., Dimaggio P. J., "Structures of Capital," The Social Organization of the Economy, 1990.

后 记

    本书是在我 2015 年和 2017 年分别主持的中央高校基本科研业务费资助项目"经济新常态下中国林产品贸易转型升级研究"（项目编号：2015ZCQ - JG - 02）和北京市社会科学基金项目"北京与'一带一路'沿线国家经贸合作的优先领域、模式选择研究"（项目编号：17YJB016）的阶段性研究报告基础上撰写而成。习近平总书记指出，"当今世界正处于百年未有之大变局"。百年未有之大变局的一个重要内容，就是中国在全球经济事务中开始发挥日益重要的作用。而共建"一带一路"平台正是中国践行人类命运共同体的重要实践。"一带一路"平台建设需要政策引领与地方行动的耦合。具备中央和地方双重属性的首都北京无疑在中国推行"一带一路"倡议中具有举足轻重的地位。在此背景下，全书聚焦北京市所特有的区位优势，讨论其作为综合服务型平台，在"一带一路"倡议实施中所起到的政策引领、辐射带动、路径探索、国内外桥梁嫁接等方面的作用。可以说，北京市在"一带一路"倡议实施的近七年里，绽放出了不一样的"京彩"。

    全书由我提出整体写作框架，我和李芳芳老师、博士生陶晨璐共同审阅定稿。除了我负责执笔前言部分、李芳芳老师负责执笔第十一章外，其余各章执笔情况为：第一、二章由程宝栋、周莹莹执笔，第三章由李芳芳、于超执笔，第四章由程宝栋、万紫璇执笔，第五章由程宝栋、张金珠、刘思彤执笔，第六章由李芳芳、张巧执笔，第七章由程宝栋、张倩执笔，第八、九章由李芳芳、李慧娟执笔，第十章由李芳芳、解希玮、张倩执笔，第十二章由李芳芳、周一帆、陶晨璐执笔。全书写作历时两年，各章执笔者都是这个时期我的在读博士生和硕士生。该书的写作，也为我和我的研究生们之间的沟通和交流搭建了桥梁，作为他们学术生涯的启蒙人，在写作和反复修改过程中，我们共同收获的不仅仅是良好的学术素养和创新思维，更多的是务实、不畏学术道路坎坷的精神。更让我欣慰的是，很多研究生也依托于此课题，完成了核心期刊论文的发表，第十三章到第十七章正是在我和李芳芳老师共同指导下研究生们所发表的阶段性研究成果。

在这里，首先要感谢我的研究团队——北京林业大学林产品贸易研究中心。研究团队的年轻老师们志同道合、才华横溢、优势互补、相互合作，形成了非常轻松、自由、融洽的学术氛围，共同出版和发表了一系列有学术和政策影响力的研究成果。基于综合考虑，国家林业和草原局已经正式批准依托于我们团队组建"国家林业和草原局一带一路林草经贸国际合作中心"，我想这本书的顺利出版也是给这个中心诞生最好的献礼。同时，也要特别感谢团队里的博士生和硕士生们，正是他们快速、负责、高效的工作才使得这本书能够顺利出版，也真诚希望未来他们能在学术道路上更好更快成长。

当然，本书能够顺利出版，还得到了很多人无私的帮助和支持。例如，本书在研究过程中参阅了大量的文献，这里对作者们一并表示感谢。本书的出版得到了社会科学文献出版社谢寿光社长的大力支持。我们研究团队的系列研究成果的出版都得到了他们的热心帮助，这里一并表示衷心感谢。

值得说明的是，本书的研究内容和观点还属于探索性的，许多问题还有待进一步探讨并不断深化完善，不足之处在所难免，诚恳期望读者给予批评指正。

展望未来，"一带一路"倡议的践行，还需要全国各省份、全球更多的国家携手奋进，努力实现中国全面开放新格局的美丽图景。依托"一带一路"，北京未来前进的步伐也会更加坚实有力！

程宝栋

2020 年 2 月 15 日于北京林业大学学研中心

图书在版编目（CIP）数据

践行"一带一路"倡议：中国的探索与北京的定位 /
程宝栋等著. -- 北京：社会科学文献出版社，2020.5
ISBN 978 - 7 - 5201 - 6510 - 5

Ⅰ.①践… Ⅱ.①程… Ⅲ.①区域经济发展 – 研究 –
北京 Ⅳ.①F127.1

中国版本图书馆 CIP 数据核字（2020）第 061120 号

践行"一带一路"倡议：中国的探索与北京的定位

著　　者 / 程宝栋　李芳芳 等

出 版 人 / 谢寿光
责任编辑 / 吴　敏

出　　版 / 社会科学文献出版社·皮书出版分社（010）59367127
　　　　　　地址：北京市北三环中路甲 29 号院华龙大厦　邮编：100029
　　　　　　网址：www. ssap. com. cn
发　　行 / 市场营销中心（010）59367081　59367083
印　　装 / 三河市龙林印务有限公司

规　　格 / 开　本：787mm×1092mm　1/16
　　　　　　印　张：27.25　字　数：411 千字
版　　次 / 2020 年 5 月第 1 版　2020 年 5 月第 1 次印刷
书　　号 / ISBN 978 - 7 - 5201 - 6510 - 5
定　　价 / 98.00 元